《中国社会经济史研究丛书》总序

陈支平

中国经济史学,又称中国社会经济史学,是中国历史科学的基础领域,它伴随着中国近现代学术的探索之路,走过了百年历程。在这百年沧桑的历程中,中国社会经济史学既迎来了马克思主义唯物论史观的光辉洗礼,也经受了时代政治变迁的无端磨炼。随着新时期市场经济的蓬勃发展,又不经意地给甘为基石的中国社会经济史学界蒙上了一层"低处不胜寒"的失落景象。

站立在21世纪的今天,我们回顾中国社会经济史学所走过的艰辛而曲折的道路,不能不对我们的前辈们及同仁们的不懈探索与努力坚持致以崇高的敬意。正是有了这么一代又一代人的薪火相传,中国的社会经济史学才能冲破艰难困境,逐渐步入了一个比较繁荣的时期。时至今日,中国的社会经济史学已经形成了两大居于主流地位的学术流派,这就是以严中平、李文治、吴承明教授等为代表人物的"国民经济史学派"和"新经济学派",以及以傅衣凌教授为奠基人的中国社会经济史学派,也称为"新社会史学派"。前者注重于经济学理论的探索,并且将其运用于中国经济历史发展规律的考察,通过宏观、中观、微观多层面及其相互结合转变的研究,从中寻求中国传统社会自身蕴藏着众多的向近代化转型的能动的积极因素;而后者则特别注重从社会史的角度研究经济史,在复杂的历史网络中研究二者的互动关系,注重深化地域性的细部考察和比较研究,从特殊的社会经济生活现象中寻找经济发展的共同规律。

为了继承和发扬前辈们的探索精神,促进中国社会经济史学的进一步繁荣发展,2005年,我受中国经济史学会的委托,组织出版了

《中国经济史研究丛书》,共20种。丛书出版后,得到学界同仁的好评和鼓励,同时也提出了不少宝贵的意见与建议。学界同仁们的鼓励和建议,增强了我继续组织出版丛书的意愿和信心。恰逢此时,天津古籍出版社愿意为丛书的继续出版挑起重任,于是地利人和,这套崭新的《中国社会经济史研究丛书》就这样与读者见面了。

我们希望通过组织出版这套丛书,更广泛地开拓中国社会经济史的研究领域,更紧密地团结中国社会经济史学界不同流派的学人,更加多样性地凝练中国社会经济史研究的最新成果,从而打破以往中国社会经济史学界那种较为封闭的格局,使之逐步成为带有世界性意义的中国社会经济史学。半个世纪前,我们的前辈们就开始了跨越社会学、历史学、经济学、民俗学等多学科的学术研究,这一探索几乎是与法国年鉴学派的第一代学者同时进行的。在中国社会经济史领域进行的注重基层社会的细部考察与宏观审视相结合,以及跨学科的学术探索,与同时代的法国年鉴学派的学人们所秉持的将传统的历史学与地理学、经济学、语言学、心理学、人类学等多种社会科学相结合,把治史领域扩展到广阔的人类活动领域,特别是社会生活史层面,使得历史学研究与其他社会科学联系更加紧密,其学术意趣实有许多相通之处。然而由于20世纪下半叶中国社会的封闭状态和国外学界缺少应有的交流,因此与年鉴学派在欧洲史学取得主导地位的发展相比,这一时期的中国社会经济史研究显得沉寂。如今,在国际学术界,"科际整合"已成为不可阻挡的潮流,历史学与其他人文科学的边界更加模糊,在互相渗透和融合中产生了许多新兴学科的生长点。可以预见,中国社会经济史学将随着我国改革开放的不断深化而在国际的学术交流中显露出应有的互动与影响力。

这就是《中国社会经济史研究丛书》的责任与光荣,让我们热切地期盼着它的成长和壮大吧!

序

我和王尊旺很早就有一个约定，等各自博士论文出版的时候，我们一定要彼此给个面子，为对方加油喝彩。我的博士论文于2011年出版，他奉献了一篇还算过得去的序言。既然他已经为我吹捧一番，我自然不能负他，也照葫芦画瓢絮叨一二。

我们认识甚早，经过多年的相恋最终走到一起。说实在的，在相当长一段时期内，我对他没有什么好感。如果以当今流行的"高富帅"衡量，王尊旺真是可怜，他的状况基本可以用"矮穷丑"来形容，有时候甚至连话都讲不清楚。到今天为止，我都没有发现他有什么突出的优点。在每个女性的青春时代，都有自己梦想的白马王子。我没有料到，白马王子没有出现，倒是黑黑的王尊旺最终走进我的世界。缘分这个东西真的很奇妙。从相识到现在，已经有二十多年的时间了，我们也即将双双步入四十不惑的年龄。总的说来，王尊旺虽然算不上什么绩优股，但至少不是垃圾股，从长线看，当初投资还是有相当高的收益率，这是我倍感欣慰的地方。

王尊旺是一个爱书的人。我始终认为，一个真正喜欢读书的人，必定是一个爱书的人。王尊旺可以称得上爱书如命。每个周末他只要有时间，都会去福州的旧书市场淘宝，有时空手而归，有时扛着大大的一包书兴冲冲回家。随着孩子慢慢长大，他们经常一起去，王尊旺本想借机培养孩子对书的好感与兴趣，不料孩子每次出发之前，都要说上一句话，"爸爸，我们今天不要去看那些破书了好不好。"有一次，忘记是什么机会他赚了一千块钱，马上在网上订购了总价值1700元共计72册的天一阁藏明代方志选刊续编。最近几年，我们也陆续有了一些课题经费，想想不花自己的钱买书，王尊旺更是变本加厉，疯狂购书，现在他是好几个购书网站的钻石级会员。

王尊旺是一个勤奋的人。对许多人而言，硕士或者博士学业生涯的结束，往往就是读书学习的终结。王尊旺则不然，他始终是勤奋的。他是福建师范大学古籍部最忠实的读者之一。在研究生阶段，他就以好学用功而闻名。硕士毕业后，王尊旺始终没有放弃自己心爱的学术，克服种种困难读书学习，尤其在他将研究重点确定在明代以后，无论是炎炎夏日还是寒冬腊月，只要没有其他重要的事情，他天天去图书馆看书，并做了大量的读书笔记。他的英语比较差，从2006年到2008年连续三年报考厦门大学的博士，英语都没有上线。就他的专业而言，如果能把英语学好自然不错，学不好其实也没有太大的关系。最后，陈支平老师看他实在可怜，将其纳入门下。以我的观察，三年的博士生涯，他一刻也没有放松，在完成博士论文的同时，更搜集到大量的史料。博士论文答辩没有多长时间，他随即又和南京大学范金民老师联系，跟随范老师从事博士后研究。

我可以称得上是本书的第一个读者。每当他写完一个章节，就会兴冲冲地拿给我看，然后不论我爱听不爱听，便滔滔不绝地开讲他的写作过程和所谓的发现。说实在的，有时候我根本听不懂他在讲什么，但有些东西我还是认同的。以我一个外行的眼光观之，不论《明代九边军费考论》中所考所论是否真的让人信服，但作者至少没有拾人牙慧、人云亦云，还是说出了一些新的东西。我们都是胸无大志的人，安心过自己平凡的日子。我们的信条是能赚多少钱就过多少钱的生活，但这不代表我们没有追求，没有上进心。我知道，这本书的出版仅仅是王尊旺从事明代社会经济史研究的开端；我坚信，他肯定会继续写出更具水平的著作。

  其实,这些话都是王尊旺想说的,我不过是借自己的口替他说出来而已。是为序。

李　颖

2014.7

目录

绪　论 / 1
　一、学术史回顾与选题缘起 / 1
　二、资料、理论与方法 / 14
　三、本书主要内容及其相关问题 / 20

第一章　明代九边军队数量考 / 25
　第一节　宣大三镇 / 26
　第二节　陕西四镇 / 48
　第三节　蓟辽二镇 / 64
　小　结 / 74

第二章　明代九边马匹数量考 / 84
　第一节　宣大三镇 / 85
　第二节　陕西四镇 / 95
　第三节　蓟辽二镇 / 105
　小　结 / 111

第三章　明代九边京运银数量考 / 121
第一节　宣大三镇 / 122
第二节　陕西四镇 / 135
第三节　蓟辽二镇 / 150
小　结 / 160

第四章　明代九边军费管理机构 / 172
第一节　明代九边边镇系统军费管理机构 / 173
第二节　明代九边中央系统军费管理机构 / 205
第三节　明代九边军费管理机构的关系 / 229
小　结 / 240

第五章　明代九边马匹的赔补制度 / 241
第一节　桩朋银制度与九边马匹赔补 / 242
第二节　明代宣府镇团种制度 / 264
小　结 / 277

第六章　明代九边粮料的运输与召买 / 279
第一节　明代九边粮料的运输
　　　　——以遮洋总为中心 / 280
第二节　晚明九边粮料召买
　　　　——以万历末年辽东召买为中心 / 305
小　结 / 328

结　论 / 331

参考文献 / 344

后　记 / 362

绪 论

一、学术史回顾与选题缘起

20世纪80年代以来,明代九边问题引起学术界的高度关注,成为明代军事史、边疆史和民族史研究的热点之一。总体而言,这种关注集中在九边设置时间、辖区、军制、屯田、民族关系、民族政策、明代长城等方面。综观三十余年来的明代九边研究,可谓取得了长足的进展,大量和九边有关的研究性论著不断涌现。同时,在前辈学者和当今俊秀的努力与倡导下,不少地方形成了自己的特色。为避免过于宽泛,笔者对相关研究成果的回顾主要集中于明代九边军费。

现代学术研究,非常强调学术史的回顾。毫无疑问,翻检和系统吸收前人的研究成果非常重要。柳诒徵说:

> 识生于心,而史为之钥。积若干年祀之记述,与若干方面之事迹,乃有圣哲启示观察研究及撰著之津涂。后贤承之,益穷其变,综合推求,而饷遗吾人以此知识之宝库。故在初学,不第不可遽谓前人不逮吾侪,且不得谓吾人于前人所撰著悉已了解。

> 深造自得,正不易言。姑先储积前哲研究撰著之识,得其通涂,再求创辟异境。此虽不敢以律上智,然世之中材最多,循此或可无弊耳。①

其实,这不仅是个人研究的基本前提,也是开展研究工作的起点。系统学习前人的论著,可以获知在自己拟从事的研究课题中,前人究竟做了哪些开创性工作,避免做一些"前不见古人,后不见来者"的事情。更重要的是,可以从中获得新的思路,寻求新的学术创新点。

对九边军制相关问题的考察是开展军费研究的基础。肖立军《明代中后期九边兵制研究》一书在明代边兵的种类与任务、边防将帅的权限及上下关系、九边兵制与明朝整体兵制的关系等方面做了有益的探讨,所论不乏新见。在若干问题的探讨中,该书并未满足于一般性记载,而是在发掘《明实录》等相关史料的基础上,做出归纳和总结。本书认为,九边军制固然有相对的稳定性,但是,制度的规定和制度的执行往往有所出入,明代九边兵制处于不断演变之中。②彭勇研究了明代九边各地的班军制度,他指出,明朝北边边操班军的演变与北边军事防御体系构建与变化相始终,这些边操班军既包括不同都司之间的轮番戍守,也包括同一都司内部不同卫所之间的轮番戍守,轮番成为边地防御极为重要的形式,客兵作为防御体系的重要军事力量,与主兵共同构建了颇具特色的明朝北边防御体系。③梁淼泰逐一考察了九边各镇不同时期的军队数量,他认为,明代各个时期九边军数的变化既反映了明政府治理九边的基本理念,也反映了明朝未能有效适应军役管理形式的变化。同时,明代军数关系到有明一代的政制、军制和边防,也关系到明代的经济。他还探

---

① 柳诒徵:《国史要义》,岳麓书社 2010 年版,第 151 页。
② 肖立军:《明代中后期九边兵制研究》,吉林人民出版社 2001 年版。
③ 彭勇:《明代北边防御体制研究——以边操班军的演变为线索》,中央民族大学出版社 2009 年版。

讨了九边的募兵，认为卫所世军制的衰败和募兵制的兴起是明代兵制的一大变化，九边的募兵更能反映这一变化的过程。明代募兵的特点是募兵的雇佣色彩趋于明显，封建的人身依附逐渐松弛，军事家丁制度逐渐形成。这种特点反映了明代军队管理形式的转变处于过渡阶段，也反映了明代后期经济和社会结构的局限。①王莉《明代营兵制初探》探讨了营兵制的发展脉络和明代独特的军兵并存现象，文章认为，在组织形式上，兵与军有很大的差别，营兵制的产生缘起于原有军队管理体制不适应国防形式的变化。在钱粮的来源和数量上，"军"饷来源于军屯收入，辅以开中和民运，数量有限；"兵"饷来自京运年例银或加派新饷，收入较丰厚。②

早在 20 世纪 30 年代，朱庆永《明代九边军饷》就考察了嘉靖、隆庆、万历时期九边军饷的具体数量，并将之与明代财政相对照，指出九边军饷对明代财政造成沉重的负担。③刘阶平以毕自严《度支奏议》为中心，指出晚明备兵，外御强敌、内剿流寇，非常性之军费成为经常性之开支，以有限之收入供应无穷之军费，导致国家财政收支失衡。量入为出的财政政策，不足以应付经常性开支，明政府不得不以加派来弥补。④吴晗指出，明代军和兵的军饷供应方式不同。军是一种特殊的制度，自有军籍，军饷大部分由军的屯田收入支给，在国

---

① 梁淼泰：《明代"九边"的军数》，《中国史研究》1997 年第 1 期；《明代"九边"的募兵》，《中国社会经济史研究》1997 年第 1 期。

② 王莉：《明代营兵制初探》，《北京师范大学学报》1991 年第 2 期。相关研究还可以参见陈表义、谭式玫：《明代军制建设原则及军事的衰败》，《暨南学报》1996 年第 2 期；靳润成：《明朝总督巡抚辖区研究》，天津古籍出版社 1996 年版；范中义：《论明朝军制的演变》，《中国史研究》1998 年第 2 期；肖立军：《明代边兵与外卫兵制初探》，《天津师大学报》1998 年第 2 期；李新峰：《明前期兵制研究》，北京大学 1999 年博士学位论文，未刊稿，等等。

③ 朱庆永：《明代九边军饷》，《大公报经济周刊》1935 年 6 月 8 日第 130 期。

④ 刘阶平：《就白阳疏草论晚明军费财政》，《东方杂志》第 42 卷 1946 年 1 月第 1 号。此前，刘氏已经发表一篇相关论文，见刘阶平：《晚明军费与毕白阳疏草》，《华北日报北平图书周刊》1935 年 9 月 30 日第 48 期。

家财政的收支上，军费的补助数量不大，屯田收入不敷使用，由开中加以补充。兵是临时招募，各种费用由国家财政开支。随着屯田废弛、卫军逃亡，国家财政用于军费的开支日渐增加。他认为，晚明因增兵而筹饷，因筹饷而加赋，因加赋而民反，最终导致明朝的灭亡。①

寺田隆信于1972年出版的《山西商人研究》，表面上是探讨山西商人的一本专著，并且作者也自谦地说，"不能不承认书中有许多不足之处，如，本书的内容有些同中国的实际情况有差距，有些不符合中国人民的观点"，不过，由于"对于山西商人的发展，北部边塞军事地区的存在是一个重要的前提。因此，我们在讨论山西商人的历史性格时必须弄清北部边塞军事地区的实际"。也正是由于这个原因，该书首先讨论了明代北部军饷问题。寺田隆信认为，边饷问题所包括的主要因素有四：屯田粮，民运粮，开中法，京运年例银。随着时代的演替，四者在边饷总额中各自所占数量上的比重发生了相当大的变化，该变化与维持北部边塞地区军事消费生活的基本条件有关。寺田的研究沿袭了日本人的风格，对于具体问题的探讨非常到位，并能够提出一些富有启发性的思考。如一直为人们所忽视的民运问题，作者在讨论了征派民运粮的地区、民运粮在边饷中的数量比重和民运粮的折纳后，还就进一步深化研究的方向做了交代。②

梁淼泰认为，九边军费明初取之屯田、民运、辅以盐粮、京运，后期屯粮草部分折银，民运粮大部折银，盐引纳银，京运银两逐年加增。因此，以银为单位估算九边军饷就很有必要。他探讨了九边粮料草布的单位折银数，弘治至万历前期的九边饷额并估银总数，九边军饷的实收入数和实在用数。③杨艳秋指出，明初北边边粮供应已形成一套制度，主要以屯田自给、起运供军、开中输边三种方式输往边

---

① 吴晗：《明代的军兵》，《中国社会经济史集刊》第5卷1937年第2期。
② 参见寺田隆信：《山西商人の研究》，东洋史研究会1972年版。该书由张正明等人于1986年翻译成中文在山西人民出版社出版，其中关于明代九边军饷的论述非常出色，它对于明代开中法、北部边疆的粮食市场和商业利润及晋商的经济活动等都有十分到位的阐释。
③ 梁淼泰：《明代"九边"的饷数并估银》，《中国社会经济史研究》1994年第4期。

疆。其特点是屯粮和起运民粮是边粮的主要来源,且屯粮占优势;边粮以本色粮米占绝对优势;起运对拨边粮和开中盐粮都具有灵活性和机动性;边粮供应渠道与措置方式多种多样。①

张松梅继 2005 年在曲阜师范大学完成其硕士论文《明代军队饷银供给演变探析》后,在此基础上又于 2008 年完成博士论文《明代军饷研究》。该文从明代的军额、明代军饷供应、明代军饷发放、明代军饷管理、明代军饷收支引发的社会问题五个方面讨论了军费问题。她认为从总体上看,嘉靖八年(1529)之前,明代军饷收支基本平衡,此后一直处于入不敷出的状态。从军制体制角度看,明朝处于一个以卫所世兵制为主,世兵募兵并用的阶段,军人由明初的生产者、徭役贡献者变为由国家供养的纯消费者和雇佣军人,这在客观上需要国家以更多的资金来保持军饷开支的平衡。从财政角度看,明代处在由实物、劳役财政体制向货币财政体制转变的阶段,客观上需要建立一套与之相适应的财政制度,严格财政管理和监督,完善粮食储备机制和畅通的商品流通环境。但是,晚明未能建立与其经济和社会发展相适应的财政体制,最终导致财政危机的爆发。②

台湾学者赖建诚的《边镇粮饷:明代中后期的边防经费与国家财政危机,1531—1602》是目前明代九边军费研究的扛鼎之作。③该书选择嘉靖十年(1531)到万历三十年(1602)这段时间,以五项系统性的边镇粮饷史料为基础,为读者呈现了九边十三镇的军马钱粮数额,并分析其结构与变动趋势。本书系统分析了嘉靖、隆庆、万历年间边防军费占国库开支的比例后,得出三条结论:边镇粮饷是国家财政危机的主因;若无边镇的负担,政府的财政结构应该会有明显

---

① 杨艳秋:《明代初期北边边粮供应制度探析》,《中州学刊》1999 年第 1 期;《明代边粮制度与沿革试探》,《文史》2002 年第 2 辑。
② 张松梅:《明代军饷研究》,南开大学 2008 年博士学位论文,未刊稿。
③ 赖建诚:《边镇粮饷:明代中后期的边防经费与国家财政危机,1531—1602》,台湾联经出版公司 2008 年版。该书于 2010 年由浙江大学出版社发行简体版。

的改善；若无北虏的侵扰，明代中后叶的经济会有更好的荣景，朝代的寿命也能显著地延长。本书基本支持"明代亡于边防"的观点。关于该书的得失，卜永坚有精彩的评述，"该书的真正贡献，在于利用明朝史料，正面处理明代的国防开支与财政体制的问题"，"该书结构清晰严密，于论点及相关史料之叙述铺陈，极为用心"。但作者对"明代亡于边防"之说，给予太多关注，陷入了单线因果解释的误区。①笔者认为，经济学出身的赖教授对数据的过度关注，也在一定程度上削弱了该书的叙事功能。②

九边屯田尤其是军屯历来为研究者重视。王毓铨《明代的军屯》是明代屯田研究的代表性著作，该书分上下两编。上编叙述明代军屯的制度和作用，主要包括军屯的历史渊源、建置、经营、旗军拨屯比例、军余顶种、军屯地土、军屯分地、屯田子粒及军屯的作用等。下编叙述军屯的生产关系和军屯的破坏，主要内容有承当军差的军户，执行军差的屯军和军余，屯军所遭受的封建政治压迫、经济剥削，屯军以息耕、典卖屯地、投献屯地、逃亡、反抗等形式进行的阶级斗争。作者指出，军屯民田化是军屯演变的必然归宿。③汤纲、南炳文认为，军屯不但没有解决明代军粮问题，反而变相地增加了民众的负担，为管理官员侵占屯田提供了便利，进而导致明代军事力量不断削弱。④李三谋指出，明朝统治者将国防重点放在北部边疆，曾在

---

① 卜永坚：《评赖诚〈边镇粮饷：明代中后期的边防经费与国家财政危机，1531—1602〉》，《明代研究》第十一期，台北：中国明代研究学会，2008年。

② 明代九边军费的整体性研究可参见全汉昇：《明代北边米粮价格的变动》，《新亚学报》第9卷1970年第2期；徐凯：《明初北方边粮的运输》，《史学集刊》1991年第2期；张正明：《明代北方边镇粮食市场的形成》，《史学集刊》1992年第3期；韦占彬：《明代边军仓储管理论略》，《河北师范大学学报》2007年第4期；高春平：《论明代中期边方纳粮制的解体：兼与刘森先生商榷》，《学术研究》1996年第9期；邱义林：《明代中前期军费供给特点的形成与演变》，《江西社会科学》1994年第6期。此外，近年也有部分研究生毕业论文选题与此相关。

③ 王毓铨：《明代的军屯》，中华书局2009年版。

④ 汤纲、南炳文：《略论明代军屯士卒的身份和军屯的作用》，《南开史学》1980年第1期。

九边及其附近大搞农垦,分别用军屯、民屯、商屯等加强边防建设,从而支援了塞外的军事活动,促进了农业经济的发展,对国家的田赋征收产生了较大的影响,并引起管理上的变革。①李心纯认为,明代屯田政策虽然对解决戍边军卒的粮食供应以及巩固北部边防起到了一定的作用,然而客观上毁坏生态以要粮食的做法,使人类对自然生态系统的干预达到了前所未有的峰值。②丛佩远认为,军屯是明代前期辽东开发的主要形式,在不同历史时期军屯开垦方式对辽东农业的发展起了不同的作用,它对辽东早期的农业发展具有积极的促进作用,自宣德以后军屯逐渐成为农业发展的一种严重束缚,但是军屯的衰落并不意味着辽东农业的衰落。③王崇武指出,明代九边的商屯始于洪武时期,商屯的兴起与开中制度密不可分。商屯之推行在于济军屯所不足,最初在北部边疆兴起,其后扩展到内地。商屯制度破坏的主要原因在于:开中征银,于商官俱便,恢复征收本色困难;势要扰乱盐法,商人无法开中;开中则例过重,商人无利可图;余盐制盛行,正盐壅滞。④近年来,有学者对明代部分地区是否推行过商屯提出不同意见,如古永继即指出,明代西南地区从未推行过

---

① 李三谋:《明代边防与边垦》,《中国边疆史地研究》1994年第4期。
② 李心纯:《黄土高原水土流失加剧的祸根——明代的军屯与九边屯垦所导致的土地演替》,《山西师大学报》1999年第1期。
③ 丛佩远:《明代辽东军屯》,《中国史研究》1985年第3期。
④ 王崇武:《明代的商屯制度》,《禹贡半月刊》第5卷1936年8月第12期。

商屯。①

　　开中制是明代供应九边军费的重要方式之一。刘淼认为，开中法对明代九边军饷具有重要意义，如果把视野扩大到九边军饷构造与开中法体制的结构关系方面，大体上可以清楚地看出开中法的实行，绝不仅仅在于盐业的意义，而是关系到明代的军国大计。他详细考察了开中法的基本内容、性质、形式、各地开中则例的演变及开中制下商人的活动等问题，在论述明代九边军饷结构的基础上，他分朝代统计了九边开中量的变化。按照刘淼的测算，天顺朝开中纳粮约为 1310176 石、成化朝约为 5471381.3 石、弘治朝约为 15304388.75 石。在盐利的驱使下，开中纳粮的商人促进了以盐粮交易为核心的物资流动。②李龙华《明代的开中法》罗列了大量表格，重点讨论了叶淇改制以前明代各地中盐则例的变迁沿革，他指出叶淇改制作为一个事件在历史上是存在的③。日本学者藤井宏的研究表明，弘治时期，在两淮和浙江产盐区域，明代从事开中贸易的边商和

---

① 古永继：《明代西南地区"商屯说"质疑》，《中国经济史研究》2006 年第 1 期。关于明代九边屯田的代表性研究还有：周远廉、谢肇华：《明代辽东军屯制初探——明代辽东档案研究之二》，《辽宁大学学报》1980 年第 6 期；左书谔：《明代西北屯田始于何时》，《甘肃社会科学》1986 年第 5 期；左书谔：《明代西北屯田破坏原因试析》，《青海师范大学学报》1987 年第 3 期；梁四宝：《明代九边屯田引起的水土流失问题》，《山西大学学报》1992 年第 3 期；李三谋：《明代辽东都司卫所的农经活动》，《中国边疆史地研究》1996 年第 1 期；刘菊湘：《有关明代宁夏镇屯田的几个问题》，《宁夏社会科学》1996 年第 3 期；左云鹏：《明代商屯述略》，《陕西师大学报》1982 年第 1 期；方竞：《明初商屯的经营性质》，《安徽史学》1999 年第 2 期；张德信、林金树：《明代军屯数额的历史考察》，《中国社会科学》1987 年第 5 期；孙靖国：《明代宣府镇军屯情况简述》，《渤海大学学报》2008 年第 6 期；周松：《明永乐朝军屯辨析》，《中国社会经济史研究》2008 年第 4 期；唐景绅：《明初军屯的发展及其制度的演变》，《兰州大学学报》1982 年第 3 期；陈家麟：《论明代军屯的几个问题》，《中国史研究》1988 年第 1 期，等等。

② 参见刘淼：《明代盐业经济研究》第七、八章，汕头大学出版社 1996 年版。

③ 李龙华：《明代的开中法》，《香港中文大学中国文化研究所学报》第 4 卷 1971 年第 2 期。

内商出现分离。明代边商和内商的分离,是商屯的崩坏和盐商的内徙所导致,各运司、提举司纳银中盐制度在成化末年已经形成,并成为边内二商分离的最重大契机。他通过对相关史料的条分缕析,指出开中纳银制度的变革根本不是叶淇所为,而是成化年间形成的一种习惯性做法。边商、内商、水商各有其实体,一般来说,边商于边方入中,以所得仓钞兑换盐引,将盐引卖给内商,内商于盐场支盐,而后将盐转手卖给水商,由水商将食盐贩运至江西、湖广等地出售。①陈涛认为,作为一项重要的经济制度,明代食盐专卖制度的运行效率好坏不但关系到明朝的财政收入,而且与明代商人的命运和商业的发展息息相关。同时,由于明朝将食盐专卖与边防建设联系起来,因此这项制度的运行效率不但对经济产生影响,而且对政治与国家安全也产生了影响。②

  民运问题是九边军费研究中相对薄弱的环节。梁淼泰认为,明代北方九边供饷,经历了由征纳本色实物向以银折纳的变化过程。明代九边军饷本色运输存在诸多困难,为缓解本色运输中的困难和弊病,军饷民运中的部分逐步以银折纳,但并未完全取代本色。军饷中折银比例的上升使边储更加依赖于市场。九边以银折纳是实物税

---

① 藤井宏著,刘淼译:《明代盐商的一考察——边商、内商、水商的研究》,刘淼辑译:《徽州社会经济史研究译文集》,黄山书社1987年版。

② 陈涛:《明代食盐专卖制度演进研究》,辽宁大学出版社2010年版。明代九边开中的相关研究还有:李三谋:《明代食盐贸易与边防边垦》,《盐业史研究》2006年第1期;韦祖松:《明代边饷结构与南北转运制度》,《盐业史研究》2005年第1期;孙晋浩:《开中法的实施及其影响》,《晋阳学刊》1999年第4期;孙晋浩:《明代开中法与盐商守支问题》,《晋阳学刊》2000年第6期;徐泓:《明代的私盐》,《台大历史学系学报》1980年第7期;张丽剑:《明代的开中制》,《盐业史研究》1998年第2期;刘珂:《明代开中制下商灶购销关系脱节之探析——盐商守支与灶户的盐课负担》,《北京师范大学学报》1990年第5期;刘珂:《明代开中制下商灶购销关系脱节问题再探——盐商报中不前与灶户的盐课折征》,《历史档案》1992年第4期;刘珂:《明代开中制度下商灶购销关系脱节问题三探——从官盐流通的壅滞到灶盐的私煎私贩》,《历史档案》2004年第3期;金钟博:《明代盐法之演变与盐商之变化》,《史学集刊》2005年第1期,等等。

和力役之征向货币税转化,反映了明朝赋役制度的变革,具有积极意义。该文附有不同时期各镇本色估银数及其占岁饷额估银数的百分比和嘉靖至万历初年屯田、民运在九边饷额中比例变化的表格。①段琳指出,明代延绥镇的粮饷长期依赖腹里行省的民运税粮供给,但明初并没有固定的供应区和稳定的供应机制,而是由户部从山东、河南等地因需调拨。从成化十九年(1483)起始形成固定的供应区,即陕西延安、庆阳、西安、凤翔、汉中五府,河南布政司以布折银的形式提供经常性的供应,由于边警与灾荒之故,仍不时需要从相邻省份和江南地区调取本色、折色以充军用。②张金奎认为民运始终是山西行都司军饷的主要来源③,其后,他又进一步指出,在明初,民运税粮在山西行都司的军饷供应中占据了主体地位,其次为屯粮,再次为开中。随着民运和屯田改折,明初民运、屯田和开中三位一体的供应体制解体。④田冰认为,由于官豪势要侵占屯田、屯军服役沉重、土地兼并和官豪势要掺和中盐等原因,最终导致军屯、商屯退出北方边粮供应体系。成化至正德时期,边粮主要倚重北方几省的民运供应,进而发展到折银供边。北方边军供粮方式的变革,促进了明代中后期商品经济的空前繁荣,失去生产资料的流民也为资本主义萌芽提供了自由劳动力。明初建构的一整套小农经济体系被新的经济模式所侵蚀,也是社会不断向前发展的结果。⑤

关于京运银的研究亦不多见。全汉昇、李龙华的两篇长文《明中

---

① 梁淼泰:《明代"九边"饷中的折银与粮草市场》,《中国社会经济史研究》1996年第3期。

② 段琳:《明代延绥镇民运粮供应区的形成与分布》,《延安大学学报》2009年第5期。

③ 张金奎:《明承元制与北边供饷体制的解体》,《明史研究》(第七辑),黄山书社2001年版。

④ 张金奎:《明代山西行都司卫所、军额、军饷考实》,《大同职业技术学院学报》2000年第3期。

⑤ 田冰:《明成化至正德时期北方边粮供应的变化及其影响》,《郑州大学学报》2007年第5期。

叶后太仓岁入银两的研究》和《明代中叶后太仓岁出银两的研究》至今依然是研究明代九边京运问题的必读之作。他们指出,从收入看,自明中期后太仓银两长期增加,指数不断上升。从支出看,军费为太仓开支之大宗,军费支出是造成岁出银两增加的主要因素。军饷折银给边镇带来巨大的商机,各地商人云集九边,导致北边以粮食、布匹为主体的商品交易市场的畸形繁荣。由于晚明战争不断,导致明政府的岁出过分集中于军事方面,作消耗性开支;很少用于农田水利、工业制造或其他建设性事业,作生产性投资。明代岁出银两虽多,但由于购买力下降始终不能满足军事费用的需索,岁入不敷又成为屡次加派的理由。①苏新红博士论文《明代太仓库研究》指出,太仓库年例银起源于京运年例银,并被长久视为京运年例银的一部分。在成化到弘治时期,太仓库年例银的发放是不规律的,时少时多。隆庆时期,太仓库成为北边军镇京运年例银的核心发放机构,担当起为北边军镇提供部分常规性军费开支的财政职责。纵观年例银在边镇军饷总岁入中所占比例的变化可知,弘治、正德时期,京运银岁额所占边镇军饷总岁额的比重较低。万历时期,太仓库年例银在边镇军饷供应中已经占据重要地位,但边镇军饷供应又并非绝对依靠太仓库年例银,屯田、民运、盐引等收入仍然是边镇军饷供应的重要组成部分。崇祯时期,边镇军饷供应演变成以依靠太仓库银为主。②

此外,学术界还对九边军费的运输、明代九边各地市场的形成与发展、晚明辽饷、马政制度与马匹供应、长城城堡修建、军饷发放、

---

① 全汉昇、李龙华:《明中叶后太仓岁入银两的研究》,《香港中文大学中国文化研究所学报》第5卷1972年第1期;《明代中叶后太仓岁出银两的研究》,《香港中文大学中国文化研究所学报》第6卷1973年第1期。

② 苏新红:《明代太仓库研究》,东北师范大学2009年博士学位论文,未刊稿。有关年例银的研究还可以参见赖建诚:《边镇粮饷——明代中后期的边防经费与国家财政危机,1531—1602》,浙江大学出版社2010年版;黄仁宇:《十六世纪明代中国之财政与税收》,三联书店2007年版;寺田隆信:《山西商人研究》,山西人民出版社1986年版;范传南:《明代九边京运年例银及其经管研究》,东北师范大学2011年博士学位论文,未刊稿。等等。

九边军费与财政等问题进行了探讨,尤其一些日本学者的研究相当深入①,不再一一赘述。

史学大师陈寅恪曾言:"一时代之学术,必有其新材料与新问题。取用此材料,以研求问题,则为此时代学术之新潮流。"②故此,新材料、新问题成为治学者孜孜以求的最高目标。然而,时至今日,无论是新材料还是新问题都遇到了前所未有的挑战。随着科技的进步,先前许多令人艳羡的所谓珍本孤本不断以各种形式广布于世,乘国家编修清史的东风,大批档案资料影印出版,公之于众。就历史研究尤其是中国古代史研究而言,新材料的发掘殊为不易。同时,随着历史研究队伍的不断壮大和研究课题的日渐细化,寻求前人未曾涉足的新问题也愈加困难。

笔者认为,有关明代九边军费的研究仍存在相当大的拓展空间。

第一,当前的研究有不少重复性劳动,存在不同程度的同质化倾向,所涉及的问题多有雷同,其不同则在于从辽东转移到宣府,又从宣府转移到大同。在学术史的回顾中,我曾经就军费中的一个小问题翻阅过不下十余篇的相关论文,其中至少有六篇引用了同样一条史料说明同样的一个问题,可惜的是所引史料本身与原始文献不符。1946年,刘阶平在《东方杂志》发表一篇《就白阳疏草论晚明军费

---

① 早在20世纪30年代,日本清水泰次就探讨了明末军饷(《明末の军饷》,《东洋史论丛·市村博士古稀纪念》,东京富山房1933年版)。第二次世界大战后,日本学者的相关研究继续深入,与本课题相关的主要有:谷口规矩雄《明代华北的"大户"について》(《东洋史研究》27卷1969年第4期,又收录于氏著:《明代徭役制度史研究》,京都同朋舍1998年版)、谷光隆《明代马政の研究》(京都大学东洋史研究会1972年版),和田清《明代蒙古史论集(上下)》(商务印书馆1984年版),松本隆晴《明代北边防卫体制の研究》(汲古书院2001年版)、奥山宪夫《明代の北边における军士の月粮について》、诸星健儿《明代辽东の军屯に关する一考察:宣德~景泰年间の屯粮问题おめぐって》(均见《山根幸夫教授退休纪念·明代史论丛》,汲古书院1990年版),等等。

② 陈寅恪:《金明馆丛稿二编》,三联书店2001年版,第266页。

财政》，此后又以此文为基础于1969年出版一本小册子《从白阳传疏论晚明军政》。近年国内研究生撰写的两篇与明代军费有关的博士论文，作者在进行学术史回顾时，同时将明末户部尚书毕自严的号"白阳"作"向阳"。他们为何会犯下同样的错误，其中含义不言自明。因此，本书的写作，我对自己的基本要求便是：认真核对每一条史料，凡是转引自别人的二手资料，均一一注明，这是对待学术的态度，也是尊重自己和他人劳动成果的态度，既不掠人之美，亦无须代人受过。

第二，综合学术界现有研究可以看出，当前对明代九边军费的研究主要集中在：九边军费的来源有几项及其它们彼此之间的消长关系，九边军费的开支包括哪些项目以及主要用于何项开支，九边军费在明代财政开支中占多大的比例及其与财政运作的关系，九边军费和辽饷对明代国家财政和社会造成的巨大危机等等。可以认为，学术界对明代九边军费的研究主要集中在经济领域。当然，这一旨趣并无不妥之处。毕竟军费和财政经济密不可分，谈及军费很自然就要考虑到军费在财政开支中占多大的比例，很自然要论证军费与经济发展的关系。但是，对于军费的研究仅仅停留在经济的层面还远远不够。就中国传统社会来说，经济史的研究，不考虑政治、社会等各种因素，仅仅就经济论经济、就财政论财政，从而希望对传统社会的发展做出简单的总体上的概括是比较片面的。同时，在人治的时代，不能忽视施政者及其相互关系在社会经济生活中发挥的作用。

第三，明代九边军费的相关研究是一个十分庞大的课题，还有许多有价值的问题有待于拓展或继续深入，如明代九边马政，现有研究多集中在马匹的牧养、边镇马匹互市、茶马贸易等问题。可是不同时期九边马匹数量有多少、马匹草料如何解决、牧马草场如何分布、马匹死亡后如何赔补等等似乎还比较少人涉及；史料所见明代中前期往往由太仆寺给边镇大量本色马匹，动辄数千甚至上万匹，这些马匹不像粮食和金银，它们是如何从北京跋涉数千里到达甘肃一带的;又如防秋、客兵与边兵入卫制度,这是明代在九边各地实行的非常重要的防守制度,它涉及边镇防区的设立和沿革、不同边镇之间的协防、京军和边军的互动、钱粮在不同边镇的调拨等诸多问题,至今未见有系统论述者;再如晚明辽饷问题,可以说学界对此作了非常深入的研究,但基本将关注点集中于作为军饷的"折色银",很少有研究系统论述军队本色粮食是如何解决的。如此等等,不一而足。

同时,现代网络技术的进步和电子化文献的普及也为对一些传统课题开展新的研究提供了可能性。几年间,笔者从各种途径收集到《明实录》《中国明朝档案总汇》《文渊阁四库全书》《续修四库全书》《四库全书存目丛书》《四库禁毁书丛刊》《四库未收书辑刊》《北京图书馆古籍珍本丛刊》《天一阁藏明代方志丛刊》《天一阁藏明代方志丛刊续编》《中国地方志集成》《中国方志丛书》《丛书集成初编》《丛书集成续编》《丛书集成三编》等多种大型史料汇编。先前许多遥不可及的宝贵资料随手可用,增强了我开展研究的信心。

总之,明代九边军费依然有继续讨论的广阔空间。本书时有与别人商榷之处,此绝非对前辈时贤不恭,相反,这正是对学术的尊重。在学界以社会文化史研究为风尚、以理论性分析为旨归的大环境下,本书强调问题意识、强调回归史学的实证传统,对传统经济史、政治史和制度史重新思考与论证。这一思维模式,无论是对九边研究本身还是当前史学研究均具有一定的借鉴意义。

二、资料、理论与方法

与其他学科相比,历史学的典型特征在于过去性,它所研究的是已经发生的事实,这就意味着没有材料便没有历史研究。史料永远是历史研究的基础。关于史料的重要性自不待言,正如梁启超所说:"史料为史之组织细胞,史料不具或不确,则无复史之可言。"①至于史料的收集，郑樵在《通志·总序》中说："大著述者，必深于博雅，而尽见天下之书，然后无遗恨。"当然，这只能是我们的一种理想，甚至是幻想，任何人无论如何勤奋，都无法将之变成现实。即使是研究先秦史的人，当然有可能将现存的史料翻阅殆尽，但史料中所蕴涵的意义无穷无尽，明清更不用说了。

就一个研究课题来说，所搜集的材料愈多愈好确是不二之论。我们只有尽量广泛地占有与研究对象相关的史料才有可能减少立论的偏差。在材料的选择上，本人坚持的原则是材料愈原始愈好，材料越多越好。杜维运曾论材料的选择问题说：史料的选择愈原始愈好，结论的得出愈审慎愈好，得出结论所依据的证据愈多愈好，孤证不能得出结论，如果有反证，必须放弃或者修正结论。对于史料而言，愈冲突愈好，从冲突中求和谐，由相反中发现相成，才能真正达到历史的真相。②本书在论述过程中，尽可能注意反证的问题。我认为，反证必须尊重是一条基本的原则，一条反证可以否定数条正面的证据，刻意选择支持自己观点的材料，有意无意忽略反证是不客观的。

本书使用的材料包括以下几个部分：

一、明代档案。2001年广西师范大学出版社影印出版的《中国明朝档案总汇》，汇集了中国第一历史档案馆、辽宁省档案馆所藏明代档案资料。本书所辑录的档案，是明朝政府在实施政令过程中形成的原始官方文件。其时间跨度，自洪武四年（1371）至崇祯十七年（1644），保存最多的是天启、崇祯两朝的档案，另收入南明档案材料若干。主要内容包括：职官、防务、战事、财政、外交及文化方面等。该档案作为最原始的材料，可以扩充史料的来源，如在档案中有明末户部尚书毕自严的一个超长奏折，接近两百页，内容非常详细，包括军费的历史沿革、财政收入的增减变迁、各地拖欠的具体情况等等。

---

① 梁启超：《中国历史研究法五种》，台北里仁书局1982年版，第83页。
② 杜维运：《史学方法论》，北京大学出版社2006年版，第47、118页。

二、明代历朝实录。现存较为易见的明代历朝实录主要有两个系统：一为江苏国学图书馆抄本，500册；一为台湾版校勘本，一百余册。前者为线装书，字体较大，翻阅较为便利，只是缺少《明光宗实录》，《明熹宗实录》也有部分删节，抄录之中讹误、脱落、错行时有出现。后者为影印本，个别地方模糊不清，但校勘精良，订正了很多抄录中的错讹。尽管《明实录》也存在篡改等问题，但依然应当作为最基本和最重要的史料来对待。如研究洪武时代的问题，虽然明清史料中相关材料汗牛充栋，但从史源学的角度来说，真正于永乐时期撰就并流传下来的东西并不多。

三、各种政书。本人所使用的政书类文献主要是从四库全书系列丛书和近年影印的一些善本丛书中查找，主要包括《万历会计录》《明会典》《国朝典汇》《漕运通志》《马政志》《嘉靖事例》《太仓考》等。这类文献对于研究制度史有非常大的帮助，尤其《明会典》对制度的发展变迁有较为清晰的记录，《万历会计录》对九边各镇的兵马数量、屯田、民运、开中、京运、月粮则例、修边、钱粮管理和仓储等问题有非常详细的记载，并提供了大量可资参考的数据。

四、各种志书。志书包括两类：一类是供应明代九边军费的北方几个省区，如山东、河南、陕西、山西、北直隶等的地方志，尤其是山西、陕西的地方志；二是九边的相关志书，明代边疆地方志的编纂非常发达，留下大量关于九边的专门志，如《皇明九边考》《边政考》《四镇三关志》《宣大山西三镇图说》《两镇三关志》《辽东志》等等。这些材料非常有用，而且一般都附有地图。在国家图书馆，笔者查阅到较少为人们所使用的部分边镇志书，如崇祯《甘肃镇考见略》、万历《延绥镇志》、正德《宣府镇志》、万历《肃镇志》等等。

五、明代各种奏折。之所以将奏折单独列出，是因为奏折对开展具体问题的细部性研究非常关键，它可以提供大量翔实而丰富的材料。奏折使用时要注意，古人记载数字相当不确定，分类比较模糊，比如马牛骡驴共XX匹头只，粮料银草共XX两石束。明代奏折比较集中的材料是《明经世文编》，由于卷帙浩繁，加之编选者强调所谓的"经世",该书选取的材料和原稿相比,许多奏折被剪头去尾,甚至也有中间删除若干内容者,这就导致其选文多数时间不明。要考证奏折的大致时间,必须和《明史》中的传记材料相对照才可以基本解决。

六、明人笔记、文集史料。此类文献现在很多已经标点出版,利用较为方便。目前本人使用的主要是中华书局出版的"元明笔记史料丛刊"系列点校的各种笔记文集。另外,我们在使用现已影印出版的数套《四库全书》中,往往忽略对"子部"和"集部"资料的搜集和整理,其实在集部的各种文集中,包含有大量可资利用的资料。它们一般相对分散,但能够提供一些比较鲜活的东西。"子部"中有些文献也非常宝贵,如茅元仪《武备志》是研究明代九边军费的必备资料之一,即列在"子部"兵家类。中国古代文人的叙事,一个明显的特点是比较喜欢夸张,动辄曰"富者田连阡陌,贫者无立锥之地"。在使用此类资料时,不能根据一些只言片语的记载,对研究对象做出不切合实际的评估。①

现代学术研究,越来越注重对理论和方法的应用。笔者认为,历史学研究的基本出发点依然是事实的重建,在发出"为什么"的疑问之前,首先必须弄清楚"是什么"的问题。1920年,梁启超在为东南大学史地学会演讲时谈到:

---

① 关于晚明三饷的研究就存在这种倾向。为应对日渐危机的辽东战局,当太仓库无银可支时,最简便有效的办法便是加派。是故明代的三饷加派历来为人们所诟病,论者长篇累牍地论证加派的危害及其对民间造成了多么沉重的负担,并将之认定为明代灭亡的重要原因之一。业师陈支平教授的研究指出:"明代后期有所谓的'三饷'加派,可以算是封建社会晚期最臭名昭著的田赋加收了,但心平气和地分析,三饷所加,不过每亩'九厘'银,按明末的粮价折算,尚不足十斤稻谷,这在明末的亩产量中所占的比例,微乎其微,但是无论是明人、清人,或是今人,好像都认为明代的灭亡,三饷加派是一个重要的原因。"(陈支平:《历史学的困惑》,中华书局2004年版,第29页)我认为,这一观点具有方法论上的指导意义。从国家政策的角度而言,它对民间社会造成的负担说不上特别沉重,至于中间转嫁、加征、带征、耗羡等弊端则另当别论。

> 总之凡做学问,不外两层功夫:第一层,要知道"如此如此";第二层,要推求"为什么如此如此"。论智识之增殖,自然以第二层为最可宝贵,但是若把第一层看轻了,怕有很大的危险;倘若他并不是如此,你模模糊糊的认定他如此,便瞎猜他为什么如此,这工夫不是枉用吗?枉用还不要紧,最糟是瞎猜的结论,自误误人。所以我们总要先设法知道他"的确如此如此"。知道了过后,我自己能跟着推求他"为什么如此",固然最好;即不能,把事实摆出来让别人推求,也是有益的。①

本书的写作坚持常识的立场。所谓常识,其实就是明白日常事理的能力,就是人尽皆知的浅显道理。坚持常识的立场,也就是尽量不带有任何先入为主的观念或理论,直接从史料中分析和解构明代九边军费所体现的深刻的社会经济内涵。以常识的思维出发,本书对与九边军费相关的部分问题重新进行实证性或理论性探讨。

实际上,就明代军费研究而言,无论是积极的结论还是消极的结论,我们若想找出一些材料来印证极其简单,困难的地方在于如何处理与自己观点相左的材料。此时,不少人选择了格勒定律:如果事实与理论不符,这事实必须被抹去。使用这些被精心选择的所谓典型史料得出的结论,也只能是李伯重所论及的"选精法"和"集粹法"将导致历史研究的"虚像"②,我们无法探知历史的真相。这种粗线条勾勒,看似带有普遍意义的宏大叙事往往经不起简单的推敲。就历史研究而言,对过程的描述和细部的考察远比得出若干条结论更为重要。越深入到历史的深处越能洞悉其无穷的奥妙,同时也越能发现所谓历史发展规律其实就是基本的常识。

若如此,倒不如不去刻意寻求理论。先哲有云:世间许多事,只

---

① 梁启超:《中国历史研究法补编》,中华书局2010年版,第227页。
② 参见李伯重:《理论、方法、发展趋势:中国经济史研究新探》,清华大学出版社2002年版。

消常识,便得了然。在本书的构思过程中,笔者也曾经为理论而倍感伤神,为方法而困惑不已。事实上,这个问题曾经给我造成非常大的烦恼。面对浩如烟海的史料,我脑海中闪现的不是理论,而是奔腾的千军万马、满载银两或粮食的运输车辆、朝野上下为军费面红耳赤的争执,究竟用什么理论才能概括、用什么方法才能描述呢?似乎没有什么理论将其完全概括和包容,似乎建立一个囊括一切的理论框架的努力纯属徒劳。一时间,笔者似乎茅塞顿开,干脆抛开理论就事论事。罗志田的观点似乎为我的想法提供了"理论支持":"在具体题目的研究上,则不一定非要套用什么特定的理论不可。因为任何具体的理论都自成'体系',有其附带的框框,未必全适用于异时异地异学科的研究。从根本言,若把'理论'定义到切入角度、认识立场和研究取向等非常宽泛的程度,史学研究显然离不开理论。就具体的个案考察分析而言,像一些社会科学学科那样先明确所依靠或运用的理论,然后按图索骥式地循理而论,当然不失为一种可以尝试的方式;但是否必须如此,我也还有些存疑。"①

本书在写作过程中,没有刻意寻求理论的支撑,一般先就一个专题做资料长编和大事年表,希望从"资料排比"中辨析抵牾、发现真实。事实上,这种资料排比也更有利于我们"发明"史料。当代著名学者黄侃认为,"所贵乎学者,在乎发明,不在乎发见。今发见之学行,而发明之学替矣"②。根据我的理解,这里所谓"发见",应指新史料的发掘;所谓"发明",应指对原有史料的重新诠释和解读。同时,为开展研究工作,整理资料长编和大事年表,也可以最大限度地避免我们在收集和解析资料的过程中出现目的性、定式性思维。在我看来,无论是理论还是方法,都没有先进和落后的区别,个人应当根据自己的知识结构和研究对象选择适合自身的研究方法。"史无定

---

① 罗志田:《见之于行事:中国近代史研究的可能走向》,《历史研究》2002年第1期。

② 黄侃、黄焯:《蕲春黄氏文存》,武汉大学出版社1993年版,第218页。

法"应该成为历史研究最基本的出发点。

三、本书主要内容及其相关问题

本书在考证明代九边兵马钱粮数量变化的基础上,从制度史和政治史的角度重点研究九边军费的运作情况及其由军费体现的各部门之间的内部关系。由于学界对九边军费做了非常深入的探讨,且成果斐然,本书不刻意追求体系的完整,采取专题的形式对九边军费的部分问题加以探讨。全书共分七部分:

第一章,考证明代九边军队数量。从有限的几个洪武永乐时期的军队人数看,明中期以后的数量远远低于明初的人数。九边军队人数经过宣德正统时期的短暂下降后,景泰年间至正德之前,九边各地保持了基本的稳定,正德至嘉靖时期增加较为明显。所谓嘉靖四十五年(1566)的额定经制仅为一理想数据,实际数量远低于此。隆庆以后,明代九边军队保持在六十万人左右。在九边各地,不同边镇不同时期人数的增减变迁,深刻反映了明代北部边疆局势的紧张与缓和、征战与和平。

第二章,考证明代九边马匹数量。除个别边镇外,各种史料记载的所谓马匹原额基本没有正统以前的数据。从不同时期马匹数量看,弘治年间九边马匹数量出现第一个高峰,正德年间,边镇操守军队继续增加,但马匹数量出现下降态势,这一态势显示出明代边镇马匹供应日渐困难,马政日渐废弛。嘉靖初年,经过嘉靖革新后,各边镇操马数量基本接近弘治时期的数据。嘉靖时期边镇马匹数量的锐减与明代马政的变革密切相关。万历以后九边马匹数量的减少,缘于太仆寺马价银被大量挪借,终致太仆寺既无本色马,又无折色银,无休止地挪借最终导致明代边镇马政陷入崩溃的状态。

第三章,考证明代九边京运年例银数量。从九边总的趋势看,在年例银制度形成后的相当长时期内,边镇年例银总量并没有大规模的增加。正统后期明政府开始固定发放年例银,至嘉靖十九年

(1540)前后,合计为44万两,在九边年例银形成的近百年间,各镇年例银总数仅增加11.5万两。尽管这一期间由于边镇危机、钱粮蠲免、民运拖欠等因素,户部也常有额外给发,但尚未对太仓库财政造成巨大的影响,户部京运的发放一直在可控制的范围内。嘉靖二十九年(1550)之后,九边调兵遣戍,所增兵马日多,饷额倍增,九边京运一直在高位运行。在民运定额不易增加、客兵云集需饷甚急的情况下,增加京运几乎成为解决军饷的唯一途径。

第四章,探讨明代九边军费管理机构及其相互关系。九边军费管理机构可以分为军镇系统和中央系统两个系列。军镇系统主要指总兵、巡抚、各级道员和通判同知等。边镇设立之初,各地兵马钱粮统归镇守总兵官管理。在巡抚等文官系统逐渐设立后,钱粮管理实现从武到文的转变。道员和通判等一般列衔在各地布政司、按察司,或者府一级行政单位,由此形成边镇钱粮管理中的"寄衔"制度。中央系统主要指户部管粮郎中,管粮郎中是明代九边军费管理系统中的重要机构,主要职能是提督屯种、钱粮收支和管理、会同各地巡抚处理边镇钱粮事务等。在九边各镇,明代设置了不同系统和级别的钱粮管理机构,彼此之间关系错综复杂,职能各有交叉,形成多层次、多部门共同监管的钱粮管理体制。边镇钱粮浩繁,收支数量巨大,各管理机构在处理有关事宜之时,往往彼此之间共同参与,以收其效。同时,在军镇系统和中央系统之间,彼此冲突也在很大程度上影响钱粮管理职能的发挥。

第五章,讨论明代九边马匹的补充问题。为应对马匹的不断死亡,明代实行了桩朋银制度,这一制度的基本原则是根据军队中的等第高低分别出银,等第高者出银较多,等第低者出银较少。桩朋银的征收和存储有两种方式:一种是军官自行收支,一种是军官征收之后解送各地行太仆寺管理,由太仆寺负责开支买马事宜,其基本趋势是由各营武官自行管理逐渐向行太仆寺统一管理过渡。桩朋银的基本初衷在于"损有余补不足"。问题在于,无论是指挥、都指挥、千百户,还是军人中的上等富裕者,相对于普通军人而言,他们均为事实上的"有力之家",伴随着整个社会机制的退化,他们总能以各种途径转嫁自己的负担,从而最终危及到下层普通士兵。任何一项制度设计,其实都是多方博弈的结果,要想该制度能够按照最初的设计意图运作,必须考虑到各个相关利益方的关切,并达成基本的均衡和妥协。在宣府,为补充马匹的不足,还实行了团种制度。

  第六章,讨论明代九边本色粮料的召买与运输。万历四十六年(1618)辽东战争爆发后,为保证边镇有足够的本色粮料,明政府实行了召买制度。万历末年的召买主要在山东实施,围绕召买数量的核定和召买资金的筹集,山东地方有司与户部、督饷大臣展开激烈的争论。在召买数量无法减少的情况下,山东地方与户部的争执主要在于资金如何筹措,随着地方势力日渐坐大,最终户部不得不做出妥协。同时,本章以蓟州镇为例,讨论了明代九边的军饷运输。蓟州镇所属各地的本色粮食供应主要通过漕运来实现,其任务由漕运机构中的遮洋总来执行。明代遮洋总设立于永乐时期,除隆庆年间有短暂革除外,终明一代该机构一直存在,但其职能在万历元年以后发生比较大的变化。在不同时期遮洋总有不同的运输路线,所谓海运仅仅是其运输路线中的一小部分。遮洋总运输漕粮的改折对明代漕运和北部边镇军饷供应体制产生了重大影响。

  结论,从新的视野讨论了明代九边军费问题。从整个明代的情形分析,九边军队、马匹数额并没有大规模增加,但由户部给发的年例银有比较迅速地增长,其主要原因在于明代经历了从赋役范畴内军费到财政范畴内军费的演变过程。在明代,由户部掌管的太仓库财政并未承担起国家财政的职能,以军费开支在太仓库总支出的比例逐渐增大为理由,认为九边军饷导致了明代财政危机并进而导致明代的灭亡是站不住脚的。明代九边军费的拖欠和挪借表明,晚明经济的发展是少数产业和少数人的发展,这种发展一定程度上掏空了国家,掏空了社会,国家和社会在一定程度上被利益集团所绑架。从各机构在军费运作中的关系看,晚明的问题并非军饷剧增和财政不足,最大的危机依然在于,随着国家政治控制力的式微,官僚系统的集体性腐败、怠政和不作为。

笔者对相关问题说明如下。

第一,关于九边。九边是对明代在北部边疆设立的九个边镇的统称,一般指辽东、蓟州、宣府、大同、山西、延绥、固原、宁夏、甘肃九镇。时至今日,由于各自所定标准不一,学界对九边的设立时间问题仍有比较大的争论。本书不拟对该问题加以详细的考辨,一则由于赵现海在其博士论文中已经就此做了较为细致的说明[①];二则明人本身也没有就何谓"镇"作出明确的界定;三则是九边各镇的设立应该是一个动态的过程,无论订立何种标准,都很容易为该标准所限制,从而忽视了各边镇之间的不同情况。我认为彭勇的观点是可以接受的,他说:"包括宣大在内北边防御体系的演变是一个渐进的历史过程,意欲以某一点来标注某一重大历史事件、人物或问题的做法难免有割裂历史之嫌,也因此平添几分纷争。"[②]在具体的论证过程中,本书主要根据明代相关文献考察九边的历史变迁。

第二,关于数据的精确性和表述方式问题。本书涉及大量军马钱粮的数据,明代银两和米豆等的计量单位非常琐屑,如米以石、斗、升、合、勺、抄、撮、圭、粒、粟计算,银以两、钱、分、毫、丝、微、纤、沙、尘计算,除部分数据(如米价)确有必要外,本书关于钱粮的统计一般只精确到"两"和"石"。另外,按照出版界相关规定,文章对有关数据的书写方式做了一定的技术处理。史料中给出的数据若精确到个位数,则以阿拉伯数字表示,如军队人数为34753名、马27431匹、银374824两、米248392石,等;史料中给出的数据若非十分精确,则直接引用史料中的原表述方式,如军队人数四万五千余名、马一万三千二十余匹、银三十五万四百余两、米一百二十五万三千二百余石,等等。

[①] 赵现海:《明代九边军镇体制研究》,东北师范大学2005年博士学位论文,未刊稿。

[②] 彭勇:《明代北边防御体制研究——以边操班军的演变为线索》,中央民族大学出版社2009年版,第193页。

第三，为避免过于繁琐，本书以章为基本单位处理注释及相关问题。

任何历史著作，无论个人如何谨慎，无论如何标榜自己客观研究历史，最终都会掺杂个人的主观因素。西方史学家葛隆斯基说："不论史学家有多诚实，他的著作必是自己环境、教育和价值结构的产物。而他对历史的解释就是个人信仰和人生观的结晶。若说这些因素未曾深深地影响其著作是不可能的。"[①]其实，这正是历史学的魅力和价值所在。对于同样一个历史人物或者历史事件，由于知识结构、价值观念、时代背景等的差异，人们的解释往往大相径庭，这正体现了历史本身的丰富多彩。九边军费是一个庞大的课题，要探明其中的种种细节，非个人之力可以胜任。我不敢奢望自己的习作能有多大的价值，但愿文中所讨论的若干问题能将明代九边军费研究往前推进一小步。

---

① 转引自王尔敏：《史学方法》，广西师范大学出版社2005年版，第183页。

第一章 明代九边军队数量考

明代九边军马钱粮数量的考证，历来是九边研究中的一个热点问题。现有研究对明代九边军队人数给予了充分的关注，也取得了相当的成果。①无论是军队还是马匹数量的探讨，都存在一个非常棘手的问题，即不同记载相互抵牾，彼此之间转抄严重，即便对于不同史料中记载的相同数据，也很难判断其可信度究竟几何。对九边军队人数的考证，关键是厘清史料中各种"原额"数据的彼此关系(参见附表1—1)。本章拟在前人研究的基础上就明代九边各个时期的军队数量进行考证。

---

① 梁方仲以万历《明会典》为依据，分别开列了明代各镇军马额数，他将军数、马数原额定为永乐年间的数据。吴晗列表统计明代各镇军马额数，将原额视为永乐以后。王毓铨认为所谓原额不如视作弘治时期更为妥当。其后，梁淼泰从各种史料入手，分镇论证明代军人原额问题，张松梅也对这一问题进行了考辨。赖建诚依据五项较为系统的史料，考察了从嘉靖十年到万历三十年的军队数量变化。以上参见梁方仲：《中国历代户口、田地、田赋统计》，中华书局2008年版；吴晗：《读史札记》，三联书店1956年版；王毓铨：《明代的军屯》，中华书局2009年版；梁淼泰：《明代"九边"的军数》，《中国史研究》1997年第1期；张松梅：《明初军额考》，《齐鲁学刊》2006年第2期；赖建诚：《边镇粮饷：明代中后期的边防经费与国家财政危机，1531—1602》，浙江大学出版社2010年版。

第一节 宣大三镇

一、宣府镇

在宣府镇军队人数的记载中,有"原额"共计 12 处,另有"国初"或"明初"数据 3 处,标明"洪武二十五年"数据 2 处,合计共 17 个原额数据。细察记载 17 个数据的史料,可以分为 4 个系统:记载原额为"126395 人"的正德《宣府镇志》、嘉靖《宣府镇志》、潘潢著《议勘宣府新军疏》(《明经世文编》卷一百九十七)和《春明梦余录》(《明宪宗实录》记载原额为"122586 人",《苑洛集》《明经世文编》卷二百六十五胡宗宪著《题为陈愚见以裨边事疏》记载原额为"十二万人",与此基本接近,归为同一系统,以下简称系统一),记载原额为"151452 人"的《宣大山西三镇图说》《万历会计录》《明会典》《续文献通考》《武备志》《度支奏议》《九边图说》(以下简称系统二),记载原额为"三万九千余人"的《鹭言》《明世宗实录》(以下简称系统三),记载原额为"49424 人"的《太仓考》(以下简称系统四)。梁淼泰将上述系统一和系统二视为同一组数据,认为其差额系由班军是否计算在内所导致,并进而认为该数据是永乐时期的原额[①],张松梅也作如是论断。[②]

该论断有如下两个问题无法解释:

第一,系统一中无论是正德《宣府镇志》还是嘉靖《宣府镇志》,都明确标明"126395"人系洪武二十五年(1392)额设数量。正德《宣府镇志》云:原额官军 126395 员名,俱系洪武二十五年设立。镇城原

---

① 梁淼泰:《明代"九边"的军数》,《中国史研究》1997 年第 1 期,以下引梁淼泰观点,凡未标识者,俱出自该文,不再注明。

② 张松梅:《明初军额考》,《齐鲁学刊》2006 年第 2 期,以下引张松梅观点,凡未标识者,俱出自该文,不再注明。

额官军 56154 员名,西路原额官军 25103 员名,北路原额官军 29210 员名,东路原额官军 6762 员名,南路原额官军 5642 员名,中路原额官军 3524 员名。①嘉靖《宣府镇志》载:洪武二十五年诏定本镇兵额,宣府兵额共官军 126395 员名,镇城 56152 员名,东路 6762 员名,北路 29210 员名,中路 3524 员名,西路 25103 员名,南路 5642 员名。②从两处记载看,嘉靖志明显抄袭了正德志的材料,将两志书的镇城和各路军队人数相比,除镇城嘉靖志中人数比正德志少 2 人外,其他完全一致。由军队数量总额和具体分布情况考察,嘉靖志中的"镇城 56152 员名"显然系正德志中"56154"之误。正德志是现存材料中成书年代较早的一种,不能轻易否定"洪武二十五年"之说的可靠性和真实性。如果对该材料记载的时间有质疑,也必须有足够的理由。梁淼泰没有引用两种《宣府镇志》的材料,自然也没有对此进行说明。

第二,梁淼泰和张松梅引用《明宪宗实录》材料"万全都司所属一十九卫所,原额骑兵十有二万二千五百八十六"③,并以其他材料相佐证,说明此数据系永乐时期宣府镇的军队原额。查万全都司至宣德五年(1430)才设立,是年"置万全都指挥使司,时关外卫所皆隶后军都督府,上以诸军散处边境,猝有缓急无所统一,乃命于宣府立都司……宣府等十六卫所皆隶焉"④。这条材料说明,永乐时期根本没有万全都司的存在,更遑论所辖 19 卫所的问题了。而且,该材料还表明,万全都司设立之初,共辖 16 卫所,则其陆续添设至 19 卫所必然是设立之后的事情,即必定在宣德五年之后。如果认定该数据为永乐时期宣府镇军队数量,必须对上述矛盾之处给予合理的解释。

综合以上论述,笔者认为,系统一中无论"126395"还是

---

① 正德《宣府镇志》卷五《武备》,嘉靖增修本。
② 嘉靖《宣府镇志》卷二十一《兵籍考·皇明》,中国方志丛书本。
③ 《明宪宗实录》卷五十五,成化四年六月丙辰。
④ 《明宣宗实录》卷六十七,宣德五年六月壬午。

"122586",均非永乐时期的数据。这里,不妨另辟他途,结合明初宣府镇卫所设立、数量增减及归属变化等诸多情况来考察。

根据郭红的研究,永乐以前,宣府诸卫所隶属山西行都司管理,洪武二十六年(1393)二月,始置万全、宣府诸卫所,其中隶属后来宣府镇范围者大致有万全左卫、万全右卫、怀安卫、蔚州卫、广昌所、宣府左卫、宣府右卫、宣府前卫等。从洪武十二年(1379)到二十五年(1392),山西行都司只拥有六卫和一个守御千户所,洪武二十五年(1392),朱元璋命大批官员往山西各地籍民充实大同等处,共籍军伍八万余人。永乐时期,宣府诸卫改归直隶留守行后军都督府,并在宣府一带陆续设立部分卫所。至永乐末年,宣府一带已经有十四卫二所,宣德五年(1430)万全都司设立之时即以此为辖区。① 这说明,洪武二十五年,在宣府镇一带还没有卫所的设立,更谈不上额定军队数量的问题。即便以二十六年(1393)设立的卫所计算,宣府镇范围共计万全左等八卫所,如果《宣府镇志》记载的"126395"为真实的数据,那每个卫所的军数当在一万五千余人,大大突破了明代每卫5600人的建制。而且,上述洪武二十五年于山西各地籍民充实山西行都司才得军丁八万余,当年仅宣府诸卫即额定军伍十二万余人的说法实在令人难以信服。更何况,宣府建镇并各路的陆续设立,是一个渐次的过程,最初额定军伍根本不可能将各路人员定额分配。笔者认为,《宣府镇志》将额定"126395"人的时间记载为洪武二十五年当误。

再看"122586"人,这一数据的基本前提是万全都司此时已经设立19卫所。根据《明英宗实录》的记载,万全都司拥有19卫所的时间至迟在正统四年(1439),该都司设立后,"其后宣府陆续添设保安等卫所,通旧八卫共一十九卫所"②。以19卫所有官军122586人言,

---

① 郭红、靳润成:《中国行政区划通史》(明代卷),复旦大学出版社2007年版,第269—273、319—328页。

② 《明英宗实录》卷五十五,正统四年五月丁巳。

宣德时期16卫所军队数量当不会超过此数,故"126395"员名的原额数据不会为永乐时期宣府镇的军队人数,更不会为洪武二十五年的额定数量。

从万全都司以及卫所的陆续设立看,系统一中的原额十二万余人应当是正统初年的数据。系统三中的国初三万九千余人,实则与系统一相互对应。嘉靖二十八年(1549)户部奏,"宣府官军,国初时三分城守、七分屯种,当时备操者止三万九千余名,正统以后撤屯丁为操军,已非旧额"①。以备操部队人数和守屯比例计算,当时军队总人数接近十三万,与系统一宣府镇军队数量大致相同。通过其他史料还可以断定,所谓"国初"当指正统初年。正统四年(1439)统计,"大同、宣府守备官军六万四千五百五十三人",该数据应该说是相对准确的,"上以大同、宣府极冷,军士辛勤,敕总兵官武进伯朱冕、都督谭广等具军数以闻"②。正统九年(1444),"大同总兵官武进伯朱冕等奏……今本处军马止有二万四千六百余人"③。以此计之,正统时期宣府镇操守军队人数大致在四万左右,与"国初时三分城守、七分屯种,当时备操者止三万九千余名"吻合。这再次说明,系统一中原额十二万余人的记载应当是宣府镇正统初年的数据。

记载系统二原额151452人的材料共有7种,与系统一中各数据稍有差异不同,该组数据完全相同。在记载该数据的史籍中,《九边图说》刻于隆庆三年(1569),《宣大山西三镇图说》《续文献通考》成书于万历三十年(1602)前后,《万历会计录》最终成书于万历十年(1582),所记载大多为万历八年(1580)的统计数据,《明会典》成书于万历十五年(1587)④,《武备志》刻于天启年间,《度支奏议》刻于崇

---

① 《明世宗实录》卷三百四十九,嘉靖二十八年六月甲辰。
② 《明英宗实录》卷六十一,正统四年十一月丁卯。
③ 《明英宗实录》卷一百十六,正统九年五月庚申。
④ 由于《明会典》现存两部,为便于区分,本书所称《明会典》均指万历本,凡使用正德本的材料,均注明为:正德《明会典》。

祯时期。上述文献有一个共同的特征,即除《九边图说》外,其余全部成书于万历以后。再结合其他各边镇的军队数量记载,上述文献九边各地记载的原额除极个别边镇有所差异外,其余几乎完全一致。问题由此而生,分别记载相同数据的文献之间应当存在转抄关系,从时间先后顺序和文献间的传承看,《续文献通考》照录了《九边图说》的数据,《万历会计录》基本抄录了《九边图说》的数据,《明会典》《宣大山西三镇图说》《武备志》《度支奏议》可能抄袭了《万历会计录》的数据。

  判断这一原额的时间,还可以从《明会典》来考察。按《明会典》现存两部,一部为正德本,一部为万历本,万历本即以正德本为祖本。正德本没有关于九边军队人数的系统记载,这说明正德时期系统二中的原额数据可能还没有出现。考虑到正德《明会典》作为明代行政法的性质,如果此时九边已经形成一套完整的边镇军队人数的数据,该书当记录在案,而且以其为祖本的万历《明会典》定会以此为据。也就是说,该原额为正德以后的数据,明确这一点非常重要。

  嘉靖中期以后,明代边防危机日渐严重,以致酿成嘉靖二十九年(1550)的庚戌之变,明廷上下震惊,举国哗然。此后开始整顿北方防务,作为京师门户的宣府自然备受重视。嘉靖四十五年,明政府系统开展边镇兵马钱粮清理查核,重新拟定经制数量,形成一组较为完备的兵马钱粮数据。现有史料表明,这次清理涵盖了九边各地,并非某个区域的个别行为。"总督宣大山西尚书王崇古言,三镇自嘉靖四十五年议定经制。"[1]户部题"延绥镇……自嘉靖四十五年议定经制。"[2]"各边兵马钱粮俱有定额,嘉靖四十五年议定经制。"[3]"国家之设经制,始自嘉靖四十五年。……盖因数十年间,九边请乞日烦,钱

---

[1] 《明穆宗实录》卷六十六,隆庆六年二月甲辰。
[2] 《明神宗实录》卷八十八,万历七年六月庚辰。
[3] 《明神宗实录》卷二百三十四,万历十九年闰三月己巳。

粮自(日)增,不得已限之以经制。"①考虑到正德以前没有该原额数据的记载,这意味着原额"151452"必定为嘉靖以后的数据,结合其他边镇的情况,这一原额数据应该是嘉靖四十五年的额定经制数量。毕自严将其定为"国初原额"实误。②

至此,可以说依然没有直接的证据说明宣府镇嘉靖四十五年确定经制数量为 151452 员名,这可能也是读者感到比较困惑的地方。《三云筹俎考》记载大同镇的情况可以证明这一判断是准确的。自嘉靖十五年(1536)至嘉靖四十五年,大同镇清理该镇军伍数量,并不断招募壮勇,旧额新增军伍共计 135778 员名。③该条材料表明,嘉靖四十五年大同镇确实进行了额定经制的清理工作,当年军队数量为 135778 员名。在大同镇军队原额的记载中,《宣大山西三镇图说》《续文献通考》《武备志》《度支奏议》《万历会计录》《明会典》《九边图说》等史料将嘉靖四十五年的"135778"员名确定为"原额",这一原额很显然是额定经制数量。据此可证,上述万历以后明代史料所记载的宣府军队原额"151452"为嘉靖四十五年的经制数量。在以后的行文中除特殊情况外,一般不再具体论证各镇是否当年进行额定经制工作。

在宣府镇原额记载中,出自《太仓考》中的系统四"49424 员名"令人不解,查《太仓考》其他边镇"原额",除固原镇外,其原额数基本与《万历会计录》系统一致。而且《太仓考》和《万历会计录》同为万历十年前后户部编纂的国家钱粮出入统计文书,两者何以有如此大的差距,此待考。

以下分别考察宣府镇不同时期的军队数量。

在明初洪武永乐时期的连续打击下,北方蒙元残余势力暂时处

---

① 董其昌:《神庙留中奏疏汇要·户部》卷六《户科给事中韩光裕题为重镇蠹坏等事疏》,续修四库全书本。
② 毕自严:《度支奏议·堂稿》卷三《召对面谕清查九边军饷疏》,续修四库全书本。
③ 王士琦:《三云筹俎考》卷四《军实考》,续修四库全书本。

于守势，无力组织对明朝北部边疆大规模的进攻，宣德正统时期明代北方进入一个和平期。就宣府的情况来说，尽管此时有军队十二万余人，但操守部队仅四万左右。正统后期，宣府镇操守军队进一步减少，正统十二年（1447），总兵官左都督杨洪言，"宣府操备、哨守等项马步官军止一万三千五百余人，城堡、关隘一十四处"①。两年后总督独石、永宁等处守备都指挥金事赵玟的上奏表明，这一数据是可信的，"独石、马营、云州、赤城、雕鹗等七堡止有军马七千"②，尽管目前还不能考察当时每个城堡关隘的人数有多少，但由七堡军伍七千人推断，"城堡关隘一十四处"有马步官军一万三千五百余人符合常理。

《宣府镇志》载："宣镇存籍官军总九万三百四十六员名，内操备官军五万五千一百九十五员名，杂差官军三万五千一百五十一员名。此正统景泰时兵数。"③该数据应当为景泰时期宣府镇的官军人数。景泰元年（1450）二月，宣府、大同二镇仅巡哨官军即达到48884人。④这一数字变化说明，景泰时期宣府镇确曾增添大量兵马，"操备官军五万五千一百九十五员名"应为景泰时期的军队人数。

根据叶盛在成化元年（1465）的统计，宣府镇时有官军57261人，这一数据具有很高的可信度。叶氏时任宣府巡抚，这是他亲自踏勘各地得出的实在数量。"各属原额屯操守战官军、舍、余、土兵等六万六百六十六员名，是年报夏季数，除逃亡外，实五万七千二百六十一员名，实食粮文武官吏军兵五万四千八十八员名。"⑤从"食粮文武官吏军兵五万四千八十八员名"看，成化初年宣府镇的操守部队应该在五万人之上。从弘治时期的几个数据看，成化弘治年间，宣府镇军队人数没有太大的变化。弘治时，马文升言："我之所恃以捍御北

---

① 《明英宗实录》卷一百五十八，正统十二年九月丁巳。
② 《明英宗实录》卷一百七十九，正统十四年六月癸酉。
③ 嘉靖《宣府镇志》卷二十一《兵籍考·皇明》。
④ 《明英宗实录》卷一百八十九，景泰元年二月壬午。
⑤ 叶盛著，魏中平点校：《水东日记》，中华书局1980年版，第333页。

房者,惟大同、宣府二镇以为藩篱,但各镇军马通不过六万。"①嘉靖时期,冯清谈及宣府镇军队增加的情况,"宣府一镇,自洪(弘)治九年以来兵粮渐增,日长月益,即今尺籍稽之,官军实七万七千六百余员名……较洪(弘)治时兵增一万九千五百有奇"②。以两数据计算,弘治九年(1496)宣府军队为五万八千一百余人。这与当时户部上奏宣府官军"弘治间增至五万八千余名"相符③。

嘉靖《宣府镇志》载,"实有官军总六万六千九百七十九员名,内操备官军五万七百五十九员名,杂差官军一万六千二百二十员名",其后该志特别标注:"此弘治正德以来兵数。"④查正德《宣府镇志》,所记数量与此相同,且标注为现额数,因此该数据应当为正德时期宣府镇的军队额数。⑤这一数据与"正德八年间都御史丛兰尝核实宣府官军六万七千四百余员名"基本一致⑥。此后,宣府镇军队人数有所增加。正德十一年(1516),王琼言:"镇守宣府总兵官潘浩、巡抚都御史王纯、镇守太监于喜俱受朝廷重托镇守边疆,手握重兵几至八万。"⑦正德十年(1515)管粮郎中陈溥开报当年下半年大同镇官军人数为58136员名⑧,而当时"宣大二镇现有食粮官军一十四万"⑨,从这几个数据看,正德十一年前后宣府镇有军队八万

---

① 陈子龙:《明经世文编》卷六十四《马文升·为大修武备以预防虏患事疏》,中华书局1962年版。
② 《明世宗实录》卷七十六,嘉靖六年五月丁酉。
③ 《明世宗实录》卷三百四十九,嘉靖二十八年六月甲辰。
④ 嘉靖《宣府镇志》卷二十一《兵籍考·皇明》。
⑤ 正德《宣府镇志》卷五《武备》。
⑥ 《明世宗实录》卷七十六,嘉靖六年五月丁酉。巡按直隶御史王楠曾言,正德间宣府镇军队增至六万九千二百余名,与上述两个数据没有太大的差别。参见徐日久:《鹭言》卷十二《措饷·权本折》,四库禁毁书丛刊本。
⑦ 王琼:《晋溪本兵敷奏》卷三《宣府大同类·为劾奏镇巡官失误军机事》,续修四库全书本。
⑧ 王琼:《晋溪本兵敷奏》卷三《宣府大同类·为军务事》。
⑨ 王琼:《晋溪本兵敷奏》卷三《宣府大同类·为边务事》。

人左右是可信的。

　　嘉靖六年(1527)，明世宗诏令核实宣府、大同军储,时清查宣府实有官军七万七千六百余人,这与宣大总督江东等人所奏"十九年以前军马未必盈于八万之额"相符①。至嘉靖十九年(1540),镇守宣府总兵官白爵奏"宣府一镇官军八万"②。根据潘潢的奏报,嘉靖二十四年(1545)给事中李文进等查盘册开宣府实在官军77848员名,连同嘉靖二十一等年招募新军8599员名,嘉靖二十八年(1549)通共84447员名。是年,宣府郎中张习呈缴二十八年冬季边储簿内实在官军82974员名,而当时兵部咨送总兵官奏开实在官军56300员名。③

　　这里,嘉靖二十八年宣府镇军队人数出现三个不同的数据,且部分数据之间差别甚大,这种情况在其他边镇也同样存在。嘉靖二十八年三个数据的来源分别是潘潢以该年以前有司的查盘数据加上历年上报招募数得出的军队人数、户部管粮郎中根据发放钱粮文册统计数量、各地总兵实际统帅军队数量。潘氏数据的问题在于他将两者简单相加,没有考虑到中间军队逃亡事故、已募而未报等各种因素导致的人数增减,该数据为册籍数量并非实有人数,不足为凭。由于各边镇情形不一,每逢某边镇有警,往往调动他镇官军前往支援,从而形成边镇的主客兵制度。嘉靖以后大量边军入卫京师,二十九年北房更是兵临京城,考虑到以上诸多因素,又加之宣府密迩京师,宣府一地军队频繁调动是可以理解的,总兵官奏开实在数量是当时其所统辖的现有官军人数,已经调往他地的军队应该没有统

---

① 陈子龙:《明经世文编》卷二百八十七《江东·条议宣府钱粮疏》。
② 《明世宗实录》卷二百三十九,嘉靖十九年七月丙申。
③ 陈子龙:《明经世文编》卷一百九十九《潘潢·查核边镇主兵钱粮实数疏》,以下九边各地嘉靖年间军队数量问题,凡引潘潢的数据而未标明出处者,俱出自该疏,不再注明。本条材料嘉靖二十四年的数据出自:《明经世文编》卷一百九十七《潘潢·议勘宣府新军疏》。

计在内,故与其他数据差别悬殊。①在边镇钱粮管理中,嘉靖中期以后实行主客分治的办法,管粮郎中专理主兵,各地兵备分责客兵②,所以管粮郎中上报数据是该镇主兵较为准确的数字。由此,我们在统计嘉靖二十八年的军队人数时,以宣府郎中张习呈缴当年边储簿内开实在官军 82974 员名为准,这一数据系当时宣府主兵人数。③

前已论证,"151452"员名的原额数为嘉靖四十五年额定经制数量,《春明梦余录》将该数据确定为隆庆间人数④,其后梁淼泰以此为据,亦为隆庆数据,实误。隆庆时期,目前仅看到一个数据,即《续文献通考》所记载的隆庆三年(1569)清查九边兵马钱粮时宣府镇有官军 83304 人。⑤结合万历初年的军队人数分析,这一数据应当是可信的。

万历三年(1575),镇守宣府总兵官雷龙开报万历二年(1574)下半年马步之数通镇共原额 145452 员名,实在 79651 员名。⑥这里所

---

① 嘉靖二十八年宣府镇军队五万余人的数据并非孤立现象,成书于嘉靖时期的《秘阁元龟政要》记载当时宣府军数为 54088 人,与总兵数据基本一致。胡宗宪说,"以宣府一镇言之,原额之兵十有二万,今所存者仅及其半"。这两条材料说明,总兵数据并非妄言,其与其他数据的差别可能系统计标准不同所导致。佚名:《秘阁元龟政要》卷十五,第 802 页,四库全书存目丛书本;陈子龙:《明经世文编》卷二百六十五《胡宗宪·题为陈愚见以裨边事疏》。

② 具体参见本书第四章。

③ 从其他材料看,这一数据也是符合实情的。嘉靖三十年(1551),嘉靖《宣府镇志》记该镇军队 91151 人,其中河南班军 3207 人;嘉靖三十四年六月,宣府巡抚刘廷臣奏该镇官军八万有奇,与管粮郎中上报数据基本一致。参见嘉靖《宣府镇志》卷二十一《兵籍考·皇明》;《明世宗实录》卷四百二十三,嘉靖三十四年六月己卯。以下其他各镇该年度军队人数,俱以各地郎中呈缴边储簿开实在官军为准,不再加以考察。

④ 孙承泽:《春明梦余录》卷四十二《兵部一·兵制·九边》,北京古籍出版社 1992 年版。从孙氏记载九边军队人数的方式看,其所记载的"隆庆间数据"多为抄录各边镇嘉靖四十五年的额定经制数量。以下引该书论九边军队人数,凡未标明出处者,均出自本卷,不再注明。

⑤ 王圻:《续文献通考》卷四《田赋考·边粮总数》,续修四库全书本。以下所论隆庆三年九边各镇军队人数,凡未标明出处者,均出自本卷,不再注明。

⑥ 《明神宗实录》卷三十四,万历三年正月戊午。

谓十四万余人可能就是依据嘉靖四十五年的额定数据而言。在《万历会计录》《明会典》《度支奏议》《太仓考》《武备志》中标注有一组"现额"数据，其中《度支奏议》标为"万历旧额"，这一组数据除《太仓考》中宣府镇人数不同外，其他四种材料记载完全一致。正如前面所论证的，《明会典》《度支奏议》《武备志》系抄录《万历会计录》，该书记载的为万历八年(1578)前后的数据，故万历八年前后宣府镇军队人数为79258人。①

从不同时期的数据看，万历年间宣府镇军队没有太大的变化，大致维持在八万左右。万历十九年(1591)，重新拟定宣府大同经制数量，二镇额定官军均为八万人。②万历三十年(1602)前后，杨时宁在各地清查的基础上，上报该镇官军现额81383人。③万历三十八年(1610)，宣府巡抚薛三才上言宣镇近额官军八万二千有奇。④

惟其不同者，万历三十六年(1608)宣府巡抚连标的奏疏与八万余人相差较大。"臣于万历十八年奉差巡按宣大，查核宣府兵马之数共十一万有余。……此正兵部萧尚书总督时，今可问而知也。……(万历三十六年)兵马之数与臣巡按时大略相同。"⑤从连标的身份以及以兵部尚书作为质证看，这里的记载应该没有什么问题。何以有如此大的差距呢？连氏的数字应当是宣府镇军队和马匹的数量总和。笔者关于明代九边马匹数量的考证表明，当时该镇马匹大致在四万

---

① 张学颜：《万历会计录》卷二十三《宣府镇·本镇饷额》，续修四库全书本。刘斯洁的《太仓考》记载为78924人，鉴于二者差别不大，彼此的差异还是可以接受的。《太仓考》的这一数据，又于万历二十一年被户部尚书杨俊民照抄作为当时的实在人数，实际上，杨氏所谓万历二十一年的宣府人数并不准确，实为万历六年前后的数据。参见刘斯洁：《太仓考》卷七之七《边储·宣府》，北京图书馆古籍珍本丛刊本；吴亮：《万历疏钞》卷三十九《边饷类·杨俊民·边饷渐增供亿难继恳乞圣明酌议长策以图万世治安疏》，四库禁毁书丛刊本。

② 陈子龙：《明经世文编》卷四百五十二《梅国桢·请复战马疏》。

③ 杨时宁：《宣大山西三镇图说》卷一《宣府镇图说》，续修四库全书本。

④ 《明神宗实录》卷四百七十六，万历三十八年十月己丑。

⑤ 吴亮：《万历疏钞》卷三十九《边饷类·连标·乞敕会议宣镇钱粮疏》。

匹左右，二者相加基本一致。从语言修辞学的角度考察，一般记载军队人数往往为"该镇官军"之类的用语，所谓"兵马之数"应是"兵"与"马"的合计。万历四十八年（1620），明廷大行赏赐，清理边镇军队实在人数，宣府镇实有 80898 员名。①崇祯元年（1628），毕自严奏宣府镇实在军队额数 79951 人。②同年，王在晋回答崇祯帝的询问时说："宣镇共七万九千九百有奇。"③崇祯时期与万历相比尽管额兵未减，但实有人数在减少，五年（1632），宣府镇"额军八万有奇，今止六万"④。

二、大同镇

张金奎对有明一代大同镇的军队数量变化进行了较为详细的考证，为后来研究者提供了诸多便利。⑤本节拟在张金奎和梁淼泰研究的基础上狗尾续貂，补其缺失。

综合各种史料，大同镇共有原额数据 13 个，可以划分为 5 个系统：记载原额为"135778 员名"的《万历会计录》《明会典》《度支奏议》《太仓考》《宣大山西三镇图说》《武备志》《续文献通考》《九边图说》（以下简称系统一），记载原额为"87782 员名"的正德《大同府志》《苑洛集》（《苑洛集》记载为八万余人，归为同类，以下简称系统二），记载原额为"十二万六千二百余人"的《明世宗实录》（以下简称系统

---

① 《明光宗实录》卷二，万历四十八年八月甲辰。以下各镇万历四十八年的数据，凡未标识出处者，俱准此，不再注明。
② 毕自严：《度支奏议·堂稿》卷三《召对面谕清查九边军饷疏》，续修四库全书本。以下崇祯元年九边各镇军队人数，凡未标注者，俱出此疏，不再注明。
③ 金日升：《颂天胪笔》卷三《召对》，四库禁毁书丛刊本。
④ 《崇祯长编》卷六十四，崇祯五年十月乙丑。
⑤ 张金奎：《明代山西行都司卫所、军额、军饷考实》，《大同职业技术学院学报》2000年第 3 期，以下引张金奎文，凡未标注者，均出自该文，不再注明。

三),记载原额为54154人的《春明梦余录》(以下简称系统四),记载原额为"十四万余人"的方逢时著《备察边情敷陈臆见疏》(《明经世文编》卷三百二十,以下简称系统五)。

张金奎、梁淼泰、张松梅采用了相同的处理办法,将上述系统一、系统三和系统五大致相近的数据划归为同一类别,并将其作为明初大同镇军队"原额"。其实,三个数据之间有本质的区别,不宜因其数量上的接近而将之归为同类。

在宣府镇的军队人数考证中已经证明,记载系统一中数据的史料渊源为《九边图说》。由正德《明会典》无记载而万历《明会典》记录了与《万历会计录》相同的数据看,该数据应为正德以后的数据。《三云筹俎考》中更明确指出,该数据的来源是嘉靖十五年的大同原有军队数量与此后该镇不断招募军丁相加得出的人数总和,至嘉靖四十五年将该数据确定为经制数量。目前没有任何证据证明该经制数据为明初原额。因此,系统一原额为大同镇嘉靖四十五年(1566)的额定经制数是确凿无疑的,不能因在数量上与其他材料的接近贸然将其认定为明初原额。

在笔者看来,考察大同镇明初军队原额数量,最值得注意的数据是上述系统二和系统五。系统二中记载原额八万余人,查《大同府志》修于正德年间,显示该原额为正德之前的数据,《苑洛集》中记载八万余人数据的奏疏作于嘉靖十六年(1537),显示该数据应当在嘉靖以前,由此可以说明这两个接近的原额数据与嘉靖四十五年所谓的原额没有任何关系。

现在再来看正德《大同府志》的记载,查该志记载大同镇原额旗军87782名,并详细开列所属十七卫所军队额数的具体分布。①洪武二十五年(1392)八月,朱元璋命籍民于山西各地充实大同,当年十二月统计,其籍民范围涉及山西宁武以南的各州县,共籍军十六卫,八万余人。次年二月,即以此为基础,置大同后卫及东胜左、右,阳

---

① 正德《大同府志》卷五《武备》,四库全书存目丛书本。

和、天城、怀安、万全左、右,宣府左、右十卫于大同之东;高山、镇朔、定边、玉林、云川、镇虏、宣德七卫于大同之西,皆筑城置兵屯守,以上共计十七卫。①这两处记载中大同镇卫所数与军队人数基本相同,笔者推测正德《大同府志》中的原额(即系统二)为洪武二十六年(1393)大同镇的军队人数。这一推断,读者定会存在这样一个疑问,即尽管同为十七卫所,但《大同府志》的十七卫所与洪武二十六年形成的十七卫所并不一致,如果说两者所记载的卫所名称完全相同,则自然可以断定系统二中数据为洪武二十六年的军队人数,如果两者不同,仅仅依靠卫所数量的相同妄下断言似乎不妥。何以释之?

第一,明代大同都司卫所设立废置变化多端,洪武时期设置的卫所其后多有废除,并在其地设立新的卫所,如安东中屯卫,即为原东胜卫旧地。也就是说,尽管卫所名称有所改变,但这种改变并不意味着大同镇管辖区域的变更,不同卫所间的更替仅仅显示了大同镇内部设置的变化。

第二,查《大同府志》所记载大同镇十七卫所,设立最晚者为成化二十年(1484)的井坪千户所,从该志罗列的卫所军队人数分析,也绝非成化时期的数据。正统以后,卫所军兵开始出现大量逃亡,一般卫5600人、所1200人的定制逐渐流于形式,多数卫所均不满额。以成化《山西通志》记载的大同镇部分卫所旗军人数与《大同府志》所载卫所军队人数对比,便可立见分晓。②在《大同府志》中,除平虏卫仅为三千三百余人,威远卫、高山卫与额制接近外,其余卫所均超出额定经制数量,其中大同前卫达到七千余人,这表明该数据所显示的时代,卫所军丁依然为满额或接近满额。而《山西通志》所显示

---

① 郭红、靳润成:《中国行政区划通史》(明代卷),第270页。
② 以下所列前者为正德《大同府志》数据,后者为成化《山西通志》数据,此处仅举数例。大同前卫,7018:4593;大同左卫,6501:2777;云川卫,5921:2822;阳和卫,5977:2597。具体可参见:成化《山西通志》卷六《兵备屯田》,四库全书存目丛书本;正德《大同府志》卷五《武备》。

的成化时期,卫所基本已经不足额,且除大同镇城所属卫所外,其他卫所缺员严重,此或为佐证之一。

至于系统五中的十四万余人,因其明确标明大同"一镇之军,原额十四万余,二百年来逃亡过半,现在食粮之数仅八万余"①。以洪武末年大同一带卫所的陆续设立看,张金奎认为该数据为洪武二十六年以后至建文四年兵额的观点是可以接受的。系统三中十二万六千余人的数据产生于嘉靖三十二年(1553),查此前除洪武后期外,并无与此接近的数据,该原额亦当大致为这个时期的军队人数,其差额或为统计标准不同,或为卫所增减不一,或为班军计算与否。

系统四中的原额出自《春明梦余录》,该数据与张天复《皇舆考》、顾炎武《天下郡国利病书》记载完全相同,显示其中必有渊源关系,根据文献间的时间顺序,可以推断《天下郡国利病书》和《春明梦余录》应是抄录了《皇舆考》的数据。梁淼泰断定该原额数据为嘉靖二十八年之后,这一论断值得商榷。查《皇舆考》成书于嘉靖三十六年(1557),张天复自序云:其史料主要来源于桂萼《舆地图》、罗洪先《广舆图》、许论《九边论》,许氏地图系嘉靖十三年(1534)绘就②,桂萼《舆地图》在嘉靖八年(1529)已经上呈世宗皇帝,罗洪先的《广舆图》大致完成于嘉靖二十年(1541),这显示该数据最迟也应该是嘉靖前期大同镇的额设数量。从该镇军队人数变化看,该原额数据应当为正德末年嘉靖初年的数量。

洪熙元年(1425),掌山西都司事都督李谦奏:"武安侯郑亨镇守大同,调去本司官军一万三千,计彼所有四万四千三百四人,兵力有余。本司地连东胜,虏寇亦尝侵犯,而兵力寡弱,请于大同取回五千人操守为便。上敕武安侯止留精兵五千,余悉发还。"③考虑到洪熙年

---

① 陈子龙:《明经世文编》卷三百二十《方逢时·备察边情敷陈臆见疏》。
② 赵现海:《第一幅长城地图<九边图说>残卷——兼论<九边图论>的图版改绘与版本源流》,《史学史研究》2010年第3期。
③ 《明宣宗实录》卷九,洪熙元年九月壬子。

的特殊性,可以断定该数据为永乐后期、宣德初年大同镇军队人数,剔除山西都司官军以外为三万一千余人,连同山西备御官军在内大致为四万人左右。正统九年(1444),大同总兵朱冕奏该镇军马有二万四千六百余人。至十一年(1446),合计三路军马才一万五千余人,其中中路七千八百余,东路二千五百余,西路四千八百余。①结合宣府镇的情况看,该数据是可信的,这也显示出正统末年宣府大同一带边镇防务极度废弛,土木堡之变的发生绝非偶然。

成化以后,大同镇军队人数有所增加。成化十年(1474)前后统计山西行都司所属各城堡旗军数量为45795人②, 这与成化十九年(1483)兵部尚书所说"大同各边士马数及四万"比较接近③。弘治时期大同镇军队基本与成化持平。弘治十年(1497),经略边务兵部左侍郎李介建议修复大同边墙城堡,大约五百余里,共用军伍四万,"本镇三路并山西、河南两班备御官军足以差拨"④。根据彭勇的研究,大同镇的河南和山西都司班军前后并没有明显的重大变化,它们一直保持着较为稳定的队伍,无论是春班还是秋班,均为二千余人。⑤因此,班军数量基本对考察大同镇的军队变化不会产生什么大的影响。十四年(1501),提督军务都御史史琳上疏边务,大同西路官军共一万三千八百有奇。时大同分为东西中三路,其中中路军马由总兵统领,人数较多,东西路分二参将统领,人数较少。以西路官军计算之,三路官军当在四万人之上。⑥正德十年大同管粮郎中陈溥开报当年下半年该镇官军人数为58136员名。⑦该数据与笔者推断系

---

① 《明英宗实录》卷一百四十六,正统十一年十月癸卯。
② 成化《山西通志》卷六《兵备屯田》。
③ 《明宪宗实录》卷二百四十,成化十九年五月癸丑。
④ 《明孝宗实录》卷一百三十二,弘治十年十二月癸酉。
⑤ 彭勇:《明代北边防御体制研究——以边操班军的演变为线索》,中央民族大学出版社2009年版,第205页。
⑥ 《明孝宗实录》卷一百七十二,弘治十四年三月丁巳。
⑦ 王琼:《晋溪本兵敷奏》卷三《宣府大同类·为军务事》,四库全书存目丛书本。该处另有一数据,结合上文宣府镇和宣大二镇总人数的考察看,应以此数为准。

统四中的原额基本接近。

根据潘潢的报告，嘉靖十年，大同巡抚蔡天佑奏开本镇官军冬操夏种土兵舍余合计共五万九千余名。嘉靖二十四年（1545），查盘给事中李文进奏开本镇官军65347员名。官军随逃随补，至嘉靖二十八年，实在主兵官军81529员名。魏焕依据嘉靖十九年（1540）前后各边开报手册，大同镇并各路城原设及新添弘赐等五堡马步官军、舍余、土兵、壮勇实有51609员名。①这显示嘉靖十年到二十年（1541）左右，其军队总数基本没有大的变化。从嘉靖二十年以后，大同一带边防危机凸显，该镇开始大量招募壮丁充实军伍，至二十八年，户部管粮郎中册报主兵即达八万余人。嘉靖三十年代，大同镇军队大致在九万人左右。三十二年（1543）二月，给事中徐纲奉旨查勘本镇官军九万二千人；闰三月，兵部言，"大同原额官军十二万六千二百余人，各营分设以有定数，今缺至三万八千余人"；三十四年（1545），大同巡抚王将称本镇食粮官军八万八千余名。②

隆庆二年（1568），兵部援引大同总兵赵岢所奏云："本镇军旧有十三万五千七百余，而今逃亡者五万人……"③由是计之，时该镇军队人数为八万余，这与《续文献通考》所记载隆庆三年（1569）清理大同军伍实有83815员名相符。万历时期大同镇军队人数没有太大变化。二年（1574），宣大总督方逢时言时大同现在食粮之数仅八万余。④八年在九边各地的大清理中，统计该镇军伍数85311员名⑤，该数据即为万历初年的额定现在之数。

万历十九年（1591），大同镇再次厘定经制，将该镇军队定额为

---

① 魏焕：《皇明九边考》卷五《大同镇·军马考》，四库全书存目丛书本。
② 《明世宗实录》卷三百九十四，嘉靖三十二年二月辛未；卷三百九十六，嘉靖三十二年闰三月庚申；卷四百二十三，嘉靖三十四年六月己卯。
③ 《明穆宗实录》卷二十二，隆庆二年七月丁丑。
④ 《明神宗实录》卷三十三，万历二年闰十二月戊寅。
⑤ 张学颜：《万历会计录》卷二十四《大同镇·本镇饷额》。

八万三千人。①当年,阅视大同边务光禄寺少卿曾乾亨条陈该镇实有官军八万,应当分为三等加强训练以备不虞,不能动辄占役私为己用②,由此可见,当时大同镇的官军没有太大缺额,八万余人是可信的。万历三十年(1602)左右,杨时宁清点大同镇官军实有85780员名③,四十年(1612)实有83144员名④,四十八年(1620)为84537员名。由以上一组数据分析,隆庆万历时期大同镇军队基本维持在八万余人。崇祯元年毕自严统计大同官军76526员名,与前相比略有下降。

三、山西镇

明代山西镇军队数量原额有13个,可以划分为3个系统。原额为"六万人以上"的《宣大山西三镇图说》《明宪宗实录》《明穆宗实录》成化《山西通志》(以下简称系统一),原额为"25287人"的《万历会计录》《太仓考》《武备志》《明会典》《度支奏议》《春明梦余录》《三关志》(前五种完全一致,后两种略有不同,归为同类,以下简称系统二),原额为"58526人"的《续文献通考》《九边图说》(以下简称系统三)。

我们在讨论宣府、大同镇的军队原额问题时,将《宣大山西三镇图说》《续文献通考》《九边图说》《万历会计录》《度支奏议》《武备志》列入同一系统,并论证其数据渊源于《九边图说》的记载。但山西镇的情况却发生了变化。上述同一谱系的文献出现三个不同的数据,且《万历会计录》《度支奏议》《武备志》数据相同,记载原额为25287

---

① 王士琦:《三云筹俎考》卷四《军实考》。该卷亦云,是年定84500员名为经制数量,鉴于其差别不大,不做考订。
② 《明神宗实录》卷二百三十九,万历十九年八月丁未。
③ 杨时宁:《宣大山西三镇图说》卷二《大同镇图说》。
④ 王士琦:《三云筹俎考》卷四《军实考》。

人;《宣大山西三镇图说》载 79077 员名,《续文献通考》和《九边图说》为 58526 员名。三个不同的数据差距过大,不存在相互通融的可能性。这里拟从另外一个角度考察三个原额问题。

应当明确,山西镇、山西都司、山西布政司是三个不同的概念。在山西布政司辖区地域内,分设山西都司和山西行都司管理该地军务,其中山西行都司即大致为大同镇范围,山西都司则管辖除行都司以外的军务。山西镇并不等同于山西都司,它涵盖的范围在山西都司和山西行都司的交界地带,主要是雁门、宁武、偏头三关及其所属城堡。系统一中尽管数据本身差距较大,但有一个共同的特点,即人数均在六万以上。由《山西通志》成书于成化十年(1474)可知,该原额数据当在成化之前,《明宪宗实录》的记载也表明,该原额当为明代前期的数据。

正如上言,山西镇原为内边,明前期以大同作为藩篱,防守任务并不繁重。至成化以后地位才逐渐凸显。成化之前当地防守军人主要是山西都司各卫所调防,人数当不致太多。查成化《山西通志》载,山西一地原额旗军舍余共计 62317 人,其下列举分布情况表明,这些军人遍及山西都司所属卫所,而不是仅仅局限于三关一带。①成化十八年(1482),山西巡抚何乔新也明确说,"山西所属卫所原额官军六万一千二十名",二者大致相符②。《宣大山西三镇图说》载原额为 79077 员名,尽管该书标明为山西镇,但从其罗列的该镇军队分布情况看,依然为山西都司的范围,如该志中将山西省城、汾州城等均罗列其中,它们均非山西镇所辖。因此,系统一中的原额数据并非山西镇军队人数,而是山西都司的原额数。

系统二中《万历会计录》《度支奏议》《武备志》《太仓考》数据一致显示彼此之间具有渊源关系。《春明梦余录》记载原额为"27547 员

---

① 成化《山西通志》卷六《兵备屯田》。
② 《明宪宗实录》卷二百二十八,成化十八年六月甲寅。

名",该数据与《皇明九边考》记载的数量完全相同,其云:"本镇代州、雁门、宁武、偏头三关并八角、三岔、五寨、神池、老营等堡及备冬河曲、保德等处常操轮操并冬操夏种御冬马步官军、舍余共二万七千五百四十七员名,实有官军、舍余二万二千九十三员名。"①这一方面证明《春明梦余录》应当是抄录了《皇明九边考》中的数据,同时也说明该原额应当为嘉靖二十年(1541)之前的数据。通过对《三关志》各地卫所城堡军队原额的统计,合计共为23489人,与此基本一致。②查《三关志》成书于嘉靖二十四年(1545)前后,表明该数据所代表的年限应当与《皇明九边考》相近。下文的研究显示,嘉靖之前山西镇军队未见超过两万人,而"隆庆议和前的50年,是偏关地区防御最紧要的时期,也是双方在此冲突最为激烈的时期"③。也就是说,嘉靖以后,该地区战事日紧,军队数量有所增加系自然之事。笔者推测,系二中的原额数据应当是嘉靖前期山西镇的军队人数。根据潘潢的记载,嘉靖十年明政府在边镇各地清查经制数据,并罗列了诸镇该年额定军队数量,惜恰少山西和宣府,令我们无法断定该原额数据是否为嘉靖十年的额定数,但该原额在时间上与嘉靖十年(1531)应该不会有太大的悬殊。

系统三中的数据应为嘉靖四十五年额定经制数量,详见下文。

成化十二年(1476),项忠论山西三关军伍变化情况云:

> 查得偏头关原有常操并夏班轮操官军土兵五千六百七十三员名,即今逃故等项八百三十员名,现在止存四千八百四十三员名;代州、雁门关原有常操并夏班轮操官军余(该"余"为衍字,笔者注)舍余民壮六千九百五十二员名,即今逃故等项三千三百三十三员名,现在止存三千六百一十九员名;宁武关

---

① 魏焕:《皇明九边考》卷六《三关镇·军马考》。
② 廖希颜:《三关志·武备考》,续修四库全书本。
③ 彭勇:《明代北边防御体制研究——以边操班军的演变为线索》,第172—173页。

原无常操官军，原有夏班轮操官军、民壮三千二百六十七员名，即今逃故等项一千五百八十三员名，现在止存一千六百八十四员名。①

这是现存较早关于山西镇军队人数的记载。从这里可以看出，成化之前，山西三关真正于当地常驻操守官军数量不会太多，多数系轮班驻防。合计三关"原有"各类官军、民壮数量共计15892人，从其他材料记载的各关数量和山西镇边关情形看，该原额数据当为天顺时期的三关人数。天顺八年（1464），守备代州兼提调雁门关山西都指挥同知张怀奏，"雁门关一带一十九口，东西四百余里，其中斜径小道百十余，皆可通人马，实京畿之藩篱、山西之保障。今本关并各口分守官军现在二千五百六十二员名，民壮三千九百三十五名"②。这里代州、雁门关的数量与项忠所言原有数量基本一致。根据项忠的统计，扣除逃亡、事故等原因，成化十二年三关实有军伍10146人。③弘治间未见山西镇军队数量的记载。正德十一年前后，王琼援引山西有司上奏称，山西镇"现在官军一万五千余员名"④。

嘉靖以后，山西镇军队开始增加，至十九年前后，据《皇明九边考》统计，实有22039人⑤。此后，该镇大量招募军马。

> 嘉靖二十年该巡抚山西都御史陈讲等奏，新募军五千名……嘉靖二十一年该巡抚山西都御史刘臬奏称，撤回大同班操官军

---

① 陈子龙：《明经世文编》卷四十六《项忠·边关缺军防守事》。
② 《明宪宗实录》卷十一，天顺八年十一月壬子。
③ 同年，刑部左侍郎杜铭巡边，奏报其所阅视山西三关兵马实有数量，偏头关官军民壮共9384人；代州官军民壮共4884人；雁门关官军民壮共1538人；宁武关官军民壮1043人，合计共16849人。其间有不小的差额，此待考。《明宪宗实录》卷一百五十一，成化十二年三月甲寅。
④ 王琼：《晋溪本兵敷奏》卷四《山西类·为告领马匹事》。
⑤ 魏焕：《皇明九边考》卷六《三关镇·军马考》。

七千二百五十二员名，并神池等墩召募新军二千二百名。……嘉靖二十二年准兵部咨，太原等处募军一万二千名。……嘉靖二十三年该山西巡抚都御史李珏奏，募军三千三百名。……嘉靖二十五年该巡抚山西都御史曾铣奏，新募游兵三千名。①

嘉靖二十一年(1542)，山西巡抚称该镇官军近二万八千八百余名。②二十四年(1545)，《三关志》统计当时实有各类官军舍余民壮等达四万一千余人。③至嘉靖二十八年，潘潢奏报户部管粮郎中边储簿册开该镇实在主兵37818员名，考虑到逃亡、事故等因素，该数据还是可以接受的。

嘉靖三十八年(1559)，当时宣府、大同、山西三镇兵额共二十余万，在三十四年(1555)的时候，大同巡抚奏报本镇官军八万八千有余，宣府巡抚奏报本镇官军八万有余。以宣府、大同二镇军队人数十七万计之，山西镇军队当在三万人之上。④此后山西镇危机未减，军额当不致有大幅度下降。嘉靖四十五年(1566)，宣府、大同、山西三镇额定经制，从宣府、大同的情况看，经制数量远超先前已有数量，是故系统三中的原额"58526员名"应为嘉靖四十五年的经制数量。

隆庆时期，山西官军近五万人。《续文献通考》记三年清查该镇军队人数为47181员名，四年，雁门提督靳学颜指出，"以山西论之，以八百里之边而守以不满五万之卒"⑤。六年，山西总兵官郭琥奏当年上半年官军舍余实在48781员名。⑥三数据互证当为无误。万历以后，山西镇人数大致维持在五万人以上。万历八年前后，《万历会计

---

① 陈子龙：《明经世文编》卷一百九十九《潘潢·查核边镇主兵钱粮实数疏》。
② 《明世宗实录》卷二百六十二，嘉靖二十一年闰五月戊辰。
③ 廖希颜：《三关志·武备考》。
④ 《明世宗实录》卷四百六十九，嘉靖三十八年二月壬寅；卷四百二十三，嘉靖三十四年六月己卯。
⑤ 张卤：《皇明嘉隆疏抄》卷十五《财计·靳学颜·讲求财用疏》，四库全书存目丛书本。
⑥ 《明神宗实录》卷三，隆庆六年七月壬子。

录》统计现额人数 55295 员名①，该数据为《度支奏议》《武备志》等抄录。万历四十八年，光宗皇帝令赏赐边军，户部尚书奏清查各边军伍，山西镇实有 54514 员名。崇祯元年毕自严上报清查山西镇军队数量 53523 人，四年（1631）下降为 50553 员名。②与陈仁锡记崇祯初年该镇五万余人基本相符。

第二节　陕西四镇

一、延绥镇

查延绥镇共有原额数据 11 个，可以划分为 4 个系统。原额为"58067 员名"的潘潢著《议延绥新军疏》(《明经世文编》卷一百九十七)、《皇明九边考》(以下简称系统一)，原额为"80196 员名"的《万历会计录》《度支奏议》《明会典》《太仓考》《武备志》《续文献通考》《九边图说》(以下简称系统二)，原额为"43594 员名"的《延绥镇志》(万历志、康熙志同，以下简称系统三)，原额为"49250 员名"的《春明梦余录》(以下简称系统四)。

笔者同意梁淼泰系统一原额为成化时期数据的判断。梁氏以为余子俊记载的班军 2.5 万人为永乐间延绥镇的额定军数，这一判断是不正确的。明初延绥镇军伍称"老军"，所谓"老军"者，《延绥镇志》言："明洪武二年延绥守臣建议开设延绥各卫，调铨官员编选军士，于时有归附者、有收集者、有选充者、有编拨者，共为四等。"而延绥镇班军至正统初年才开始设立，"明制江南北、淮东西军卫皆领漕运，河南、山东军每岁分番戍边，名曰班军。正统初兵部节议轮班官军，陕西西安左、前、后、右四卫，潼关卫，蒲州守御千户所，河南南阳

---

①　张学颜：《万历会计录》卷二十五《山西镇·本镇饷额》。
②　毕自严：《度支奏议·边饷司》卷六《复三关京边元二三年完欠疏》。

卫、宁山卫、颍上守御千户所通共轮班操备官军,两班计一万一千六十三员名"①。余子俊所言榆林一带"额设官军两班守备,每班不过一万二千五百员名"②,这里的"一万二千五百员名"绝非永乐时期的数据,何况永乐时延绥一带依然为卫所守卫制,还没有大规模修建城堡。

根据前面的考证,系统二记载的原额"80196"应为嘉靖四十五年的额定经制数。系统三原额在万历《延绥镇志》中明确记载为该数据是成化、弘治时期该镇招募各种军伍的合计数,而且,该志详细罗列了成化、弘治时期招募土兵、杂抽军、壮丁等人数,显示该数据为弘治时期是可信的。

系统四原额"49250"出自《春明梦余录》,查该数据与张天复《皇舆考》、顾炎武《天下郡国利病书》记载完全相同。前已证明,该数据最迟也应该是嘉靖前期额设数量。再看延绥镇营堡设立的情况。根据余子俊的记载,成化五年(1469)之前,延绥镇有营堡共计24处,十年(1474)前后,各路营堡已增至29处,但守备官军人数没有太大的变化,仍然为二万五千人左右。而且,余氏的记载还透露出一个重要的信息,成化时期延绥一带营堡的守卫依然以班军居多。③成化中期以后,延绥镇陆续增设城堡、修筑边墙。《皇舆考》云:"榆林镇属营六、堡二十有八,马步官军四万九千二百五十余员名……成化间修筑榆林等城,二十余堡俱在二城之外,盖重边设险以卫内地。"④此时该镇有营堡合计34处,结合前述《延绥镇志》成化弘治间大量招募军马的情况看,该数据应当为弘治时期延绥镇的军队人数,至于其与系统三中的数量差额,可能是统计时间不同或标准不同所致。

还应当指出的是,上述数据是该镇各种军伍的合计数量,并非

---

① 万历《延绥镇志》卷三《军政》,国家图书馆藏缩微胶片。
② 陈子龙:《明经世文编》卷六十一《余子俊·为边务事》。
③ 具体参见余子俊:《余肃敏公奏议·巡抚类》相关条目,四库禁毁书丛刊本。
④ 张天复:《皇舆考》卷十一《九边》,四库全书存目丛书本,以下所引《皇舆考》材料,凡未标识者,均出自该卷,不再注明。

单纯的主兵人数。仅就主兵的情况而言,成化弘治时期大致在两三万人左右。成化九年(1473),"赐延绥榆林备御军士土兵银人二两,总五万二千两有奇"①,以此数计之,当地军伍在二万六千人左右。当年,有司报告"计本处马军土兵共二万一千"②。潘潢说延绥镇"弘治八年二万五千四百二十三员名,正德十三年二万四千五百八十九员名"③。弘治时期,倪岳言"若今延绥之兵二万二千"④,唐龙说"榆林一镇额设官军二万八千七百六十七员名"⑤,俱可为佐证。这同时也显示从成化到正德时期延绥镇常驻军队没有太大的变化。

嘉靖十年(1531),潘潢援引延绥巡抚萧淮的上奏说该镇主兵官军并各属官吏、阴医、墩军、夜不收人等共41451员名⑥,十九年,魏焕记该年实有数量仅为30102人⑦,至嘉靖二十五年(1546)清查该镇各营堡实存军伍分布情况,统计共36493员名⑧。二十八年潘潢奏户部管粮郎中上报原有主兵并节年招募刨除逃亡事故等现存44036员名。这说明嘉靖中期以前该镇主兵额定数量基本没有增长。嘉靖三十四年(1555),该镇官军上升到五万余人。⑨至嘉靖四十五年,额定经制为系统二原额"80196"员名。

隆庆以后延绥镇军队大致维持在五万人左右。《续文献通考》载

---

① 《明宪宗实录》卷一百一十七,成化九年六月壬申。
② 《明宪宗实录》卷一百一十七,成化九年六月己巳。
③ 陈子龙:《明经世文编》卷一百九十七《潘潢·议延绥新军疏》。
④ 陈子龙:《明经世文编》卷七十七《倪岳·论西北备边事宜疏》。
⑤ 陈子龙:《明经世文编》卷一百八十九《唐龙·大房住套乞请处补正数粮草以济紧急支用疏》。
⑥ 嘉靖十五年,户部尚书梁材在反驳延绥巡抚于桂请增加该镇钱粮时也引用了萧淮的奏疏。该巡抚都御史萧淮题称:本镇食粮官军并合属官吏、阴医人等共三万二千六百六十六员名,中间墩军五千七百四十三名,夜不收三千一百六十二名。参见范钦《嘉靖事例·驳议延绥请增粮银》,北京图书馆古籍珍本丛刊本。
⑦ 魏焕:《皇明九边考》卷七《榆林镇·军马考》。
⑧ 张雨:《边政考》卷二《榆林卫》,续修四库全书本。
⑨ 《明世宗实录》卷四百二十二,嘉靖三十四年五月乙未。

隆庆三年清点该镇军伍合计51611员名。万历八年前后《万历会计录》记载现额数据为53254员名①，该数据为《明会典》《武备志》《度支奏议》抄录，《太仓考》记录数据为52596员名，与之大体接近。十四年（1586），边镇阅视大臣奏该镇实在官军55958员名。②十八年（1590），经略尚书郑雒奏该镇当时所存止四万九千六百五十有奇。③十九年，阅视大臣再次奏请核定该镇军队人数，仍以万历八年的53254人为额定数。④万历三十年前后，该镇人数基本五万上下。万历中期，余懋衡奏阅视该镇军丁共51248名⑤。三十五年（1607）涂宗濬言："河套十万黠虏朝夕伺隙，长边一千二百余里分陴固守，仅五万余军。"⑥王任重指出当时实在之数为50233员名⑦。上述几个来源不同的数据基本接近，可以证明该时期延绥镇军伍五万上下是可信的。⑧万历四十八年明廷大行赏赐，清核延绥实有官军55310员名。天启以后，延绥镇官军大量援辽、入卫，加之逃亡等原因有所下降，崇祯元年毕自严奏报该镇实有49631员名。崇祯三年清汰后实有官军47469员名。⑨

---

① 张学颜：《万历会计录》卷二十六《延绥镇·本镇饷额》。
② 《明神宗实录》卷一百七十六，万历十四年七月癸丑。
③ 《明神宗实录》卷二百二十七，万历十八年九月壬戌。
④ 陈子龙：《明经世文编》卷四百四十八《涂宗濬·奏报阅视条陈十事疏》。
⑤ 陈子龙：《明经世文编》卷四百七十一《余懋衡·敬陈边防要务疏》。
⑥ 《明神宗实录》卷四百四十一，万历三十五年十二月丙寅。
⑦ 陈子龙：《明经世文编》卷四百四十三《王任重·边务要略》。
⑧ 万历时期有一个数据不可理解。二十一年杨俊民报告边镇兵马钱粮问题，查其关于边镇军马钱粮的数据来源，一是出于《万历会计录》，一是出于《太仓考》，唯延绥镇不同，杨氏言是年延绥镇军队人数36230员名，与上述两个史源迥异。笔者也未见何时有该镇军队为36230员名的记载，杨氏此数据来源何处，目前不明。参见吴亮：《万历疏钞》卷三十九《边饷类·杨俊民·边饷渐增供亿难继恳乞圣明酌议长策以图万世治安疏》。
⑨ 毕自严：《度支奏议·边饷司》卷四《复宣大按院题云镇屯饷失额疏》。

二、宁夏镇

宁夏镇原额共有 10 个，可以划分为 4 个系统，原额为"60486 员名"的《边政考》（简称系统一），原额为"70263 员名"的《皇明九边考》（简称系统二），原额为"71693 员名"的《万历会计录》《明会典》《度支奏议》《太仓考》《武备志》《续文献通考》《九边图说》（简称系统三），原额为"30781 员名"的《春明梦余录》（简称系统四）。①

洪武九年（1376），耿忠设立宁夏卫，后增宁夏前卫、宁夏左屯、中屯、右屯为五卫，寻并中屯于左右二卫，为四卫。建文四年（1402）置中护卫，正德五年改中护为中屯，统称在城五卫。此外，洪武永乐时期属于宁夏镇管辖范围的卫所还有灵州守御千户所、宁夏中卫。这是考察该时期宁夏镇军队人数的重要依据。

永乐元年（1403）二月，宁夏总兵官左都督何福言，"宁夏四卫马步旗军二万四百一十三人"②，这是目前所见关于宁夏镇军队数量的较早记载。关于永乐时期宁夏镇所属各卫所军队人数情况，嘉靖《宁夏新志》留下了丰富的史料。上述六卫一所正额旗军共 37444 人，外加宁夏卫班军 4199 员名，合计共 41643 员名。③

---

① 上述系统一和系统二的成书时间大致相同，但其中有较大差距，显示其史料来源和记录的年代有所不同，故分列；系统二和系统三数据非常接近，由我们前面的论证可知，系统三当为嘉靖四十五年的额定经制数，系统二的数据应在嘉靖之前，故分列。

② 《明太宗实录》卷十七，永乐元年二月乙亥。弘治十一年，协守宁夏副总兵者指挥使张安奏：宁夏等四卫原额旗军二万四千名。由此可见，宁夏四卫明初军额二万余人是可信的。这同时也说明，洪武永乐时期，明代卫所官军的编制基本为足额，从卫所设立考察明初边镇军队人数是可行的。参见《明孝宗实录》卷一百三十六，弘治十一年四月丙戌。

③ 永乐时期宁夏六卫一所原额各种军伍数量如下：宁夏卫：正额旗军 5307，代管旗军 1531；左屯卫：正额旗军 5600，代管旗军 1484，土兵 62；前卫：正额旗军 5600，代管旗军 1328，土兵 1268；右屯卫：正额旗军□，代管旗军□，土兵 1268；中护卫：正额旗军 5600；中卫：正额旗军 6280；灵州千户所：正额汉土旗军 3457。该统计中右屯卫正额旗军和代管旗军数据缺失，根据其他卫的军队人数，正额旗军笔者以明代卫的基本建制 5600 人计算之，代管旗军以 1000 人计算之，当不致有太大差距。具体可参见：嘉靖《宁夏新志》，宁夏人民出版社 1982 年版。

系统一原额数据"60486"员名是我们统计《边政考》中宁夏镇所属卫所城堡各自原额得出的一个总数,它不但包含洪武永乐时期设立的六卫一所,还包括后设的宁夏后卫、兴武营千户所及其所属各城堡。如果剔除后设的卫所城堡,系统一中六卫一所的官军并备御班军原额数为 41749 人,与《宁夏新志》中的数据非常接近。故系统一记载的六卫一所原额应当为永乐时期宁夏镇所属的额设数量。关于明初宁夏的班军问题还必须做出说明。"永乐初调西安左、西安右、西安前、西安右护、潼关、宁羌、汉中等七卫及凤翔守御千户所官军共一万一千七十六员名、马五千四百五十七匹,分布宁夏并东、西、中三路备御,轮班上下。"①其实,所谓班军轮操,实际上是随着宁夏镇卫所城堡的陆续设立次第增置,并非一次性到位,何况永乐时期宁夏镇依然为卫所防守格局。因此,不可贸然因材料中"永乐初"字样而将之武断认定为该班军系永乐时期的数据。

系统二的原额出自《皇明九边考》,其云:"本镇三路各城营堡原额马步守城及冬操夏种舍余土兵并备御官军共七万二百六十三员名。"②这句话透露出如下信息:第一,宁夏镇已经形成三路防守态势,该数据中包含的军种有马步正军、冬操夏种舍余、土兵、备御班军。第二,该数据系某时期的额设数量,实际数量是否有出入无从知晓。根据刘景纯的研究,至正统末期宁夏镇形成三路防守的格局③,而该镇的冬操夏种舍余至天顺间才设立。"开镇之初,未有是役。天顺间,因

---

① 嘉靖《宁夏新志》,第 52 页。目前我们看到三种明代宁夏志书,分别为弘治《宁夏新志》(天一阁藏明代方志丛刊续编本),明刊《宁夏新志》(台湾版中国方志丛书本),嘉靖《宁夏新志》(宁夏人民出版社本)。弘治本与嘉靖本明显存在彼此传承关系,弘治本仅罗列了当时的军队分布情况,嘉靖本更为详尽,故本书采用了嘉靖本的史料。台湾本内容较为芜杂,其前言仅有弘治时序言,但具体内容大量涉及嘉靖时期,吴忠礼断定其为伪作。参见吴忠礼:《台湾本明刊<宁夏新志>伪作考》,《宁夏社会科学》1986 年第 4 期。

② 魏焕:《皇明九边考》卷八《宁夏镇·军马考》。

③ 刘景纯:《明代陕西四镇分路防守体制的形成和演变》,《陕西师范大学学报》2010 年第 2 期。

军寡不支，兵车乏驭，乃以五卫及各堡丁多力富者抽编为伍。十月赴操以习车战，二月归农。岁以为常。"①这无疑表明，该数据应为天顺以后的宁夏镇军队原额数。

再看《皇明九边考》中的记载方式。在该书罗列宁夏三路军队分布情况时，将"城、营、堡"区分非常清楚，凡是已经正式设立卫所的地方均以"XX城"记之，如"中路宁夏城"、"灵州城"、"西路中卫城"等，在记载东路军队分布时，以"东路花马池营"标识。花马池营沿革如下，"正统八年，置花马池营，调西安等卫官军更番操守，为宁夏东路，设右参将分守其地。……弘治六年，巡抚、都御史韩文奏置花马池守御千户所"②。这说明，该原额数据记录的时间段应在弘治之前。综合上述，系统二原额"70263"应为成化时期宁夏镇军队的额设数量，梁淼泰将之视为永乐时期，实误。

正如上言，该原额数据为成化时期宁夏镇各军种累加的额设数量，但实际数量与此可能存在比较大的差距。就主兵的情况而言，成化五年（1469），镇守宁夏太监王清欲撤回应援延绥兵马3000人，兵部答复说："宁夏前有黄河限（险）阻，后有贺兰山隔绝，况现兵三万余自足守御。"③成化十四年（1478），宁夏巡抚贾俊言："今宁夏三路官军三万六千五百有奇，若再添调客兵及马一万，则现在仓粮约量仅支一年有奇，马料仅支二年有奇，草仅支三年有奇。"④从这里看，成化时期宁夏镇主兵大致为三万余人。

弘治时期，宁夏镇主兵进一步减少，"宁夏之兵至二万三千……复调庄浪之兵三千、凉州之兵三千以成宁夏"⑤，以上合计主客兵马近三万人。《皇舆考》载："宁夏镇属卫二、所四、营四、堡一十有八，备

---

① 嘉靖《宁夏新志》，第67页。
② 嘉靖《宁夏新志》，第239—240页。
③ 《明宪宗实录》卷七十四，成化五年十二月甲戌。
④ 《明宪宗实录》卷一百七十五，成化十四年二月甲寅。
⑤ 陈子龙：《明经世文编》卷七十七《倪岳·论西北备边事宜疏》。

御马步官军三万七百八十七员名。"在宁夏镇形成七卫四所的格局后,一般属镇城管辖的五卫称"在城五卫"或径称"宁夏镇城",此处记载的"宁夏镇属卫二",应当指的是不隶属镇城管辖的"中卫"和"后卫"。洪武三十二年,置宁夏中卫。①宁夏后卫由花马池守御千户所改置,"正德二年,总制右都御史杨一清奏改千户所为宁夏后卫,调西安、庆阳并宁夏招募土兵实之"②。由前文考证得知,《皇舆考》的史料来源于嘉靖以前。因此,《皇舆考》中记录的数据当为正德时期宁夏镇的军队人数,也就是系统四中《春明梦余录》记载的原额。③

嘉靖十年(1531),巡抚宁夏都御史翟鹏奏开本镇官吏、旗军、出哨、夜不收、守墩、备御官军通共41614员名。十九年(1540),《皇明九边考》统计该镇主兵班军现有35144人④,张雨在嘉靖二十五年的清查显示,该镇实有操守军伍进一步减少,仅为24926员名⑤,二十八年,潘潢引管粮郎中边储簿开列实有主兵31890员名。嘉靖三十四年,延绥巡抚王轮奏:"陕西四镇边储自嘉靖十年查核,经今二十余年,士马日耗、粮饷日增……宁夏镇旧设军四万四千余名,今止二万八千余名。"⑥这显示嘉靖十年的核定数量大致不差。至嘉靖四十五年(1566),定经制数量为71693员名。

隆庆以后,宁夏镇军队人数有所减少。隆庆三年清理实有官军37837员名,万历元年兵科给事中刘铉奏:"该镇原额并召选军兵共三万八千有奇,今逃折已过八千。"⑦四年,阅视延宁甘固边务侍郎吴

---

① 嘉靖《宁夏新志》,第218页。
② 嘉靖《宁夏新志》,第240页。
③ 《春明梦余录》记载的原额"30781"人,《天下郡国利病书》和《皇舆考》记载为"30787"人,由前文的论证可知,前两者应系照抄《皇舆考》,至于《春明梦余录》与二者的细微差别,当为抄录之笔误。
④ 魏焕:《皇明九边考》卷八《宁夏镇·军马考》。
⑤ 张雨:《边政考》卷三《宁夏卫》。
⑥ 《明世宗实录》卷四百二十二,嘉靖三十四年五月乙未。
⑦ 《明神宗实录》卷十二,万历元年四月乙卯。

道直言,宁夏镇"额军三万缺至四千未补"①,时大致有官军二万六千余人。八年,《万历会计录》定现额为27934员名②,从万历四年宁夏镇实有军队数量看,这一额定现额数目应当为实有军队人数。万历中期,王任重报告说该镇实有官军30744员名③,这与万历二十三年宁夏巡抚周光镐奏称当时"仅存三万一千五百零员名"大致相符。④四十八年(1569),该镇实有官军31624员名,崇祯元年的人数与此相仿,毕自严统计为31406员名。

三、甘肃镇

甘肃镇原额数据共有14个,可以划分为4个系统:原额为"七万余人"的明代历朝实录(以下简称系统一),原额为"八万九千余人"的《边政考》、《皇明九边考》(以下简称系统二),原额为"91571人"的《万历会计录》《明会典》《度支奏议》《太仓考》《武备志》《续文献通考》《九边图说》(以下简称系统三),原额为"95998人"的《春明梦余录》(以下简称系统四)。

梁淼泰将上述四个系统合而为一,认为该数据为永乐时期甘肃镇军队原额,其间的差异由是否将班军计算在内所导致,这一论断值得商榷。上述几个系统的数据分别代表了不同时期甘肃镇的原额数量。从甘肃镇卫所设立的情况看,笔者同意梁淼泰将系统一中明代历朝实录记载的七万余人界定为永乐时期的说法。

《皇明九边考》记载:"肃州左等一十五卫所原额冬操夏种舍余并调到备御陕西兰临等卫官军八万九千五百一员名。"⑤这无疑表

---

① 《明神宗实录》卷五十七,万历四年十二月丙戌。
② 张学颜:《万历会计录》卷二十七《宁夏镇·本镇饷额》。
③ 陈子龙:《明经世文编》卷四百十三《王任重·边务要略》。
④ 《明神宗实录》卷二百八十四,万历二十三年四月丁未。
⑤ 魏焕:《皇明九边考》卷九《甘肃镇·军马考》。

明,此时甘肃镇所属已经形成十五卫所的格局。按陕西行都司至正统三年(1438)之前共有十三卫所,正统三年六月,"设古浪守御千户所,从镇守陕西右佥都御史罗亨信奏请也"①。景泰七年(1456),"设陕西高台堡守御千户所……从甘肃总兵等官奏请也"②。至此该都司拥有十二卫三所,至明末未曾改变。从《皇明九边考》罗列的官军分布看,其明确记载了古浪、高台 2000 户所的原额官军数量,这显示该原额代表的时间必定在景泰七年(1456)之后。成化以后,边镇各地卫所军伍出现逃亡现象,多数卫所军人远远不足额设数量。从该原额总数和卫所数量看,卫所依然为满员,可见,该原额数应当在成化之前。综合上述,笔者将系统二数据界定为天顺时期。至于系统三中的原额,此前已经证明为嘉靖四十五年(1566)的额定经制数量。

系统四的原额目前不易判断。正如前述,在九边其他各镇的军队原额数量中,《春明梦余录》中的原额与《天下郡国利病书》《皇舆考》的原额数据相同,显示彼此之间有转抄关系。但该镇的情况有所不同,后两书均没有记载完整的甘肃镇原额数量,使得无从比较,暂存疑。

正统十年(1445),靖远伯王骥奏:"比者奉命巡边,自延绥至肃州东西逶迤六千余里,守备官军舍余不过五万六千余人,猝有侵轶恐不足用。事下,兵部议甘肃已有四万二千八百人,足以守备。"③该时间段处于永乐和天顺之间,但数据和这两个时期原额相比,有明显的不同。其原因估计为上述两个原额数据统计的是甘肃镇所辖各卫所额设军伍数量,既包括操守部队,也包括屯田军队,正统十年的统计则仅为操守部队的数量。从成化以后各年间的数据也可以看出这一点。成化三年(1467),甘肃巡抚徐廷章奏该镇实有官军四万一

---

① 《明英宗实录》卷四十三,正统三年六月丁卯。
② 《明英宗实录》卷二百六十四,景泰七年三月甲午。
③ 《明英宗实录》卷一百二十九,正统十年五月丙子。

千八百余名①，弘治十三年（1500），陕西行都司所属卫所止存三万七千五百余人②，这与十六年（1503）甘肃总兵刘胜所奏实在数量四万一千六十余人基本一致。③这也说明，就甘肃镇的情况而言，正统至弘治间作战部队没有太大的变化，其间数量的增减可能由于奏报者是否将屯田军伍的变化计算在内所导致。正德十三年（1518），根据甘肃巡抚李昆的查处结果，"甘肃现操马步军及守哨、夜不收、墩军共二万八千余人"④。这显示正德时期甘肃镇军队人数呈下降趋势。

嘉靖初年，甘肃镇军队大致在三万人左右。嘉靖二年（1523），甘肃巡抚陈九畴奏："先年本镇官军七万余人，今现存不及其半，又皆老弱无用。"⑤这与两年后陕西总制杨一清上报该镇十五卫所有官军三万人，但实际堪战者低于此数的记载是非常吻合的。⑥根据潘潢的报告，嘉靖十年（1531），巡抚甘肃都御史唐泽奏本镇官军并冬操人等40245员名，二十八年（1549），户部郎中边储册开报有主兵官军39882员名。证之以其他年份的数量可以看出，嘉靖时期甘肃镇军队人数大致在三至四万之间浮动。嘉靖十九年，魏焕《皇明九边考》记载实有官军舍余36164员名⑦，二十三年（1544），总督陕西三边侍郎张珩条陈边事，甘肃一镇"十五卫所军存者止三万三千一百五十余人"⑧。二十五年（1546）前后，张雨《边政考》中清点各卫所城堡共计38022员名。嘉靖三十年（1551）以后，该镇人数有所下降，三十四年（1555），巡抚延绥都御史王轮奏："甘肃镇旧设军四万五千余名，今

---

① 《明宪宗实录》卷四十三，成化三年六月丙申。
② 《明孝宗实录》卷一百六十九，弘治十三年十二月癸巳。
③ 徐日久：《五边典则》卷十一《陕西总》，续修四库全书本。
④ 《明武宗实录》卷一百六十八，正德十三年十一月癸亥。
⑤ 《明世宗实录》卷二十七，嘉靖二年五月乙卯。
⑥ 杨一清撰，唐景绅等点校：《杨一清集》（上），中华书局2001年版，第441页。
⑦ 魏焕：《皇明九边考》卷九《甘肃镇·军马考》。
⑧ 《明世宗实录》卷二百九十三，嘉靖二十三年十二月辛未。

止三万五千余名。"①三十八年(1559),总督陕西三边侍郎魏谦吉言:"甘肃孤悬河外,东起金城抵玉关,地广兵稀,额兵八万六百余人,半多逃亡,兼之老弱,其堪征操者仅二万七千有奇。"②

这里还应当指出,上述嘉靖三十四年(1555)和三十八年(1559)出现两个额设军队数量,且差别甚大,从资料本身看,嘉靖三十四年的数据应当为嘉靖十年清查核定数额,三十八年的额兵所代表的时代应当与《皇明九边考》接近。这再次说明,对于史料中各种"原额"、"旧额"、"额设"等等必须详细剖析,确定其年代,不可武断混为一谈。

《续文献通考》记隆庆三年清查实有主兵官军47512员名,六年,甘肃巡抚廖逢节题,"今查实在主客官军五万四千七百员名"③。尽管我们不清楚此时甘肃镇有客兵几何,但若扣除客兵的数量,其主兵当与三年人数不致有太大的差距。万历八年,在九边各地的兵马钱粮重新清理时,《万历会计录》统计该镇现在官军46901员名。④十四年(1586),阅视大臣奏报甘肃镇实在官军49196员名。⑤万历中期以后,甘肃镇军队人数上升至五万余人。四十八年(1620),清查实有59081员名,毕自严上报崇祯元年为51980员名。

四、固原镇

固原镇有原额数据11个,可以分为5个系统:原额"28830员名"的《春明梦余录》(简称系统一),原额"59631员名"的《边政考》(简称系统二),原额"七万人左右"的《续文献通考》《九边图说》《皇

---

① 《明世宗实录》卷四百二十二,嘉靖三十四年五月乙未。
② 《明世宗实录》卷四百七十一,嘉靖三十八年四月壬戌。
③ 《明神宗实录》卷八,隆庆六年十二月辛巳。
④ 张学颜:《万历会计录》卷二十八《甘肃镇·本镇饷额》。
⑤ 《明神宗实录》卷一百七十六,万历十四年七月癸丑。

明九边考》《全陕政要》(简称系统三),原额"46000员名"的《太仓考》(简称系统四),原额"126919员名"的《万历会计录》《度支奏议》《明会典》《武备志》(简称系统五)。

综观固原镇各种数据,一个突出特点是彼此抵牾严重,先前划为同一系统的史料在该镇出现相差甚大的不同记载。同由户部官员编制的《万历会计录》和《太仓考》,二者成书年代几同,且均重点关注国家财政收支情况,但前者记载原额为"126919"员名,后者记载原额为"46000"员名。如果说原额的差距系各自代表的年代不同所导致尚可辩驳,而现额的不同让人费解,前者记载现额为"90412"员名,后者记载现额为"59813"员名。前已论证,《万历会计录》所标注的现额一般为万历八年(1580)的数据,在有关固原镇钱粮的统计中,也明确有"今据万历六年册报"的记载,可见该时间的判断是正确的。查《太仓考》初刊于万历八年(1580),其中所记事项多至万历七年,亦有个别至八年者,这显示其所记录的现额应当也在万历六年(1578)前后。两种由同一部门编纂,反映同一时期同一边镇军队人数的数据迥然相异,实难理解。

我们拟从固原镇管辖范围的变迁来讨论该镇的军队人数问题。固原一地先为腹里,至正统十年(1445)七月设立巡检司负责当地缉捕盗贼等事。景泰二年(1451),明政府命整修平凉府固原州废城,调西安等卫官军成之。次年,设立固原千户所。至成化五年(1469),在总督陕西军务右副都御史项忠的建议下,于固原设立一卫一所。八年时合计靖虏、固原二卫官军数量亦不足万人,"盖靖虏、固原二卫官军合诸处调至备冬官军民壮仅八千人,其间率多老弱,能战者马军仅二千、步军仅三千"①。总而言之,成化时期固原边防渐紧,但还没有形成固定的边镇防守格局,其防守区域局限在靖虏、固原一带,人数不超出万人。

弘治中期以后,固原成为蒙古进犯的突破口,有司不断建议将

---

① 《明宪宗实录》卷一百二,成化八年三月乙卯。

陕西总兵由西安移驻固原，统辖固原、靖虏、环、庆、兰州一带，以应对日渐危机的边防情形。弘治末年，协守延绥等处地方副总兵曹雄题称：陕西固原等处由于缺军防守，导致"贼经花马池之空深入，任其掏挖，通不知觉……合无固、靖、环、兰等处添设副总兵一员，提督操练，有警临、巩、秦、平官军悉听调遣"。时任陕西巡抚的杨一清会同有司合议后指出："陕西固原、环、庆、靖虏、兰州，皆紧关要害之地。……曹雄所言，盖亦有见。其要添设副总兵一员，不无官多人扰……若将陕西镇守将官移来固原驻扎，则官不加多，事为有济，长久利便之策，宜无过此。"①十五年（1502），刑科给事中杨楒建议在固原设立一镇，令总兵官和太监常居该地，兵部认为添兵募马当为可行，不过"固原自为一镇，事体重大，请行令镇巡等官议处"②。十八年（1505），陕西总兵正式改驻固原。其设镇一事，未见史料有明确的记载，至嘉靖五年才见《明世宗实录》第一次称"固原镇"③。

综合上述可见，目前无法确定该地是否于弘治末年正式设立边镇，但的确形成了固定的防区，主要包括固原、环、庆、靖虏、兰州一带。"镇西溯黄河上流为靖虏、为兰州，镇东为环县、为庆阳府，皆固原镇守所辖，故合环、庆、兰、靖为一镇。"④就卫所设立看，梁淼泰将《春明梦余录》中的原额"28830"员名（即系统一）作为弘治时期的数据是可信的，或者更确切地说，该数据应当是弘治末年正德初年的数据。

笔者在前面也曾就该问题进行了考证，《春明梦余录》应是照抄了《皇舆考》的记载。《皇舆考》载："固原镇属卫三、所四、营一、堡一十有五，马步官军二万八千八百三十员名。"再来看《边政考》的记载，该书详细统计了陕西三边四镇军马钱粮、边墙寨堡，在卷三关于

---

① 杨一清撰，唐景绅等点校：《杨一清集》（上），第163—164页。
② 《明孝宗实录》卷一百八十八，弘治十五年六月丙午。
③ 《明世宗实录》卷六十六，嘉靖五年七月戊申。
④ 张雨：《边政考》卷三《固原卫》。

固原镇的统计中,作者并没有以"镇"作为统计单位,而是将固原镇分为《固原靖兰图》《阶文西固图》《洮岷河图》三个部分分别罗列。在《固原靖兰图》中,合计开列了固原卫、靖虏卫、兰州卫等三卫,西安州、镇戎、平虏、甘州等四所,海剌都一营,红古城等十四堡,合计原额军队 28958 员名。两者对比可知,除城堡有稍微差别外,两书中固原镇卫、所、营相同,军队数量也基本一致。系统二原额也当为弘治末正德初的数据。

随着边镇情形的变化,固原镇的辖区逐渐扩展,位于陕西西南部的洮州、河州、岷州、阶州、文县等地均纳入固原镇的统一管理中。遗憾的是,还没有具体史料说明这种转变究竟发生于何时。根据潘潢的记载,嘉靖十年,巡抚陕西都御史刘天和奏开固原、洮岷、环庆兵备等道及防守西安、临巩官吏、旗军人等 76093 员名。《皇明九边考》记载:"本镇所属陕西都司管操领官军并守备固原、靖虏、环、庆、兰州、洮州、河州、岷州、西固城、阶、文等处实在并事故官军、土达、民壮、向导、义勇、召募、抽选、舍余共六万七千二百九十四员名。"①成书于嘉靖二十年(1541)的《全陕政要》云:固原镇固、靖、兰、环、延庆、临巩、平、洮、岷、河等处官军合镇共 71790 员名,其中本镇征操 40725 员名,守城杂差 11110 员名,三边备御 19955 员名。②

尽管上述三条史料记载的固原镇军队人数有所差异,但却透露出一个相同的信息:即统计范围除了原来的固原镇辖区固原、靖虏、兰州和环庆外,还包括了其后纳入该镇管理的洮州、河州、岷州、西固城、阶、文等卫所。而且,从潘潢的记载看,可以断定不会晚于嘉靖十年。还应当看到,上述三条史料关于军队人数的差异可能是由于统计标准不同所导致。根据魏焕的记载,固原镇总数 67294 员名官军中,公差巡哨并各边备御等项 24095 员名,于本镇征操现有并事故在逃等项(即原额)为 43199 员名,若再减去陕西省城操备官军舍

---

① 魏焕:《皇明九边考》卷十《固原·军马考》。
② 龚辉:《全陕政要》卷四《固原镇》,四库全书存目丛书本。

余5051员名，实际为38148员名，与《全陕政要》中记载的固原镇征操原额数基本相符。

综合上述，系统三原额应为嘉靖初年的数据，其中该原额可以拆解为两组数据，一是固原全镇官军为七万人左右，二是在当地操守者四万人左右。基于此，系统四原额可能为嘉靖初年该镇操守官军数量。

嘉靖十九年（1540），魏焕《皇明九边考》统计固原镇操守官军实有数量为23749员名，事故逃亡者19450员名。若以实有数量与公差巡哨并各边备御官军24095员名计之，其合计数量与嘉靖二十五年（1546）前后张雨在《边政考》中统计的合镇实有45911员名基本相符。至嘉靖二十八年，潘潢引户部郎中边储簿中数据，当地主兵数量为24427员名，该数据应当为该镇操守者的人数，没有统计在其他三边备御者数量。①在《万历会计录》中，形成一组原额和现额数据，原额为"126919"员名，现额为"90412"员名②，根据前面的论述，系统五原额应为嘉靖四十五年（1566）的经制数量，现额为万历八年的实有数量。这一原额和现额应当是固原全镇的军队数。

隆庆三年（1569），清查固原镇实有主兵55267员名，以其他材料证之，该数据当为可信。隆庆时期，张瀚统计该镇固原兵备、临巩兵备、洮岷兵备、分守河西道等所属共主兵50822员名，另有分守关西道数量不明，若将此计入在内，当不致有太大的差距。③至万历六

---

① 嘉靖三十四年，巡抚延绥都御史王纶奏：固原镇旧设军七万九千余名，今止一万一千余名。此处所指"固原镇旧设"数应为嘉靖十年的数据，与我们的估计有一定的出入，至三十四年，该镇官军仅为一万一千余人，殊难理解。从嘉靖十九年到二十八年的数据说明，嘉靖中期固原镇军队人数基本没有太大的变化，何以五六年间骤减一万余人。联系到嘉靖三十年前后北部边镇的局势，可能固原镇的军队被大量调往他镇参与防守，由此造成当地军伍锐减。参见《明世宗实录》卷四百二十二，嘉靖三十四年五月乙未。

② 张学颜：《万历会计录》卷二十九《固原镇·本镇饷额》。

③ 张瀚：《台省疏稿》卷二《议处财用以定经制疏》，续修四库全书本。

年前后,《太仓考》载实有"59813"员名。①这一数据应当为固原镇操守主兵数量,没有计入在其他各地备御官军的人数,以致造成与《万历会计录》中现额的巨大差别。万历十四年(1586),清点固原镇实在数目合计各道共65498员名②,该数量与万历中期王任重奏报该镇实有63943员名基本一致③,由此可证万历中期固原镇主兵军队大致在六万余人。至四十八年奏报该镇官军90412员名,很显然系照抄了《万历会计录》的现额数量,不足为据。崇祯元年下降为44035员名。

第三节　蓟辽二镇

一、辽东镇

辽东镇共有原额或明初数据14个,可以分为3个系统:原额为"十八九万"的《明孝宗实录》《辽纪》(简称系统一),原额为"九万左右"的《明季北略》、庞尚鹏著《清理辽东屯田疏》(《明经世文编》卷三百五十八)、《春明梦余录》、《按辽疏稿》、《冲庵顾先生抚辽奏议》(简称系统二),原额为"94693员名"的《万历会计录》《明会典》《太仓考》《武备志》《续文献通考》《九边图说》(《太仓考》原额为"94144员名",归为同一系统,简称系统三)。

至洪武末年,辽东都司所属25卫中已经设立24个,这显示尽管学术界认定永乐时期辽东正式设镇,但洪武时期在当地已经聚集了大批军队是毫无疑问的。从《明太祖实录》的有关记载看,当地军伍确为庞大。洪武十九年(1386),核定辽东卫所军伍数,"定辽等十

---

① 刘斯洁:《太仓考》卷七之十二《边储·固原》。
② 《明神宗实录》卷一百七十六,万历十四年七月癸丑。
③ 陈子龙:《明经世文编》卷四百十三《王任重·边务要略》。

二卫并武德卫征进官军之数,官凡一千五百一十五人、军七万三千三十八人"①,"定辽等九卫官军吏胥,其屯军不支粮者万八千五十人,余四万七千四百五十人月支粮五万五千四百石"②。这两条材料非常重要,由"征进"看,这里应当指的是操守部队,而屯田军则分为两类,一为不支粮者,一为支粮者。以上屯操合计为十四万余人。

弘治时期,有两条记载辽东军队原额的史料。"辽东旧额军士十八万有余。"③"辽东东联海西,北接三卫,国初设三(二)十五卫,垛充官军填实行伍,因军屯种积聚仓粮,先年官军十有九万。"④该数据(即系统一原额)应为永乐时期辽东镇屯田操守军队数量。

永乐时期辽东卫所设立基本定制,当地政局稳定,少有征战,作战部队没有太大的变化。"我国初改州县为卫所,每卫额籍、寄籍并新户共七万九千一百九十三户,共得一十九万七百四十八丁,内除额派各役制同有司,又编盐铁屯等军分投办纳银粮及摆守瞭望。选年力精壮及户则殷实者,额定为马军五万八千九百七十四名,其次定步军二万四千七百七十三名。永乐间设招集法,复得一万七千二百一十二户,于内选为马军一万六千三百八十二名。"⑤天启元年,户部言:"永乐十年,辽镇岁收屯粮七十一万六千一百余石,以养该镇官兵九万余。"⑥在系统二中,顾养谦记载道:"计全辽马步官军旧额之数凡十一万五千四百六十一员名,内驿递军九千六百余名。"⑦以此计算,操守部队大致为十万余人,与上述两条材料基本一致。这说明系统二原额应当为永乐时期的操守军伍数量。

---

① 《明太祖实录》卷一百七十九,洪武十九年八月辛丑。
② 《明太祖实录》卷一百七十九,洪武十九年八月辛卯。
③ 《明孝宗实录》卷一百八十二,弘治十四年十二月辛未。
④ 《明孝宗实录》卷一百九十五,弘治十六年正月甲午。
⑤ 刘效祖:《四镇三关志》卷三《军旅考·辽镇军旅·版籍》,四库禁毁书丛刊本。
⑥ 《明熹宗实录》卷六,天启元年二月甲辰。
⑦ 顾养谦:《冲庵顾先生抚辽奏议》卷五《议处辽镇兵饷》,四库全书存目丛书本。

通过对辽东镇屯军的考察，也可以断定系统一原额当为永乐时期该镇的军队总数。永乐年间是辽东军屯最为兴盛的时期，此前在《明太祖实录》中屡屡可见给该镇运输本色粮食的记载，永乐时期此类记载很少出现。宣德以后，该镇屯田开始废弛。成化十九年，辽东户部郎中毛泰奏：

> 臣谨按洪武初辽东粮料俱从太仓海运，其后罢海运置屯田。……自洪武至永乐为田二万五千三百余亩，粮七十一万六千石有奇。当时边有储积之饶，国无运饷之费，诚足食足兵之要道也。至于宣德以后，屯田之法虽曰寖废，军士犹余四万五千四百。……至成化十二年都御史陈钺……又减除无名屯军六万余名……故今所存正军惟一万六千七百余名。①

这条材料显示，洪武末至永乐时期，辽东镇屯田确实较为兴盛发达，但宣德以后屯田寖废，尚有屯军"四万五千四百"，说明此前肯定比此数为多。从成化十二年辽东巡抚陈钺减除无名屯军和剩余数量看，永乐年间屯田兴盛时有屯军八九万人是可信的。

由此论之，系统一和系统二原额俱为永乐时期辽东镇军队数量的记载，系统一为永乐时期该镇的屯操盐铁等各类军伍的合计数，系统二为该镇操守部队原额数。至于系统三原额，由此前的考证可知，当为嘉靖四十五年该镇额定经制数。

宣德以后，随着军备废弛，辽东镇操守军队大幅度下降，至正统十二年，巡抚李纯称本镇操备官军舍丁人等三万七千三百余名，当年又选屯军12452名，合计共五万余人。②目前未见从景泰至成化间辽东镇军队有关数据，弘治以后的数据显示，该镇军队一般为十万人以下。结合成化十九年毛泰的奏疏基本可以断定，在经过正统时

---

① 《明宪宗实录》卷二百四十四，成化十九年九月戊申。
② 张学颜：《万历会计录》卷十七《辽东镇·京运》。

期的人数低潮后，景泰至成化间辽东镇操守军队有所增加。弘治元年(1488)，敕边镇有司奏报各地军马钱粮实数，时"辽东一镇城堡墩操守空马步官军凡七万三千七百四十人"①。十四年，监察御史胡希颜称"辽东旧额军士十八万有余，今物故逋亡过半"②，十六年，辽东军队"或逃回原籍，或潜匿东山，或为势豪隐占，现在止有七万之数"③。正德三年(1508)，巡按山东监察御史周熊奏："永乐年间常操军士凡一十九万……今军止八万有余。"④十一年，王琼称本镇食粮官军83817员名⑤，这与次年田汝成所记"本镇官军八万有余"相符。⑥总体而言，弘治正德时期辽东镇军队人数大致在八万左右。

嘉靖初年，辽东镇军队有所下降。七年(1528)，该镇现役军伍仅六万余名⑦，至嘉靖十年潘潢引辽东巡抚潘珍奏报本镇实有官军人等70451员名。嘉靖十六年(1537)前后，《辽东志》有该镇军队数量的详细记载。查该志的记载有两个不同的数据，一是按照都司统辖的卫所为单位，合计马队额军、步队额军、招集军、屯田军、煎盐军、炒铁军、寄籍民共131838员名⑧，这与陈仁锡记嘉靖年间辽东镇马、步、屯田等各种军伍共十三万余人是相符的。同时，该志还详细统计了辽东镇南路、西路、中路、东路、北路及金州、复州、盖州所属城堡墩台操守官军人数，合计共86697员名。⑨《皇明九边考》也记载了嘉

---

① 田汝成：《辽纪》，金毓绂主编：《辽海丛书》(第4册)，辽沈书社1985年版，第2572页。
② 《明孝宗实录》卷一百八十二，弘治十四年十二月辛未。《辽纪》称：弘治十四年八月，御史胡希颜疏言，辽东二十五卫，旧额官军一十八万有余，到今仅有七八万耳。见《辽海丛书》(第4册)，第2574页。
③ 《明孝宗实录》卷一百九十五，弘治十六年正月甲午。
④ 《明武宗实录》卷三十九，正德三年六月乙卯。这里说永乐时"常操军士凡一十九万"，实误。梁淼泰据此得出永乐时期曾有军伍二十三万余人。张廷玉修《明史》也延续了这个错误。
⑤ 王琼：《晋溪本兵敷奏》卷二《辽东类·为传报紧急贼情事》。
⑥ 田汝成：《辽纪》，《辽海丛书》(第4册)，第2576页。
⑦ 《明世宗实录》卷八十八，嘉靖七年五月丙戌。
⑧⑨ 嘉靖《辽东志》卷三《兵食志·武备》，《辽海丛书》(第1册)。

靖十九年前后的辽东镇数据,"本镇各城堡墩空常操马步并守墩冬操夏种实在官军人等共八万七千四百二员名"①,从其后罗列的各地具体分布看,同样涵盖了包括金州、复州、盖州在内的各路。很显然,将这一数据作为当时辽东镇的军队人数更为妥当。二十八年,辽东管粮郎中边储簿册报主兵 81443 员名,比此前略有减少。

至嘉靖末年,"全镇沿边墩台障塞操守官军九万五千三百六十九员名"②。该数据出自初刊于嘉靖四十四年的《全辽志》,对于该志,金毓黻曾详加考校,"全辽志者,辽东志第三次之续修本也。何以明之?辽东志始修于正统八年成于弘治元年,续修于嘉靖八年成于十六年,卷首冠以始修及重刊诸序,而全辽志悉取而载之,此即续修之明证也"。该志"凡例"中亦言,"今志事宜悉准旧志"③。由此可见,《全辽志》修订之时无疑参考了嘉靖十六年成书的《辽东志》,但其边镇墩台城堡军队人数没有照抄《辽东志》中的数量,从各地的具体分布看,其与《辽东志》也增减不一,这说明《全辽志》所载系当时重新统计之数,可以视为嘉靖末年辽东镇实有军队数量。嘉靖四十五年,该镇额定经制 94693 员名,即系统三原额。

隆庆三年,《续文献通考》载清查该镇实有官军 81994 员名,刘效祖记"隆庆四年惟存主客官兵八万五千四百二十七名"④。当是时,辽东尚未有严重的内忧外患,客兵数量当不致太多,主兵八万余人的记载是可信的。万历三十六年礼部亦言"按隆庆间辽镇图籍马步官军实在八万"⑤。万历八年,《万历会计录》统计现额为 83324 员名⑥,《太仓考》与该数据同,《明会典》《武备志》载 83340 员名,稍有

---

① 魏焕:《皇明九边考》卷二《辽东镇·军马考》。
② 嘉靖《全辽志》卷二《边防志》,《辽海丛书》(第 1 册)。
③ 嘉靖《全辽志·凡例》,《辽海丛书》,(第 1 册)。
④ 刘效祖:《四镇三关志》卷三《军旅考·辽镇军旅·版籍》。
⑤ 《明神宗实录》卷四百四十四,万历三十六年三月丁酉。
⑥ 张学颜:《万历会计录》卷十七《辽东镇·本镇饷额》。

差异。这与万历初年汪道昆所奏"计河东官军四万四百二十五员名，河西四万二千七百三十员名"基本一致①，由此可证《万历会计录》中统计的现额是可信的。

至万历末年大规模征调各地军队入援之前，辽东镇主兵人数大致维持在八到九万之间。万历十二年（1584），蓟辽总督张佳胤言："辽镇官军计一十二万二千而缩，宜加饷者约八万六千四百而赢。"②这里所谓十二万余人，当指包括屯田官军在内的各种军伍的合计数，而应加饷者八万余人才系作战部队。十六年（1588），顾养谦说开除历年兵荒逃故等项，实在官军八万九千六百余人。③十九年，户部核定辽东镇军队人数，"本镇现在军丁八万一千有奇，并无虚数"④。万历三十五年，辽东巡按萧淳鉴于边镇危机日重，请求增加额兵数量，从其后辽东镇的军队人数分布看，该建议并没有得到实施。三十六年，熊廷弼奏报时现支粮者八万有奇，与十九年额定经制数量几同。⑤三十七年，兵部尚书李化龙称："辽镇马步官军原额设九万四千六百九十三人，今已实少二万二千人。"⑥四十五年，兵部左侍郎崔景荣言："辽镇以二千里长边无一墙捍隔，驱八九万馁卒御十数种悍夷。"⑦四十八年，御史郑宗周奏辽东官军"原额九万六千余，今止八万一千九百零"⑧。

上述几个数据说明，尽管明代中期以后辽东边疆形势日渐危机，但该镇主兵没有太大的增加。万历四十六年战争爆发后，辽东一带军队人数大增，主要是各地援兵所导致。

---

① 陈子龙：《明经世文编》卷三百三十七《汪道昆·辽东善后事宜疏》。
② 《明神宗实录》卷一百五十四，万历十二年十月壬戌。
③ 顾养谦：《冲庵顾先生抚辽奏议》卷五《议处辽镇兵饷》。
④ 《明神宗实录》卷二百三十三，万历十九年三月庚申。
⑤ 熊廷弼：《按辽疏稿》卷一《除报羡余疏》，续修四库全书本。
⑥ 《明神宗实录》卷四百五十七，万历三十七年四月己巳。
⑦ 《明神宗实录》卷五百五十八，万历四十五年六月乙卯。
⑧ 计六奇撰，魏得良等点校：《明季北略》，中华书局1984年版，第23页。

二、蓟州镇

蓟州镇原额数据共有 12 个，可以划分为 6 个系统：原额为"二万九千八百余人"的《明宪宗实录》（简称系统一），原额为"五万人左右"的《明武宗实录》《皇明九边考》（简称系统二），原额为"45500 员名"的《四镇三关志》（简称系统三），原额为"85546 员名"的《万历会计录》《明会典》《度支奏议》《太仓考》《武备志》（简称系统四），原额为"109390 员名"的《续文献通考》《九边图说》（简称系统五），原额为"78621 员名"的《春明梦余录》（简称系统六）。

梁淼泰和张松梅引《春明梦余录》与《续文献通考》的证据，断定永乐时期蓟州镇军队七万余人。查《春明梦余录》原文为"原额兵七万八千六百二十一员名"，这里"原额"并没有说明为"永乐间"，二人均称"永乐间，原额兵七万八千六百二十一员名"，不知何所据。二人又均称"嘉靖六年，蓟辽总督刘应节奏：'蓟镇额兵七万余'"出自《续文献通考》卷一百二十九，查该书该卷为《王礼考》，通卷所论为元代王礼事宜，亦不知何所据。①

考察蓟州镇军队人数的变化，可以以嘉靖二十九年的庚戌之变为分界点。此前，蓟州镇辖区相对明确，且未有防守的巨大压力，此后，该镇变化多端，须详加考察始能探其大略。

宣德三年（1428），"命阳武侯薛禄充总兵官、遂安伯陈英为左参将、武进伯朱冕为右参将，率领官军镇守蓟州、永平、山海等处，操练军马，并提督各关隘口，谨慎提备。遇有贼寇相机剿捕，所领官军悉听节制"②。自此，蓟州一带成为一个独立的防守区域，其统辖范围包括蓟州、永平、山海等地，该状态一直持续到弘治以前。弘治初年，命

---

① 无论该条史料从何而来，这里的记载有误是肯定的。查刘应节的履历，嘉靖四十三年，以陕西布政司左参政升任辽东巡抚，隆庆元年任河南巡抚，同年改任顺天巡抚，隆庆四年以顺天巡抚升蓟辽总督。

② 《明宣宗实录》卷四十七，宣德三年九月甲申。

密云、古北口等处军马听蓟州镇巡等官节制,几经反复后于弘治十年(1497)定制,密云与燕河营、马兰谷二处分为东西中三路属蓟州镇管辖。① 此后,这一格局在"庚戌之变"前没有太大的变化。

成化十二年(1484),蓟州等处总兵官右都督冯宗等奏:"蓟州沿边关堡官军旧额二万九千八百余人,今逃者已踰三千,无可调补。……且喜峰口、罗文谷(峪)、黄崖口、刘家口、石门子、一片石、桃林口等关俱系通寇要路,官军防守不周,欲选所属军卫有司舍余民壮编伍教练,御冬协守,春深放免。"②查成化八年(1472),"右都督冯宗充总兵官镇守永平、山海等处"③,在其后对冯宗的称谓中,有"蓟州等处总兵官"、"蓟州永平等处总兵官"等,可见其防守区域包含蓟州、永平、山海三处,从他罗列的"喜峰口、罗文峪、黄崖口、刘家口、石门子、一片石、桃林口"等地点看,"黄崖口"位在最西,"一片石"在最东,恰恰分布在上述三个区域的管辖范围内。同时,宣德至成化间,蓟州镇一带防守压力不大,没有爆发大规模的军事冲突,军队人数当不致有太大的增减。因此,系统一原额应为宣德间的原额数据。隆庆六年八月,蓟辽总督刘应节题称:"国初设立大宁,实与宣辽并为外藩,蓟门犹称内地。既大宁内徙,复设朵颜三卫籍为捍蔽,当时止遣两关御史董其事……当时额兵不满三万。"④所谓"大宁内徙,复设朵颜三卫籍为捍蔽"正在宣德时期,此可为佐证。至成化十二年,"逃者已踰三千"也说明当地军队基本保持了相对的稳定。

弘治时期,蓟州镇管辖范围扩展到密云一带,军队人数开始增加。《皇明九边考》云:蓟州、永平、山海、密云等处沿边关营操守官军舍余民人五万三百七十一员名。⑤从其将密云、古北口等处军伍数量

---

① 参见《明孝宗实录》卷四十一,弘治三年八月乙未;卷一百四,弘治八年九月甲申;卷一百二十六,弘治十年六月己卯。
② 《明宪宗实录》卷一百五十六,成化十二年八月乙酉。
③ 《明宪宗实录》卷一百,成化八年正月乙卯。
④ 《明神宗实录》卷四,隆庆六年八月丁卯。
⑤ 魏焕:《皇明九边考》卷三《蓟州镇·军马考》。

统计在内看，该原额数据当在弘治以后。正德十年，提督边务兵部左侍郎陈玉奏称："山海关至慕田峪诸营堡原额官军四万九千五十余名，今逃故者七千三百五十有余。"①"慕田峪"在密云以西，为密云辖区，这说明该条材料所显示的地理区域与《皇明九边考》一致，两者军队人数在数量上也非常吻合。综合上述，系统二原额五万人左右为弘治后期蓟州镇的额设军队数量。

正德十年，王琼称："蓟州一带东西二路现有食粮官军四万二千员名。"②这与陈玉所奏也基本一致。根据潘潢的记载，嘉靖十年，蓟州巡抚汪玉奏本镇官军42900员名，二十八年，户部郎中边储簿奏开主兵官军47853员名。以其他材料证之，这里的记载是可信的。嘉靖九年，蓟镇管粮郎中康河言"本镇食粮官军四万二千有奇"③。十九年，《皇明九边考》统计实在马步官军45226员名。通过以上的论证可以看出，在庚戌之变前，蓟州镇的军队人数没有太大的起伏。上述几个数据说明，嘉靖中期蓟州镇军队数量大致在四万五千人左右，这与系统三原额基本一致，自嘉靖二十九年以后，该镇军伍大增，未见有相似的记载，笔者推断系统三原额当为嘉靖中期的数据。

嘉靖二十九年以后，蓟州镇所属蓟州、永平、密云、昌平、山海等地陆续独立设镇，在有关史料中，多将各处官军数量分别统计。为便于比较，除有特别说明外，本书所称蓟州镇均涵盖上述各地。④同时，

---

① 《明武宗实录》卷一百二十一，正德十年二月癸巳。
② 王琼：《晋溪本兵敷奏》卷二《蓟州类·为紧急边情伤官军事》。
③ 《明世宗实录》卷一百十四，嘉靖九年六月癸酉。
④ 在嘉靖四十五年以后的各种蓟州镇所属区域兵马钱粮的统计中，往往开列蓟州镇、昌平镇、密云镇、永平镇、易州镇等，另有开列井陉镇者，茅元仪更称："蓟州、昌平、保定、密云、永平、易州、井陉，以上七处俱总称蓟镇。"实际上，保定、易州、井陉与蓟州、昌平、密云、永平在地理位置上有很大的差异，前者位于北京的西南部，后者位于北京的北部，防守任务有很大的不同。而且，现有史料也未见蓟州镇总兵节制保定、易州、井陉一带官军的记载。从诸多史料记载的蓟州镇防守区域看，也没有包括上述三地。故我们在统计蓟州镇军队人数时，仅将蓟州镇、昌平镇、密云镇、永平镇计算在内，不计入易州镇、井陉镇。具体可参见魏焕《皇明九边考》卷三《蓟州镇·疆域考》，嘉靖《蓟州志》卷十二《经略》，兵部：《九边图说·蓟镇图说》。

随着蓟州镇危机日重,各地入卫军兵大量增加,该镇客兵较他地为多,这也是考察蓟州镇军队人数时必须注意的一个问题。根据刘效祖的记载,蓟州镇在嘉靖三十年后广行招募,主兵人数大增。二十九年,"虏薄郊关,额兵不足戍守,遂于各原卫所照籍抽补,复广召募。三十年始增至五万六千九百名,三十一年增七万六百名,三十七年止存四万六千三十名,四十二年复广召募增至六万七千一百名"①。嘉靖三十七年,兵部职方司署郎中唐顺之奉命阅视蓟镇,称马步官军原额九万一千有奇,现有官军五万七千有奇②,同年,世宗皇帝说,"兵数已经查明五万九千三十二名"③。两个数据基本一致,说明当时官军实有数量是可信的。至于二者与刘效祖"三十七年止存四万六千三十名"差别,应当是刘氏未将客兵计算在内所导致。此后蓟州镇继续招兵买马,至嘉靖四十五年额定经制,合计蓟州、永平、密云、昌平在内主兵共计 85546 员名。④此即系四原额。

隆庆以后蓟州镇军队人数有所增加。隆庆四年,兵部右侍郎汪道昆阅视清查分布各路主兵八万五千余名⑤,万历元年,额定蓟州昌平二镇主兵 91306 人⑥,隆庆间谭纶称:"计蓟昌十区之地,东西二千余里,现卒不满十万。"⑦此可为佐证之一。万历八年前后,统计蓟州镇共实有官军 127206 员名。⑧万历四十八年(1620),合计蓟、密、永、昌四镇共计实在官军 121088 员名,天启二年(1622),为 130900 员名⑨,崇

---

① 刘效祖:《四镇三关志》卷三《军旅考·蓟镇军旅·版籍》。
② 《明世宗实录》卷四百六十四,嘉靖三十七年九月辛巳。
③ 《明世宗实录》卷四百六十五,嘉靖三十七年十月壬戌。
④ 张学颜:《万历会计录》卷十八《蓟州镇·本镇饷额》,卷十九《永平镇·本镇饷额》,卷二十《密云镇·本镇饷额》,卷二十一《昌平镇·本镇饷额》。
⑤ 《明神宗实录》卷六,隆庆六年十月壬戌。
⑥ 刘效祖:《四镇三关志》卷三《军旅考·蓟镇军旅·版籍》。
⑦ 陈子龙:《明经世文编》卷三百二十二《谭纶·策房事疏》。
⑧ 张学颜:《万历会计录》卷十八《蓟州镇·本镇饷额》,卷十九《永平镇·本镇饷额》,卷二十《密云镇·本镇饷额》,卷二十一《昌平镇·本镇饷额》。由于统计标准不同,该现额与《度支奏议》《武备志》《明会典》《太仓考》中的记载有所差异,但没有太大的出入。
⑨ 汪应蛟:《计部奏疏》卷三《陵京重地疏》,续修四库全书本。

祯元年毕自严统计实有 127718 员名。上述几个数据显示万历以后蓟州镇军队人数没有太大变化。

受史料所限，蓟州镇的军队人数有几个问题暂时无法解释，存疑如下：第一，《续文献通考》有一组原额现额数据，原额为"109390"员名，现额为"99246"员名，且现额标明为"隆庆三年"的实在数量。其中另外记录有居庸关的军队人数，说明该统计未将昌平镇数量计算在内，与上述论证有比较大的出入。第二，《春明梦余录》《皇舆考》《天下郡国利病书》记载的原额"78621"员名。在前面的考证中已经指出，该数据应当在嘉靖三十六年(1557)以前，这与本节所论蓟州镇嘉靖年间的军队人数也不相符，据笔者推测该数据可能为嘉靖三十年至三十五年间蓟州镇大量增兵时的一个统计结果，惜无史料证明。第三，嘉靖二十九年后，蓟州镇大量增加客兵，招募壮勇，各种记载标注不一，有单独罗列主兵者，有主客通计者，有记载额设者，有记载实在者，区分相当不易。万历时期数据过少，尤其缺乏万历中期的数据，使得很难考察该时期蓟州镇军队数量的增减变化。

小　结

以上笔者详细考察了九边各地不同时期军队数量的变化，为更清晰地说明问题，兹将有明确时间记载的九边各镇数据列表统计（参见附表 1—2）。

从有限的几个洪武永乐时期的军队人数看，明中期以后的数量远远低于明初的人数，如洪武末年大同镇官军达到十四万余人，永乐时期辽东镇达到十九万余人。在此后的记载中，辽东镇未见有超过十万人者，在嘉靖四十五年大同镇有"135778"的数据，我们后面的论证将谈到，这是一个理论上的数据，实际数量远低于此。论者往往由此指出，从明初到嘉靖中期之前，九边军队处于不断衰减之中。就整个明代的情况而言，梁淼泰将之称为"马鞍形"变化。实际上，与明代中后期相比,洪武永乐时期之所以军队人数较多,一个重要的原因是前后记载的标准不同。明初的军队数据多系所有军种的合计,尤其将数量庞大的屯田军队计算在内,而成化以后一般仅统计操守部队,故而出现较大的差距。在永乐大规模的北征之后,明代北部边疆迎来一段较为平静的时期,其操守部队当不会过多。这一点从宣府、大同的情况便可以明了。在宣府,宣德末年合计屯田、操守等各类军伍共计十二万余人,但在正统时期操守部队仅四万人左右。在大同,洪武末年十四万余人,至永乐后期宣德初年操守部队仅为四万余人。

至成化时期始有较为系统的边镇军队人数记载,从九边总数量看,经过宣德正统时期的短暂下降后,景泰年间至正德之前,九边各地军队保持了基本的稳定,没有太大的增加。正统十一年(1446),"遣给事中、监察御史往各边,分赐备边官军白金,人一两,共二十五万七千一百五十二两"①。这是整个明代九边官军数量较少的时期。景泰四年(1453)和天顺元年(1457)的两次赏赐数量表明,该时期九边各地官军合计在三十五万余人是可信的。②根据统计,成化时期九边有官军326242员名,弘治时期有354853员名,其中的增加额系由于蓟州镇管辖范围的扩大所造成。正德时期九边军队人数有增加的趋势,合计该时期为384729员名,与正德十六年查核九边诸镇共三十七万余名基本相符③,这也说明我们对正德时期九边军队人数的推测是正确的。从嘉靖十年和十九年的两个数据看,嘉靖中前期,九边官军基本没有太大的增加,嘉靖二十八年根据九边管粮郎中册报的主兵数据统计共471852员名,以正德时期的数据观之,增加还是较为明显的。

---

① 《明英宗实录》卷一百四十六,正统十一年十月甲寅。
② 《明英宗实录》卷二百三十六,景泰四年十二月乙巳;卷二百八十,天顺元年七月辛卯。
③ 《明世宗实录》卷三,正德十六年六月癸未。

嘉靖四十五年出现一组数据，合计共896374员名，从嘉靖二十八年和隆庆三年的情况看，这一组数据显然不是该年的实有军队数量。我们认为，这是在经历庚戌之变后，明政府鉴于边政废弛兵力不足，甚至危及其统治的情况下，中央借整顿清核之际，希望达到的一个军队数额。从大同镇的情况看，该数据的依据是以此前某一年的数据作为原额，而后将历年添募数量累加，从而形成一个额设数据。很显然，该数据没有顾及到事故逃亡等诸多因素对军队数量减少造成的影响，故嘉靖四十五年的额定经制仅为一理想数据，实际数量远低于此。从隆庆三年的清查结果以及万历、崇祯的相关数据看，明代中后期九边军队保持在六十万人左右。

在九边各地，不同边镇不同时期人数的增减变迁，深刻反映了明代北部边疆局势的紧张与缓和、征战与和平。可以说，各镇军队人数的变化是一张生动的明代与北部少数民族关系的晴雨表。

从宣德末年开始，在有记载的若干边镇，其军队人数大幅下降。如宣府镇至正统末年下降为一万三千五百余人，大同镇的操守部队从宣德初年的四万人下降到正统九年的不足二万五千人，景泰时期，宣府镇官军迅速增加到55195员名。很显然，这与正统十四年（1449）的土木堡之变有关。土木堡之变，明代边防的孱弱顿时暴露无遗，这大大影响了北部边疆的军事防御。景泰皇帝继位后，随即令成国公朱勇选精锐马步京军45000人，以30000人往大同、15000人往宣府，俱在彼训练，养精蓄锐以备不虞。

以正德时期与嘉靖十年的数据相比，期间增加共五万三千余人，仅陕西四镇即增五万人左右，这说明该时期九边官军的增长主要是陕西边镇所导致。成化弘治时期，河套一带渐成明蒙争夺的重点，但尚未酿成不可挽回之势。正德荒政，将边防的重点置于大同宣府，大大放松了对陕西的防守，蒙古势力乘机壮大，并逐渐占据河套地区，明军防线进一步收缩。为应对日渐危急的边关形势，明政府不得不在从延绥到甘肃的漫长防线上布设大量军队。从嘉靖以后四镇军队数量看，并没有大量增加的趋势，这说明在陕西一带的边镇，明军始终处于防守的态势。尽管嘉靖以后收复河套的建议屡有提及，但世易时移，明廷无力也无心顾及之，只能以守为攻，以免造成更大的后患。

在辽东镇，军队数量没有大起大落的现象，长期保持着基本的稳定，大致在八万人左右浮动。辽东镇在满洲人大举入侵之前，由于其独特的地理位置，没有像其他边镇一样时常面临战火的罹难，而万历四十六年后辽东镇军队数量的剧增，纯系外来性援兵所导致。

在中国古代社会，"居重驭轻"是统治者军事部署和国家防卫思想的基本原则，保持强大的由中央政府直接统辖的军队以确保京师安全并防止地方尾大不掉，历来为统治者所重视。在明代初期，也设立了强大的京师队伍，永乐间，北京京营兵力常保持在八十万至一百万之间，在此期间，君主或藩王能直接指挥的劲旅大体相当于全国总兵额的百分之四十。① 此后，明代京营几经变革，人数剧减，作战能力严重下降，"二十九年，俺答入寇，兵部尚书丁汝夔核营伍不及五六万人。驱出城门，皆流涕不敢前，诸将领亦相顾变色"②。如此的军队，战斗力自然引起世宗皇帝的极大恐慌，虽然此后他大力整理京营，复三大营旧制，其额设军伍也仅十四万余人。万历时期，冯琦论及京营云："自唐宋以来，京师皆屯宿重兵，畿内外当天下之半。今京营军不过十二万，老稚不任者居十三，厮养舆隶十五，负贩及百工十九，名虽十二万，实不当边镇三万人。顷者我师西破贼、东破倭，皆借边镇力，禁旅不得分尺寸功也。"③

隆庆以后九边军队人数较之以前有了比较大的增长，且稳定在六十万左右，这种增长主要是由宣府、大同和蓟州镇的军队大量增加所造成的。这一变化具有深刻的社会内涵，它反映出明代北部防守格局的重大变化。毫无疑问，九边的陆续设立并屯聚重兵，主要任

---

① 黄冕堂：《论明代的京营》，《史学集刊》1992 年第 3 期。
② 张廷玉：《明史》卷八十九《兵志一》，中华书局 1974 年版。
③ 陈子龙：《明经世文编》卷四百四十二《冯琦·赠御史大夫少泉郝公入理戎政序》。

务是用于防守蒙元势力和日渐兴起的满洲人,但随着蒙古各部势力消长、朵颜三卫叛服无常,明政府的防线日益向京师一带收缩。明代中后期,九边的防守越来越明显地呈现出以保护京师为重心的特点。这种情况下,作为京师屏障的宣府、大同和蓟州自然成为防守的重点,嘉靖后期蓟州镇辖区的分合变迁更能说明这一点。

附表1—1:明代九边军队原额表　　　单位:员名

数量序号\镇别	宣府	大同	山西	延绥	宁夏	甘肃	固原	辽东	蓟州
1	151452	135778	25287	80196	71693	91571	126919	94693	85546
2	151452	135778	25287	80196	71693	91571	126919	94693	85546
3	151452	135778	25287	80196	71693	91571	126919	—	85546
4	49424	135778	25287	80196	71693	91571	46000	94144	85546
5	151452	135778	25287	80196	71693	91571	126919	94693	85546
6	151452	135778	58526	80196	71693	91571	71918	94693	109390
7	151452	135778	58526	80196	71693	91571	71918	94693	109390
8	126395	54154	27547	49250	30781	95998	28830	99875	78621
9	151452	135778	79077	—	—	—	—	—	—
10	126395	—	—	—	—	—	—	—	—
11	126395 120000	140000	—	58067	—	—	90000	—	—
12	122586	—	61020	—	—	72900	—	—	29800
13	120000	80000	—	—	—	—	—	—	—
14	39000	—	—	—	—	—	—	—	—
15	39000	126200	—	—	—	70000	—	—	—
16	—	87782	—	—	—	—	—	—	—
17	—	—	62317	—	—	—	—	—	—
18	—	—	23489	—	—	—	—	—	—

续表

数量序号	宣府	大同	山西	延绥	宁夏	甘肃	固原	辽东	蓟州
19	—	—	70000	—	—	—	—	—	—
20	—	—	—	58067	70263	89501	67294	—	50371
21	—	—	—	4354	—	—	—	—	—
22	—	—	—	—	60486	89445	59631	—	—
23	—	—	—	—	71900	—	—	180000	—
	—	—	—	—	73940	—	—	190000	—
24	—	—	—	—	—	—	71790	—	—
25	—	—	—	—	—	—	—	180000	—
26	—	—	—	—	—	—	—	81900	—
27	—	—	—	—	—	—	—	80000	—
28	—	—	—	—	—	—	—	89600	—
29	—	—	—	—	—	—	—	—	49050
30	—	—	—	—	—	—	—	—	45500

参考文献：

[1] 分见张学颜：《万历会计录》卷二十三《宣府镇·本镇饷额》、卷二十四《大同镇·本镇饷额》、卷二十五《山西镇·本镇饷额》、卷二十六《延绥镇·本镇饷额》、卷二十七《宁夏镇·本镇饷额》、卷二十八《甘肃镇·本镇饷额》、卷二十九《固原镇·本镇饷额》、卷十七《辽东镇·本镇饷额》、卷十八《蓟州镇·本镇饷额》、卷十九《永平镇·本镇饷额》、卷二十《密云镇·本镇饷额》、卷二十一《昌平镇·本镇饷额》，续修四库全书本。

[2] 申时行：万历《明会典》卷一百三十《镇戍五·各镇分例二》，续修四库全书本。

[3] 毕自严：《度支奏议·堂稿》卷三《召对面谕清查九边军饷疏》，续修四库全书本。

[4] 分见刘斯洁：《太仓考》卷七之七《边储·宣府》、卷七之八《边储·大同》、卷七之九《边储·山西》、卷七之十一《边储·延绥》、卷七之十《边储·宁夏》、卷七之十三《边储·甘肃》、卷七之十二《边储·固原》、卷七之一《边储·辽东》、卷七之二、三、四、五《边储·蓟州·密云·永平·昌平》，北京图书馆古籍珍本丛刊本。

[5] 分见茅元仪：《武备志》卷二百五《占度载·度十七·镇戍二·宣府》、卷二百六《占

度载·度十八·镇戍三·大同·山西》、卷二百七《占度载·度十九·镇戍四·延绥·宁夏》、卷二百八《占度载·度二十·镇戍五·甘肃·固原》、卷二百五《占度载·度十七·镇戍二·辽东》、卷二百四《占度载·度十六·镇戍一·蓟镇》，四库禁毁书丛刊本。

〔6〕王圻：《续文献通考》卷四《田赋考·边粮总数》，续修四库全书本。

〔7〕分见兵部：《九边图说》不分卷，各镇图说，玄览堂丛书影印隆庆三年刻本。

〔8〕孙承泽：《春明梦余录》卷四十二《兵部一·兵制·九边》，北京古籍出版社1992年版。

〔9〕分见杨时宁：《宣大山西三镇图说》卷一《宣府镇图说》、卷二《大同镇图说》、卷三《山西镇图说》，续修四库全书本。

〔10〕嘉靖《宣府镇志》卷二十一《兵籍考·皇明》，中国方志丛书本；正德《宣府镇志》卷五《武备》，嘉靖增修本，南京图书馆藏。

〔11〕分见陈子龙：《明经世文编》卷一百九十七《潘潢·议勘宣府新军疏》、卷二百六十五《胡宗宪·题为陈愚见以裨边事疏》、卷三百二十《方逢时·备察边情敷陈臆见疏》、卷一百九十七《潘潢·议延绥新军疏》、卷三百五十八《庞尚鹏·清理辽东屯田疏》，中华书局1962年版。

〔12〕《明宪宗实录》卷五十五，成化四年六月丙辰；卷二百二十八，成化十八年六月甲寅；卷四十三，成化三年六月丙申；卷一百五十六，成化十二年八月乙酉。

〔13〕韩邦奇：《苑洛集》卷十六《钦遵敕谕因时察势益兵据险以防敌患以卫中华事》，文渊阁四库全书本。

〔14〕徐日久：《鹭言》卷十二《措饷·权本折》，四库禁毁书丛刊本。

〔15〕《明世宗实录》卷三百四十九，嘉靖二十八年六月甲辰；卷三百九十六，嘉靖三十二年闰三月庚申；卷二十七，嘉靖二年五月乙卯。

〔16〕正德《大同府志》卷五《武备》，四库全书存目丛书本。

〔17〕成化《山西通志》卷六《兵备屯田》，四库全书存目丛书本。

〔18〕廖希颜：《三关志·武备考》，续修四库全书本。

〔19〕《明穆宗实录》卷十六，隆庆二年正月庚午。

〔20〕魏焕：《皇明九边考》卷七《榆林镇·军马考》、卷八《宁夏镇·军马考》、卷九《甘肃镇·军马考》、卷十《固原镇·军马考》、卷三《蓟州镇·军马考》，四库全书存目丛书本。

〔21〕万历《延绥镇志》卷三《军政》，国家图书馆藏缩微胶片。

〔22〕张雨：《边政考》卷三《地舆图中·宁夏图》、卷四《地舆图下·西宁图·庄浪图·凉镇永图·甘州月图·肃州图》、卷三《地舆图中·固原靖兰图·阶文西固图·洮岷河图》，续修四库全书本。

〔23〕《明孝宗实录》卷一百六十九，弘治十三年十二月癸巳；卷一百九十九，弘治

十六年五月己巳;卷一百八十二,弘治十四年十二月辛未;卷一百九十五,弘治十六年正月甲午。

[24]龚辉:《全陕政要》卷四《固原镇》,四库全书存目丛书本
[25]田汝成:《辽纪》,金毓黻主编:《辽海丛书》(第4册),辽沈书社1985年版,第2574页。
[26]计六奇撰、魏得良等点校:《明季北略》,中华书局1984年版,第23页。
[27]熊廷弼:《按辽疏稿》卷一《除报羡余疏》,续修四库全书本。
[28]顾养谦:《冲庵顾先生抚辽奏议》卷五《议处辽镇兵饷》,四库全书存目丛书本。
[29]《明武宗实录》卷一百二十一,正德十年二月癸巳。
[30]刘效祖:《四镇三关志》卷三《军旅考·蓟镇军旅·版籍》,四库禁毁书丛刊本。

附表1—2:明代九边军队数量变化表　　　　单位:员名

时间	宣府	时间	大同	时间	山西
正统初年	120000	洪武末建文时期	140000	天顺时期	15892
正统十二年	13500	永乐末宣德初	40000	成化十二年	10146
景泰时期	55195	正统九年	24600	正德十一年	15000
成化元年	57261	成化十年	45795	嘉靖前期	25287
弘治时期	58000	弘治时期	40000	嘉靖十九年	22039
正德八年	67400	正德十年	58136	嘉靖二十四年	41000
正德十一年	80000	正德末嘉靖初	54154	嘉靖二十八年	37818
嘉靖六年	77600	嘉靖十年	59000	嘉靖四十五年	58526
嘉靖十九年	80000	嘉靖十九年	51609	隆庆三年	47181
嘉靖二十八年	82974	嘉靖二十八年	81529	隆庆六年	48781
嘉靖四十五年	151452	嘉靖三十二年	92000	万历八年	55295
隆庆三年	83304	嘉靖三十四年	88000	万历四十八年	54514
万历三年	79651	嘉靖四十五年	135778	崇祯元年	53523
万历八年	79258	隆庆三年	83815		
万历十九年	80000	万历八年	85311		
万历三十年	81383	万历十九年	83000		

续表

时间	宣府	时间	大同	时间	山西
万历四十八年	80898	万历三十年	85780		
崇祯元年	79951	万历四十八年	84537		
		崇祯元年	76526		

续表

时间	延绥	时间	宁夏	时间	甘肃
成化时期	21000	永乐元年	20413	永乐时期	70000
弘治时期	25423	永乐元年	41749	正统十年	42800
正德十三年	24589	成化十四年	36500	天顺时期	89000
嘉靖十年	41451	弘治时期	23000	成化三年	41800
嘉靖十九年	30312	正德时期	30787	弘治十三年	37500
嘉靖二十五年	36493	嘉靖十年	41614	弘治十六年	41060
嘉靖二十八年	44036	嘉靖十九年	35144	正德十三年	28000
嘉靖三十四年	50000	嘉靖二十五年	24927	嘉靖四年	30000
嘉靖四十五年	80196	嘉靖二十八年	31890	嘉靖十年	40245
隆庆三年	51611	嘉靖三十四年	28000	嘉靖十九年	36164
万历八年	53254	嘉靖四十五年	71693	嘉靖二十五年	38022
万历十四年	55958	隆庆三年	37837	嘉靖二十八年	39882
万历十九年	53254	万历八年	27934	嘉靖三十四年	35000
万历三十年	50000	万历二十三年	31500	嘉靖四十五年	91571
万历四十八年	55310	万历四十八年	31624	隆庆三年	47512
崇祯元年	49631	崇祯元年	31406	万历八年	46901
				万历中期	50000
				万历四十八年	59081
				崇祯元年	51980

续表

时间	固原镇	时间	辽东镇	时间	蓟州镇
弘治末正德初	28830	永乐时期	190000	宣德年间	29800
嘉靖初年	46000	正统十二年	50000	成化时期	26800
嘉靖十九年	23749	弘治元年	73740	弘治后期	50000
嘉靖二十五年	45911	正德三年	80000	正德十年	42000
嘉靖二十八年	24427	正德十一年	83817	嘉靖十年	42900
嘉靖四十五年	126919	嘉靖七年	60000	嘉靖十九年	45226
隆庆三年	55267	嘉靖十年	70451	嘉靖二十八年	47853
万历八年	90412	嘉靖十六年	86697	嘉靖三十七年	57000
万历十四年	65498	嘉靖十九年	87402	嘉靖四十五年	85546
万历中期	63943	嘉靖二十八年	81443	隆庆四年	85000
崇祯元年	44035	嘉靖四十五年	94693	万历八年	127206
		隆庆三年	81994	万历四十八年	121088
		万历八年	83324	崇祯元年	127718
		万历十六年	89600		
		万历四十八年	81900		

注：表中数据系依据本章考证所得。

第二章 明代九边马匹数量考

在传统社会，马匹非常重要。尤其在中原汉族与边疆少数民族的纷争中，马匹更是不可或缺。与九边军队人数研究相比，学术界对九边马匹数量的研究至今依然十分薄弱。①现有研究业已证明，不可

---

① 马匹数量问题以赖建诚的研究最具开拓性。其存在的问题如下：第一，赖先生没有处理数目繁多且相互抵牾的原额问题，实际上，不同史料记载的原额在时间上可能相距甚远。第二，赖先生忽视了不同史料间相互转抄的问题。赖建诚依据的五种文献是：魏焕：《皇明九边考》(代表嘉靖十八年)，陈子龙：《明经世文编》卷一百九十九《潘潢·查核边镇主兵钱粮实数疏》(代表嘉靖十年和嘉靖二十八年)，王国光：《万历会计录》(代表万历十年)，吴亮：《万历疏钞》卷三十九《杨俊民·边饷渐增供亿难继恳乞圣明酌议长策以图万世治安疏》(代表万历二十一年)，茅元仪：《武备志》(代表万历三十年)。前三种文献所代表的年代没有问题，后两种文献中数据所体现的年代值得商榷。对比《武备志》和《万历会计录》即可发现，《武备志》完全照录了《万历会计录》的军队和马匹数据，甚至马匹类别项"马"、"马驼骡驴"、"马骡"等也没有任何变动。如果说"原额"一致我们没有怀疑的理由，那么九边各地《万历会计录》统计万历八年的"现在"数据和《武备志》统计万历末年的"现在"数据完全一致从理论上也是讲不通的，以其他史料作为旁证，很容易发现这一点。因此，《武备志》中记载的"现在"数不能认为是成书之时的"现在"额，而是《万历会计录》中的"现在"数量。至于杨俊民的奏疏，查该疏记录了万历二十一年九边各地的马匹数量，其中与《万历会计录》"现额"相同者四，与成书于万历十年左右的《太仓考》相同者四，仅有延绥镇的数据记载与上述两种文献不同。这说明该疏基本抄录了万历十年左右的数据，以其他材料证之，该疏的数据不能反映万历二十一年前后的马匹数量。以此作为代表万历二十一年的数据，显然不妥。赖建诚：《边镇粮饷：明代中后期的边防经费与国家财政危机，1531—1602》，浙江大学出版社 2010 年版。

随意将各种"原额"轻易判定为明初军队马匹数量。对九边马匹数量的考证,关键依然是厘清史料中各种"原额"数据的彼此关系(参见附表 2—1)。事实上,由于九边各镇设立时间不同,统辖区域各异,须逐镇探究方能察其大致。

第一节 宣大三镇

一、宣府镇

宣府镇标明原额马匹数量的记载有 14 处,可以分为 3 个系统。《皇明九边考》《皇明世法录》《名臣经济录》《明会典(二)》《马政纪》记载的 45543 匹(《名臣经济录》为 44248 匹,归为同类,简称系统一),正德、嘉靖《宣府镇志》记载的 39920 匹(简称系统二),《宣大山西三镇图说》《万历会计录》《武备志》《度支奏议》《续文献通考》《明会典(一)》《九边图说》记载的 55274 匹(简称系统三)。[①]

宣府,古称上谷地,明改宣府。永乐元年(1403),武安侯郑亨充总兵官,率师驻宣府备御。宣德五年(1430)置万全都司管理宣府一带卫所。永乐时期的北征使得宣府成为当时的军事基地,大量军队屯驻于此,真正的当地常驻军队非常少。明代国都北迁,宣府成为京师咽喉,地位迅速上升。"宣府官军,国初时三分城守、七分屯种,当时备操者止三万九千余名,正统以后撤屯丁为操军,已非旧额。"[②]这条材料说明,正统以前,宣府军队除屯田者外,实际作战部队近四万人。第一章已经证明,正统期间,宣府镇的军队也大致维持在四万人

[①] 万历《明会典》有两处记载了九边马匹原额,一在卷一百二十九《镇戍四》至一百三十一《镇戍六》,此处数据与《万历会计录》同,本书称之为《明会典(一)》;一在卷一百五十二《马政三》,此数据与《皇明九边考》同,本书称之为《明会典(二)》。

[②] 《明世宗实录》卷三百四十九,嘉靖二十八年六月甲辰。

左右。我们不清楚宣德、正统年间宣府步兵和骑兵的比例,结合其他镇的情况与宣府镇嘉靖年间军队人数和马匹数量的关系,该镇骑兵总数大致为军队总额的一半,其马匹数量当在二万匹左右。成化元年(1465)有司奏报宣府骑操走递马驴共计 23482 匹头①,或可为佐证之一。

　　从史源学的角度考虑,结合《皇明世法录》载其他各边镇的马匹数量,可以确定它记载的九边马匹原额照抄了《皇明九边考》中的数据。《皇明九边考》云:"本镇原额马四万五千五百四十三匹,正德元年起至十六年止,六次共领过马二万八千一百四十四匹,马价银五万两,以后年份未经清查。"②从这里的记载"正德元年起"看,《皇明九边考》中的所谓原额当为正德以前的数字。查《名臣经济录》记载的数据,出自李堂《马政议》。③李堂,字时升,浙江鄞县人,成化二十三年(1487)进士,授主事,正德间任职工部,主持河渠事宜,后以病归,嘉靖三年(1524)去世。④其活动于政坛主要在弘治、正德年间,参之《名臣经济录》的著录方式,可将《马政议》定为作于正德间,所谓"原额"应为正德之前。从宣府镇马匹数量变化看,系一原额"45543"匹为该镇弘治年间的数据。正德《宣府镇志》有一原额数据 39920 匹,其后嘉靖《宣府镇志》照抄此数据,很显然,该原额系正德之前的数据。联系成化元年和弘治年间的数据分析,笔者推断系二原额当为成化后期的马匹数量。

　　正德年间,《宣府镇志》统计宣府镇城实有操马 12387 匹,东路实有 3318 匹,北路实有 6777 匹,中路实有 2137 匹,西路实有 9784 匹,南路实有 2848 匹,合计共 37251 匹。证之以李堂记正德

---

① 叶盛著,魏中平点校:《水东日记》,中华书局 1980 年版,第 333 页。
② 魏焕:《皇明九边考》卷四《宣府镇·军马考》,四库全书存目丛书本。
③ 黄训:《名臣经济录》卷三十六《李堂·马政议》,文渊阁四库全书本。以下引李堂有关九边马匹数量的材料,凡未标识者,俱依此疏,不再注明。
④ 李堂:《明史》无传,其生平事迹参见国家图书馆编:《孤本明代人物小传》(第一册),全国图书馆文献缩微中心 2003 年印行;《明史·河渠志》等。

年间宣府镇"现在马三万六千二百二十五匹"相差不大,当为确切。弘治十三年(1500),宣府巡抚雍泰奏该镇前后官马死亡 7962 匹[①],以弘治年间的 45543 匹推理,与《宣府镇志》记载正德年间的数据基本吻合。

嘉靖二十四年(1545),给事中李文进等查盘宣府兵马钱粮数量,查得现在马驴骡 24415 匹头,据宣府郎中张习呈缴二十八年(1549)冬季边储簿,实在马驴骡 28693 匹头。[②]嘉靖三十七年(1558),宣府镇马匹进一步衰减,镇城并各路共计马骡驴 15516 匹头。[③]现在看记载明代原额马匹为"55274"的七种文献,《宣大山西三镇图说》《续文献通考》《万历会计录》《武备志》《度支奏议》《明会典(一)》《九边图说》,第一章已经证明,《宣大山西三镇图说》《续文献通考》《武备志》《度支奏议》《明会典》《万历会计录》抄袭了《九边图说》的数据,而《九边图说》所记载的"原额"应当是嘉靖四十五年所谓"额定经制"的数量。在嘉靖中期之前现存的各种文献中,目前没有发现原额为 55274 匹的记载。

还要注意到的是,万历《明会典》的数据有其特别之处。《明会典(一)》数据与《万历会计录》同,《明会典(二)》数据与《皇明九边考》同。查《明会典》成书于《万历会计录》之后,但它关于宣府马匹原额的记载出现两个数据,考虑到《明会典》的性质,不能轻易否定任何一个数据的真实性。《明会典(一)》可能抄袭了《万历会计录》的数据,《明会典(二)》可能依据另外的史料形成另一个马匹数据系统,

---

① 《明孝宗实录》卷一百五十九,弘治十三年二月丙午。

② 陈子龙:《明经世文编》卷一百九十七《潘潢·议勘宣府新军疏》,中华书局 1962 年版。明抄本《秘阁元龟政要》记载嘉靖中期宣府操马为 23483 匹,与嘉靖二十四年清查结果相仿,参见佚名:《秘阁元龟政要》卷十五,第 802 页,四库全书存目丛书本。

③ 应当指出,这一数据是相对准确的。《宣府镇志》成书于嘉靖四十年,三十七年的数据是各地清查后上报的实有数量。另外,该志详列了宣府镇城所属各营、各路所属卫所、城堡马匹数量的具体分布,可资参考。

而该材料应该也是《皇明九边考》中原额数据的来源。①结合前述嘉靖年间宣府的马匹数量,《明会典》不同的数据说明了两个问题:第一,原额 45543 匹与《皇明九边考》一致,确系正德之前的数据;第二,嘉靖中期以前没有关于原额为 55274 匹的记载。因此,史料中关于宣府马匹原额为 55274 的记载(即系统三原额)应当为嘉靖四十五年厘定经制时的数量。毕自严《度支奏议》明确标明他所说的原额系"国初原额",实误。

如同军队人数的考证一样,同样可以就大同镇的情况来说明宣府镇马匹原额"55274"为嘉靖四十五年的经制数量。至嘉靖四十五年,大同镇清理该镇马匹数量,旧额新增马共计 51654 匹。②该条材料表明,嘉靖四十五年大同镇确实进行了额定经制的清理工作,当年马匹数量定为 51654 匹。通过对大同镇马匹原额的考察发现,《宣大山西三镇图说》《续文献通考》《武备志》《度支奏议》《万历会计录》《九边图说》等史料将大同镇嘉靖四十五年的 51654 匹确定为"原额",这一原额很显然是额定经制数量。笔者由此断定,上述万历以后明代史料所记载的宣府马匹原额"55274"为嘉靖四十五年的经制数量。

隆庆以后,宣府马匹数量增减大致如下。隆庆三年(1569),《续文献通考》记载清查宣府镇额马为 32004 匹③,隆庆六年(1572)六月宣府镇巡官奏该镇现在操马 31037 匹。④万历八年前后清查现存马匹数量,《万历会计录》称现额马骡驼驴 33147 匹头。⑤《度支奏议》记

---

① 考虑到《皇明九边考》和万历《明会典》的成书时间,有读者可能猜测后者系照抄前者的数据,后面其他镇的研究将表明,二者可能是同时参考了共同的原始文献,而不是彼此转抄的关系。
② 王士琦:《三云筹俎考》卷四《军实考》,续修四库全书本。以下凡引此书未注明者,皆与此同。
③ 王圻:《续文献通考》卷四《田赋考·边粮总数》,以下所引隆庆三年各边镇马匹数量的材料,除特别标识外,均据此卷,不再注明。
④ 《明神宗实录》卷二,隆庆六年六月戊辰。
⑤ 张学颜:《万历会计录》卷二十三《宣府镇·本镇饷额》,续修四库全书本。

载为万历原额,《武备志》记载的无论原额和现额数都照抄了《万历会计录》的数据,不能根据《武备志》的成书年代将其中所谓"现额"定为万历末年天启初年的数据,实际为万历八年的马匹数量。以其他材料证之,万历初年的马匹数量应该没有太大的问题。《太仓考》云,宣府马匹数量为32904匹①,大致与前相符。万历二十七年(1599)前后,"宣镇马不下四万"②。万历三十年(1602)杨时宁根据宣府镇清查结果,统计镇城和各路卫所城堡操马数量为33025匹。③万历三十八年(1610),巡抚薛三才上言宣府近额"马骡四万一千有奇"④。崇祯元年(1628),毕自严《度支奏议》根据地方有司报告宣府镇战马40132匹。⑤仅仅五六年的时间,宣府镇再次清查马骡数量下降为11605匹头。⑥

二、大同镇

大同镇有原额数据13个,可以分为3个系统:原额为"31875匹"的《三云筹俎考》(简称系统一),原额为"46944匹"的《皇明九边考》《皇明世法录》《明会典(二)》《马政纪》《名臣经济录》(《名臣经济录》数据为48944,归为同一系统,简称系统二),原额为"51654匹"的《万历会计录》《明会典(一)》《武备志》《度支奏议》《续文献通考》《九边图说》《宣大山西三镇图说》(简称系统三)。

大同镇,洪武时期设立山西行都司负责大同地区军事防务。永乐十二年(1414)都督朱荣任总兵官镇守大同,节制山西都司、行都

---

① 刘斯洁:《太仓考》卷七之七《边储·宣府》,北京图书馆古籍珍本丛刊本。
② 陈子龙:《明经世文编》卷四百五十二《梅国桢·请复战马疏》,中华书局1962年版。
③ 杨时宁:《宣大山西三镇图说》卷一《宣府镇图说》,续修四库全书本。
④ 《明神宗实录》卷四百七十六,万历三十八年十月己丑。
⑤ 毕自严:《度支奏议·堂稿》卷三《召对面谕清查九边军饷疏》,续修四库全书本。以下所引毕自严论崇祯元年数据,除特别标识外,俱据该疏,不再注明。
⑥ 毕自严:《度支奏议·边饷司》卷十一《覆宣镇节存草料银两半充买马疏》。

司军马。第一章已经证明,洪武二十五年(1392)八月,朱元璋命籍民于山西各地充实大同,当年十二月统计,其籍民范围涉及山西宁武以南的各州县,共籍军16卫,八万余人。次年,以此为基础,设立十七卫所。根据正德《大同府志》的记载,大同镇所属十七卫所原额旗军87782名。永乐后期、宣德初年大同镇军队大致为四万四千余人。正统九年(1444),大同总兵朱冕奏该镇军马有二万四千六百余人。由这三个数据看,永乐末年以后,大同军队数量出现下降的趋势。大同镇原额军队八万余人应当为洪武后期至永乐年间的数据。《三云筹俎考》载:大同镇"原额官军九万九百六十六员名,马三万一千七百八十五匹"。该官军原额基本接近《大同府志》的数据。结合大同镇洪武至正统年间的军队人数,系统一原额应当是洪武末年至永乐时期的马匹数据。

依据上文的考证,笔者将《皇明九边考》中记载的原额"46944"匹(即系统二原额)定为成化弘治年间的马匹数量。①李堂《马政议》中载原额包括新增马共计"48944"匹,剔除新增2000匹,与《皇明九边考》中的数据一致。嘉靖二十六年(1547)七月,巡按宣大御史黄如桂言"两镇原额马九万三千九十八匹"②。以成化弘治年间宣府45543匹和大同46944匹计算,二者基本一致。说明上述判断是正确的。从正德年间开始,大同马匹开始大幅度减少,李堂记正德年间现额为16739匹,与弘治时期的原额相比,已少三万余匹。嘉靖前期和中期,潘潢提供了较为详细的材料。嘉靖十年,巡抚大同都御史蔡天佑奏开本镇马驴骡二万一千八百八十余匹头,嘉靖二十四年,查盘给事中李文进等奏开本镇现在马29169匹,嘉靖二十八年边储簿统计实在马驴骡25647匹。③嘉靖三十二年(1553),给事中徐纲查勘边务,

---

① 魏焕:《皇明九边考》卷五《大同镇·军马考》。
② 《明世宗实录》卷三百二十五,嘉靖二十六年七月壬申。
③ 陈子龙:《明经世文编》卷一百九十九《潘潢·查核边镇主兵钱粮实数疏》,以下潘潢所论九边各镇嘉靖年间马匹数量变化情况,凡未标明出处者,俱依此疏,不再注明。

清查当地战马 35200 匹。①

上述大同镇马匹数量变化还呈现出一个特征,在正德时期经过一个低谷后,嘉靖年间该镇马匹不断补充。这一趋势和《三云筹俎考》的记载十分吻合:"自嘉靖十五年以至四十五年恢拓疆土,增堡四十八座,募军四万四千八百一十二名,马二万二千七百八十八匹,由是旧额新增……马五万一千六百五十四匹。"若以嘉靖二十四年的 29169 匹计算,合计新增 22788 匹,与大同镇嘉靖四十五年的额定经制数量 51654 匹基本一致。这一数据,在《万历会计录》系统被称为"原额"(即系统三原额),即嘉靖四十五年的经制数量。

隆庆二年(1568),兵部议覆大同总兵赵岢所言边务事,本镇合各路马一万九千二百余匹,他请发太仆寺马价银三万两听军买补,此议得到批准。②《续文献通考》载隆庆三年统计该镇马匹数量为 23177 匹,以当时大同官定马价每匹八两左右计算,两个数据是相当吻合的。万历八年,《万历会计录》统计当时大同马骡驴 35870 匹头③,即《度支奏议》所说的万历原额数。证之同时期编纂的《太仓考》,该数据是可信的。隆庆议和之后,明代北部边境暂时安宁,有司销兵节饷,老弱者淘汰、逃亡者不补,马匹亦随之减少,至万历十九年(1591),《三云筹俎考》载:"阅视冏卿曾公乾亨遽裁汰马四千匹,定议军以八万三千为额,马以三万为额。"

万历二十六年(1598),大同镇实际马匹数量已经不足三万,边务受到严重影响。梅国祯称:"以我二万余骑,星散于数百里之间,当数十万涛奔蚁聚之势,其何以振威而决胜也哉。……三云边备单弱至此极矣。伏乞敕下户兵二部再加查议,合无将本镇战马姑准以三万四千匹为额。"④次年闰四月,户部答复大同镇马匹以此额为准。万

---

① 《明世宗实录》卷三百九十四,嘉靖三十二年二月辛未。
② 《明穆宗实录》卷二十二,隆庆二年七月丁丑。
③ 张学颜:《万历会计录》卷二十四《大同镇·本镇饷额》。
④ 陈子龙:《明经世文编》卷四百五十二《梅国祯·请复战马疏》。

历三十年，大同统计各路卫所城堡有马 37471 匹①，四十年（1612），现存各营堡马骡驼 36888 匹头只。②崇祯时期，毕自严《度支奏议》根据大同有司的册报，统计崇祯元年大同马 36819 匹，崇祯二年（1630）马 26387 匹。③崇祯四年（1631）大同巡抚张廷拱痛陈该镇马匹减少损失的情况："至我皇上登极之二年前，抚臣张宗衡题疏内尚有二万四千八百八匹头，乃查崇祯三年岁报止有八千九百六十五匹头，臣于七月间点查则仅存七千五百五十六匹头，二年之间递减马骡驼几至二万。"④

三、山西镇

山西镇有原额数据 12 个，可以分为 3 个系统。原额为 9665 匹的《皇明九边考》《皇明世法录》《明会典（二）》《马政纪》《名臣经济录》（《名臣经济录》原额 10221 匹，归为同类，简称系统一），原额为 6551 匹的《万历会计录》《明会典（一）》《武备志》《度支奏议》（简称系统二），原额为 36209 匹的《九边图说》《续文献通考》《宣大山西三镇图说》（《宣大山西三镇图说》原额 35539 匹，归为同类，简称系统三）。

山西镇，又称三关镇，成化年间，山西三关成为重要的战略防区，蒙古鞑靼诸部频繁骚扰山西，明政府开始加强偏头、宁武和雁门三关的防务。成化四年（1468），命镇守山西署都督佥事王信移镇代州，提督雁门、偏头、宁武三关。二十二年（1486），设立三关总兵，仍居代州，统辖三关军事指挥。

目前未见有成化以前马匹数量的明确记载。成化十二年

---

① 杨时宁：《宣大山西三镇图说》卷二《大同镇图说》。
② 王士琦：《三云筹俎考》卷四《军实考》。
③ 毕自严：《度支奏议·山饷司》卷五《覆大同巡抚奏报兵马钱粮实在数目疏》。
④ 毕自严：《度支奏议·山西司》卷二《覆大同抚臣条议采青养马疏》。

(1476),刑部左侍郎杜铭巡边,清点山西镇各地马匹数量,偏头关马3278匹,代州马1005匹,雁门关马390匹,宁武关马747匹,合计共5420匹。①《皇明九边考》记山西镇原额为9665匹,特别注明"正德五年起至十二年止,二次关过马九百匹,马价银三万两"②,由此可见该马匹数量当为正德之前的数据,李堂《马政议》记含新增马合计为10221匹,与此基本接近。从山西镇设置沿革看,系统一原额应当为成化后期至弘治年间的数据。正德十年(1515),有司报告称,"现在官军一万五千余员名,止有现在马四千八百余匹",并建议"于太仆寺收贮马价银两动支三万两,就令山西都司进表官顺便押运前去。……仍行巡抚都御史会同镇守等官从长计议,或选委能干官员于出产地方收买,或给与缺马官军自行收买。"③正德十三年(1518),"镇守山西太监吴经、巡抚都御史张𥲤奏称,代州、雁门、宁武、偏头三关并御冬河曲等处原额马骡九千六百八十八匹,现在马骡五千九百四十四匹头"④。这里的"原额马骡九千六百八十八匹"与上述《皇明九边考》数据基本一致。

在讨论宣府、大同镇的马匹原额问题时,笔者将记载原额的文献分为三个系统。其中《宣大山西三镇图说》《续文献通考》《万历会计录》《度支奏议》《武备志》《九边图说》被列入同一系统,并论证其数据渊源于《九边图说》的记载。但山西镇的情况却发生了变化。上述同一谱系的文献出现三个不同的数据,且《万历会计录》《度支奏议》《武备志》数据相同,记载原额为6551匹;《宣大山西三镇图说》原额为35539匹,接近《续文献通考》和《九边图说》的原额36209匹。这里拟从另外一个角度考察三个原额问题。

嘉靖二十四年前后,根据《三关志》的统计,该镇所属雁门、宁

---

① 《明宪宗实录》卷一百五十一,成化十二年三月甲寅。
② 魏焕:《皇明九边考》卷六《三关镇·军马考》。
③④ 王琼:《晋溪本兵敷奏》卷四《山西类·为告领马匹事》,续修四库全书本。

武、偏头三关等卫所城堡旧额并新增实有马21074匹。①嘉靖中期以后，山西镇地位日显重要，原有兵马不敷使用，从嘉靖二十年（1541）开始，该镇大量招兵买马。

> 嘉靖二十年该巡抚山西都御史陈讲等奏，新募军五千名、马二千匹。……嘉靖二十一年该巡抚山西都御史刘臬奏称，撤回大同班操官军七千二百五十二员名，并神池等墩召募新军二千二百名，补足各官营骑操马五万(千)七百六十匹。……嘉靖二十二年准兵部咨，太原等处募军一万二千名、马五千五百匹。……嘉靖二十三年该山西巡抚都御史李珏奏，募军三千三百名、马二千三百匹。……嘉靖二十五年该巡抚山西都御史曾铣奏，新募游兵三千名、马三千匹。②

至嘉靖二十八年的统计，太仆寺奏开实在马骡14043匹头。

上述山西镇军队和马匹变迁情况说明，嘉靖中期，该镇军队人数保守估计应当在三万人以上，战马数量保守估计应当在一万五千匹以上。嘉靖四十四年（1565），巡抚山西侍郎万恭感叹道：''臣比者亲历三关，深入窑窖崇步墩台，深惟战守之策盖有四难焉。夫总三关三万之兵当虏酋十万之众，是众寡异形也。……我以三万之兵散守八百里之外，贼以十万之众驰遂数十里之中，是萃散异用也。''③嘉靖二十年（1541）到二十五年的招募数量和其后的实有数量揭示，山西镇实有军队与马匹数量和实际需求之间有较大的差距，尽管嘉靖年间该镇大量招募军伍、补充马匹，由于逃亡倒失等原因，直至嘉靖末年该镇军马仍远远不敷应用。由此而论，《宣大山西三镇图说》《续文献通考》和《九边图说》所记载的原额数据（即系统三原额）可能为山

---

① 廖希颜：《三关志·马政考》，续修四库全书本。
② 陈子龙：《明经世文编》卷一百九十九《潘潢·查核边镇主兵钱粮实数疏》。
③ 《明世宗实录》卷五百四十六，嘉靖四十四年五月壬戌。

西镇嘉靖四十五年的额定数量。至于《万历会计录》中记载的系统二原额,可能是抄录嘉靖以前某年的数据作为原额数。其后《度支奏议》《武备志》又照录了《万历会计录》中的数据,形成该系统的原额数。

隆庆三年,清查山西镇实有马数量 24034 匹。万历八年,《万历会计录》记该镇现存马骡 24764 匹头[1],该数字即《度支奏议》记载的万历原额和《武备志》记载的所谓"现额"。以《太仓考》载"22660"匹证之[2],基本相符。万历三十年,杨时宁清查山西镇马骡共计 25894 匹头。[3]崇祯元年为 23859 匹头,崇祯四年(1631)下降为 15888 匹头。[4]

第二节 陕西四镇

一、延绥镇

延绥镇有原额数据 12 个,可以分为 3 个系统。原额为 22219 匹的《皇明九边考》《皇明世法录》《明会典(二)》《马政纪》(简称系统一),原额为 32351 匹的《名臣经济录》(简称系统二),原额为 45940 匹的《万历会计录》《武备志》《度支奏议》《续文献通考》《明会典(一)》《九边图说》万历《延绥镇志》(万历《延绥镇志》原额为 47187 匹,划为同类,简称系统三)。

明初,延安、绥德一带属于内地,基本不承担边防任务。永乐以后,随着东胜卫内迁,延绥凸显其重要性。正统间明政府开始在延安、

---

[1] 张学颜:《万历会计录》卷二十五《山西镇·本镇饷额》。
[2] 刘斯洁:《太仓考》卷七之九《边储·山西》。
[3] 杨时宁:《宣大山西三镇图说》卷三《山西镇图说》。
[4] 毕自严:《度支奏议·边饷司》卷六《复三关京边元二三年完欠疏》。

绥德驻扎军队防务。天顺二年(1458)设立镇守延绥总兵官,成化九年(1473)余子俊将延绥镇城迁移至榆林,故延绥镇一般也称榆林镇。

成化期间,余子俊经营延绥,大力发展当地防务。唐龙说:"榆林一镇,额设官军二万八千七百六十七员名,骑征马一万五千五十四匹。"①其后他罗列了弘治年间该镇招兵买马的情况,说明该数据为弘治之前的军马数量,这一数据应是成化时期延绥镇主兵马匹的额设数量。《皇明九边考》记,延绥镇马原额22219匹,其后标有"正德元年起至八年止,三次共领过(马)五千四百八十匹,马价银三万两,以后年份未经清查"②。这说明该原额是正德之前的数据,具体而言,系统一原额当为弘治时期的数据。成化时期延绥镇边防危机,使得决策者大量招募军马,加强防守。"自弘治十一年十二月起至正德二年终止,太仆寺发到并本处收贮桩朋、屯田、地亩、盐价等银二十八万三千八十两有奇,收买及关领并陪补马共四万九千三百五匹。"③考虑到各种原因导致的倒失死亡,弘治时期马匹比成化略有增加系自然之事。在其他各镇,系统二原额基本与系统一相同,根据前面的考证,系统二数据应为正德之前的数据,目前该系统原额时间不易判断,待考。

正德年间,李堂记延绥镇马14523匹。嘉靖十年,延绥巡抚都御史萧淮题称,清点该镇马骡17420匹头。④嘉靖时期,唐龙援引时任延绥巡抚于桂的调查称,本镇实在马骡14398匹头。⑤考嘉靖十年陕西大饥,延绥告警,唐龙以兵部尚书衔总制三边军务,十四年召为刑部尚书。于桂,嘉靖十一年(1532)升陕西按察使,本年升都察院右佥

---

① 陈子龙:《明经世文编》卷一百八十九《唐龙·大房住套乞请处补正数粮草以济紧急支用疏》。
② 魏焕:《皇明九边考》卷七《榆林镇·军马考》。
③ 《明武宗实录》卷四十一,正德三年八月戊寅。
④ 范钦:《嘉靖事例·驳议延绥请增粮银》,北京图书馆古籍珍本丛刊本。
⑤ 陈子龙:《明经世文编》卷一百八十九《唐龙·大房住套乞请处补正数粮草以济紧急支用疏》。

都御史巡抚延绥，十五年（1536）升右副都御史抚治郧阳等处地方。①故该数据当为嘉靖十一年至十四年之间的延绥镇马匹数量。嘉靖二十五年（1546）前后，根据榆林镇城和各营堡实有马匹统计，共有马骡 24442 匹头。②嘉靖时期延绥镇马匹增减情况，潘潢说，嘉靖十年，延绥骑操马匹并走递马骡 17426 匹头，嘉靖十八年（1539）至二十八年共增马 9700 匹。通前嘉靖十年会议之数，共该马驴骡 27126 匹头。以前引史料分析，潘氏的记载是可信的。上述"马驴骡 27126 匹头"是根据嘉靖十年的清查数量和历年增补计算得出。实际上马匹随补随死、随死随补，嘉靖二十八年的户部郎中边储簿统计，马驴 20557 匹头。③至嘉靖三十四年，延绥巡抚王轮清查该镇马匹一万三千余匹。④

《九边图说》记载原额为 45940 匹，与此同一系统的文献《万历会计录》《续文献通考》《度支奏议》《武备志》中，记载数据相同，故系统三原额应为嘉靖四十五年的经制数量。万历《延绥镇志》中有原额马骡 47187 匹头的记载，可能也是在此基础上根据不同史料综合得出的结果。⑤隆庆三年清核实有数量 27851 匹。隆庆六年，延绥巡抚郜光先言："本镇原额马骡共四万六千四百有奇，今现在者才二万四千余。"⑥其现在之数比隆庆三年略少，此亦可证该数据相对准确，同时，"本镇原额"也和《万历会计录》记载原额基本一致。万历元年（1573），户部言延绥镇马骡在二万上下。⑦万历八年，《万历会计录》

---

① 参见万斯同：《明史》卷二百八十九《列传一百四十·唐龙传》，续修四库全书本；雷礼：《国朝列卿纪》卷一百一十二《抚治郧阳》，四库全书存目丛书本。
② 张雨：《边政考》卷二《榆林卫·兵食》，续修四库全书本。
③ 陈子龙：《明经世文编》卷一百九十九《潘潢·查核边镇主兵钱粮实数疏》。
④ 《明世宗实录》卷四百二十二，嘉靖三十四年五月乙未。
⑤ 万历《延绥镇志》卷三《马政》，国家图书馆藏缩微胶片。这一原额其后为康熙《延绥镇志》所采用。
⑥ 《明穆宗实录》卷六十八，隆庆六年三月己亥。
⑦ 《明神宗实录》卷十九，万历元年十一月甲午。

统计延绥现额 32133 匹①,即《度支奏议》称"万历原额"数。结合万历十四年(1586)和十九年的记载分析,这一数字应该可信的。万历十四年,陕西四镇开展大规模清点边镇兵马钱粮工作,延绥镇实在马骡 31775 匹头②,十九年,阅视大臣题准,延绥镇马骡依据万历六年核准数量,定额 32133 匹头为经制数量。③万历时期马匹数量所存疑者,大致与《万历会计录》成书时间差不多的《太仓考》记当时延绥镇马骡数量 22034 匹头④,与《万历会计录》系统相差一万匹左右。查《太仓考》中关于其他各镇马匹现存数量的记载,基本与《万历会计录》一致,独该镇有此差异,以"32133"和"22034"较之,该记载是刊刻之误还是其他情况,目前不宜妄下断言。崇祯时期,目前发现两个数据,与万历时期相比,延绥镇马匹数量大大下降。崇祯元年实有马骡 11675 匹头,崇祯三年清点数量为 21559 匹头。⑤

二、宁夏镇

宁夏镇有原额数据 11 个,可以分为 2 个系统。原额为 19595 匹的《皇明九边考》《皇明世法录》《明会典(二)》《马政纪》《名臣经济录》(简称系统一),原额为 22182 匹的《万历会计录》《武备志》《度支奏议》《续文献通考》《明会典(一)》《九边图说》(简称系统二)。

宁夏镇设立时间较早,永乐帝即位之初,即命右军都督府左都督何福充宁夏总兵官,负责当地防务,形成一个独立的防区。成化三年(1467),"宁夏内外守臣王清等奏,宁夏三路旧马一万三千九百余匹"⑥。

---

① 张学颜:《万历会计录》卷二十六《延绥镇·本镇饷额》。
② 《明神宗实录》卷一百七十六,万历十四年七月癸丑。
③ 陈子龙:《明经世文编》卷四百四十八《涂宗濬·奏报阅视条陈十事疏》。
④ 刘斯洁:《太仓考》卷七之十一《边储·延绥》。
⑤ 毕自严:《度支奏议·边饷司》卷四《复宣大按院题云镇屯饷失额疏》。
⑥ 《明宪宗实录》卷三十九,成化三年二月己酉。

联系永乐、宣德时期的军队数量,这里的数据应当为永乐、宣德时期的马匹数。正统以后,宁夏边境不靖,主兵人数开始增加。正统十四年(1449),仅中路马步官军即有一万四千余人。成化五年(1469)实有兵三万余,成化十四年(1478),宁夏巡抚贾俊言该镇三路官军三万六千五百人有奇。上述三条关于宁夏镇军队人数的史料说明,成化时期该镇主兵军队当在三万人以上。《皇明九边考》记载原额19595匹,其后注"正德二年起至十三年止,四次共领过马二千五百匹,马价银七万两,后续领者未经清查"①。由成化年间的军队看,系统一原额应为成化弘治年间的马匹数。李堂《马政议》《明会典(二)》与此数据相同,可为佐证。

正德十一年(1516),陕西巡按御史常在奉命阅视延绥、宁夏等处官军马匹,奏称延绥、宁夏二镇现存马27892匹②,前述延绥镇正德间马骡14523匹头,以此计之,宁夏镇实际数量当在13369匹头左右。李堂统计正德间该镇实有9120匹,其中有较大的差距。据潘潢称,嘉靖十年,巡抚宁夏都御史翟鹏奏开本镇骑操走递马驴共21887匹头,嘉靖二十八年边储簿记载实在马驴13343匹头。以嘉靖年间相关年份证之,上述记载可信。嘉靖二十五年(1546),宁夏镇镇城及各路营堡实有马骡11651匹头③,嘉靖三十四年,宁夏镇实有马一万二千余匹。④据前文考证,系统二原额应为嘉靖四十五年额定经制,宁夏镇确定为22182匹。同一系统的《度支奏议》《续文献通考》《武备志》照抄了该数据。

隆庆三年,宁夏镇现存马骡13892匹头,万历八年清点兵马钱粮,《万历会计录》称现额14657匹。⑤《度支奏议》《武备志》《明会典

---

① 魏焕:《皇明九边考》卷八《宁夏镇·军马考》。
② 《明武宗实录》卷一百四十,正德十一年八月庚子。
③ 张雨:《边政考》卷三《宁夏卫·兵食》。
④ 徐日久:《五边典则》卷十八《陕西总》。
⑤ 张学颜:《万历会计录》卷二十七《宁夏镇·本镇饷额》。

(一)》同,当抄录之。证以《太仓考》载万历六年前后13919匹,相差不大。万历十四年明政府派遣专门人员阅视边镇,清理宁夏镇实在马骡13375匹头。①隆庆四年(1570)清查该镇马骡为14808匹头,至万历十八年(1590)下降为8871匹②,这里记述的隆庆四年的数据与前引隆庆三年的数据大致相同。此后,宁夏镇马匹数量没有大的增加,崇祯元年清查额数12185匹,三年为10195匹。③

三、甘肃镇

甘肃镇有原额数据11个,可以分为3个系统。原额为6560匹的《皇明九边考》《明会典(二)》(简称系统一),原额为26560匹的《皇明世法录》《马政纪》《名臣经济录》《边政考》(《名臣经济录》为29567匹、边政考》为25478匹,归为同类,简称系统二),原额为29318匹的《万历会计录》《武备志》《度支奏议》《续文献通考》《明会典(一)》《九边图说》(简称系统三)。

洪武二十五年(1392),以西凉、山丹等处远在西陲,凡诸军务宜命重臣专制之,乃命都督宋晟为总兵,镇守其地,凡西凉、山丹诸军马,征调悉听节制。赵现海据此指出,洪武二十五年甘肃初步建立军镇制度。④迟至宣德年间,甘肃镇管辖凉州等七卫。

尽管甘肃设镇较早,但关于明前期该镇马匹的资料非常少。我们拟以其他旁证说明洪武、永乐时期该镇马匹数量不会过多,同时从另一个侧面证明现存各种史料如《皇明九边考》《万历会计录》中所谓的原额一般均非洪武、永乐时期的数据。

---

① 《明神宗实录》卷一百七十六,万历十四年七月癸丑。
② 《明神宗实录》卷二百二十九,万历十八年十一月甲辰。
③ 毕自严:《度支奏议·边饷司》卷四《复宣大按院题云镇屯饷失额疏》。
④ 赵现海:《明代九边军镇体制研究》,东北师范大学2005年博士学位论文,未刊稿,第75页。

洪武十五年（1382），陕西二十二卫凡军 106874 人，马 23500 匹。洪武十八年(1385)，陕西诸卫军士凡 124253 人，马 25950 匹。上述材料表明，洪武时期，陕西所属卫所一个共同的特点是军队人数远远超过马匹数量。其主要原因在于，洪武、永乐时期，边镇安定，大量军队转变为屯军，操守部队数量不多。宣德四年(1429)，甘肃总兵刘广奏，"永乐中选调陕西都司及行都司队伍马五千五百于甘肃操备，连年调用马多倒死，今止存一千一百"①。故此，洪武、永乐时期甘肃镇的马匹数量不会过多。

根据第一章的证明，正统十年(1445)甘肃统计实有 42800 人，成化三年甘肃巡抚徐廷章奏该镇实有操守军伍四万一千八百余名。弘治十六年，甘肃总兵刘胜奏甘肃现在军伍四万一千六十余人。现在来看甘肃镇马匹原额数量问题。在前面的论述中，笔者曾把《皇明九边考》《皇明世法录》和《名臣经济录》列入同一系统，这里三种文献尤其后两种与前一种记载的甘肃镇原额数量出现非常大的偏差，分别为 6560、26560、29567。其中《皇明九边考》另标有"正德六年起至九年止，三次共领过马三千五百匹，马价银六万两，以后年份未经清查"②，显示该数据为正德之前的马匹原额，这一点与前面的论断是一致的。张雨《边政考》记载原额为 25478 匹③，与《皇明世法录》接近。查《边政考》刊刻于嘉靖二十五年，与《皇明九边考》大致为同一时期，何以有如此大的差距。与此同时，还要注意《皇明九边考》和《皇明世法录》原额数量的关系。考察二者所记载的九边马匹原额，除固原镇、蓟州镇《皇明九边考》没有记载原额无从比较外，其余六镇数据完全相同，唯独甘肃镇不同，而且差距甚大。细察甘肃镇两个数据，又有其相同之处，"6560"完全一致，只不过《皇明世法录》多了一个"2"，两个数据之间必然存在某种联系，不然这种巧合的几率实

① 《明宣宗实录》卷五十六，宣德四年七月乙卯。
② 魏焕：《皇明九边考》卷九《甘肃镇·军马考》。
③ 张雨：《边政考》卷四《西宁卫》。

在太低了。由上述甘肃镇军队人数、《边政考》和《名臣经济录》记载原额,可以断定系统二原额为成化弘治间甘肃镇马匹数。由《皇明九边考》和《皇明世法录》数据的巧合分析,系统一中的原额"6560"应是刊刻之误,其前漏刻"二万"两字。《皇明世法录》采用了今天已无从看到的其他材料中的数据,这一数据可能也就是《皇明九边考》的数据来源。

正德年间,李堂统计甘肃镇实有马骡 18234 匹头。潘潢称,嘉靖十年巡抚甘肃都御史唐泽奏本镇骑操并走递马驴骡 24919 匹头,嘉靖二十八年甘肃抚镇等官奏开本镇实在马 16154 匹,近二十年间马骡数量减少八千七百余匹头。以嘉靖二十五年前后《边政考》记甘肃镇马骡数量为 19763 匹头证之,当为可信之数据。嘉靖三十四年,延绥巡抚奏甘肃现有马一万八千余匹①,与上述数据基本一致。嘉靖四十五年额定经制形成系统三原额为 29318 匹,《续文献通考》《度支奏议》《武备志》照录了该数据。

隆庆三年,甘肃镇现存马 22375 匹。以隆庆六年甘肃巡抚通查该镇实在马骡驴牛 24640 匹头只而论②,这一数据是可信的。在万历八年的清点中,《万历会计录》记现额马 21680 匹③,此即《武备志》中记载现额数和《度支奏议》中记载的万历原额数。同时期的《太仓考》记载数量相同,可佐证。此后,甘肃镇马匹数量稍有增加,万历十四年清查实有马 28472 匹④,万历四十七年实有马 30540 匹⑤,崇祯元年为 32603 匹,崇祯三年为 31336 匹。⑥

---

① 《明世宗实录》卷四百二十二,嘉靖三十四年五月乙未。
② 《明神宗实录》卷八,隆庆六年十二月辛巳。
③ 张学颜:《万历会计录》卷二十八《甘肃镇·本镇饷额》。
④ 《明神宗实录》卷一百七十六,万历十四年七月癸丑。
⑤ 《明熹宗实录》卷十四,天启元年九月庚申。
⑥ 毕自严:《度支奏议·边饷司》卷五《复甘肃按院题甘固二镇节省饷银疏》。

四、固原镇

固原镇有原额数据 11 个,可以分为 2 个系统。原额为 16183 匹的《明会典(二)》《皇明世法录》《马政纪》《名臣经济录》《边政考》(《边政考》为 15975 匹,归为同类,简称系统一),原额为 32350 匹的《万历会计录》《武备志》《度支奏议》《续文献通考》《明会典(一)》《九边图说》(《续文献通考》《九边图说》为 30179 匹,归为同类,简称系统二)。

固原原为腹里,成化以后,蒙古势力南下进入河套地区,陕西边防日益严峻,固原一带战略地位日渐凸显。在成化年间,已经形成大致以固原卫为中心,包括靖虏、兰州、环县、庆阳一带的防守区域。弘治十八年(1505),陕西总兵驻守固原。嘉靖以后,固原镇的说法开始见诸史料。

景泰三年(1452),镇守陕西刑部右侍郎耿九畴奏准,固原州古城地通虏境最为要冲,摘平凉卫一所官军于彼守御,以一所计之,仅千余人。天顺五年(1461),守备固原州官军舍余为 1015 人。①综合景泰、天顺年间的情况,这一时期固原镇马匹数量非常少。

成化五年(1469),陕西总督项忠奏请设立固原卫,并以清出湖广逃军三千人充实该卫,此议于当年十月得到批准。此后,蒙古势力渡河犯边,陕西各地调动大量军队集结在固原一带防守。成化八年(1472),吏部右侍郎叶盛奏,固原非常重要,"靖虏、固原二卫官军合诸处调至备冬官军民壮仅八千人",为今之计,必须调动各地兵马加强防守,"以甘、凉、庄浪并陕西固原、靖虏论之,马凡万有五千"②。再来看固原镇马匹原额数。《皇明九边考》没有记录固原镇马匹原额,但与其同一系统的《皇明世法录》《名臣经济录》《明会典(二)》记载

---

① 《明英宗实录》卷三百二十九,天顺五年六月癸巳。
② 《明宪宗实录》卷一百二,成化八年三月乙卯。

原额数量相同,均为 16183 匹,此系统一原额可视为成化、弘治年间的数据,与上引成化年间马匹数量,弘治年间军队人数相符。嘉靖间张雨《边政考》根据各卫所城堡统计原额操马数量为 15975 匹,可为佐证。①

正德年间李堂统计现存 15573 匹。根据潘潢的奏报,嘉靖十年,陕西巡抚刘天和奏开固原、洮岷、环庆兵备等道及防守西安、临巩等合计马 32901 匹。嘉靖二十八年据户部郎中边储簿止有实在马驴 8644 匹,经兵部认可后的数据为实在马 15516 匹。嘉靖二十五年,清查固原镇所属固原、靖虏、兰州、阶州、文县、洮州、河州、岷州等地所属各所营、城堡,合计操马 11543 匹。②嘉靖三十四年延绥巡抚王轮言,陕西四镇于嘉靖十年查核兵马钱粮,当时固原镇有马三万五千余匹,至该年实存八千余匹。③通过此条材料看,潘潢记载嘉靖十年和二十八年的数据是可信的。④

综合其他镇的情况,系统二原额为嘉靖四十五年的经制马匹数量,《度支奏议》《武备志》的数据为 32250 匹,基本一致。唯《续文献通考》载其原额为 30179 匹,稍有差异。隆庆三年,根据《续文献通考》记载的清理结果,当年实有操马 30163 匹。万历八年根据《万历会计录》的统计,实有马 33842 匹⑤,这一数据为《度支奏议》和《武备志》所采用,但《太仓考》载操马 29527 匹,其中有比较大的差距。⑥万历十四年,明政府派遣专门人员阅视陕西四镇兵马钱粮,查得固原镇所属固原、靖虏、临巩、洮岷各道实在马骡 14043 匹头。⑦崇祯元年

---

① 张雨:《边政考》卷三《固原卫》。
② 张雨:《边政考》卷三《固原卫》。
③ 《明世宗实录》卷四百四十二,嘉靖三十四年五月乙未。
④ 在不同史料中,固原镇嘉靖二十八年的兵马数量有较大的差别,其原因在第一章已经说明。陕西四镇,固原镇较为特殊,该镇兵马常常以客兵的形式支援其他三镇。由于户部郎中以实有主兵为统计标准,兵部以在册官军为统计标准,导致双方数据出现冲突。
⑤ 张学颜:《万历会计录》卷二十九《固原镇·本镇饷额》。
⑥ 刘斯洁:《太仓考》卷七之十二《边储·固原》。
⑦ 《明神宗实录》卷一百七十六,万历十四年七月癸丑。

实有马骡 23838 匹头,至崇祯三年下降为 14595 匹头。①综上,固原镇马匹数量变化矛盾甚多,现有史料不足以说明这些矛盾之处。

第三节 蓟辽二镇

一、辽东镇

辽东镇有原额数据 10 个,可以分为 3 个系统。原额为 46068 匹的《皇明九边考》《皇明世法录》《明会典(二)》《马政纪》(简称系统一),原额为 53360 匹的《名臣经济录》(简称系统二),原额为 77001 匹的《万历会计录》《武备志》《续文献通考》《明会典(一)》《九边图说》(简称系统三)。

永乐元年之前,辽东共建置 24 卫,宣德五年(1430)设立宁远卫,最终形成 25 卫的格局。一般认为永乐以后辽东形成建制较为齐备的军镇。洪武十九年(1386)八月,"核辽东定辽等十二卫并武德卫征进官军之数,官凡一千五百一十五人,军七万三千三十八人,马一万三千五百二十二匹"②。这是目前所能看到的关于辽东马匹数量的最早记载。正统十二年(1447),辽东巡抚李纯称该镇现有马二万五千四百余匹。③

《四镇三关志》记载:

阖镇操马,查得弘治元年起至嘉靖十六年止,存马五万五千一百九十八匹,二十年增至六万七千五百二十四匹。嘉靖四十年至四十四年,增至七万三百一十八匹。隆庆四年止存四万

---

① 毕自严:《度支奏议·边饷司》卷五《复甘肃按院题甘固二镇节省饷银疏》。
② 《明太祖实录》卷一百七十九,洪武十九年八月辛丑。
③ 张学颜:《万历会计录》卷十七《辽东镇·京运》。

二千六百三十五匹。隆庆五年至万历元年严追买补并收买胡马，增八千四百四十一匹，现实在各营操马五万一千七十六匹，骡七百头。①

本段材料描述了弘治至万历初年辽东镇马匹增减变化的大致情况。本节结合其他材料逐一考察不同年间该镇的马匹数量问题。

前引《四镇三关志》说，"查得弘治元年起至嘉靖十六年止，存马五万五千一百九十八匹"，由于这一时间跨度过大，不宜做笼统的结论。此前曾经考证，李堂《马政议》所记载的原额为正德之前的数据，辽东镇李氏记载原额数量为 53360 匹，与上述数据相差不大。弘治十四年（1501），"赐辽东马队官军四万九千人银各一两"②。这是一条非常重要的材料，它表明当年辽东马队官军接近五万人。大量材料表明，弘治以后，辽东马军由于马匹的赔补陷入贫困，出现比较严重的逃亡现象。如果考虑到这一因素，弘治年间辽东的马军人数在五万人以上是可信的。这说明李堂《马政议》所记载的系统二原额是弘治年间的马匹数量。前面的分析表明，《皇明九边考》中记载的原额大致为成化至弘治年间的数据。我们也曾论证在正统之前，尽管边镇统计军队人数都相当多，考虑到明初边境安定和屯田操守军伍比例关系等因素，各边镇实有马匹数量不会过多。因此，笔者初步将系统一原额"46068 匹"断定为成化时期的数据。③

目前仅发现正德年间辽东镇的两个马匹数量记载。李堂记正德间辽东镇马 49992 匹，正德十六年（1521），辽东总兵邰永奏："本镇马原额五万三千八百余匹，频年进征追贼倒死者一万六千七百余匹，乞集廷臣议将太仆寺寄养马内拨五千匹，仍发银五万两买补足数以给骑士。"④这里记载的"原额五万三千八百余匹"基本接近李堂

① 刘效祖：《四镇三关志》卷五《骑乘考·辽镇骑乘·额设》，四库禁毁书丛刊本。
② 《明孝宗实录》卷一百七十九，弘治十四年九月庚寅。
③ 魏焕：《皇明九边考》卷二《辽东镇·军马考》。
④ 《明世宗实录》卷六，正德十六年九月戊寅。

《马政议》所记载的原额53360匹。以上述材料分析之,正德十六年,辽东镇实有马匹三万三千二百余匹,与另外一个数据有比较大的出入。其中的奥妙在于,其"乞集廷臣议将太仆寺寄养马内拨五千匹,仍发银五万两买补足数"的建议虽然当时为兵部所驳回,但明政府随即便给发了所请的马匹和银两。以当时辽东镇官方马匹定价每匹八到十两计算,可以购买马五千到六千匹,加之本色马匹,合计操马总数当在四万三千到四万四千匹之间。而且,所谓"频年进征追贼倒死"也显示,马匹的死亡是一个渐进的过程,正德间马匹数量与弘治时期的原额相比,也应当是一个逐步减少的过程。故此,不能据"弘治元年起至嘉靖十六年止,存马五万五千一百九十八匹"的记载,认为这期间辽东镇马匹没有什么变化。

  关于辽东镇嘉靖中前期的马匹数量,潘潢说,嘉靖十年,辽东巡抚奏报本镇马骡实有49961匹头,嘉靖二十二年至二十九年共添加马7238匹,以上合计共57199匹头。当年的边储簿开马骡60128匹头,比嘉靖十年及节年募数马骡多2929匹头,兵部咨送辽东行太仆寺奏开实在马61846匹,比之前马数多4647匹。细品该段记载,可以发现非常值得玩味。从嘉靖十年到二十九年,其间历时19年,以马匹的一般寿命而言,刨除各种非正常倒失和死亡,必定存在许多马匹自然死亡的情况。以此论之,边储簿和辽东行太仆寺开奏的数据应当比嘉靖十年的原有数量与历年添加数量之和要小才合乎常理,实际情况却是行太仆寺的数据竟然多出四千余匹,也就是说,在过去的近20年间,即便辽东镇原有马匹丝毫未减、召买马匹丝毫未亡,其总数量也远比清查实际数量为少。何以至此?潘氏将嘉靖十年的马匹数量与此后添补马匹简单相加得出了嘉靖二十九年的实在数量,并将之与边储簿的数量相比。其关键在于,潘氏相加的两个数据存在时间上的巨大落差,从嘉靖十年到嘉靖二十二年中间有十一年的空当。如果说嘉靖十年辽东镇的马匹数量与嘉靖二十二年的马匹数量完全一致,那么两者相加没有任何问题;如果数量不同,那么相加则没有任何意义。

现在来看这一时间段辽东的马匹数量情况。嘉靖十六年(1537)重修《辽东志》统计当时操马55198匹,并详细开列了辽东所属卫所城堡马匹的具体分布情况。①最为可惜者,该志曾于正统八年(1443)、弘治元年(1488)、嘉靖八年(1529)三次修订,至嘉靖十六年定稿,却没有不同时代辽东镇马匹数量的丰富记载,仅有嘉靖十六年的现存数目。嘉靖四十四年刊刻的《全辽志》载:"阖镇官军操马,嘉靖十六年以前扣计五万五千一百九十八匹,嘉靖二十年以后扣计六万七千五百二十四匹,嘉靖四十年迄今,增至七万三百二十八匹。"②简单对比即可明朗,《四镇三关志》嘉靖年间辽东镇马匹数量的变化参考了《全辽志》的记载,《全辽志》嘉靖十六年的数据系抄录《辽东志》所得。成书于嘉靖中期的《秘阁元龟政要》记载当时辽东镇的操马为56200匹③,与《辽东志》的数据基本接近,这说明,嘉靖十六年、二十年史料记载的辽东镇马匹数量是可信的。也就是说,从嘉靖十年到二十年,辽东镇的马骡数量从49961匹头增加到67524匹。潘潢以嘉靖十年的数据与二十二年后的增加数量合并得出的二十九年的数据显然是没有意义的,也就出现了上述非常搞笑的情况。如以嘉靖二十年的数量计算之,至嘉靖二十九年,合计原有募增共74762匹,考虑到十年间的各种倒失死亡情况,嘉靖二十九年的实际数量在六万余匹从逻辑上也是可以讲通的。

根据前面的考证,系统三原额为嘉靖四十五年额定经制数据。隆庆三年清查除节年倒失外实有马43875匹,与前引《四镇三关志》记载隆庆四年42635匹基本吻合。从隆庆五年开始,辽东镇严追买补并收买胡马,隆庆六年七月,辽东行太仆寺奏实有马50608匹。④这一数据与《四镇三关志》记载万历元年阅视司马汪道昆核实马匹

---

① 毕恭:《辽东志》卷三《兵食志》,辽海丛书本。
② 李辅:《全辽志》卷二《马政志》,辽海丛书本。
③ 佚名:《秘阁元龟政要》卷十五,第802页,四库全书存目丛书本。
④ 《明神宗实录》卷三,隆庆六年七月己亥。

实际数量51776匹基本接近。在万历八年前后的清理中,辽东镇操马现额减少为41830匹①,同时期成书的《太仓考》数量为41834匹,可为佐证。②万历十九年,蓟辽总督蹇达会同辽东抚按郝杰、胡克俭议称:"本镇现在马骡四万三千有奇。"③万历中期以后,辽东边镇形势日益危急,明政府大量招募军伍,添补马匹,万历三十八年,总计全辽马骡五万二千余匹。④四十六年(1618)后,辽东战争纷扰,全国各地尤其九边军伍陆续调往辽东,马匹买补势在必然,如万历四十七年(1619),兵部尚书黄嘉善请买马三万匹,需银四十五万两。⑤同时,在历次战争中军马损失不赀,该镇马匹数量实难统计。从崇祯初年的两个数据看,明末辽东镇操马大致在五万匹上下。⑥

二、蓟州镇

蓟州镇马匹原额数据有9个,可以分为3个系统。原额为10700匹的《万历会计录》《明会典(一)》《武备志》《度支奏议》(简称系统一),原额为41321匹的《续文献通考》《九边图说》(简称系统二),原额为22774匹的《皇明世法录》《明会典(二)》《马政纪》(简称系统三)。

蓟州镇的情况比较复杂。洪武时期,蓟州位在腹里,无边镇之忧。永乐年间大宁内迁,蓟州成为边疆重地,宣德以后成为一个单独的防守区域。此后密云、昌平等相继划入蓟州镇的范畴。嘉靖中期以后,上述各地又陆续单独建镇,分而治之。

与其他镇相比,蓟州镇的材料尤其是前期的材料非常少。此前

---

① 张学颜:《万历会计录》卷十七《辽东镇·本镇饷额》。
② 刘斯洁:《太仓考》卷七之一《边储·辽东》。
③ 《明神宗实录》卷二百三十三,万历十九年三月庚申。
④ 《明神宗实录》卷四百七十,万历三十八年四月戊子。
⑤ 《明神宗实录》卷五百八十六,万历四十七年九月壬午。
⑥ 崇祯元年毕自严援引饷司统计辽东镇马49690匹,陈仁锡记载崇祯初年为52000匹。参见陈仁锡:《陈太史无梦园初集·车集一·辽马原额》,续修四库全书本。

赖以考察明代前期边镇马匹数量的重要依据《皇明九边考》《名臣经济录》等独独缺少蓟州镇的材料。这使得很难对蓟州镇前期的马匹数量有一个大致的把握。另外，嘉靖中期以后，边镇官军入卫蓟州使得该镇出现大量所谓客兵马匹，其数量史料记载互异，统计较为困难。笔者仅就现有史料中的若干数据胪列如下。

根据《明英宗实录》历年给发蓟州镇马匹统计，天顺年间共给马匹15054匹，这是目前对嘉靖以前蓟州镇马匹的唯一知晓。成化弘治年间没有明确的数据，只能以相关记载姑测之。在关于原额的考证中，我们曾证明《皇明世法录》抄录了《皇明九边考》的数据。由于没有《皇明九边考》的数据，使得无法推敲《皇明世法录》中的数据来源，所幸的是，该数据与《明会典（二）》相同，均为22774匹。我们也曾证明《明会典（二）》中记载的是正德之前的数据，故目前在没有其他佐证的情况下，暂时将系统三原额数据作为成化、弘治年间蓟州镇的马匹数。

正德年间蓟州镇马匹不详。根据潘潢的记载，嘉靖十年，蓟州巡抚都御史汪玉奏本镇马15000匹，据嘉靖二十八年户部郎中边储簿册开马11726匹，比之嘉靖十年会议之数少马3274匹，同时兵部咨送蓟州镇实在马22452匹，多马10726匹。兵部数据远远高于郎中数据，正如前述，兵部数据应当是主兵和客兵马匹的合计数，而郎中数据仅仅为主兵马匹。

隆庆三年，清查蓟州镇实在马为24328匹，万历元年，汪道昆查点蓟州昌平二镇，额定二镇马骡61146匹头①，如以《四镇三关志》中蓟州和昌平马匹总数看，这一数据是可信的，其中蓟州镇操马55947匹。

以目前史料而言，蓟州镇马匹数量仍有相当大的谜团。从嘉靖二十九年至四十二年（1563），共给蓟州、密云、遵化、永平所属各营寨操马35210匹②，与嘉靖二十九年的数据合计共57662匹，何以嘉

---

① 汪道昆：《太函集》卷九十一《边储疏》，续修四库全书本。
② 刘效祖：《四镇三关志》卷五《骑乘考·蓟镇骑乘·额设》。

靖四十四年蓟州、永平分镇，蓟州镇按照六成分配，才得马匹10700匹，是为《万历会计录》中记载的原额①，《度支奏议》《武备志》记载相同。刨除死亡的因素，两数据相差过于悬殊，此不解者一。

先前与此同一系统的《续文献通考》和《九边图说》的原额数据为41321匹，即便将《万历会计录》中记载的蓟州、永平、易州、昌平、密云等诸镇原额数据全部相加，也与《续文献通考》相差甚远，此不解者二。

万历元年蓟州镇操马55947匹，以嘉靖四十五年蓟州镇的额定经制数量10700匹论之，隆庆王朝的六年间该镇增加马四万五千余匹。《续文献通考》清查说隆庆三年的实际数量为24328匹，姑且认为该数据是正确的，那两三年间该镇操马增加三万余匹，此不解者三。

万历元年的数据我们认为是相对准确的，更大的问题由此产生。在万历八年前后的统计中，《万历会计录》册报蓟州现额操马为6399匹，该数据不但为同一系统的《度支奏议》《武备志》所采用，也和《太仓考》相同。五六年间该镇马匹又大幅减少近五万余，同时期密云、永平、昌平等地马匹均有增加的趋势，唯独该镇急剧减少，此不解者四。

小　　结

通过以上考证，可以大致勾勒明代九边马匹数量变化的基本情况。鉴于蓟州镇的情况不甚明朗，为方便讨论，暂将该镇搁置，以其他八镇的马匹数据探讨明代九边马匹数量的变化及其体现的社会关系(参见附表2—2)。

在开展讨论之前，还有两个问题需要说明：

九边马匹数量，目前依然有大量问题未能理清。除已经使用的各种材料外，在另外一些史料中，也有许多关于马匹数量的记载，目

---

① 张学颜：《万历会计录》卷十八《蓟州镇·本镇饷额》。

前笔者处理的多为系统性资料,对这些零星散乱的记载进行综合考察,尚需时日。对于史料标明的"原额"、"旧额"、"先额"、"旧有"、"额设"等各种带有追溯性的记载和"实在"、"现额"、"今额"、"现存"等带有现时性的数据一定要谨慎对待。明代史料抄袭历来为人们所诟病。"若有明一代之人,其所著书,无非窃盗而已。"①"至于今代,而著书之人几满天下,则有盗前人之书而为自作者矣,故得明人书百卷,不若得宋人书一卷也。"②顾氏此言未免过于苛刻,但却道出一个基本的事实。即便是顾炎武本人也难免此举,他的《天下郡国利病书》列有专章叙述九边各地,实际即为拼凑各种史料而来,其记录的兵马钱粮数量来源不一,时间不明。因此,在行文过程中,一定要注意版本和史源学的考证,弄清各个文献之间的关系,查找其最初史源,避免断章取义。对这一问题的解决,一定要结合九边各地军队人数、马匹数量、钱粮数量的变化综合考量,充分顾及各种数据之间的彼此联系,以军人数量证马匹,以马匹数量证草料,以钱粮数量证军马,如此才能得出较为接近历史事实的结论。

同时,人们往往质疑此类的考证所依据的数据是否准确,是否可靠。我以为,由于本书主要目的是探讨明代九边马匹数量总体趋势的变化,而非绝对精确的数据,各种数据间一定程度的差异是可以理解的,也是可以接受的。以本书言之,在以上各种数据统计中,许多归属为一类的材料之间在数据上也并非完全相同,而是存在一些可以接受的差异。在笔者看来,这种差异恰恰证明了各种数据的可信性。如果数据完全一致,彼此之间存在相互抄袭的可能性,不能以此证彼;如果数据之间互异且可以接受,说明彼此可能引用了不同的材料得出了大致相同的数据,可以以此证彼。

结合各边镇的情况看,除个别边镇外,各种史料记载的所谓马匹原额基本没有正统以前的数据。的确,史料记载洪武永乐时期边镇军队人数非常多。但正如前面所指出的,明初在大规模的征伐之

---

① 顾炎武:《日知录集释》卷十八《窃书》,上海古籍出版社 1985 年版。
② 顾炎武:《亭林文集》卷二《钞书自序》,续修四库全书本。

后,边镇形势基本稳定,此时明政府在边镇大兴屯田,开展农业生产,真正的操守部队非常有限,自然马匹数量不多。此外,还应当注意到一个事实:虽然自洪武后期开始,明政府已经设立部分边镇,但在正统以前,各镇并没有形成后来典型的以镇城、城堡和边墙相结合的防御体系,其军伍多数仍然从内地卫所抽调,马匹也多随之而来。也就是说,各边镇并没有固定分布在城堡边墙的军队,而是有着很大的流动性。只有当所谓"主兵"成为边镇防守的主力以后,明代九边无论是马匹还是作战部队才开始有稳定的增长。因此,除非有明确的时间记载,不宜把各种原额数据笼统作为正统以前的马匹数量来看待。

从不同年间马匹数量看,弘治年间合计八镇马匹数量出现第一个高峰,达到240068匹。这一方面显示随着边镇形势的变化,越来越多的屯军不断转化为操守部队,同时也表明当时马匹供应系统运作相对畅通。正德年间,边镇操守军队继续增加,但马匹数量出现下降态势,合计马骡165800匹,与弘治时期相比,下降了百分之三十一左右。这一态势显示出明代边镇马匹供应日渐困难,马政日渐废弛。

按照明代的制度设计,北京太仆寺只负责京营军队和京畿附近的马匹供应,各边镇的战马由各地行太仆寺自行供应,另外加以互市马和桩朋银、地亩银等补充。边镇马政的兴旺发达,与各地行太仆寺密切相关。洪武三十年(1397),置行太仆寺于山西、北平、陕西、甘肃、辽东等地,统管各自辖区内的马政事宜。朱元璋谕令:"这个衙门职专提调马匹,比较孳生。但有作弊亏欠马匹,许令本寺举问。品职虽小,所掌事重,如同御史出巡按治。"[①]"品职虽小,所掌事重",此论固然确切,事实却非如此。正是由于行太仆寺品级过小,无法形成对相关机构的有效约束和管理,导致边镇马政混乱不堪,各种严格的则例和管理制度如同纸上栽桑,全然无效。弘治末年杨一清清理陕西马政,查点当地苑马寺仅有千余匹,且瘦弱不堪骑乘。

嘉靖初年,世宗皇帝励精图治、锐意改革,史称"嘉靖革新"。他

---

① 杨时乔:《马政纪》卷十二《各边镇行太仆寺苑马寺茶马司》,文渊阁四库全书本。

大力整顿边镇,补充军伍和马匹。嘉靖十年,各边镇大规模清理兵马钱粮,此时各边镇操马数量总和达到231396匹,基本接近弘治时期的数据。① 此后,尽管各地想方设法补充死亡马匹,但边镇马匹开始逐渐减少,至嘉靖二十八年合计八镇共计操马骡等189570匹头,不但远未达到弘治时期的数据,即便与嘉靖十年的清查数量相比也相距甚远。根据《明世宗实录》的不完全统计,从正德十六年十一月到嘉靖二十八年十二月,太仆寺给发边镇仅用于购买马匹的马价银即达一百三十余万两,即每马以十两计算,也可补充马匹十三万余匹,这其中还不包括其他方式的马匹补充。其实,马匹日减是整个明代边政日渐衰败的表现之一。

同时,嘉靖以后边镇马匹数量的锐减与明代马政的变革密切相关。养马本身属于徭役之一种,无论民间还是军队,明政府均有一套严格的马匹牧养制度,并以此来保证国家马匹的供应,可以将之称为"赋役马"。从弘治后期开始,随着明代社会经济的发展和白银货币化的普及,赋役折银成为基本的趋势,大量赋役马开始改折成银两,成为太仆寺的重要收入来源。每逢边镇请讨马匹之时,往往以马价银支付令其自行购买。即便太仆寺给发的本色马,也是该寺以马价银在山东河南等地民间收买而后转发各边镇。此时供应的马匹可以称为"财政马"。从长时段社会经济发展和推动历史前进的角度看,从"赋役马"向"财政马"的转变无疑具有非常积极的作用。但是,这一转变的负面影响也是我们必须考虑的另外一个问题。赋役马时代,它确保了在边镇需要马匹的时候能够提供大量的本色马,尽管弊端丛生,但总体上马政管理部门还可以就马匹的大小、肥瘦、壮弱等进行基本的掌控,从而保证马得实用。财政马时代,作为管理部门

---

① 嘉靖十年的马匹数量,在统计的八镇中,缺少宣府镇和山西镇的马匹数据,笔者依据统计学的原理进行了估算。其他六镇嘉靖十年与正德年间的数据相比,均呈上涨态势,我们推论宣府镇和山西镇也是如此。由此,把正德年间六镇的马匹数量相加后得出一个平均数,嘉靖十年六镇的马匹数量相加后得出另外一个平均数,以这两个镇的比例关系计算宣府镇和山西镇嘉靖十年的马匹数量,宣府镇为51989匹,山西镇为10439匹。

的太仆寺成为马匹购买资金的提供者，至于马匹的购买基本与其无关。相对于本色马，马价银无疑更便于不法之人上下其手、牟取私利，各种以次充优、虚买实收的现象屡禁不止。由此，大量马价银落入个人囊中，军队马匹供应日渐困难，其数量的剧减也就不足为奇了。可以看出，这一时期马匹数量的下降与明代社会经济的转型与马政管理机构职能的转变有密切的关系。

"庚戌之变"充分说明边镇整顿刻不容缓。嘉靖四十五年，明政府大规模整顿边务，重新进行兵马钱粮数量的清理和核算，由此出现一组额定经制的数据。合计嘉靖四十五年的数据，八镇共计马骡驴等349618匹头，此为整个明代马匹数量的最高值。但是，嘉靖四十五年的额定经制数量，究竟是实有数目还是预算数目。从嘉靖二十八年合计八镇马骡189570匹头、隆庆三年仅为217371匹头看，应为预算数目，也就是说，嘉靖四十五年的马匹实有数量可能和该经制数量有比较大的差距。仅仅两三年间，八镇马匹即减少132247匹头，结合边镇在这一时期的情况，上述变化实难解释。以隆庆六年现存宣府镇、延绥镇、甘肃镇和辽东镇的数据看，基本接近隆庆三年的清查数量；万历八年再次统计的结果为237923匹头，比隆庆三年的数据略有增长。上述两个数据说明从嘉靖四十五年到隆庆三年边镇马匹数量的锐减不可信。换言之，嘉靖四十五的额定经制仅仅是明政府希望达到但远未达到的一个数据，边镇实有马匹数量可能和隆庆三年的数量相差不大。万历八年以后，明代边镇马匹呈现下降趋势。从上文万历十九年、三十年的若干数据中都可以看出这一点。尽管朝廷严旨补充，但也只是希望达到万历八年的额数而已，崇祯元年，根据毕自严的清查结果，仍未达到万历八年的原有数字。

可以肯定，隆庆以后边镇马匹数量在不断下降，合计总数远远不及嘉靖四十五年的预算数据。万历十八年，时任兵部尚书的石星有一番议论，与上述结论相悖。他说经过长时间的补充，边镇马匹数量大增，各边马匹实有之数，较之嘉靖四十五原定数量，除陕西四镇增加不多外，辽东和蓟州镇所增不少，而宣府增一万二千余匹,大同多二万九千余匹,山西多九千余匹。①若以此与嘉靖四十五年的额定数据计之,万历十八年大同镇马匹达到七万二千余匹,宣府镇达到六万七千余匹,山西镇达到四万五千余匹。这与本书所引诸多证据不符。在第一章笔者已经考证,万历以后,宣府、大同、辽东军队大致维持在八万余人,山西、延绥、甘肃、固原为五万余人,宁夏为三万余人。如果石星所论数据为真实的,各镇马军与步军比例明显失调,不足为信。从文献学和考证学的一般意义而言,显然不能弃大量证据而不顾,单独采信石星的这一孤证。然而,作为主管全国马政的兵部尚书,石星的此番议论当然渊源有自,并非毫无意义。隆庆议和,明蒙双方开展互市贸易,蒙古用于与明政府贸易的商品主要是马匹,且集中于山西三镇。也就是说,万历中期九边尤其是山西三镇实有马匹有可能出现较大幅度增加的情况,但这种增加指的是由于互市使得大量蒙古马匹源源不断地输送到各边镇,从而导致九边马匹存有量增加,但是这些增加的马匹并非必然成为军队用于作战的军马。这些互市得来的马匹,多数在当地寄养,另外部分送往北京作京营马匹之用。因此,兵部尚书石星所述与笔者的结论并无相悖之处。

　　隆庆议和使得明代边境经历一段较为平静的时期,万历中期以后,边镇危机日趋凸显,各地大量募集军伍,添置马匹。嘉靖至万历时期,九边各镇军队人数从四十余万增加到六十余万,何以马匹不但没有增长,反而不断下降,此时的下降与正德嘉靖时期的下降又体现出不同的社会意义。根据《明神宗实录》的不完全统计,从万历六年七月到三十九年十月,九边合计共给发马价银三百零三万余两,但真正用于购买马匹的数量不足五十万两,其余均被挪借为修边、赏赐、募兵、安家银、补充军饷之不足等等其他用途。隆庆年间太仆寺马价银累积一千余万两,万历中期以后,财政匮乏,仅户部、

---

① 吴亮:《万历疏钞》卷三十九《石星·内帑日匮边饷转增乞敕当事诸臣共图清理以济时艰疏》,四库禁毁书丛刊本。

工部挪用于军饷与工程即达1200万两,以至于边镇请发马价银购买马匹之时,太仆寺却无银可支,当年周孔教担忧"倘一旦有警,欲征马则无马,欲市马则无银"的局面终于不幸而必然地成为现实①。即便如此,太仆寺的马价银收入还是源源不断地挪借给户部充作军饷。

大兵压境,招募军伍成为最重要的事情,尤其在明中期以后军户制式微、募兵制兴起的历史背景下,军费数量大增,户部太仓银不敷使用,马价银成为支持户部的最大来源。在募兵和买马的博弈中,显然前者远胜后者。由是观之,万历以后九边马匹数量的减少,缘于太仆寺马价银被大量挪借,终致太仆寺既无本色马,又无折色银,正是无休止地挪借最终导致明代边镇马政陷于崩溃的状态。

附表2—1:明代九边马匹原额表　　　　单位:匹

数量序号\镇别	宣府	大同	山西	延绥	宁夏	甘肃	固原	辽东	蓟州
1	55274	51654	6551	45940	22182	29318	32250	77001	10700
2	55274	51654	6551	45940	22182	29318	32250	77001	10700
3	55274	51654	6551	45940	22182	29318	32250	77001	10700
4	55274	51654	6551	45940	22182	29318	32250	—	10700
5	55274	51654	36209	45940	22182	29318	30179	77001	41321
6	55274	51654	36209	45940	22182	29318	30179	77001	41321
7	55274	51654	35539	—	11197	25478	15975	—	—
8	44248	48944	10221	32351	19595	29567	16183	53360	—
9	45543	46944	9665	22219	19595	6560		46068	
10	45543	46944	9665	22219	19595	26560	16183	46068	22774
11	45543	46944	9665	22219	19595	6560	16183	46068	22774
12	45543	46944	9665	22219	19595	26560	16183	46068	22774

---

① 周孔教:《周中丞疏稿·西台疏稿》卷二《明职掌以重军国大计疏》,续修四库全书本。

参考文献：

[1] 分见张学颜：《万历会计录》卷二十三《宣府镇·本镇饷额》、卷二十四《大同镇·本镇饷额》、卷二十五《山西镇·本镇饷额》、卷二十六《延绥镇·本镇饷额》、卷二十七《宁夏镇·本镇饷额》、卷二十八《甘肃镇·本镇饷额》、卷二十九《固原镇·本镇饷额》、卷十七《辽东镇·本镇饷额》、卷十八《蓟州镇·本镇饷额》，续修四库全书本。

[2] 申时行：万历《明会典》卷一百二十九《镇戍四·各镇分例一》、卷一百三十《镇戍五·各镇分例二》，续修四库全书本。

[3] 分见茅元仪：《武备志》卷二百六《占度载·度十八·镇戍三·大同》、卷二百五《占度载·度十七·镇戍二·宣府》、卷二百六《占度载·度十八·镇戍三·山西》、卷二百七《占度载·度十九·镇戍四·延绥·宁夏》、卷二百八《占度载·度二十·镇戍五·甘肃·固原》、卷二百五《占度载·度十七·镇戍二·辽东》、卷二百四《占度载·度十六·镇戍一·蓟镇》，四库禁毁书丛刊本。

[4] 毕自严：《度支奏议·堂稿》卷三《召对面谕清查九边军饷疏》，续修四库全书本。

[5] 王圻：《续文献通考》卷四《田赋考·边粮总数》，续修四库全书本。

[6] 分见兵部：《九边图说》不分卷，各镇图说，玄览堂丛书影印隆庆三年刻本。

[7] 宣府、大同、山西三镇分见杨时宁：《宣大山西三镇图说》卷一、卷二、卷三，续修四库全书本；陕西四镇分见张雨：《边政考》卷二、卷三、卷四，续修四库全书本。

[8] 黄训：《名臣经济录》卷三十六《李堂·马政议》，文渊阁四库全书本。

[9] 分见魏焕：《皇明九边考》卷五《大同镇·军马考》、卷四《宣府镇·军马考》、卷六《三关镇·军马考》、卷七《榆林镇·军马考》、卷八《宁夏镇·军马考》、卷九《甘肃镇·军马考》、卷二《辽东镇·军马考》，四库全书存目丛书本。

[10] 陈仁锡：《皇明世法录》卷三十一《驲政·关换》，四库禁毁书丛刊本。

[11] 申时行：万历《明会典》卷一百五十二《马政三·关换》。

[12] 杨时乔：《马政纪》卷六《兑马》，文渊阁四库全书本。

附表2—2：明代九边马匹数量变化表　　单位：匹

时间	宣府	时间	大同	时间	山西
宣德正统年间	20000	永乐宣德年间	31785	成化十二年	5420
成化元年	23482	成化弘治年间	46944	成化弘治年间	9665
成化后期	39920	正德年间	16739	正德十三年	5944
弘治年间	45543	嘉靖十年	21880	嘉靖二十四年	21074
正德年间	37251	嘉靖二十四年	29169	嘉靖二十八年	14043
嘉靖二十四年	24415	嘉靖二十八年	25647	嘉靖四十五年	36209
嘉靖二十八年	28693	嘉靖三十二年	35200	隆庆三年	24034
嘉靖三十七年	15516	嘉靖四十五年	51654	万历八年	24764
嘉靖四十五年	55274	隆庆三年	23177	万历三十年	25894
隆庆三年	32004	万历八年	35870	崇祯元年	23859
隆庆六年	31037	万历十九年	30000		
万历八年	33147	万历二十七年	34000		
万历二十七年	40000	万历三十年	37471		
万历三十年	33025	万历四十年	35888		
万历三十八年	41000	崇祯元年	36819		
崇祯元年	40132				

续表

时间	延绥	时间	宁夏	时间	甘肃
成化年间	15054	永乐宣德时期	13900	成化弘治年间	26560
弘治年间	22219	成化弘治时期	19595	正德年间	18234
正德年间	14523	正德十一年	13369	嘉靖十年	24919
嘉靖十年	17420	嘉靖十年	21887	嘉靖二十五年	19763
嘉靖二十五年	24442	嘉靖二十五年	11651	嘉靖二十八年	16154
嘉靖二十八年	20557	嘉靖二十八年	13343	嘉靖三十四年	18000
嘉靖三十四年	13000	嘉靖三十四年	12000	嘉靖四十五年	29318
嘉靖四十五年	45940	嘉靖四十五年	22182	隆庆三年	22375

续表

时间	延绥	时间	宁夏	时间	甘肃
隆庆三年	27851	隆庆三年	13892	隆庆六年	24640
隆庆六年	24000	万历八年	14657	万历八年	21680
万历八年	32133	万历十四年	13375	万历十四年	28472
万历十四年	31775	万历十八年	8871	万历四十七年	30540
万历十九年	32133	崇祯元年	12185	崇祯元年	32603
崇祯元年	11675				

续表

时间	固原	时间	辽东	时间	蓟州
成化弘治年间	16183	洪武十九年	13522	天顺年间	15054
正德年间	15573	正统十二年	25400	成化弘治年间	22774
嘉靖十年	32901	成化年间	46068	嘉靖十年	15000
嘉靖二十五年	11543	弘治年间	53360	嘉靖二十八年	11726
嘉靖二十八年	8644	正德年间	49992	隆庆三年	24328
嘉靖三十四年	8000	嘉靖十年	49961	万历元年	55947
嘉靖四十五年	32249	嘉靖十六年	55198		
隆庆三年	30162	嘉靖二十年	67524		
万历八年	33842	嘉靖二十八年	60128		
万历十四年	14043	嘉靖四十五年	77001		
崇祯元年	23838	隆庆三年	43875		
		隆庆六年	50608		
		万历八年	41830		
		万历十九年	43000		
		万历三十八年	52000		
		崇祯初年	50000		

注：本表系根据文中考证制作。

第三章 明代九边京运银数量考

明代九边的军费供应,主要有四种形式:屯田、民运、开中和京运。根据明代的制度设计,主兵费用由屯田和民运开支,客兵费用由开中支付,京运系接济性质,补充边镇费用之不敷。尽管明代始终强调屯田的重要性和对军队钱粮供应的有效性,但随着屯政日渐废弛和边镇局势的变化,屯田所发挥的实际效用日渐式微。明中期以后,不少边镇的屯田收入在总费用中仅具有象征意义。民运实际为户部转移支付的田赋,各地额发九边的民运数量基本为固定值,有明一代,虽然实际支付数量和额设数量时有不同,但各镇额设数量变化不大,这是由明代征收赋税的基本制度所决定的。开中原为客兵费用的主要来源,尤其是筹集本色粮料的有效方式,弘治以后,在叶淇改制、盐法壅滞、势要中盐、余盐制等诸多因素的共同作用下,其发挥的作用也日渐下降。与此同时,原先作为补充不敷的京运银逐渐成为边镇钱粮来源的主体。本章拟以京运银为例,探讨明代九边军费数量的变化。①

第一节 宣大三镇

一、宣府镇

《万历会计录》云：

> 该镇主饷，以前不过五万，客兵取给其中。嘉靖元年始增六万，六年发客饷十万，自后主客饷日增矣。四十五年始定经制，主以十二万、客以二十万五千为额，今同之。其保定府民运本色折银五千有奇，用以抵补年例，则自万历四年始。②

这是《万历会计录》对宣府镇京运银变迁沿革的概括性叙说，无论从《明实录》的记载，还是从《万历会计录》本身所列各年度给发京运年例变化看，上述说法都十分不准确。

正统七年（1442），于谦鉴于山西百姓流移失所，建议减免当地起运宣府税粮之半，以江南折粮银补充，户部发银五万两。但此时所发五万两系临时性质，给发原因在于民运蠲免。八年（1443）和九年（1444），又分别运折粮银三万六千四百余两、一万四百余两给当地

---

① 相关研究可参见苏新红：《明代太仓库研究》，东北师范大学 2009 年博士学位论文，未刊稿；赖建诚：《边镇粮饷——明代中后期的边防经费与国家财政危机，1531–1602》，浙江大学出版社 2010 年版；寺田隆信：《山西商人研究》，山西人民出版社 1986 年版；徐泓：《明代的私盐》，《"国立"台湾大学历史学系学报》1980 年第 7 期；全汉昇、李龙华：《明代中叶后太仓岁出银两的研究》，《香港中文大学中国文化研究所学报》第 6 卷 1973 年第 1 期；梁淼泰：《明代"九边"的饷数并估银》，《中国社会经济史研究》1994 年第 4 期等。

② 张学颜：《万历会计录》卷二十三《宣府镇·京运》，续修四库全书本。

有司籴粮备用。①这说明此时户部发送给宣府的京运数量尚不稳定，还谈不上固定发放年例问题。正统十二年(1447)五月，"命户部加运银五万两于宣府官库收贮籴粮，以前所运十万两不足支用故也"②。正统十四年(1449)四月，"命户部输银五万两于宣府官库收贮，籴买粮料给军应用"③。上述两次给发宣府镇京运数量表明，宣府镇此时已经基本形成户部年给银五万两的定额。

景泰五年(1454)，户部奏宣府当地储备不足，应增运折粮银三万两给付有司，令籴粮备用。如以此时该镇年例五万两计，当年宣府镇共发京运银八万两。这与相关记载是一致的，"景泰五年，(户部)覆御史朱骥题趁时丰熟籴买，加发银三万两，共八万两"④。天顺间，屡屡可见给宣府京运银十万两的记载，尤其天顺元、二、三、四连续四年户部均给付宣府十万两⑤，但这并不意味着该镇的年例在天顺年间已经增至十万两。成化十六年(1480)，户部在答复宣府巡抚的奏折中说，"宣府岁例送银亦五万两"⑥，可见此时宣府镇固定的年例银依然为五万两。弘治元年(1488)五月，"命户部运送太仓银五万两于宣府，作弘治三年岁例之数"⑦；弘治二年(1489)，户部尚书覆准，宣府镇预发四年、五年、六年年例银各五万两⑧；十年(1497)，在户部给发的各边镇年例中，宣府镇依然为五万两。⑨以上几个数据说明，至弘治中期宣府的年例银为五万两。

---

① 《明英宗实录》卷一百九，正统八年十月癸巳；卷一百十四，正统九年三月丁卯。
② 《明英宗实录》卷一百五十四，正统十二年五月戊午。
③ 《明英宗实录》卷一百七十七，正统十四年四月辛亥。
④ 张学颜：《万历会计录》卷二十三《宣府镇·京运》。
⑤ 分别参见《明英宗实录》卷二百七十七，天顺元年四月甲午；卷二百八十七，天顺二年二月庚戌；卷三百一，天顺三年三月己丑；卷三百十三，天顺四年三月戊寅。
⑥ 《明宪宗实录》卷二百九，成化十六年十一月壬辰。
⑦ 《明孝宗实录》卷十四，弘治元年五月甲申。
⑧ 张学颜：《万历会计录》卷二十三《宣府镇·京运》。
⑨ 《明孝宗实录》卷一百二十三，弘治十年三月乙巳。

弘治十一年（1498），宣府镇年例银增加五万两，共计十万两。先是，正统间土木堡之变，以宣府道路多梗、运输不便，暂拨山西税粮本色折色共二十七万余石。至是山西岁用不足，"巡抚都御史魏绅奏请存留本处，户部议各存其半。仍命户部于岁例外加银五万两，并河东运司盐银五万两，岁输宣府以补所免山西之数"。从"岁输宣府"看，五万两的增加数应成为常例。①正德八年（1513）九月，户部在会议漕运事宜时曾经谈到：正统十四年宣府粮道阻滞，户部于山西借粮二十七万三千六百石以济宣府，后遂为例。弘治十一年，山西巡抚奏准将本色折色各存一半，户部于年例银内加五万两，仍令河东运司送盐价银五万两，共十万两以补前数。②弘治十五年（1502），宣府巡抚刘聪题岁派粮米不够岁用，户部于年例十万两外，另给二万两，孝宗皇帝命自十六年（1503）以后，年例银两仍照旧十万两给发。

正德初年，刘瑾干政，停发各边年例银。成化以后，随着屯田废弛、民运减少、开中改折，边镇本色粮料不断缩减是不争的事实。京运给发的年例银成为各边镇召买本色的主要资金来源，年例银的骤停给边镇造成巨大的困难。年例银可停，但本色粮料不可不买。以宣府镇为例，从正德三年（1508）十月到五年（1510）四月，户部共发银三十五万两、本色米十五万石。③刘瑾事败，五年九月，户部查奏变乱旧制三十余事，其中之一便是重新恢复边镇的年例银制度。次年，各

---

① 《明孝宗实录》卷一百四十三，弘治十年十一月壬子。《万历会计录》载此次年例增加在弘治十四年。是年巡抚魏绅题，山西民运，户部覆准加添年例银五万两，于河东运司每年变卖盐价银内支给，共银一十万两。这里记载的时间可能是错误的。在弘治十二年户部答复辽东管粮郎中的奏折中说，请自十三年开始，该镇年例增加到十五万两，并得到皇帝的批准。十三年，户部给发各镇年例银，其中宣府镇十万两，辽东镇十五万两，其他各镇俱有定额。从辽东镇和其他各镇的数据看，此时户部给发边镇的年例银应是足额发放，宣府镇的年例应当为十万两。参见张学颜：《万历会计录》卷二十三《宣府镇·京运》；《明孝宗实录》卷一百四十八，弘治十二年三月己巳；卷一百五十九，弘治十三年二月乙巳。

② 《明武宗实录》卷一百四，正德八年九月庚午。

③ 参见《明武宗实录》卷四十三，正德三年十月丙戌；卷四十八，正德四年三月戊戌；卷六十二，正德五年四月辛亥。

边镇继续给发年例银。至正德末年,宣府年例银为十万两。①可见,经过刘瑾之乱后,该镇年例银依然恢复了十万两的原额。

再看以下两条材料。

> 嘉靖元年,给事中杨秉义题:宣府公私困乏,本部覆准:发库贮抄没银十万两,六万两作年例,余作例外补给。②
>
> (正德十六年十二月)发太仓银六万两于宣府,内四万两准作嘉靖元年年例,余补给旧欠数。③

上引《万历会计录》说"嘉靖元年始增六万"可能就是根据第一条材料得出的结论。从这两条材料看,两次发放显然没有什么关联。也就是说,嘉靖元年(1522)的年例银两是分两次发放,一次四万两、一次六万两,合计共十万两。六万说显然是错误的。这也意味着至嘉靖初年,宣府镇京运年例银仍然维持在十万两。

此后,宣府镇年例银有所减少。嘉靖七年(1528),宣府巡抚刘源清奏报大疟临边粮草缺乏,乞于部库别项银两借补,并预借嘉靖八年(1529)年例银两,户部发银十二万两给之,以八万两抵八年年例。④十五年(1536),清查宣府镇各色收入,京运年例银为八万两。⑤十九年(1540),时宣府镇年例银为八万两。⑥二十六年(1547),宣府巡抚孙锦、管粮郎中丘玭等奏当地官军积欠月粮,请预借明年年例银八万两。⑦二十八年(1549)前后,户部尚书潘潢称该

---

① 陈子龙:《明经世文编》卷一百九十八《潘潢·会议第一疏》,中华书局1962年版。
② 张学颜:《万历会计录》卷二十三《宣府镇·京运》。
③ 《明世宗实录》卷九,正德十六年十二月辛巳。
④ 《明世宗实录》卷九十三,嘉靖七年十月己未。
⑤ 范钦:《嘉靖事例·预发边镇额盐补岁银两》,北京图书馆古籍珍本丛刊本。
⑥ 魏焕:《皇明九边考》卷四《宣府镇·钱粮考》,四库全书存目丛书本。
⑦ 《明世宗实录》卷三百二十五,嘉靖二十六七月丁卯。

部发年例银八万两。①这里的五个八万两绝非巧合,由此基本可以断定,至迟从嘉靖八年开始,宣府镇年例银减少为八万两。嘉靖三十年(1551),巡按御史胡宗宪题,新募永宁四海冶等处军伍六千名,户部覆准,自本年始加添年例银102250两,通前年例共银181250两。②至四十年(1561)《宣府镇志》成书之时,该镇年例依然为181250两。③四十五年(1566),户部额定该镇主兵年例银为十二万两,客兵年例二十万五千两。④隆庆三年(1569),兵部统计宣府镇主兵年例十二万两,客兵银二十万五千两,合计共三十二万五千两。⑤

万历八年(1580)前后,明政府整理边镇钱粮,合计宣府镇京运主兵和客兵年例共计二十九万六千两。⑥《太仓考》云:宣府镇京运银十二万八千二百二十一两四钱四分,连客兵共银三十三万三千二百二十一两四钱四分,比原额增二十八万二千二百二十一两四钱。⑦这里的记载与《万历会计录》相差三万余两,原因在于宣府镇先前客兵银为205000两,万历八年将34000两改拨大同,实际给发客兵年例为171000两,与主兵银合计共为二十九万余两。结合《太仓考》和《万历会计录》的成书时间,参考九边其他各镇的数据看,《太仓考》中记载的现额基本为万历六年(1578)的数据,《万历会计录》中记载的现额基本为万历八年的数据。万历二十一年(1593)前后,时任户部尚书的杨俊民曾列举一组当时九边各镇兵马钱粮数,基本照抄《太仓考》中的数据,不足为凭。⑧十七年(1589),本镇新增三千一百

---

① 陈子龙:《明经世文编》卷一百九十七《潘潢·议勘宣府新军疏》。
② 张学颜:《万历会计录》卷二十三《宣府镇·京运》。
③ 嘉靖《宣府镇志》卷十六《军储考·皇明·岁纳·京运年例》,中国方志丛书本。
④ 张学颜:《万历会计录》卷二十三《宣府镇·京运》。
⑤ 兵部:《九边图说·宣府镇图说》,隆庆三年刻本。
⑥ 张学颜:《万历会计录》卷二十三《宣府镇·本镇饷额》。
⑦ 刘斯洁:《太仓考》卷七之七《边储·宣府》,北京图书馆古籍珍本丛刊本。
⑧ 吴亮:《万历疏钞》卷三十九《边饷类·杨俊民·边饷渐增供亿难继恳乞圣明酌议长策以图万世治安疏》,四库禁毁书丛刊本。

余两,共京运主客年例二十九万九千一百余两。①二十一年,王德完称该镇京运主客年例不下二十九万有奇。②至泰昌元年(1620),督饷户部郎中葛如麟言:"宣府岁额京运主客饷银共该二十九万九千有奇。"③这说明万历时期宣府镇额定年例基本没有变化,该年例数一直维持到明末。崇祯元年(1628),户部尚书毕自严统计,宣府京运主兵年例十二万五千两,又榆林、土木二驿粮草布花年例银 3156 两余,客兵年例银十七万一千两,以上共计 299156 两余。④

二、大同镇

和宣府镇相同,《万历会计录》将正统七年给发该镇五万两折粮银作为大同主兵京运年例的起点,但此后的数年间,未见有给大同镇京运银两的记载。正统十二年、十三年(1448),《明英宗实录》有两条户部给发大同折粮银五万两的记载。⑤这说明正统后期大同镇已经形成固定的年例银制度。这一数据维持了相当长的时间。成化十六年,户部称,"岁例大同运银五万两"⑥,弘治二年,"命以户部所收江南粮草折色银及太仓银十万两分送大同、宣府二边,准弘治五年岁例。"⑦前已证明,宣府镇此时年例银为五万两,可见大同镇年例为

---

① 毕自严:《度支奏议·堂稿》卷三《奉旨清查边饷增减缘繇疏》,续修四库全书本。
② 陈子龙:《明经世文编》卷四百四十四《王德完·国计日诎边饷岁增乞筹画以裕经费疏》。万历三十年代,杨时宁记宣府镇主兵年例 179546 两,客兵 169600 两,合计共 349146 两。与上述考证有一定的差距,从万历以后宣府镇京运发放数量看,二十九万九千余两的数据应当是可信的。该镇在万历三十年代是否有增加还是杨时宁数据有误,目前不明。参见杨时宁:《宣大山西三镇图说》卷一《宣府镇图说》,续修四库全书本。
③ 《明熹宗实录》卷二,泰昌元年十月戊辰。
④ 毕自严:《度支奏议·堂稿》卷三《召对面谕清查九边军饷疏》。
⑤ 《明英宗实录》卷一百五十九,正统十二年十月辛未;卷一百六十五,正统十三年四月壬申。
⑥ 《明宪宗实录》卷二百一十,成化十六年十二月壬子。
⑦ 《明孝宗实录》卷三十一,弘治二年十月癸卯。

五万两。正德五年,明政府恢复边镇年例银制度,当年九月,又给发该镇年例银五万两。①

嘉靖元年,大同镇年例银有所增加。

> 给事中杨秉义等奏言:臣等奉敕行边散赏,目睹宣府、大同二镇村堡、丘墟公私匮乏,山西、河南等处运饷不至,帑金、盐引不救目前之急,仓猝有变,西顾之忧也。……部臣议:请发太仓库银二十万两,移文巡抚都御史及管粮郎中,以便宜籴谷实边。上从之。②

> 给事中杨秉义题亟处边储,尚书孙交覆准:发库贮抄没银十万两,内七万两作元年年例,余作例外补给。年例始增。③

从材料内容看,上述两条材料显然说的是同一件事。只不过第一条没有说明二十万两究竟在宣府和大同之间是如何分配的。由第二条材料并结合前引宣府镇嘉靖元年给发京运的情况可以看出,宣府镇和大同镇分别给发十万两,其中大同镇年例为七万两,另外三万两为例外接济,且明确指出,是年"年例始增"。从嘉靖二年(1523)和四年(1525)两次给发大同镇京运的数量看,嘉靖元年大同镇年例由五万两增加到七万两是可信的。二年,大同巡抚张文锦指出,该镇收支失衡,希望给发太仓银补充军饷之不足,户部覆议发太仓银七万两。四年,巡抚蔡天祐等再次奏陈钱粮不足,户部建议乘当地有秋,给发太仓银七万两,及时籴买本色米豆,作年例正数。④嘉靖八年前后,户部尚书梁材会计各边军饷钱粮,大同镇京运年例银七万两。⑤在嘉靖

---

① 《明武宗实录》卷六十七,正德五年九月壬午。
② 《明世宗实录》卷十,嘉靖元年正月乙丑。
③ 张学颜:《万历会计录》卷二十四《大同镇·京运》。
④ 《明世宗实录》卷二十二,嘉靖二年正月庚申;卷五十五,嘉靖四年九月癸亥。
⑤ 陈子龙:《明经世文编》卷一百三《梁材·会议王禄军粮及内府收纳疏》。

十五年的清查中,大同镇京运年例依然为七万两。①

嘉靖十七年(1538),大同新建高山、聚落二堡,十八年(1539),复筑弘赐、镇边等五堡,有司题请增加年例,户部经核算后,从十八年起年例银增加三万三千三百五两余。②《明世宗实录》云:发太仓银万三千三百有奇给大同军饷不敷之数,岁为例。③这里的记载与《万历会计录》不同,无论从《明世宗实录》还是《万历会计录》其后的记载看,十八年增加三万三千三百余两的记载是准确的,《明世宗实录》可能是抄录之遗漏。二十四年(1545),"加给大同镇岁饷银十有五万四千二百五十三两。初巡抚大同都御史詹荣以召补新军请加粮额,事下,户部议:行查盘科道官校勘并核宣府三关新军之数。至是科道上言:宣府召募新军不及原额,其岁入之数视岁出尚多二万五千有余。大同新旧马军较往时为多,其岁入之数视岁出尚多十五万四千二百五十余两,宜于大同加给前数,以补新军月粮之不足。仍于歉岁更发八万两以备召买之不敷,年丰则止。部覆从之"④。从这条史料看,当年增加给大同镇京运年例是可信的。不过,这里的表述明显有误。宣府"其岁入之数视岁出尚多二万五千有余",说明宣府不用增加,而大同同样"岁入之数视岁出尚多十五万四千二百五十余两",收入远远大于支出,按道理不存在增加的必要性,是故大同"岁入之数视岁出尚多"中的"多"应为"少",如此才符合逻辑。次年,又增新募军马月粮布花年例银 9964 两。⑤至此,大同镇年例已经增加

① 范钦:《嘉靖事例·预发边镇额盐补岁银两》。
② 张学颜:《万历会计录》卷二十四《大同镇·京运》。魏焕在《皇明九边考》中记载该镇当时的年例银依然为七万两,可能是抄录了先前的数据,没有将新增年例计算在内。参见魏焕:《皇明九边考》卷五《大同镇·钱粮考》。
③ 《明世宗实录》卷二百三十二,嘉靖十八年十二月癸巳。
④ 《明世宗实录》卷三百,嘉靖二十四年六月己亥。从其他史料的记载看,从十八年到二十四年大同年例不断增加是可信的。十八年增募军银四万七千五百二十两入年例,二十一年增军银四万两入年例,二十三年增军银二万两入年例,节次加添草价银三千六百两入年例。参见王士琦:《三云筹俎考》卷四《军实考》,续修四库全书本。
⑤ 《明世宗实录》卷三百八,嘉靖二十五年二月乙未。

到267522两余。据潘潢于嘉靖二十八年(1549)的统计,大同京运年例银两额派并各种新增共计268769两余①,二者基本接近。

此后,该镇年例多有增加。嘉靖三十二年(1553)六月,大同地方有司报告应发主客年例已经达到三十八万三千两。②三十三年(1554),给事中徐纲题该镇兵马支给本色增加,请补增米豆价银,户部共发给年例银两四十万,并特别强调:"如后复募新军,就于多发银内扣数支给,候年谷顺成,查照时估,将增补银内一体停解,不得例外加益,以紊旧制。"③但是,从嘉靖后期若干年份大同镇的年例银数量看,所谓"一体停解"成为空话。四十年户部尚书高耀称:"大同年例以前不过七万,今四十年分已加至三十九万七千六百余两。"④四十五年,核定大同镇年例银共计409638两,其中主兵削减为269638两,客兵为十四万两。⑤隆庆三年与嘉靖四十五年核定数据相同。⑥

从万历元年(1573)至六年该镇给发主兵年例看,仍然维持在269638两。万历八年,宣大总督郑洛奏称标兵用度不足,户部奏准该拨宣府三万四千两、山西七千两给大同作客兵年例应用。至此,大同镇主客年例合计为450638两。⑦同年,毕自严也记载该镇新增银四

---

① 陈子龙:《明经世文编》卷一百九十九《潘潢·查核边镇主兵钱粮实数疏》,以下所引潘潢所陈嘉靖二十八年九边各镇京运银,凡未标明出处者,俱与此同,不再注明。

② 《明世宗实录》卷三百九十九,嘉靖三十二年六月壬午。

③ 张学颜:《万历会计录》卷二十四《大同镇·京运》。

④ 张学颜:《万历会计录》卷二十四《大同镇·京运》。《明世宗实录》云:嘉靖四十年正月,户部尚书高耀会计各边应发年例军饷银,大同四十四万七千两。这两个数据有一定的差距,但至少说明当时大同镇年例并没有降低的趋势。参见《明世宗实录》卷四百九十二,嘉靖四十年正月壬戌。

⑤ 张学颜:《万历会计录》卷二十四《大同镇·京运》。

⑥ 兵部:《九边图说·大同镇图说》。

⑦ 张学颜:《万历会计录》卷二十四《大同镇·本镇饷额》。《太仓考》云:时大同镇主客年例银四十二万余两,其原因在于没有将改拨者计算在内。参见刘斯洁:《太仓考》卷七之八《边储·大同》。

万一千两为总督标兵之用,合计共 450638 两。①二者完全相符。万历十六年(1588),大同巡抚王基等请增加年例银两,户部答复不能随便增加,仍当以嘉靖四十五年议定额数为准。"大同年例自嘉庆十五年(嘉靖四十五年)会议经制,每岁京运主兵银二十六万九千六百三十八两,客兵银一十四万两。在主兵军马有定数、费用有定额;在客兵则抚赏、互市、陕西经过八卫游兵支用不赀,额内固难议减。要当以前数为定,毋得增添。"②从万历二十一年户部实际发放的主客京运年例为四十五万余两看③,仍没有恢复嘉靖四十五年的旧额,基本以万历八年的额定数量为准。万历三十年代,杨时宁统计该镇主兵客兵年例合计数为 450638 两。④天启元年(1621),合计主兵客兵年例仍为 450638 两。⑤崇祯元年,兵科给事中查核九边军饷旧额新增之数,大同镇当年额该主客年例四十五万六百余两⑥,可见,至崇祯时期该镇主兵客兵年例基本没有太大的变化。

三、山西镇

山西镇设置较晚,相对于宣府大同,军队数量也较少,年例银变化相对简单。根据《明实录》的检索,至成化二十一年(1485),始见给

---

① 毕自严:《度支奏议·堂稿》卷三《奉旨清查边饷增减缘繇疏》。
② 《明神宗实录》卷二百六,万历十六年十二月壬寅。
③ 陈子龙:《明经世文编》卷四百四十四《王德完·国计日诎边饷岁增乞筹画以裕经费疏》。
④ 杨时宁:《宣大山西三镇图说》卷二《大同镇图说》。万历二十六年,大同督抚请招募军伍四千名,马四千余匹,兵部复先募军二千名,其月粮布花银共计二万八千四百七十两,自当年起由户部增入年例给发。从万历时期给发大同镇年例银数量看,大同督抚是次请增年例银数,户部可能拘于成例没有增给,而是在原有数量的基础上通融支用。参见《明神宗实录》卷三百一十九,万历二十六年二月庚辰。
⑤ 《明熹宗实录》卷九,天启元年四月戊寅。
⑥ 《崇祯长编》卷十六,崇祯元年十二月癸巳。

发山西镇京运的第一次明确记载。是年,"运户部折粮银二万两于山西以备边饷。先是,巡抚山西都御史叶淇等奏:偏头、雁门等关军储缺乏,欲以天津寄收粮改拨十万石送用。至是,户部以为天津粮已得旨粜卖,且道远难致,惟给银便,故有是命"①。很显然,此次给发山西镇京运系临时性质。此后,弘治四年(1491)三月、五年(1492)三月、嘉靖七年四月分见给发该镇京运的相关记载,但上述几次给发太仓银,均系临时开支,不像宣府、大同一样形成固定的制度。在嘉靖七年,发太仓银五万两给山西,户部强调此次给发"不为例"②。嘉靖十九年前后,"本镇粮草皆山西布政司供给,与固原事体同",依然没有额发京运年例银两③。

嘉靖二十年(1541)十二月,"发太仓银三万两于山西为明年年例之数,预备粮草"④。《明世宗实录》的记载有些突兀。《万历会计录》云:

> 二十年,给事中樊深建议:岢岚州名虽腹里实近边关,往时失事此处居多,乞将巡抚移镇代州,创起年例。本部覆准:自二十一年为始,发京运银三万两于岢岚等处,专备客兵支用。
>
> 二十一年,巡抚李珏题:添广武站军二千名、马一千八百匹,计粮料布花每年该用银三万两。本部覆准:发年例银一万五千两,开盐引银一万五千两。此主客年例之始。⑤

---

① 《明宪宗实录》卷二百六十五,成化二十一年闰四月壬午。
② 《明孝宗实录》卷四十九,弘治四年三月辛巳;卷六十一,弘治五年三月戊戌。嘉靖七年,诏发太仓银五万两给山西偏头关,旧例偏头刍谷(出自山西民粮,比因达贼大举,粮饷缺甚),户部请暂给帑银,不为例,从之。《明世宗实录》卷八十七,嘉靖七年四月丙寅,据《明世宗实录》校勘记改。
③ 魏焕:《皇明九边考》卷六《三关镇·钱粮考》。
④ 《明世宗实录》卷二百五十六,嘉靖二十年十二月丙子。
⑤ 张学颜:《万历会计录》卷二十五《山西镇·京运》。

从以上两条材料看,自嘉靖二十一年(1542)开始,山西镇同时形成主兵和客兵的年例银制度,分别为三万两。嘉靖二十三年(1544),招募太原等四营军马加发主兵年例银 90924 两;二十四年,加发北楼口新募军马主兵年例银 48050 两。二十五年(1546),"发京运主兵年例广武站三万两,太原、石隰等四处银九万九千二百二十四两,北楼口银四万八千五十两一钱,共计一十六万八千九百七十四两零,此主兵年例全数。自此至四十四年,该镇俱照此数请讨。中间或全发或减发,减发者亦不下十一二万"①。可见,山西镇主兵年例自嘉靖二十五年形成定数后,尽管实际发放数量可能有所不同,其定制基本没有变更。嘉靖二十七年(1548)正月,发太仓年例银两于各镇,山西镇北楼口、太原、石隰等四营、广武站等共计十六万八千九百余两。②二十八年,潘潢云山西镇额该京运 168974 两余。嘉靖四十年正月,户部尚书高耀会计各边应发年例军饷银,其中山西镇为十四万两③,与前引"减发者亦不下十一二万"相符。

至于客兵年例,由于客兵本身无定数,边境形势缓急不同,所用钱粮也各有差异。嘉靖二十三年,巡抚曾铣题讨岢岚等处客兵年例银两,户部答复岢岚等处年例乃嘉靖二十一年未设参将之前,量加年例银三万两专备调集客兵支用,当地既设主兵,客兵自然可省,故原议银三万两系额外无名之费,相应查革,以后不许混行奏讨。嘉靖中期以后,边镇日渐危急,防秋形势日益严峻,客兵实不可省。至三十一年(1552),当年防秋客兵实用过银二十四万余两,"自此至四十四年客兵银大约相同,多者或二十七八万□□(或三)十万"④。

嘉靖四十五年,户部尚书高耀题准议定经制,山西镇每年发主兵银十二万三千三百两,客兵银十万两,其中客兵扣民壮工食银一

---

① 张学颜:《万历会计录》卷二十五《山西镇·京运》。
② 《明世宗实录》卷三百三十二,嘉靖二十七年正月壬辰。
③ 《明世宗实录》卷四百九十二,嘉靖四十年正月壬戌。
④ 张学颜:《万历会计录》卷二十五《山西镇·京运》。

万两,户部实发九万两。①隆庆二年(1568),巡抚杨彩题称虏犯石州,窥伺汾州一带,请增兵马防秋,户部覆准增客兵年例银一万两,与前年例共计十一万两,实发十万两。三年,兵部统计即为主兵银十二万三千三百两,客兵银十万两。②六年(1572),由于主客人数变更,经户部议准,山西镇将客兵年例一万五千两改为主兵年例,从该年始,主兵年例增加为十三万三千三百两,客兵除扣民壮工食银一万两外,发银八万五千两,以上户部实发主客年例银共计二十一万八千三百两。

万历六年、八年,分别扣除五千两、七千两作蓟州镇义兵和宣大总督标兵之用,至八年实际发主客京运银二十万六千三百两。③此后,该镇年例基本未有变化。万历二十一年,发放京运年例二十万六千有奇。④万历三十年代,山西给发年例银主客共二十万六千三百两。⑤天启元年,清查山西镇额该年例银二十万六千三百两。天启五年(1625)十二月,发冬季年例主客兵饷银51575两于山西镇,以此合计该镇年例总数恰为二十万六千三百两。⑥崇祯元年,有司报告山西镇隆庆间定额主客兵饷二十一万八千三百两,至崇祯元年现额二十万六千三百两。⑦这里隆庆间的数据与隆庆六年的额定数完全一致。

---

① 张学颜:《万历会计录》卷二十五《山西镇·京运》。
② 兵部:《九边图说·山西镇图说》。
③ 张学颜:《万历会计录》卷二十五《山西镇·本镇饷额》。《太仓考》的记载与此有7000两的差额,原因在于未将拨付宣大总督标兵应用的数目扣除。
④ 陈子龙:《明经世文编》卷四百四十四《王德完·国计日诎边饷岁增乞筹画以裕经费疏》。
⑤ 杨时宁:《宣大山西三镇图说》卷三《山西镇图说》。
⑥ 《明熹宗实录》卷九,天启元年四月戊寅;卷六十六,天启五年十二月乙酉。
⑦ 《崇祯长编》卷十六,崇祯元年十二月癸巳。

第二节 陕西四镇

一、延绥镇

正统时期，户部已经开始给发陕西各边镇京运钱粮。由于此时宁夏、甘肃、延绥各地俱系陕西布政司供应民运，在正统至成化早期，由户部拨付的京运银两往往交由陕西布政司籴买本色粮料供应边镇。景泰二年（1451）六月，令户部运银十万两赴陕西布政司预备各边籴粮。天顺四年（1460）三月，户部送官银于陕西十万两，令巡抚及管粮官预备籴粮。成化六年（1470）三月，发内库银四十万两分送辽东、陕西、宣府、大同四边以备官军俸粮支用。①以上数次户部给发陕西各镇京运的情况表明，陕西布政司是户部拨付京运的一个行政单位，各边镇并没有直接接收来自户部的京运，而是由陕西布政司统筹安排。尤其成化六年的表述更值得推敲，"发内库银四十万两分送辽东、陕西、宣府、大同四边"，可见，《明宪宗实录》编纂者即将此时的陕西作为"一边"来看待。这就意味着成化早期陕西所属各边镇谈不上固定年例银的问题。

成化十年（1474）以后，这种情况逐渐发生变化。成化十年，运太仓银三十一万两以给边储，其中陕西七万、大同宣府各五万、榆林三万、辽东十万、密云一万。②十二年（1476），运太仓银于各边预备粮储，宣府大同各五万两、辽东再加五万二千、陕西加五万八千、榆林三万、密云一万。③十四年（1478），兵部咨称榆林声息众大，乞发银召

---

① 《明英宗实录》卷二百五，景泰二年六月丁丑；卷三百十三，天顺四年三月戊寅；《明宪宗实录》卷七十七，成化六年三月甲申。
② 《明宪宗实录》卷一百三十五，成化十年十一月壬戌。
③ 《明宪宗实录》卷一百五十，成化十二年二月丁亥。

买粮草,户部议发榆林银三万两,如边报稍缓,准作十五年年例。① 可见,从成化十年开始,延绥逐渐成为户部独立的一个拨款单位与陕西并列,且京运数量基本固定为三万两。由"准作十五年年例"看,此前已经形成年例银制度,故笔者将延绥镇发放固定年例银的时间界定为成化十年。

延绥镇年例银制度形成后,其定额三万两维持了相当长的时间。弘治三年(1490),命运太仓银三万两与榆林,作弘治五年岁例之数。②弘治十五年至十六年,延绥镇年例银曾短暂增加三万两。弘治十五年八月,"增甘肃、宁夏年例银二万两,榆林三万两以备军饷,从户部奏也"③。次年四月,户部即上言边镇年例额外给发数多,请恢复旧制,"自弘治十七年为始,大同、宣府、甘肃、榆林岁例银俱照旧数不增,惟宁夏一镇请量增二万两"④。从其后各边镇的年例银数量看,这一建议得到批准。正德初年刘瑾乱政,年例银停发,从六年(1511)开始,该镇照旧发主兵年例银三万两。嘉靖二年巡抚周金题:达贼入套军饷匮乏,户部预发该镇主兵年例银依然为三万两。嘉靖九年(1530),延绥有司报告:"查得本镇嘉靖九年年例银三万两已运送讫。"⑤

从嘉靖十八年开始,延绥镇主兵年例银出现一个连续增加的过程。十九年左右,延绥镇除原有年例银三万两外,新增募军年例银一万两。⑥至三十年前后,合计历年增加并原额数量共为二十九万余两。⑦这与当时潘潢的记载基本一致,"查本镇主兵,先年京运止年例银三万,今并各项增有二十余万"⑧。"户部岁运年例银三万两,新增

---

① 张学颜:《万历会计录》卷二十六《延绥镇·京运》。
② 《明孝宗实录》卷四十五,弘治三年十一月丁未。
③ 《明孝宗实录》卷一百九十,弘治十五年八月壬戌。
④ 《明孝宗实录》卷一百九十八,弘治十六年四月甲寅。
⑤ 范钦:《嘉靖事例·覆议延绥抚臣条陈二事》。
⑥ 魏焕:《皇明九边考》卷七《榆林镇·钱粮考》。
⑦ 张学颜:《万历会计录》卷二十六《延绥镇·京运》。
⑧ 陈子龙:《明经世文编》卷一百九十七《潘潢·议延绥新军疏》。

募军粮银一十一万九千二百七十八两六钱五分,额派并补不敷存积盐引二十二万六千四百八十二引、该银九万七千三百七十五两五钱,又补不敷盐银四万八千八百二十三两五钱,通共……京运年例募军盐引补不敷银二十九万五千四百七十七两六钱五分。"①从《万历会计录》记载的其他年份主兵年例银发放情况看,上述数据当为准确。嘉靖三十四年(1555)户部议定,该镇钱粮除民屯料草本折外,主兵发银 195075 两余,客兵发银八万两。在该年条下特别注明:"主兵年例至是年减一十万一千四百五十三两零。"②两者合计共计额定年例为 296532 两,与上述统计仅有十两的误差。该数据变化还说明,延绥镇主兵年例变动较大,在不断增发的同时,户部也在不断清汰各种虚冒现象,至三十四年定额主客兵年例合计二十七万五千余两。嘉靖四十年正月,户部尚书高耀会计各边应发主客年例,合计延绥二十七万五千两。③可见,从三十四年至四十年的七年间,该镇年例银一直没有太大的变化。

嘉靖四十四年(1565),户部尚书高耀题称,国家岁入财赋有限而京边支费无穷,就四十三年(1564)开支言,延绥镇主兵银十九万两、新增募军料银三万两,客兵银八万两。④嘉靖四十五年,户部议定经制,延绥镇主兵京运年例银原有并新增共 217265 两余,客兵八万两。当年,又额外添募游兵军马增主兵年例三万两,以上合计主客兵共 327265 两余。⑤隆庆三年的现额数与嘉靖

---

① 陈子龙:《明经世文编》卷一百九十九《潘潢·查核边镇主兵钱粮实数疏》。
② 张学颜:《万历会计录》卷二十六《延绥镇·京运》。
③ 《明世宗实录》卷四百九十二,嘉靖四十年正月壬戌。
④ 《明世宗实录》卷五百五十二,嘉靖四十四年十一月癸卯。结合《万历会计录》的记载看,嘉靖四十一年到四十四年,延绥镇京运年例在四十年的基础上有所增加。三十九年,巡抚孙慎题:先年议定该镇钱粮遗造料折银五万二千三百余两,乞照数给补。户部覆:三十四年曾暂开该镇工本盐引银三万一千余两,此外尚该二万二千一百余两,以后增入年例。由四十年给发的年例看,当年并没有将该二万余两增入年例中。
⑤ 张学颜:《万历会计录》卷二十六《延绥镇·京运》。

四十五年同。①万历元年尚书王国光题称,本镇主兵年例银24万两,除预解并扣抵外发银45000余两,客兵除预解45000两外,发银35000两,可见至此该镇年例没有发生变化。同年,延绥巡抚张守忠请增年例银两,户部指出,该镇官军大致在六万、马骡二万上下,合计屯民京盐等银共七十余万两,节年所用至多不超过六十六万余两,对于该镇岁欲增银七万余两的请求,应当慎重考虑。万历三年(1575),张氏再次奏称本镇岁用不敷,乞添发银两,户部尚书王国光奏准自四年(1576)开始,该镇增主兵年例四万两,并强调:"以为定规,不得再行援□奏讨。"②七年(1579),户部称:"本镇自嘉靖四十五年议定经制发银二十一万七千余两后,两次增至七万。"③这里与前述各年间该镇年例的增加是相符的。

万历八年,陕西三边总督郜光先称延绥主兵饷银不敷,奏请加给。户部覆该镇所需粮料七十八万余两,而旧额合民屯盐引粮草等项及京运只七十一万余,每年约需借用客饷七万左右,宜以此数加给为主兵年例定额。至于客兵,合盐引、京运共近十一万两,鉴于该镇房款已久、不烦调兵,宜每岁以五万两为客兵年例定额,即有非时房警,而每年尚剩二万余两亦足支用。④由此计算,合计主客京运年例当为四十万七千余两。根据毕自严的记载,额定五万客兵年例并没有足额发放。"因地方无事,于客兵原额八万两之内扣除银五万九千七百五十两,止岁发银二万二百五十两。"⑤以上主兵历年增加共

---

① 兵部:《九边图说·延绥镇图说》。隆庆四年,总督陕西三边军务都御史王崇古称:至于各边之增费,大都在蓟镇十七、在宣大辽东山西十二,而陕西四镇独延绥因选兵入卫稍增十一,其甘、宁、固岁额京运视嘉靖初非惟未增,抑尚多减。今甘肃五万一千有奇、宁夏四万五千、固原九万、延绥二十九万七千有奇。王崇古这里有关延绥镇的数据应当是没有计算嘉靖四十五年额定经制以后新增加的三万两所导致。参见《明穆宗实录》卷四十一,隆庆四年正月丁酉。

② 张学颜:《万历会计录》卷二十六《延绥镇·京运》。

③ 《明神宗实录》卷八十八,万历七年六月庚辰。

④ 《明神宗实录》卷九十六,万历八年二月戊寅。

⑤ 毕自严:《度支奏议·堂稿》卷三《奉旨清查边饷增减缘繇疏》。

357265 两、客兵 20250 两,主客合计 377515 两。这与《万历会计录》中记载的现额数完全一致。①

万历十一年(1583)新增主兵银 3150 两,二十三年(1595)增主兵银 8755 两余。二十六年(1598),因宁夏之变,本镇添募军马,增主兵银 44319 两余。②万历时期延绥镇增发年例银,均为主兵银,客兵始终保持在二万二百五十两。万历二十二年(1594),延绥巡抚李春光议复客兵年例银八万两之旧额,户部以增发非例为由驳斥之。③至万历二十六年,延绥镇主客年例增至 433739 两,此后基本维持不变。万历三十年(1602)前后,涂宗濬说,"延镇每年京运主客年例四十三万有奇"④。成书于万历三十五年(1607)左右的《延绥镇志》记载,时主兵京运银四十一万三千四百八十九两八钱七分,客兵京运银二万二百五十两,合计共 433739 两余。⑤天启元年,延绥镇额该主客年例 433739 两。⑥《崇祯长编》言:延绥镇,万历初年照旧额京运三十二万,至崇祯元年现额四十三万三千七百余。⑦崇祯三年(1630),户部再次清汰虚冒,延绥镇主客年例有所减少,下降为四十一万一千六百两。⑧

---

① 张学颜:《万历会计录》卷二十六《延绥镇·本镇饷额》。《太仓考》记载:该镇京运银二十八万七千二百六十五两二钱一分,连下客兵共银三十六万七千二百六十五两三钱一分,与此有一万两的差额。原因在于该记载为万历八年之前的数据,没有将该年主客年例的增加变化计算在内。刘斯洁:《太仓考》卷七之十一《边储·延绥》。

② 毕自严:《度支奏议·堂稿》卷三《奉旨清查边饷增减缘繇疏》。

③ 《明神宗实录》卷二百七十九,万历二十二年十一月辛卯。

④ 陈子龙:《明经世文编》卷四百四十七《涂宗濬·及时议修内政治实政事疏》。

⑤ 万历《延绥镇志》卷二《钱粮上·边饷》,国家图书馆藏缩微胶片。

⑥ 《明熹宗实录》卷九,天启元年四月戊寅。

⑦ 《崇祯长编》卷十六,崇祯元年十二月癸巳。

⑧ 毕自严:《度支奏议·边饷司》卷四《清查京卿催到旧饷完欠收放疏》。

二、宁夏镇

根据《万历会计录》的记载，宁夏镇年例银原无专发，至成化二十二年（1486），始发主兵银四万两为例。在其后罗列的该镇京运年例发放中，也将成化二十二年的此次发放作为该镇京运的起始。从这里看，成化末年，宁夏镇才形成额定京运年例。陕西所属共四镇，除固原镇设立较晚外，结合延绥镇的具体情况，笔者推断宁夏镇额设固定年例的时间应当为成化十年。前已论证，从成化十年开始，延绥开始作为一个独立的边镇给发京运年例。先前陕西所属三镇一般给发京运为十万两，在延绥独立后，成化十年的发放有所变化。成化十年十一月，运太仓银三十一万两以给边储，陕西七万、大同宣府各五万、榆林三万、辽东十万、密云一万。①

这里的几个数据很值得考察，此时大同宣府年例银为五万两、延绥三万两（详见前文），辽东十万、密云一万（详见下文），也就是说，此次京运银为足额发放，在延绥三万两分离后，陕西由原来的十万两下降为七万两，可见此时宁夏和甘肃二镇合计京运为七万两。时甘肃镇年例四万两（详见下文），以此计之，宁夏镇当为三万两。成化十二年八月，户部会计西北各边积蓄多寡之数，命陕西送银十万两分拨于榆林、甘肃、宁夏。②在以上陕西所属三镇给发的年例银中，总量均为十万两，延绥、甘肃已形成固定的年例制度，宁夏镇的年例制度应当于此时也已经形成。至成化末年增加为四万两。

弘治刊本《宁夏新志》载当时年例银四万两③，该志其前有弘治十四年（1501）序文一篇，显示至此宁夏额定京运年例数没有变化。弘治十五年八月，增甘肃、宁夏年例银二万两，榆林三万两以

---

① 《明宪宗实录》卷一百三十五，成化十年十一月壬戌。
② 《明宪宗实录》卷一百五十六，成化十二年八月己卯。
③ 弘治《宁夏新志》卷一《宁夏总镇·输运》，天一阁藏明代方志选刊续编本。

备军饷。①十六年四月,户部奏称各边年例额外给发数多,请自弘治十七年为始,大同、宣府、甘肃、榆林岁例银俱照旧数不增,惟宁夏一镇请量增二万两。②从弘治十六年十二月和十七年(1504)正月两次给发宁夏镇年例银数量看,确实有所增加。③正德初年,韩文在讨论弘治末年户部收支的时候说,边镇年例银,"甘肃、宁夏各六万两"④。

正德初刘瑾乱政,六年(1511),督饷侍郎丛兰题请照先年事例发银,户部奏准照旧例发银四万两。正德七年(1512)七月,户部称陕西一省钱粮供应三边军饷,此外又有年例银十三万两⑤,可见宁夏镇重又恢复年例银四万两。嘉靖六年(1527),宁夏镇额发京运年例银四万两⑥,十五年(1536),额该年例银四万两。⑦十九年左右,依然为四万两。⑧在嘉靖中期以前,该镇额定年例银一直保持为四万两。三十年,加给宁夏抽补新军饷银二万三千四百两,岁以为例。⑨至此,宁夏镇主兵年例银始有增加。三十四年,该镇主兵年例银又重新进行调整,定发京运银二万五千两为主兵年例。四十五年,户部定宁夏镇经制,发主兵银二万五千两,客兵银二万两。⑩

---

① 《明孝宗实录》卷一百九十,弘治十五年八月壬戌。
② 《明孝宗实录》卷一百九十八,弘治十六年四月甲寅。
③ 弘治十六年,命户部运太仓银六万两于宁夏,准明年岁例之数。十七年,命发太仓银六万两于宁夏,准明年岁例之数。参见:《明孝宗实录》卷二百六,弘治十六年十二月辛酉;卷二百七,弘治十七年正月乙丑。
④ 陈子龙:《明经世文编》卷八十五《韩文·为缺乏银两库藏空虚等事》。在《明经世文编》卷一百二十八《张文·裁革冗食节冗费奏》中,有相同的记载,其言"甘肃宁夏共六万两","共"当刊刻之误。
⑤ 《明武宗实录》卷九十,正德七年七月己亥。
⑥ 毛伯温:《毛襄懋先生奏议》卷六《接济边储疏》,四库全书存目从书本。
⑦ 范钦:《嘉靖事例·预发边镇额盐补岁银两》。
⑧ 魏焕:《皇明九边考》卷八《宁夏镇·钱粮考》。
⑨ 《明世宗实录》卷三百七十二,嘉靖三十年四月丙戌。《万历会计录》记载稍有不同:本镇卫所城堡抽选余丁三千名补入卫军,请给月粮,本部覆准每年该银二万一千六百两,增入年例。张学颜:《万历会计录》卷二十七《宁夏镇·京运》。
⑩ 张学颜:《万历会计录》卷二十七《宁夏镇·京运》。

隆庆二年,宁夏巡抚朱笈称,本镇盐引多配浙盐,后又革去工本盐,致使商人苦于守支,不乐赴边,边镇开中不行,钱粮筹集困难,请增淮盐七八万引以补工本之数。户部以淮盐尽已派边无可增给为由,发太仓银二万一千二百余两抵补工本,增入年例。①隆庆三年,宁夏镇现额主兵年例 46245 两,客兵银二万两。②四年(1570),陕西三边总督王崇古亦称宁夏镇岁额京运四万五千。③以嘉靖四十五年的额定经制数量与上述两个数据对比,二年年例银的增加是可信的。万历元年,改拨固原镇盐引年例银五千二百五十两于宁夏,以上合计共五万两余。七年,户部尚书张学颜题发主兵年例并改拨盐引银 29294 两余。④若与此前发放的抵补工本盐二万一千余两相加,亦为五万余两。这与毕自严记载万历六年该镇共发年例银 50539 两余基本一致。⑤至于该镇客兵年例,因隆庆议和于万历三年停发,万历九年(1581)起,给发客兵一万两作为互市之用。至此主客年例并抵补工本盐银合计共 60539 两余,万历十四年(1586)九月,户部复陕西总督郜光先题请预发年例时称,宁夏镇岁该京运银为六万五百三十余两。⑥

至于万历时期宁夏镇主客兵年例银变化,毕自严云:二十二年,增主兵月粮不敷银 26465 两余;二十五年(1597),客兵年例复给二万两;二十六年,增月粮料草银 26789 两余;二十七年(1599),增盐引价银四万五千两;三十一年(1603),客兵银复发一万两;三十七年(1609),停发盐引价银四万五千两;四十二年(1614),复增盐引价银一万两、客兵银一万两。⑦至此,宁夏镇主客年例定额为 133795 两

---

① 《明穆宗实录》卷十九,隆庆二年四月乙巳。
② 兵部:《九边图说·宁夏镇图说》。
③ 《明穆宗实录》卷四十一,隆庆四年正月丁酉。
④ 张学颜:《万历会计录》卷二十七《宁夏镇·京运》。
⑤ 毕自严:《度支奏议·堂稿》卷三《奉旨清查边饷增减缘繇疏》。
⑥ 《明神宗实录》卷一百七十八,万历十四年九月丁酉。
⑦ 毕自严:《度支奏议·堂稿》卷三《奉旨清查边饷增减缘繇疏》。

余。天启元年,该镇京运年例为133795两①,崇祯元年如前额。这显示自万历末年宁夏镇额定年例没有发生变化。崇祯初年,明政府清理边镇钱粮,"宁夏万历元年照原额七万一千四百九十有奇,至崇祯元年现额为一十三万三千七百九十余,增六万二千三百矣。花马、安定两河月粮等项二万六千七百余诚不容减,至如二十二年以地方残破增饷二万六千四百六十余两,岂残破者终残破耶? 二十七年题增淮芦引价银四万五千两,三十七年以倭平停止,而四十二年又题复一万"②。以上所论与毕自严的记载基本一致。

三、甘肃镇

根据《万历会计录》的记载,成化二十三年(1487),甘肃巡抚郑时奏讨,始发银六万两,自后岁以为常。结合宁夏镇的情况,甘肃镇额设固定年例的时间也应当为成化十年。成化十一年(1475)九月,"以江南折纳粮草银四万两运赴陕西布政司,作甘肃成化十二年拨运之数"③。"作甘肃成化十二年拨运之数"表明,此时甘肃镇已经形成固定拨付京运银的制度,其定制为四万两。弘治元年,陕西所属甘肃、榆林、宁夏三镇钱粮不足,户部以各种银两补充之,再预支弘治二年岁例银十三万两以济之。④以延绥镇三万两、宁夏镇四万两、甘肃镇六万两计之,合计共为十三万两。这说明《万历会计录》记成化二十三年该镇年例增加到六万两是可信的。

根据前引材料,弘治十五年甘肃镇年例增二万两,旋于十七年恢复原额。正德三年至五年停发,六年起照旧发年例银六万两。嘉靖八年前后,甘肃镇京运年例银六万两⑤,嘉靖十五年,该镇年例为六

---

① 《明熹宗实录》卷九,天启元年四月戊寅。
② 《崇祯长编》卷十六,崇祯元年十二月癸巳。
③ 《明宪宗实录》卷一百四十五,成化十一年九月甲寅。
④ 《明孝宗实录》卷九,弘治元年正月乙丑。
⑤ 陈子龙:《明经世文编》卷一百三《梁材·会议王禄军粮及内府收纳疏》。

万两。①十九年，额定年例六万两。②嘉靖二十四年，甘肃镇添将募军2047员名，马2027匹，岁用粮料草束银52618两，经户部议定后增年例银二万两。③嘉靖二十八年，潘潢记该镇旧有新增年例银共八万两，与二十四年增加后的数据相符。三十年，新抽选军人三千名，新增年例银二万五千二百两，至此甘肃镇年例共十万五千二百两。三十七年（1558）复行清汰，自本年为始，该镇年例银降为22922两余，与原额相比，减少八万二千二百余两。四十五年户部议定经制主兵仍以此数为准。④

隆庆元年（1567），巡抚石茂华题称，该镇孤悬边塞最为要冲，由于工本盐停革，致使额定军饷不足，户部应当照数补发停革数。后经户部议定，准发银28575两抵补停革工本之数，增入年例，至此年例通计51497两余。根据兵部的统计，隆庆三年的现额为51497两余。⑤可见，上述增加数是可信的。六年，甘肃巡抚廖逢节回顾了该镇年例银的变化情况，希望恢复旧额，添募兵马，以加强防守。"查嘉靖三十一年起，每年发京运年例银一十万五千两，至三十七年止，发二万二千九百二十二两有奇，及四十五年减去工本盐引，抵补银二万八千五百七十五两，共发年例银五万一千四百九十七两零。……当此东西诸虏结好同仇之日，意外当备，宜准查照嘉靖三十一年例、四十四年引例给发，听臣分发五道，及时预备本色，庶食足而战守可图也。"⑥万历八年前后，户部再次核实各镇兵马钱粮，该镇

---

① 范钦：《嘉靖事例·预发边镇额盐补岁银两》。
② 魏焕：《皇明九边考》卷九《甘肃镇·钱粮考》。
③ 张学颜：《万历会计录》卷二十八《甘肃镇·京运》。嘉靖二十四年，诏明年加给甘肃饷银五万二千六百八十余两，闰月增四千三百九十一两有奇，岁为例，以庄凉增兵故也。这里的记载将当地巡抚请发数作为户部实际发放数，实误。《明世宗实录》卷三百二，嘉靖二十四年八月戊申。
④ 张学颜：《万历会计录》卷二十八《甘肃镇·京运》。
⑤ 兵部：《九边图说·甘肃镇图说》。
⑥ 《明神宗实录》卷八，隆庆六年十二月辛巳。

京运主兵年例依然为五万一千余两。①

万历十年(1582)以后,甘肃镇年例开始增加。十四年,户部覆陕西总督郜光先称:"甘镇旧额岁该京运银五万一千四百九十余两,近因召添军马增额银七万两,共岁该银一十二万一千四百九十余两。"②崇祯元年,有司稽核九边年例增减变迁,"甘肃镇万历元年照旧额五万一千四十余两耳,至崇祯元年现额则至一十九万七千五百八十余,增十四万六千九十零矣。中间如十三年以加兵增饷七万,十六年以增兵增饷三万一千一百余,二十二年又以召军而增四万四千九百七十余"③。由此可见,自万历二十二年后,甘肃镇京运年例已增至十九万七千余两,天启元年、崇祯元年该镇额银俱为197588两。这说明,从万历中期至明末,甘肃镇年例一直维持在十九万余两。

四、固原镇

固原设镇较晚,至弘治时期才基本形成固定的防区,其最初涵盖的区域主要包括固原、靖虏、环县、庆阳、兰州一带,其后又扩展到河州、洮州等地。弘治元年,户部运银四万两于陕西,以给固原、靖虏、兰州、河州等地边储。④十四年,运太仓银七万二百五十余两于固原、环、庆等处以备边储。⑤正德十二年(1517),开中两淮、河东盐引,发送固原靖虏环庆以实边储。⑥上述三条材料表明,弘治、正德年间,户部已经将固原一带作为一个固定的区域给发京运钱粮。嘉靖初年,陕西地方有司请给固原京运,户部答复固原等处军饷系当地民

---

① 张学颜:《万历会计录》卷二十八《甘肃镇·本镇饷额》。
② 《明神宗实录》卷一百七十八,万历十四年九月丁酉。
③ 《崇祯长编》卷十六,崇祯元年十二月癸巳。
④ 《明孝宗实录》卷十六,弘治元年七月癸亥。
⑤ 《明孝宗实录》卷一百七十四,弘治十四年五月己未。
⑥ 《明武宗实录》卷一百四十八,正德十二年四月丙辰。

运和屯田供应,"此系地近腹里,自来无有年例银两"①。九年,三边总制王琼题称固原屯聚重兵,钱粮浩繁,该镇原无年例银两,正德以前固原兵不满三千,近年添设参将,额设主兵已达万人,希望给发年例。户部经合议后认为,固原等处与延绥、宁夏、甘肃极边不同,仅嘉靖七年,因为当地有警,户部已经给发京运十余万两,较各边年例之数已为过多,且固原素无给发年例的定规,故未允准。②可见,尽管此前户部已经将固原所属各区域作为一个整体给发京运钱粮,但迟至嘉靖九年,固原镇仍然没有形成固定的年例制度。

嘉靖十七年,"兵科给事中张守约题:各边俱有年例银盐,惟固原一镇系添设未派,相应议发。本部覆准:照三边事例每年发太仓银三万两,定为例"③。嘉靖十八年二月,发太仓银五十万两分往辽东、蓟州、宣府、大同、偏头雁门宁武、延绥、宁夏、固原、甘肃赏赐官军。④这里固原镇已经和其他边镇一样,成为一个独立的户部给发京运单位。可见,嘉靖十七年固原镇形成固定的年例制度是可信的。十八年,为补充岁用不敷之数,除加派盐引银外,年例银增二万两,是年年例至五万两。

> 十九年,巡抚任洛奏:该镇岁用不敷银一十九万三千三百一十八两二钱,除已补过外,尚少银三万八千六百七十三两八钱。本部(户部)覆议:该镇不敷银两,近查额派民运已有银一十七万五千五百六十六两,止少银一万七千七百五十三两一钱,其前发年例银盐八万两,足够四年支用。合无自十九年以后俱行停止,俟将抛荒复熟田地勘报明的,更议补给。
> 二十年,巡抚赵廷瑞题请停止年例银两。本部(户部)覆准:

---

① 杨一清撰,唐景绅等点校:《杨一清集》,中华书局2001年版,第403页。
② 范钦:《嘉靖事例·覆议陕西抚臣条陈事》。
③ 张学颜:《万历会计录》卷二十九《固原镇·京运》。
④ 《明世宗实录》卷二百二十一,嘉靖十八年二月壬寅。

原派年例银五万两自二十一年为始,每年俱于正月具数解发。①

综合这两条材料透露的信息:第一,"其前发年例银盐八万两",显然与十七年所发三万两、十八年所发五万两相符,这也再次说明嘉靖十七年固原形成年例银制度是可信的。第二,"原派年例银五万两自二十一年为始,每年俱于正月具数解发",说明十九年巡抚任洛的建议"自十九年以后俱行停止"得到批准,十九、二十两年固原镇年例确实没有发放。第三,从嘉靖二十一年开始,该镇恢复了年例银旧制,且俱于正月具数解发。当年正月,发太仓银于各镇,固原五万两。②二十三年正月,发年例银五万两于固原。③

嘉靖二十三年,固原镇挑选余丁作为正军及招募军伍共计两千名,增加月粮银八千八百二十两,自次年开始增入京运年例。《明世宗实录》有三条相关的记载:二十五年二月,命发年例银五万八千八百二十两于固原镇;二十五年十二月,发年例银于各镇,其中固原五万八千两;二十七年正月,发太仓年例银两于各镇,其中固原五万八千八百有奇。④在潘潢二十八年的统计中,固原户部年例银五万两,加添募军银八千八百二十两,与以上记载相符。可见自二十四年开始,固原镇年例银有所增加。三十年,固原镇于各卫所城堡抽补余丁三千名防守城池,每名月支粮一石、折银六钱,共计该银二万一千六百两,增入年例,至此共银八万四百二十两。⑤三十二年,开工本盐抵补年例银六千九百六十九两五钱,京运年例止七万三千四百五十两

---

① 张学颜:《万历会计录》卷二十九《固原镇·京运》。
② 《明世宗实录》卷二百五十七,嘉靖二十一年正月丁未。
③ 《明世宗实录》卷二百八十二,嘉靖二十三年正月甲子。
④ 《明世宗实录》卷三百八,嘉靖二十五年二月癸巳;卷三百十八,嘉靖二十五年十二月庚寅;卷三百三十二,嘉靖二十七年正月壬辰。
⑤ 张学颜:《万历会计录》卷二十九《固原镇·京运》。嘉靖三十一年四月,给固原镇新军月粮银二万一千六百两。由这里的数据看,三十年的增加数当可信。《明世宗实录》卷三百八十四,嘉靖三十一年四月癸亥。

五钱,此后尽管所发数量有所增减,不过至四十四年额定数量没有变化。四十四年,户部尚书高耀称:"查得陕西……固原镇主兵银七万两,岁以为常无所加减。"①四十五年,户部议定经制,除民屯盐引外,固原镇每年发年例银五万两。②

隆庆元年固原镇所属下马关新募游兵三千名、马三千匹,额该月粮草料银 39272 两余,合计前数共京运年例银 89272 两余。隆庆三年,固原镇京运年例有闰月 91026 两余,无闰月 89272 两余。③四年,总督陕西三边军务都御史王崇古称时固原镇京运年例银为九万两。④三数据基本相符,当为准确。五年(1571),遣散招募新军 383 名,该减银 5550 两,额定京运年例为 83721 两。至万历六年,该镇主兵客兵年例降至 58471 两有余。⑤崇祯元年,兵科给事中张承诏称:"固原万历初年照原额京运五万八千四百余两,至崇祯元年为十四万五千八百二十余两。"⑥这两个基本相同的数据似乎表明,万历初年核定经制为五万八千余两是可信的。但是,在崇祯元年,时任户部尚书毕自严奏报,固原镇京运年例万历原额为 63721 两余,崇祯现额 145823 两余。⑦同样在《万历会计录》中,户部统计的万历八年前后该镇额定京运年例 63721 两余。⑧两个数据之间有5250 两的差额。

现在看隆庆五年(83721 两)、万历六年(58471 两)、万历八年前后(63721 两)固原镇京运年例的三个数据之间的相互关系:

---

① 《明世宗实录》卷五百五十二,嘉靖四十四年十一月癸卯。
② 张学颜:《万历会计录》卷二十九《固原镇·京运》。
③ 兵部:《九边图说·固原镇图说》。
④ 《明穆宗实录》卷四十一,隆庆四年正月丁酉。
⑤ 张学颜:《万历会计录》卷二十九《固原镇·京运》。
⑥ 《崇祯长编》卷十六,崇祯元年十二月癸巳。
⑦ 毕自严:《度支奏议·堂稿》卷三《召对面谕清查九边军饷疏》。
⑧ 张学颜:《万历会计录》卷二十九《固原镇·本镇饷额》。

（万历）元年，宁夏巡抚朱笈题、尚书王国光复议得：固原腹里地方，盐法疏通，将宁夏浙盐一万五千引拨派本镇，将本镇主兵年例银五千二百五十两扣补宁夏。

三年册报主兵新军年例银三万三千七百二十一两八钱二分三厘，客兵年例银四万四千七百五十两，比上年少银五千二百五十两，系改拨宁夏镇浙盐价银抵补。

四年册报主兵新军年例银三万三千七百二十一两八钱二分三厘，客兵年例银二万四千七百五十两，比上年少银二万两，系改延绥镇年例之数。①

综合上述三条史料，三个数据之间的关系很容易理清。在隆庆五年额定该镇年例 83721 两后，固原镇分别于万历元年和四年改解宁夏银 5250 两、延绥银二万两，改解后该镇京运年例下降为 58471 两。但万历元年改解宁夏镇京运银，实际上是将宁夏开中浙盐盐课改解固原，也就是说，固原镇实际总京运数量没有发生变化，由此形成万历八年前后固原镇现额 63721 两的记载。而万历六年的数据没有将改解固原的盐课银计算在内，以致有些许差异。②从京运的角度而言，将万历初年的数据定为 63721 两更为妥当。

万历十年以后，该镇京运年例有所增加。十五年（1587），本镇新增饷银 3775 两余；二十一年，增召募新军银 35827 两余；二十九年（1601），将归德、保安等地军饷银 42499 两并入固原镇发放，以上合计共 145823 两余。③崇祯元年、三年、四年（1631）的几个数据显示，

---

① 张学颜：《万历会计录》卷二十九《固原镇·京运》。

② 在《万历会计录》卷一《天下各项钱粮原额现额岁入岁出总数》中，户部开列万历八年前后岁出现额，固原镇京运年例即为六万三千七百二十一两八钱二分。《太仓考》记京运主客合计六万一百三十二两余，与此基本接近。

③ 毕自严：《度支奏议·堂稿》卷三《奉旨清查边饷增减缘繇疏》。

该镇明末京运年例基本维持在 145823 两。①

第三节　蓟辽二镇

一、辽东镇

正统六年(1441),辽东巡抚李浚咨称广宁地方官军往来巡逻,费用浩大,户部奏准发银一万两用于籴买本色粮料。《万历会计录》将此次给发作为辽东镇京运的开端。十二年,巡抚李纯奏该镇岁用不敷,"尚书王佐覆准:增年例银六万两,每年共十万两,送广宁籴买粮料"②。从这里的记载看,正统十二年之前,辽东镇已经形成年例银制度,额发四万两,具体时间不明。至十二年,该镇京运年例银增加至十万两。正统十二年五月,"命户部每岁运银十万两于辽东广宁库收贮,籴买粮料"③。十四年,"户部奏:辽东粮用缺乏,本部先已定拟,每岁将江南折粮银四万两运去,恐或不敷,请更增六万两,通运广宁收贮备用,从之"④。成化十二年,户科左给事中张海等言,辽东岁费京师辇银十万,以为积粟四十万石之计。⑤可见此时该镇京运年例依然为十万两。

成化十六年,辽东管粮郎中金迪奏,该镇钱粮入不敷出,且又新添各墩守哨及修筑边墙军夫,费用远超出常数之外,但户部京运银并没有增加。户部建议,"自十七年为始,每岁额外添送银二万两,年丰粮贱则送如旧额。……疏入,从之"⑥。额外添送二万两,显示额内

---

① 毕自严:《度支奏议·边饷司》卷七《给过崇祯三年军饷数据疏》,卷十《九边四年旧饷照额全完疏》。
② 张学颜:《万历会计录》卷十七《辽东镇·京运》。
③ 《明英宗实录》卷一百五十四,正统十二年五月庚戌。
④ 《明英宗实录》卷一百七十九,正统十四年六月丙寅。
⑤ 《明宪宗实录》卷一百六十,成化十二年十二月乙未。
⑥ 《明宪宗实录》卷二百八,成化十六年十月丙寅。

之数依然为十万两。至十九年(1483),总理粮储户部郎中毛泰奏,时辽东岁运银十万。①此后,由于辽东一带较为平静,将年例银拨四万两给大同,二十二年,当地有司请照原数给发,并额外加添二万两。弘治元年,辽东巡抚徐贯请发年例银十二万两,户部仅准给七万两。至四年,户部称发银十万两外,额外发银一万两,且"至九年同"②。从弘治年间的若干发放数量看,额定十万两没有改变。可见,成化后期至弘治初年,辽东镇时有额外添加年例银之举,但并未维持太久。弘治五年,"命运户部银十万两于辽东以备边储,准弘治八年岁例之数"③。九年(1496),"命户部运太仓银十万两于辽东,准弘治十二年岁例之数"④。

弘治十年,辽东镇年例银有所增加。当年五月,总理辽东粮储户部郎中王璠奏,自弘治二年以来,该镇增设堡站墩台、召集新军、拣选舍余,开支不断增加,"而本部所发年例银,视成化二十三年以前顾减二万两,乞自今以始仍如旧例,岁送十二万两,俟岁丰余贱之后别为议处。户部覆奏,从之"⑤。十二年(1499),户部议准自十三年(1500)以后岁再加银三万两。至此,辽东镇年例已经增至十五万两。十四年,命户部预送明年岁例银十五万两于辽东以给军储。⑥弘治末年,虽然辽东镇年例有额外增加,但定制没有发生变化。正德初年刘瑾乱政后,从六年开始,该镇恢复十五万两年例的规制。"自此至嘉靖间,主兵年例银止十五万余两,间有请发,俱例外接济,四十四年以后渐增。"⑦揆诸嘉靖时期该镇年例银发放的情况,这里的记载是

---

① 《明宪宗实录》卷二百四十四,成化十九年九月戊申。
② 张学颜:《万历会计录》卷十七《辽东镇·京运》。
③ 《明孝宗实录》卷七十,弘治五年十二月乙巳。
④ 《明孝宗实录》卷一百一十一,弘治九年闰三月丙辰。
⑤ 《明孝宗实录》卷一百二十五,弘治十年五月己酉。
⑥ 《明孝宗实录》卷一百七十六,弘治十四年七月乙亥。
⑦ 张学颜:《万历会计录》卷十七《辽东镇·京运》。

可信的。嘉靖七年，辽东巡抚潘珍以岁饥请增年例，户部议岁派年例已有定额，辄难轻议。①十六年（1537）前后，《辽东志》记载当时的京运年例为十五万两②，十九年左右，辽东岁发年例银依然为十五万两。③嘉靖时期辽东时有招兵买马，年例时有增加，但该时期辽东边疆没有太大的波动，当地收支基本平衡，所谓增发者，多系临时性质。二十九年（1550）户部就辽东巡抚请求增加年例的答复可以证明此言非虚。是年，巡抚蒋应奎题称该镇镇西、彭家湾、白家冲三堡招军八百名、马八百匹，请增发年例银，户部答复辽东岁入之数比岁出尚剩银四万余两、草五万余束，难以加添，是年止发年例十四万两。④至三十八年（1559）仍保持十五万两的数量。

嘉靖四十年以后，辽东镇京运开始增加，四十一年（1562），"命增辽东主兵银两，时督视军情侍郎葛缙以广宁米价翔贵，请增主兵银一万两，从之"⑤。嘉靖末年，辽东镇年例一度增加到十九万八千余两。⑥四十五年，该镇额定经制，发主兵年例银数为173998两，无客兵银。⑦隆庆二年，为合理调整主兵和客兵军饷发放，经户部议准后，该镇改定京运主兵银163998两有奇、客兵四万两，且"著为例"，即永为定规。⑧隆庆三年主客合计现额数即

---

① 《明世宗实录》卷九十一，嘉靖七年八月丙辰。
② 嘉靖《辽东志》卷三《兵食志·财赋》，金毓绂：《辽海丛书》（第1册），辽沈书社1985年版。嘉靖十五年，清查辽东镇钱粮，亦记载该镇年例银十五万两。参见范钦：《嘉靖事例·预发边镇额盐补岁银两》。
③ 魏焕：《皇明九边考》卷二《辽东镇·钱粮考》。
④ 张学颜：《万历会计录》卷十七《辽东镇·京运》。时额定京运依然为十五万两，可参见陈子龙：《明经世文编》卷一百九十九《潘潢·查核边镇主兵钱粮实数疏》。
⑤ 涂山：《新刻明政统宗》卷二十八，第56—57页，四库禁毁书丛刊本。
⑥ 嘉靖《全辽志》卷二《赋役》，辽海丛书本。陈仁锡言，根据嘉靖间辽东志书的记载，部发年例十九万八千有奇，可能据此抄录，当为是年的数额。陈仁锡：《陈太史无梦园初集·车集一》，续修四库全书本。
⑦ 张学颜：《万历会计录》卷十七《辽东镇·京运》。
⑧ 《明穆宗实录》卷十七，隆庆二年二月丙午。

为203998两余。①根据刘效祖的记载,万历元年辽东额定主兵年例数量为163998两余。②其实,从万历二年(1574)开始,辽东镇主客京运年例开始逐年攀升。八年,户部核定辽东钱粮,额定该镇主兵年例原额新增共307925两余,客兵年例原额新增共102058两余,主客合计409984两余。③万历十二年(1584),蓟辽总督张佳胤言:"辽镇主兵始定一十六万三千九百九十八两零,自万历二年起至九年止,增银一十四万三千九百二十六两零;客兵原定四万两,今亦增六万二千余金。"④可见,至万历十年,辽东镇主兵客兵年例合计已达四十余万两,这与十四年兵部所论基本一致。"但查该镇军饷,主客兵年例银万历初年止二十万三千九百九十八两零,今增至四十万九千四十两零。"是年,在此基础上,经户部核定,自十五年起再增银七万四千余两。⑤

至十九年(1591),户部再次核定经制,辽镇主客兵饷银以624380两零为经。⑥二十一年,户部实际发放数量为六十万有奇⑦,与该数据基本接近,可见,该增加额是可信的。这已是隆庆二年"著为例"的额定数二十万余两的三倍。此后,辽东镇京运主客年例有所减

---

① 兵部:《九边图说·辽东镇图说》。
② 刘效祖:《四镇三关志》卷四《粮饷考·辽镇粮饷·京帑》,四库禁毁书丛刊本。
③ 张学颜:《万历会计录》卷十七《辽东镇·本镇饷额》。《太仓考》云:辽东镇京运年例银一十六万七千九百六十七两五钱二分八厘二毫五丝,新增家丁并墩军夜不收月粮银一万四千二百六十一两七钱,又节年功升加俸粮银六千四十六两五钱九分,加添两河防守军士月粮银二万一千两,共银二十万九千二百七十五两八钱一分八厘二毫五丝。客兵调遣不常无定数,京运年例银八万二百八十八两四钱,防修边工行粮银一万八千两,又新添正兵营家丁料草银三万七千七十两五钱五分,共银一十万二千五百五十八两九钱五分,通共主客兵银三十一万一千三百三十四两七钱六分八厘二毫五丝。这里的记载,客兵年例与《万历会计录》同,主兵年例有差距。原因在于《太仓考》中的数据没有将万历八年该镇新增主兵年例计算在内。
④ 《明神宗实录》卷一百五十四,万历十二年十月壬戌。
⑤ 《明神宗实录》卷一百七十八,万历十四年九月庚戌。
⑥ 《明神宗实录》卷二百四十一,万历十九年十月甲午。
⑦ 陈子龙:《明经世文编》卷四百四十四《王德完·国计日诎边饷岁增乞筹画以裕经费疏》。

少。明末,计六奇援引御史郑宗周奏折称:"边(应为辽,笔者注)兵,原额九万六百余,今止八万一千九百零,此一万二千七百之兵,何以议减?辽饷自隆庆元年后,原额十三万三千九百余,今加至五十二万五千六百,此三十万一千六百余饷,何以议增?"①四十六年(1618),户部称,辽东镇京运四十五年额该525612两②,该数据与计氏所引增加额相符,显示万历末年辽东镇主客年例大致为五十二万两左右。唯所谓"隆庆元年后原额十三万三千九百余",和以上考证有比较大的差别,就笔者目前经眼史料,未见隆庆后有年例十三万三千九百余两的记载。查郑宗周奏折《明熹宗实录》中也有节录。泰昌元年十月,山东道御史郑宗周言:"辽兵,原额九万五千,今止八万二千,兵何以日减?辽饷,自隆庆元年以后,原额二十万三千九百有奇,今加至五十二万五千六百有奇,饷又何以日增?"③崇祯元年,毕自严论辽东镇京运沿革云:万历初年京运额银二十万三千九百九十八两五钱,至二年增兵增饷,至四十六年止共增至五十二万五千六百十二两三钱。④综合以上数条材料,并结合先前考证辽东镇的京运年例变化,可以明确,计六奇所言"隆庆后原额"是错误的。此后,明政府行加派之举,该镇京运数量大幅增加,此当别论之。

二、蓟州镇

第一章已经论证,蓟州镇所辖区域前后变动较大,这里所指的蓟州镇与第一章相同,即涵盖了分镇以后的蓟州、密云、永平、昌平四镇。

与处于陕西、山西的诸边镇相比,蓟州镇属于腹里位置,尤其在

---

① 计六奇撰,魏得良等点校:《明季北略》,中华书局1984年版,第23页。
② 《明神宗实录》卷五百六十八,万历四十六年四月丙辰。
③ 《明熹宗实录》卷二,泰昌元年十月壬戌。
④ 毕自严:《度支奏议·堂稿》卷三《奉旨清查边饷增减缘繇疏》。

第三章　明代九边京运银数量考

朵颜三卫内附后，蓟州镇在相当长时期内没有大规模的战争和防守压力。从弘治年间至嘉靖初年，蓟州镇京运间有发放，多系客兵临时给发，主兵发放不多。弘治二年，管粮郎中王楫呈请年例，户部题准发银二万两，"自后正德间多开盐引接济，京运银少发"①。

从嘉靖二十一年开始，户部议准蓟州镇京运额定为三万两，"此年例定额之始"②。从《皇明九边考》分析，这里的记载应当是准确的。《皇明九边考》所记各镇兵马钱粮的各种数据，时间大致为嘉靖十九年左右，此时"本镇原无年例银两"③。这说明蓟州镇还没有形成固定的年例银制度。二十一年正月、二十三年正月、二十五年二月、二十五年十二月、二十七年正月，在户部给发边镇京运年例中，蓟州镇均额发三万两。④二十九年"庚戌之变"后，蓟州镇开始增兵添饷。三十年，蓟州、密云新募军伍、添加马匹，有司请增发年例数量。次年，户部经过核准，"添粮料布花不敷银五万四千五百五十两八钱八分，俱于浙江、南直隶应解太仓派剩折米银内动支，连年例共该八万四千五百五十两八钱八分"⑤。三十九年，总督许论奏该镇灾荒导致岁用不敷，军饷拖欠严重，户部于年例外另发银六万五千两，合计年例共发银149550两，可见此时额定京运年例依然为84550两。是年，户部会计边储，客兵银以当年额发数量为准，该银二十九万两。⑥四十年正月，户部合计各镇应发年例军饷数，称蓟州该三十七万四千两。⑦以主兵和客兵年例合计，当为准确。同年九月，户部指出，"蓟镇主兵粮

---

① 张学颜：《万历会计录》卷十八《蓟州镇·京运》。
② 张学颜：《万历会计录》卷十八《蓟州镇·京运》。
③ 魏焕：《皇明九边考》卷三《蓟州镇·钱粮考》。
④ 参见《明世宗实录》卷二百五十七，嘉靖二十一年正月丁未；卷二百八十二，嘉靖二十三年正月甲子；卷三百八，嘉靖二十五年二月癸巳；卷三百一十八，嘉靖二十五年十二月庚寅；卷三百三十二，嘉靖二十七年正月壬辰。
⑤ 张学颜：《万历会计录》卷十八《蓟州镇·京运》。
⑥ 张学颜：《万历会计录》卷十八《蓟州镇·京运》。
⑦ 《明世宗实录》卷四百九十二，嘉靖四十年正月壬戌。

饷,旧派山东、河南、北直隶折色二十七万九千五百余两,民屯漕运本色二十四万七千余石,未尝借内帑而给也。客兵所发止一二万而已,自庚戌房犯内地,渐加京运年例,今主兵饷金增至七十五万有奇"①。其实,这里所谓"主兵饷金"数应是该镇主客兵合计民运、屯田和京运总数,将几个数据相加,与总数基本相符。

嘉靖四十年后,户部清理蓟州镇客兵年例,四十三年,核准给发二十七万六千余两。四十四年,蓟州和永平分镇,蓟州镇该主兵京运年例银41953两余,当年再次清理客兵年例,该发银十六万四千余两。在此基础上,四十五年,蓟州镇额定经制,发主兵年例银56038两,客兵176448两余,合计232486两余。②隆庆三年,该镇增巡抚标兵八百名、马八百匹,计给发银15237两余,并入客兵年例中,合计客兵年例共191685两余。是年,兵部清理兵马钱粮,蓟镇年例主兵银165703两余,客兵银633479两余。③根据下文的有关论证,这里的主客年例数为蓟州、密云、永平和昌平四镇的合计数量。

万历元年侍郎汪道昆议定经制,该镇额饷本折合计572110两零,主客通融应用,当年除民运、屯田等岁入外,京运给发主客年例二十五万二千四百余两。④实际上,由于该年额定经制的基本精神是民屯不足由京运给发和主客通融,由此导致万历元年以后京运给发数量不一,在总额已定的情况下,京运数量的多寡视民运和屯田而定。⑤"蓟、

---

① 《明世宗实录》卷五百一,嘉靖四十年九月甲寅。
② 张学颜:《万历会计录》卷十八《蓟州镇·京运》。
③ 兵部:《九边图说·蓟州镇图说》。
④ 张学颜:《万历会计录》卷十八《蓟州镇·京运》。
⑤ 在刘效祖《四镇三关志》的相关记载中,将蓟州镇、密云镇、永平镇合为一体,昌平镇单独开列。蓟、密、永三镇合计京运年例银九十一万五千六百二十九两五钱,其中密云道年例银三十四万一千二百四十八两五钱,蓟州道年例银四十万二千四百三十二两三钱,永平道年例银十七万一千九百五十二两七钱。昌平镇年例银量缓急请发,少则六七万两,多则十一二万两。这里的数据与本书考证的蓟、密、永、昌四镇万历元年实际发放的京运银有比较大的出入。究其原因,可能是万历元年侍郎汪道昆议定四镇总经制费用后,各地由于民运、屯田征收不同,导致实际给发的京运数量有较大差异。

第三章 明代九边京运银数量考 | 157

密、永、昌、易五镇，万历三十一年以后始比照宣大诸镇例，题为定额。其以前京运则计外入之数酌量补发，迄无定制。有溢发者……有预发者……有补发者。"①根据《万历会计录》蓟州镇相关内容的记载，可以肯定该镇所称现额为万历八年的数据，主客年例合计共424892两余。②十九年议定经制为四十五万一千余两，二十八年（1600）改拨永平镇三万三千余两，是年为四十一万八千余两。至三十一年，户部议定，民屯等项不论已完未完、或蠲或折，均照岁入额数计算，不许额外请发京运，是年额定京运421871两有奇。万历四十二年新增引价银五千两，崇祯元年额定经制426871两有奇。③

嘉靖四十四年蓟永分镇，永平镇分主兵年例银28672两余。四十五年核定经制，该镇主兵年例定为48672两余，客兵年例定为87971两余，主客合计共136643两余。④隆庆时，该镇增兵添饷，至万历元年，核定永平额饷330415两余，除漕运民屯折色外以京运补充，时发户部京运主客年例不过十五万四千余两。⑤万历八年，户部重新核定为主客年例241858两余。⑥十九年阅视通政穆来辅核定京运237120余两。从二十八年开始，蓟州镇改拨本镇三万三千余两，至三十一年定为293660两余，四十一年减京运银三千八百两，该银289866两余，崇祯元年额定经制289866两有奇。⑦

---

① 毕自严：《度支奏议·堂稿》卷三《奉旨清查边饷增减缘繇疏》。
② 张学颜：《万历会计录》卷十八《蓟州镇·本镇饷额》。《太仓考》云：京运主客兵银三十八万九千四百九十三两余。其中的差距系由《太仓考》未将万历八年昌平镇改拨蓟州镇客兵年例三万四千余两计算在内所产生，其数据为万历六年主客京运年例。毕自严称万历六年主客年例为三十八万九千余两，见毕自严：《度支奏议·堂稿》卷三《奉旨清查边饷增减缘繇疏》。
③ 毕自严：《度支奏议·堂稿》卷三《奉旨清查边饷增减缘繇疏》。
④ 张学颜：《万历会计录》卷十九《永平镇·京运》。
⑤ 毕自严记载当年京运实际发放数量为十万七千余两，与此有较大的差距，待考。毕自严：《度支奏议·堂稿》卷三《奉旨清查边饷增减缘繇疏》。
⑥ 张学颜：《万历会计录》卷十九《永平镇·本镇饷额》。
⑦ 毕自严：《度支奏议·堂稿》卷三《奉旨清查边饷增减缘繇疏》。

从现有史料看，密云和昌平两镇尽管在不同时期属于蓟镇管辖，但主客军饷却始终作为一个独立的单位单独发放。正统八年，蓟州镇地方粮料不足，户部发银一万两分送密云、遵化二处，备籴买粮料之用，这是史料所见该镇最早有关京运的记载。《万历会计录》云："此京运之始，自后至景泰五年，岁发去二县银各五千两。"①从《明实录》相关记载看，应当是可信的。②天顺成化时期，未见遵化地方给发京运，但密云仍然维持了五千两的数量。从成化十年开始，密云京运增加到一万两。当年密云地方虏情紧急，户部发银一万两召买粮草。同年十一月，户部预送银给各边，密云一万两；十二年二月，运太仓银于各边预备粮储，密云一万两。③

弘治二年，密云所属地方灾荒，无本色起运导致军储不足，户部题准发银一万两给放官军月粮，史料中特别注明："主兵银是年始增。"④实际上，就主兵年例银而言，密云在较长时期内都没有发生变化。嘉靖二十五年，发太仓银一万两于密云以充军饷。⑤三十五年（1556），户部发主兵年例银一万两，可见，从成化十年至此，密云京运年例一直保持一万两的数量。嘉靖三十八年，密云镇年例增加至两万两。是年，总督王忬题请增加主兵年例，户部在原有基础上增加一万两，合计共二万两。⑥

《明世宗实录》言：嘉靖四十年正月，户部尚书高耀会计各边应发年例军饷银，密云十四万五千两。⑦《万历会计录》记载：四十年，会

---

① 张学颜：《万历会计录》卷十八《蓟州镇·京运》。
② 《明英宗实录》卷一百五十二，正统十二年四月辛丑；卷一百九十七，景泰元年十月丙戌；卷二百三十二，景泰四年八月癸卯。
③ 《明宪宗实录》卷一百三十五，成化十年十一月壬戌；卷一百五十，成化十二年二月丁亥。
④ 张学颜：《万历会计录》卷二十《密云镇·京运》。
⑤ 《明世宗实录》卷三百十一，嘉靖二十五年五月己未。
⑥ 张学颜：《万历会计录》卷二十《密云镇·京运》。
⑦ 《明世宗实录》卷四百九十二，嘉靖四十年正月壬戌。

计钱粮，户部发主客银共一十二万五千两，又总督许论题急缺客兵钱粮，添发银一十万两。①上述同为嘉靖四十年的两条材料，同样由户部会计，在记录该年密云应发年例银数量上存在两万两的差额。且第二条材料言"主客银共一十二万五千两"，可见第一条材料中的年例银"十四万五千两"更应当包括主兵银和客兵银。笔者推断，《万历会计录》记载的"主客银"当误，十二万五千两应为该镇"客兵银"，并不包括"主兵银"，主客合计应为"十四万五千两"。嘉靖四十一年，总理宣大粮饷侍郎霍冀、蓟州总督侍郎杨选奉旨勘查客兵粮饷不敷之数，言密云往年"客兵(银)不过八九万，今则二十二三万矣"②。若以四十年客兵银十二万五千两，合计额外给发十万两计算，当为相符。至四十四年，户部再次核定密云镇主兵年例为二万两。四十五年，核定客兵银二十一万二千余两，以后以此为准。③

　　显然，随着该镇军队的增加，额定的主客年例不敷应用，隆庆二年即已额外另给七万余两，三年户部核准给发三十二万余两，此后该镇客兵银大致在三十万两左右。万历元年，侍郎汪道昆定经制，本镇主兵客兵正饷杂饷共五十二万九千余两，除民运和屯田外，京运主客年例约为三十九万两。④八年，户部再次核定密云主客年例，其中主兵银旧有新增共 160075 两余，客兵银 233961 两余，合计 394037 两余。⑤十九年，核定经制数量为三十八万二千余两，至三十一年，始定额京运 361341 两余。四十一年，增加漕粮脚价银四千五十两，合计共 365391 两余。此后，该镇主客年例基本保持不变。天启五年，户部请发该年度春季各镇主客兵年例银，密云镇为 91347 两零，以此数计算与年度总数相符。⑥

---

① 张学颜：《万历会计录》卷二十《密云镇·京运》。
② 《明世宗实录》卷五百七，嘉靖四十一年三月甲午。
③ 张学颜：《万历会计录》卷二十《密云镇·京运》。
④ 张学颜：《万历会计录》卷二十《密云镇·京运》。
⑤ 张学颜：《万历会计录》卷二十《密云镇·本镇饷额》。
⑥ 《明熹宗实录》卷五十六，天启五年二月丁酉。

据笔者目前掌握的资料,至嘉靖四十五年明政府大规模整理边镇兵马钱粮之前,未见昌平镇形成固定的主客兵年例银制度,虽然此前不时有给发昌平京运钱粮的记载,一般系临时补充性质,且数量不大。四十年,户部尚书高耀会计各边应发年例军饷银,昌平该银六万五千两。[①]四十五年议定经制,昌平镇主兵银二万六千二百两,客兵银八万六千余两,其后年份在此基础上有所损益。[②]万历元年,阅视侍郎汪道昆核定经制,本镇合计屯田民运漕运京运等共二十二万六千八百余两,除屯田、民运、漕运外,不足部分由京运补充,计九万二千三百余两。从其后给发数量看,该镇额发京运年例银大致为十七万两左右。八年前后,户部再次核定经制,昌平主客合计为173792两余。从万历九年开始,分拨蓟州镇饷银三万二千一百余两,该镇实际京运年例为十四万三千三百余两。[③]万历十九年核定经制额为十三万二千余两,三十一年额定130082两余,其后分别于三十八年和四十一年增京运六千六百两、三千五百五十两,至万历四十一年共计140232两余。[④]天启五年发放春季年例银35058两零,以此数计之,全年年例应为十四万两上下。[⑤]崇祯元年现额仍为140232两有奇。[⑥]

小 结

为更清楚地说明问题,笔者将九边各镇京运年例银的增减变化

---

① 《明世宗实录》卷四百九十二,嘉靖四十年正月壬戌。《万历会计录》记载当年发给主兵银三万两,客兵银四万两,数据基本相符。
② 张学颜:《万历会计录》卷二十一《昌平镇·京运》。
③ 张学颜:《万历会计录》卷二十一《昌平镇·京运》。
④ 毕自严:《度支奏议·堂稿》卷三《奉旨清查边饷增减缘繇疏》。在毕自严的记载中,蓟、密、永、昌四镇分别于天启二年增加了数量不等的盐菜银,至崇祯元年始清汰。由上引天启五年春季四镇年例银的发放数量看,该盐菜银似并没有计入各镇额发京运中。
⑤ 《明熹宗实录》卷五十六,天启五年二月丁酉。
⑥ 《崇祯长编》卷十六,崇祯元年十二月癸巳。

制成附表3—1。

京运和年例是两个既有区别又有联系的概念。所谓京运,是相对于九边军费供应的其他几种形式而言,指由户部以中央财政的名义给发边镇用作军费的各种财物,它既包括以银两形式给发的"钱",也包括以布匹、粮食、食盐等各种形式给发的"物"。而年例,则指由户部按年度固定拨付给边镇的银两。也就是说,年例从属于京运的范畴,但仅仅是京运的一部分。在户部给发边镇的京运中,仅有部分用于年例支出。

先前的研究还存在一个误区:在讨论明代九边钱粮供应方式的变化时,一般认为京运是随着屯田和民运的衰败才开始出现。实际上,从洪武年间开始,已经出现以户部名义给发边镇的各种形式的军费。洪武十八年(1385)三月,"诏发京库绵布二十五万匹往给辽东军士"[1]。永乐十七年(1419),"以口外粮料数少,令于京仓支拨,选取营造次拨旗军攒运"[2]。宣德三年(1428)五月,"命(沈)清率京卫军士及顺天等府民丁共二万余人运京仓粮赴宣府,以足开平之运"[3]。正统四年(1439),英宗皇帝质询户部永乐、宣德年间宣府、大同军饷供应情况,户部答复说:

> 国初,大同粮料俱系山西布政司供给,永乐十九年方起倩军夫于京仓运送粮料二十万一千一百余石于宣府,宣德六年至十年,亦于京仓通州攒运粮料三十八万石赴宣府,其山西税粮岁止拨四十万石或三十万石赴宣府备用,并无运送银两布绢。……此皆权时制宜以足边防之用也。[4]

可见,从性质上而言,虽然这里户部给发宣府、辽东的均为实物,但

---

[1] 《明太祖实录》卷一百七十二,洪武十八年三月丁卯。
[2] 申时行:万历《明会典》卷二十八《会计四·边粮》,续修四库全书本。
[3] 《明宣宗实录》卷四十三,宣德三年五月壬子。
[4] 余继登:《典故纪闻》,中华书局1981年版,第193页。

与屯田、民运和开中有着本质的区别,显然系京运性质。不过,此时由中央政府给发的财物均为临时性发放,还没有形成定制。

正统七年,户部设立太仓库,用于收贮江南各地漕运剩余折粮折草银。太仓库的设立,对于京运年例的出现具有重要的影响。此前,户部的各项收入主要以实物的形式来缴纳和计算,由户部自身所掌握的作为税赋的白银数量其实并不多。太仓库设立后,户部始有稳定的白银收入来源,从而也使得太仓库部分承担起中央财政的职能。九边年例银从正统后期开始出现,绝非偶然,它必须以户部拥有充裕的可支付货币作为基础,太仓库的出现恰恰提供了这一前提。

与九边军队和马匹数量考证较为强调原额不同,过于关注京运年例的原额没有太大意义。按照明代的制度设计,供应九边军费的四种主要方式排列顺序依次为屯田、民运、开中、京运,正所谓屯田不足,加以民运,民运又不足,以开中和京运补充之。正常情况下,作为补充性质的京运,其给发数量的多寡视边镇钱粮的盈亏而定。

无论是洪武永乐时期发送给边镇的本色布匹、粮食,还是正统后期部分边镇已经形成固定的年例制度,其最初发放多系补充当地本色之不足。在边镇钱粮供应不敷之时,由户部以中央财政的名义临时给地方以补充,主要用途是购买粮料,作为边镇主要开支的军饷依然以月粮的形式由屯田和民运供应。正统八年,英宗皇帝在户部会计甘肃、宁夏、延安、绥德钱粮后,担心边镇不足用,"命移文驰报副都御史陈鉴督同陕西布政司按察司管粮官,及今秋成,发官库钱物籴米于近边仓廪与凡大军经过之处,收贮备用,如有不敷,户部即拨运折色轻赍去彼增籴,务使仓廪充盈、边陲有备"[1]。根据对《明英宗实录》的统计,景泰天顺年间,户部共发放京运银21笔,其中有一笔用于购置军装、两笔购买补充马匹,两笔同时用于购买粮料和

---

[1] 《明英宗实录》卷一百九,正统八年十月癸巳。

发放官军俸粮，其余16笔均全部用来籴买粮料，补充边镇本色的不足。

从九边总的趋势看，在年例银制度形成后的相当长时期内，边镇年例银总量并没有大规模的增加。正统后期明政府开始固定发放年例银，宣府镇和大同镇各5万两，辽东镇10万两、蓟州镇0.5万两，陕西三边合计共5.2万余两，合计25万余两。此后成化时期延绥、宁夏、甘肃分别独立发放，共13万两，以上合计33.5万两。期间各镇年例略有增减变化，至嘉靖十九年前后，合计为44万两，若再计算蓟州镇的一万两，共45万两。也就是说，在九边年例银形成的近百年间，各镇年例银总数仅增加11.5万两，其中辽东镇增加5万两，宣府镇增加3万两。根据魏焕《皇明九边考》中有关钱粮的统计，除蓟州镇、固原镇、山西镇没有年例外，其他六镇京运年例在边镇军费供应中的比例关系如下。

表3—2：嘉靖十九年九边总收入与京运年例收入比例关系表

单位：两

镇别	边镇收入	年例数	比例	镇别	边镇收入	年例数	比例
宣府	939803	80000	8.5%	宁夏	290603	40000	13.8%
大同	775189	70000	9%	甘肃	445851	60000	13.4%
延绥	350017	40000	11.4%	辽东	547691	150000	27.4%

说明：本表系依据魏焕《皇明九边考》各卷《钱粮考》部分，并参以赖建诚大作制作。以上所列各镇总收入，系《皇明九边考》有明确折价者，各镇仍以本色征收的粮料未计算在内，故年例银在总收入中的比例关系，部分边镇比以上数据还要低。未计算在内者分别为：宣府镇屯田团种粮65402石、草209886束；延绥镇粮料145440石；宁夏镇粮料186346石；甘肃镇粮料199602石。

由上表可以看出，揆诸九边军费供应，至嘉靖中期以前，由户部支付的京运年例依然不占主体地位。如果将延绥、宁夏、甘肃十余万的本色粮料计入总收入中，其京运年例所占总收入的比重大致不会超过10%。这说明明初设计的军饷供应以屯田和民运为主、开中京运为补充的体制依然能够有效运作。正德八年,延绥镇年例银三万两,其民运,陕西每岁二十八万余石,河南折银料豆三万石。①同时期,陕西三镇合计年例十三万两,其民运部分,"陕西起运粮料,岁至七十七万石专给三边"②。更进一步说,成化以后边镇屯田的废弛已是不争的事实,民运在边镇军饷供应中发挥着主体作用。

嘉靖二十年以后,部分边镇的年例银开始增长,从第一章考证的军队数量变化看,此时的增长是可以理解的。以大同镇为例,该镇嘉靖十九年左右实有各类官军51609员名,至二十八年前后,户部管粮郎中册报主兵八万余人,十年间增加近三万余人。嘉靖十九年,大同镇岁入粮料布花、本镇屯粮屯草及京运年例通共银七十七万五千一百八十八两七钱五分。二十八年,该镇岁入通共该银一百四万三千九百五十三两四钱三分。③对比两个时间点的大同镇收入类别可以明晰,该镇收入中民运和屯田部分几乎完全相同,新增加军伍的各种费用只能由京运和开中补充,明中期以后,盐引壅滞,开中不行,京运成为边镇新增开支中最为重要而稳定的来源。通过对比有关边镇的收入数还可以发现,嘉靖十九年和二十八年的民运和屯粮基本相同,边镇总费用的增加主要由京运承担,此时虽然京运部分依然区分原有年例、补不敷、补盐引、新增募军粮银等等各种名目,但已经成为户部每年固定发放的项目,均可视为年例。根据潘潢《查核边镇主兵钱粮实数疏》中的统计,嘉靖二十八年前后,合计各镇主

---

① 《明武宗实录》卷一百四,正德八年九月庚午。
② 《明武宗实录》卷一百二十一,正德十年二月丙午。
③ 嘉靖十九年和二十八年的数据分见魏焕:《皇明九边考》卷五《大同镇·钱粮考》;陈子龙:《明经世文编》卷一百九十九《潘潢·查核边镇主兵钱粮实数疏》)。

兵年例总数达1180792两,该数据已接近嘉靖十九年的三倍。①

嘉靖二十九年之后,每岁调兵遣戍,所增兵马日多,饷额倍增,九边京运一直在高位运行,其中尤以蓟州镇和宣府镇最为典型。嘉靖四十一年(1562),有司论蓟州镇费用变化,"蓟镇主客钱粮自二十九年而京运始发,至三十九年而额数愈增。……究其大端,则增兵之耗居十之七八,何也?往时蓟镇主客止四五路,今则增为十区,而副参游守节年添设不啻数倍矣;往时未有客兵,俱主兵调遣,今则不远千里而山陕辽保分番征调已十余年矣"②。四十二年(1563),宣大总督江东、宣府巡抚杨巍条议宣府主客钱粮增加情况,该镇主兵之费自嘉靖三十年来,因新募军马、岁用不敷、加征民运脚价等因素,岁至银三十二万三千二百余两;客兵守墙烦费不赀,而出塞尤甚,自十九年至四十年总用京运银及盐引银五百九十五万六百两。③在民运定额不易增加、客兵云集需饷甚急的情况下,增加京运几乎成为解决军饷的唯一途径。

从嘉靖二十九年"庚戌之变"到四十五年再次核定经制,九边京运年例起伏较大。总的来看,数量增加较为明显,四十五年合计九边京运年例共计2295434两。从主兵和客兵的角度分析,嘉靖四十五年额定主兵年例银1196957两,客兵年例银1098477两。主兵年例与此前相比基本持平,这说明嘉靖二十八年以后九边年例的大量增

---

① 嘉靖二十八年三月,户部奏:今岁应发各边银数,如年例、防秋客兵并募军及补岁用不敷之数,共该银八十五万二千五百两有奇。同年八月,户部称:近岁来除进用、修边、给赏、赈灾诸项外,每年各边加募军银五十九万余两,防秋、摆边、设伏客兵银一百一十余万两,补岁用不敷盐银二十四万余两,马料银一十八万余两。同样是户部的有关奏疏,这里的三个数据有很大的不同,究其原因,可能在于户部统计标准的差异。嘉靖中期以后,由户部给发边镇的京运银类别日益复杂,除原有年例外,另增添名目繁多的项目,额发之外又临时补充,故导致同一时间的数据出现较大的差异。参见:《明世宗实录》卷三百四十六,嘉靖二十八年三月己卯;卷三百五十一,嘉靖二十八年八月己亥。
② 《明世宗实录》卷五百七,嘉靖四十一年三月甲午。
③ 《明世宗实录》卷五百二十八,嘉靖四十二年十二月癸亥。

加主要是客兵所导致。其中尤以蓟州镇和宣府镇最为明显,蓟州镇由嘉靖二十八年的四万两猛增到 714387 两,其中主兵年例 164834 两,客兵年例 563477 两;宣府镇由二十八年的 80000 两增加到 325000 两,其中主兵 120000 两,客兵 205000 两。

其实,嘉靖四十五年的额定数量,是户部综合考虑各种因素,制定出的一个相对均衡的额度。王士琦记大同镇嘉靖四十五年主客年例额定经制原委云:本镇兵岁饷,在嘉靖四十五年之前,每年终一次疏请,据该年支用多寡之数为下年请发之准,名曰会计,原无定额。迨至四十五年,户部惮岁请琐烦,遂以十年用数折中剂量,每年准发二十六万九千六百三十八两有奇。客兵费用,先年同主饷岁疏会计,更有数外之请,以为非常之备,原无定额,户部亦不立客兵名色。至嘉靖四十五年定议经制,照主兵折中之例每年准发帑银十四万两。① 由大同镇的情况看,嘉靖四十五年的额定数量与此前实际费用相比,已经有了很大程度的下降。

在隆庆三年兵部清理边镇兵马钱粮的统计中,合计九边共该主客年例二百四十一万余两,与嘉靖四十五年相差无几。万历八年左右户部再次核定经制,九边主客年例共 3099162 两,其中主兵 1932935 两、客兵 1166237 两,与嘉靖四十五年相比,年例银共增加 803728 两,主客对比可知,这一时期九边年例银的增加主要是由于主兵银增加所导致。从各边镇看,主要原因依然在于蓟州镇。蓟州镇京运总量由嘉靖四十五年的 714387 两增加到万历八年的 1204224 两,占九边京运总数的 1/3 还要多,增加量占到总增加量的六成左右。如果再细分,其中主兵增加 430461 两、客兵仅增加 45452 两。也就是说,与嘉靖四十五年京运年例大幅度上升主要由于蓟州镇客兵银增加不同,万历八年京运年例的增加主要是因为蓟州镇主兵银所导致。以嘉靖二十八年的数据对比之,三十年间京运年例从 1180792

---

① 王士琦:《三云筹俎考》卷四《军实考·主饷岁额·客饷岁额》。

两增长到3099162两,增加量为1918370两,其中仅蓟州一镇即增加1164226两,占总量的一半有余。

　　学术界在讨论嘉靖中期以后户部太仓库开支的剧增时,往往指出主要是由于九边军费大量增加,而九边军费的增加则是明代由军户制向募兵制转化所导致。此论固然正确,但仔细分析九边京运增加的构成关系可以看出,从正统后期明政府有固定的年例直至嘉靖中期,户部京运的发放一直在可控制的范围内。尽管这一期间由于边镇危机、钱粮蠲免、民运拖欠等因素,户部也常有额外给发,但尚未对太仓库财政造成巨大的影响。此后,户部京运额迅速上升的主因是蓟州镇京运的大幅度增加。再进一步分析蓟州镇的增加额,以明政府三次大规模清理兵马钱粮的时间(嘉靖二十八年、嘉靖四十五年、万历八年)为节点,嘉靖二十八年至四十五年蓟州镇京运所增加的主要是客兵年例,嘉靖四十五年至万历八年主要是主兵年例,其中原因值得深思。

　　京师危机,作为京师屏障的蓟州镇成为九边防守的重点。与其他边镇相比,先前蓟州镇的防守压力一直不大,无论是其军队数量还是军费数量都较其他镇为少。嘉靖二十九年后,明政府不得不调整蓟州镇一带的边防布局,密云、昌平、永平先后设置独立的边镇。面对突如其来的防守压力,从其他边镇抽调大批军队几乎成为明政府应当危机的唯一选择,"蓟镇客兵之调,始于嘉靖二十九年,当时,实欲赖之以防边御寇"[①]。由此在蓟州镇集结了大量客兵,形成明代的"入卫"制度,导致蓟州镇客兵数量迅速增加。按照明代军队饷银发放办法,客兵仅支给行粮,其应给月粮仍于当地发放。很显然,让从甘肃、宁夏、延绥等地不远数千里而来戍守的士兵返回当地补充生活物资是不现实的,明政府不得不增加客兵行粮的给支则例,或者以其他各种方式补充客兵费用之缺。从《万历会计录》的记载看,

---

① 袁黄等:《宝坻政书》卷十《边防书》,北京图书馆古籍珍本丛刊本。

嘉靖二十九年至四十五年间，蓟州镇客兵银数量的增长非常明显。

先是，明代实行军户制，军户制可以视之为赋役性军制，军户一人充正军，余丁加以贴补，真正由国家财政支付的正额军费数量不多，军人的军饷无论是以月粮形式发放的本色还是以银两形式发放的折色，都维持在较低的水平。嘉靖以后，募兵制兴起，募兵制可以视之为财政性军制，士兵本人没有其他的收入来源，举凡安家、饷银、军械、马匹等各种费用均需国家财政支付。由此在蓟州出现一个奇特的现象：同为主兵，原有主兵和招募主兵军饷发放有很大的差异，为招募大量军队，募兵制下的军人军饷远高于原有军户制下的主兵，原有主兵的补充更加困难。军额不足，蓟州镇被迫继续招募，甚至出现了为获取较高的军饷收入，额设主兵大量逃亡进而再自行应征新兵，由户部支付的主兵京运军费不得不大幅度增加。明代兵与饷是严格分离的，户部不知兵，兵部不知饷，户部每每欲以兵不足额扣发额饷，兵部则以额饷必须给发以补旧兵相应对。由此导致旧兵未补额饷依然，招募新兵增发京运，从而使得主兵京运银也迅速增加。

京师危机缓解后，尤其是隆庆议和后，明代北部边疆保持了相当时间的和平。有司节兵缩饷、补主（兵）减客（兵）的建议此起彼伏，在他们看来，补充原有的军额，以原饷给额军，自然客兵可撤、军费可省。然而世易时移，原额主兵补充不易不得不新募主兵、客兵裁撤亦难不得不继续维持。如此主客交加，终致蓟州镇的京运年例数量未减，九边军费开支成为明代太仓库财政的沉重负担。

附表 3—1：明代九边京运年例变化表　　　　单位：两

宣府	数量	大同	数量	山西	数量
正统七年至弘治十年	50000	正统十二年至正德二年	50000	嘉靖二十一年至二十二年	30000
弘治十一年至正德二年	100000	正德三年至五年	0	嘉靖二十三年	120924
正德三年至五年	0	正德六年至十五年	50000	嘉靖二十四年至四十四年	168974
正德六年至嘉靖七年	100000	嘉靖元年至十七年	70000	嘉靖四十五年至隆庆元年	213300
嘉靖八年至二十九年	80000	嘉靖十八年至二十三年	103305	隆庆二年至五年	223300
嘉靖三十年至三十九年	181250	嘉靖二十四年	257558	隆庆六年至万历五年	218300
嘉靖四十年至四十四年	127229	嘉靖二十五年至三十一年	267522	万历六年至七年	213300
嘉靖四十五年至万历七年	325000	嘉靖三十二年至四十四年	269638	万历八年至明末	206300
万历八年至十六年	296000	嘉靖四十五年至万历七年	409638		
万历十七年至明末	299100	万历八年至明末	450638		

续表

延绥	数量	宁夏	数量	甘肃	数量
成化十年至弘治十四年	30000	成化十年至二十一年	30000	成化十年至二十二年	40000
弘治十五年至十六年	60000	成化二十一年至弘治十四年	40000	成化二十三年至弘治十四年	60000
弘治十七年至正德二年	30000	弘治十五年至正德二年	60000	弘治十五年至十六年	80000
正德三年至五年	0	正德三年至五年	0	弘治十七年至正德二年	60000

续表

延绥	数量	宁夏	数量	甘肃	数量
正德六年至嘉靖十七年	30000	正德六年至嘉靖二十九年	40000	正德三年至五年	0
嘉靖十八年至二十一年	50000	嘉靖三十年至三十三年	63400	正德六年至嘉靖二十三年	60000
嘉靖二十二年	70000	嘉靖三十四年至四十四年	25000	嘉靖二十四年至二十九年	80000
嘉靖二十三年至二十六年	93600	嘉靖四十五年至隆庆元年	45000	嘉靖三十年至三十六年	105200
嘉靖二十七年	112088	隆庆二年至六年	66245	嘉靖三十七年至四十四年	22922
嘉靖二十八年	146428	万历元年至二年	71495	嘉靖四十五年	22922
嘉靖二十九年	162377	万历三年至八年	50539	隆庆元年至万历十二年	51497
嘉靖三十年	234822	万历九年至二十一年	60539	万历十三年至十五年	121497
嘉靖三十一年	284822	万历二十二年至二十五年	87004	万历十六年至二十一年	152597
嘉靖三十二年至三十三年	296522	万历二十六年	113793	万历二十二年至明末	197580
嘉靖三十四年至四十年	195079	万历二十七至三十六年	158793		
嘉靖四十一年至四十四年	217264	万历三十七年至四十一年	113793		
嘉靖四十五年至万历三年	327264	万历四十二年至明末	133795		
万历四年至七年	367264				
万历八年至二十五年	382265				
万历二十六年至明末	433739				

续表

固原	数量	辽东	数量	蓟州	数量
嘉靖十七年	30000	正统十二年至弘治九年	100000	正统八年至成化九年	5000
嘉靖十八年至二十三年	50000	弘治十年至十二年	120000	成化十年至嘉靖二十年	10000
嘉靖二十四年至二十九年	58820	弘治十三年至正德二年	150000	嘉靖二十一年至三十年	40000
嘉靖三十年至三十一年	80420	正德三年至五年	0	嘉靖三十一年至三十七年	94550
嘉靖三十二年至四十四年	73450	正德六年至嘉靖四十年	150000	嘉靖三十八年至四十四年	104550
嘉靖四十五年	50000	嘉靖四十一年至四十四年	198000	嘉靖四十五年至万历七年	714387
隆庆元年至四年	89272	嘉靖四十五年至隆庆元年	173998	万历八年至十八年	1234579
隆庆五年至万历七年	83721	隆庆二年至万历元年	203998	万历十九年至四十年	1202120
万历八年至十四年	63721	万历二年至七年	248255	万历四十一年至明末	1222360
万历十五年至二十一年	67496	万历八年至十四年	409000		
万历二十一年至二十八年	103323	万历十五年至十八年	483000		
万历二十九年至明末	145823	万历十九年至四十五年	624380		
		万历四十六年	525600		

说明：1.本表系依据文中考证制作，鉴于嘉靖四十五年前各镇尽管也有客兵银发放，但尚未形成定制，故该年前的数据仅列主兵京运年例，四十五年及以后的数据均为主客合计数。

第四章 明代九边军费管理机构

明代九边军费管理机构可以划分为两个系统:以户部派出机构管粮郎中为代表的中央系统,以巡抚和各道为代表的军镇系统。从明代历史变迁看,其军费管理经历了由武官到文臣的转变,尤其在巡抚和郎中广泛设立于各边镇之后,以总兵为代表的武官系统便不得染指钱粮管理。明代九边军费管理形成以管粮郎中为核心,其他机构为辅助的犬牙交错、彼此罗织的复杂体系。[①]

[①] 相关研究可参见关文发、颜广文:《明代政治制度研究》,中国社会科学出版社1995年版;靳润成:《明朝总督巡抚辖区研究》,天津古籍出版社1996年版;张显清、林金树:《明代政治史》,广西师范大学出版社2003年版;方志远:《明代国家权力结构及运行机制》,科学出版社2008年版;张哲郎:《明代巡抚制度》,台湾文史哲出版社1995年版;谢忠志:《明代兵备道制度:以文驭武的国策与文人知兵的实练》,台湾宜兰县明史研究小组2002年印行;刘仲华:《试析分权制衡和以文制武思想对明代九边防务体制的影响》,《宁夏社会科学》1999年第6期,等等。

第一节　明代九边边镇系统军费管理机构

一、从总兵到巡抚的转变

洪武时期,边防各地没有建立起完善的官僚管理系统,一般由当地卫所都司会同布政司会计钱粮和军饷,或者中央政府直接派遣大员赴各地清理。洪武十三年(1380),遣使敕谕北平、山西、陕西、辽东都指挥使司、布政使司会计边卫之地存储仓粮情况。洪武二十五年(1392),朱元璋派出大批武将赴北部各地检查边备、经理钱粮。边镇设立之初,各地兵马钱粮统归镇守总兵官管理。

>　　甘肃总兵官左都督宋晟以急乏边储,请不为常例,无分官民令于甘肃卫仓中纳淮浙盐粮,庶边储易充,从之。①
>　　行在户部左侍郎王佐等奏:奉命于陕西会同镇守都督同知郑铭等官措置甘肃凉州等处粮储。②

这两条材料说明,永乐宣德年间,甘肃镇总兵在钱粮管理中负有非常重要的职责。边镇钱粮不足,总兵官务必设法筹集,户部派遣机构经理边镇军饷也必须与总兵等武官"会同"方能处置。

永乐七年(1409),置镇守总兵官于宣府,皇帝给右都督章安的敕令云:

---

① 《明太宗实录》卷三十七,永乐二年十二月癸未。
② 《明英宗实录》卷十一,宣德十年十一月辛巳。

> 敕谕后军都督府右都督章安：今特命尔挂镇朔将军印充总兵官镇守宣府地方，整饬兵备、申严号令、练抚士卒、振作军威，务要衣甲整齐，器械锋利，城堡墩台坍塌以时修治坚完，官军骑操马匹责令饲养膘壮。仍督屯田粮草并一应钱粮，不许侵欺。遇有贼寇相机战守，军前有犯，许以军法从事。其有管军头目科克下人、私役耕种等弊，轻则量情惩治，重则送彼处问刑衙门问理，应奏请者奏请定夺。都指挥以下俱听节制，毋得肆情徇私，乖方误事。①

在正统三年（1438）皇帝给宣府总兵官的敕令中，发生了很大的变化：

> 皇帝敕谕中军都督府左都督朱谦，今特命尔挂镇朔将军印充总兵官镇守宣府等处地方，整饬兵备、申严号令、练抚士卒、振作军威。遇有贼寇相机战守。凡一应军机之事，须与巡抚等官从长计议，停当而行。务在同心协力，济理边务，毋得偏私执拗，乖方误事。②

对比两份敕令可以看出，正统三年以后，宣府镇总兵在职权上发生明显的变化：永乐七年的敕令显示，总兵基本职责包括军事行动、钱粮管理、司法管理和边镇日常事务管理。在正统三年的敕令中，总兵的职权大大缩小，仅负责地方军务，总兵由总揽一切军政钱粮大权的长官降低为专门负责军事行动的武官，其钱粮管理、司法管理和边镇日常事务管理的职权完全被剥夺。而且，史料中特别注明："先是，总兵官事权太重，不无偏任之失，至是以巡抚都御史参

---

① 嘉靖《宣府镇志》卷二《诏命考·皇明·文皇帝永乐七年赐右都督章安镇守敕谕》，中国方志丛书本。

② 嘉靖《宣府镇志》卷二《诏命考·皇明·赐中军都督府左都督朱谦镇守敕谕》。

赞,故其敕谕比前少殊,后来代任者皆同此,不得备录。"这无疑表明,此后宣府镇总兵基本失去了军费钱粮的管理权。①

天顺元年(1457),宣府大同地方设立管粮郎中专责钱粮事宜。大同郎中甫一上任,即与该镇总兵发生争执。先是,景泰七年(1456)春,大同等处军民缺乏牛具、种子,预借官银,至秋上纳粮料,左副都御史年富放与官银七万余两,至天顺元年收纳未完。户部郎中杨益见各处仓廒盈满,欲停预借,而镇守大同总兵官坚执要同上年事例预借。杨益指出,"窃思如此则事出多门,钱粮虚耗不便",要求皇帝裁决。皇帝的指令表明,边储由文官系统管理成为常例,总兵官不能干预钱粮,"上谓户部臣曰:边陲以粮储为急,当严出纳。自今官库银两只从户部委官及布按二司管粮官斟酌区画,不许总兵官干预,违者罪之"②。

成化元年(1465),河南信阳千户王泉保举宣府郎中庞胜常川管粮的处理结果再次说明,武官与军饷的切割是边镇钱粮管理的基本原则。是年,王泉保举庞胜于三年任满后继续充任本地郎中,户部上奏请宣府地方有司斟酌处置。宣府巡抚叶盛认为:

> 边方管理粮储规矩已定,其要专在关防奸弊,而奸弊出自官豪势要、卫所官军为多。是以英宗皇帝有各边总兵等官不许干预边储之旨,圣人之虑深矣。今管粮郎中既有会官奏准三年一替定例,若又信凭军职官军和同妄保现任官员,切恐无知之

---

① 嘉靖《宣府镇志》卷二《诏命考·皇明·赐中军都督府左都督朱谦镇守敕谕》。正统元年,根据兵部右侍郎于谦的建议,各边总兵官不得遣人于腹里催征粮草,以扰居民。正统二年王骥奉命整理甘肃边务一事说明,文臣逐渐在边镇事务中居于主导地位。正统二年五月,命行在兵部尚书王骥理甘肃边务。先是陕西都指挥刘永言:甘肃兵冗饷匮,诏下廷臣议,佥以为今之计,在简精锐、汰冗懦、严训练、明号令、公赏罚、广屯田、谨斥堠,且耕且守以养威蓄锐,宜令总兵官计之。上以此事非大臣不足与计,乃命骥往。参见《明英宗实录》卷二十五,正统元年十二月甲戌;卷三十,正统二年五月庚寅。

② 《明英宗实录》卷二百七十八,天顺元年五月癸亥。

人以为他日揽粮揽草卖恩之地。虽管事官员未敢妄为而希冀干求,理有不免谤言,后患难保必无,防微杜渐,不敢不慎。副都御史王宇所谓事久弊人久熟玩,诚亦先见之明、不易之论。今照庞胜三年将满,例合更替,一应粮草俱该交泾接管。乞敕该部计议,仍照原行奏准定例,差委郎中一员前来接管,照旧行事。庶得事例不致纷更,边储可以无弊,上下得以保全。①

在叶盛看来,武职官员被排除钱粮管理有其必然性,边镇钱粮的诸多弊端和侵欺以"卫所官军为多",因此英宗禁止武官干预边储的谕令可谓"圣人之虑深矣"。如果允许卫所官员保举郎中连任,可能会造成"无知之人以为他日揽粮揽草卖恩之地",实际上他担心的是管粮郎中出于个人因素可能给不法之人的胡作非为造成可乘之机。因此,应当依照旧例三年一替。

弘治七年(1494),辽东总兵和管粮郎中争执又起。户部郎中唐锦舟督理辽东粮储,总兵官都督佥事李杲弹劾其出纳无法,希望将其撤换,并且认为郎中系添设官员,宜从裁革。户部认为,唐锦舟赴辽东任上才数月,李杲等人交章论奏,必其立法过严,权要不得包揽卖窝所导致,所以众人才辄生异议、遂欲中伤。户部还指出,"杲以城守制戎为职,钱粮非所当预。若从所请,则辽东岁储半入权门,盐利多归势要,将来奸弊日滋,咎将谁归?"②虽然此事最终以唐氏离职别遣他官前往而终结,但无疑表明,边镇总兵不能动辄干预钱粮事务。

嘉靖二十七年(1548),兵部再次疏请厘定总兵和巡抚的职权,"凡城堡不修、粮饷不给,罪在抚臣;遇虏入寇、地方失事,罪在总兵"③。由于没有财政管理权,包括总兵在内的武官系统常常处于比较尴尬的境地,甚至在很大程度上影响了军队战斗力的发挥。沈德

---

① 叶盛:《叶文庄公奏疏·上谷奏草》卷三《议补粮储官员疏》,四库全书存目丛书本。
② 《明孝宗实录》卷八十六,弘治七年三月壬寅。
③ 《明世宗实录》卷三百三十九,嘉靖二十七年八月庚戌。

符论武官地位的变化时说,"武臣以总兵官为极重,先朝公侯伯专征者,皆列尚书之上。自总督建后,总兵禀奉约束,即世爵俱不免庭趋,其后渐以流官充总镇,秩位益卑。当督抚到任之初,兜鍪执仗,叩首而出,继易冠带肃谒,乃加礼貌焉"①。

与武官钱粮管理职能逐步丧失同步,边镇文官逐渐建立并承担起管理军饷的工作。宣德元年(1426)怀来等地卫所仓储管理人员的设立已经透露出文职系统取代武官的迹象:

> 置怀来、怀安、蔚州、保安、保安右、万全左右七卫仓副使各一员、攒典各一名。先是,行在户部郎中王良奏:怀来等卫收贮粮料专给边军,俱无仓官,止令镇抚千百户掌管,武人不谙文墨,出纳不明,难以稽考。请设官攒,给与印信,专掌收支,庶几无弊,故置之。②

至正统六年(1441),宣府所辖各卫仓添设经历、各所仓添设吏目提督出纳,但该镇长安岭、雕鹗、赤城、马营、云州等堡依然由指挥等官提督管理,"上命于龙门守御千户所添吏目一员专司出纳,指挥等官毋得干预"③。上述两条材料说明,在宣府地方,从最基层的仓库管理

---

① 沈德符著,黎欣点校:《万历野获编》卷二十二《督抚·提督军务》,文化艺术出版社1998年版。当然,这并不是说钱粮与武官系统无关。正统十一年题准,遵化蓟州喜峰等处粮草令总兵管理及山东金事协同参议兼管。参见申时行:万历《明会典》卷二十一《仓庚一·两直隶府州县都司卫仓》,续修四库全书本。弘治十三年,皇帝对吏部尚书屠滽说,"治国以御边为急,御边以粮饷为要。今各边总督粮草官,若侍郎、参政、都指挥各一员,都是混管,不分勤惰,以致功罪赏罚,往往失当"。从这里的论述看,部分卫所都指挥依然承担管理钱粮的职能,参见陈洪谟著、盛冬铃点校:《治世余闻》,中华书局1985年版,第15页。在延绥,正德二年前后总兵也参与了该镇的钱粮管理。镇守延绥总兵官张安奏:初奉敕谕,止开每年户部运到银两,遇有动支,须与镇守巡抚、管粮等官会同支给。缘本边仓库钱粮自户部运送之外,各处解纳者尚多,近者吏部移文奉有明旨,则臣等皆得管理,未知宜何所从。诏如吏部所奉旨。参见《明武宗实录》卷二十九,正德二年八月甲戌。
② 《明宣宗实录》卷二十二,宣德元年十月庚午。
③ 《明英宗实录》卷八十,正统六年六月壬午。

者看,卫所武职系统已经逐渐脱离钱粮管理,基本由专门设立的文职负责经营。

在军镇系统,文官以巡抚和总督居于主导地位。边镇巡抚的设立源于洪熙元年(1425)的文臣赞理军务制度,"参赞军务者,始于洪熙元年。以武臣疏于文墨,选方面部属官于各总兵处整理文书,商榷机密,于是有参赞参谋军务,总督边储"①。此时赞理军务者,一般负责辖区内的钱粮管理。如在宁夏,正统间金濂以都察院右佥都御史衔赞理军务,"宁夏之储则专以委金公"②。就总督的职能而言,主要负责军务协调,钱粮一般为兼管,更多的具有监察钱粮的含义,且总督设立之初,并不负有钱粮职能,隆庆初年兵部尚书赵炳然言,"往时总督止专兵马,近来事例兼粮饷"③。至于九边军饷管理,巡抚在其中担负主要职责,因此这里主要以巡抚制度来考察。④

---

① 郑晓著,李致忠点校:《今言》,中华书局1984年版,第81页。
② 陈子龙:《明经世文编》卷二十六《王直·宁夏预备仓储记》,中华书局1962年版。
③ 陈子龙:《明经世文编》卷二百五十二《赵炳然·题为条陈边务以俾安攘事》。
④ 明代九边基本上划分为三个防区,分别为陕西三边四镇防区、宣大防区和蓟辽防区,分属于三总督统辖。陕西三边总督始于成化四年,后废立不定,嘉靖元年成为定制。宣大总督始于景泰二年,后废立不定,嘉靖二十一年成为定制。蓟辽总督始于嘉靖二十九年,常设。从皇帝给发总督的敕令和总督一职的各种头衔看,总督对钱粮主要在于兼理或监察,一般不参与钱粮管理的具体事务性工作,其主要职责为军务。如谭纶任职蓟辽等地头衔为"总督蓟辽保定等处军务兼理粮饷兵部左侍郎兼都察院右佥都御史",黄嘉善在陕西三边亦为"总督陕西三边军务兼理粮饷都察院右副都御史兼兵部右侍郎",余子俊任职宣大总督头衔为"太子少保户部尚书余子俊兼都察院左副都御史总督大同宣府军务兼督粮储"。

为明晰明代九边巡抚的设立情况,现将各镇最初设立巡抚的时间列表如下:

表 4—1:明代九边各镇巡抚设立时间表

镇别	设立时间	出处
辽东镇	宣德十年	《明英宗实录》卷十二,宣德十年十二月丁未。
蓟州镇	成化八年	《明会典》卷二百九《都察院·督抚建置》。①
宣府镇	宣德十年	《明英宗实录》卷十一,宣德十年十一月丁酉。②
大同镇	宣德十年	《明英宗实录》卷十一,宣德十年十一月丁酉。
山西镇	正统十四年	《明英宗实录》卷一百八十一,正统十四年八月癸酉。③
宁夏镇	正统元年	《明英宗实录》卷十四,正统元年二月庚子。
甘肃镇	正统元年	《明会典》卷二百九《都察院·督抚建置》。
延绥镇	景泰元年	《明会典》卷二百九《都察院·督抚建置》。
固原镇	天顺六年	《明英宗实录》卷三百四十七,天顺六年十二月癸亥。④

注:①蓟州镇巡抚除管理该镇事务外,还辖理顺天、永平二地,故又称顺天巡抚。成化八年,以畿辅地广,从居庸关中分为二巡抚,其东为整饬蓟州等处边备巡抚顺、永二府。
②宣德十年设立宣大巡抚,管理宣府和大同二地,景泰二年分为二巡抚,天顺四年合并之,六年重定宣府和大同分设二巡抚。
③山西镇由山西巡抚兼管,故以山西巡抚设立的时间为准。
④固原镇由陕西巡抚兼管,实际上陕西巡抚设立时间非常早,时管辖陕西布政司,后宁夏、甘肃、延绥相继设立巡抚,其辖区逐渐缩小。故此处以上述三地分出后陕西巡抚再次设立为该镇巡抚初置时间。

与管粮郎中设立后置罢不常不同,巡抚自设立以后基本成为定制,除特殊情况外,一般未有裁撤巡抚之举。天顺元年,石亨等人认为,"文官提督军务,武臣不得逞,请罢之"①,重新登基的英宗皇帝下

---

① 谷应泰:《明史纪事本末》卷三十六《曹石之变》,中华书局1977年版。

诏将各地巡抚取回废除。其实此次的革除背景十分复杂,并非出于皇帝本意。尹耕记曰:"天顺元年正月,罢巡抚都御史,置户部督饷郎中。时武臣不便于巡抚,乃议罢之。遣户部属官分诣各镇督饷兼理屯田,自是户部郎中督饷遂为定制。尝读《天顺日录》而知,初年之更革,非英皇意也。武臣纵肆以便己私,是故巡抚望重则罢其参赞之权,部官位轻则委以粮储之寄。盖至是边人复岌岌矣。"①从这里的记载可以看出,武官请求废除巡抚设立郎中就是为了谋取私利,因为和等级与其相埒的巡抚相比,郎中要好控制的多,更便于其"纵肆以便己私"。《天顺日录》的记载更为详细:

> (天顺元年)四月中,上召贤谓曰:如今各边革去文臣巡抚,十分狼狈,军官纵肆贪暴,士卒疲惫。且曰:朕初复位,奉迎之人纷然变更,以此为不便,只得依从,今乃知其谬,卿为朕举进才能者用之。贤因请曰:辽东、宣府、大同、延绥、宁夏、甘肃此六处要人最急。上复曰:卿与王翱、马昂商议推选,务在得人。且曰:多举数人择而用之。……上曰:武人所以恶文臣者,只是不得遂其私耳。②

对于英宗来说,他的复辟正是依靠石亨等武将得以完成,他必须对所谓"迎逢之人"有所表示。巡抚等文官系统的普遍设立,大大削弱了武官的职权,在武官由于协助英宗重新登位而获得话语权后,他们自然将矛头指向巡抚。英宗所谓"只得依从"当为实情。就当时的情形而言,巡抚的设立是必须的,也是必要的,因此次年便重新设立。

正德二年(1507),权宦刘瑾"矫诏革天下巡抚"③,并援引天顺初

---

① 尹耕:《两镇三关通志》卷三,明抄本,国家图书馆藏缩微胶卷。
② 李贤:《天顺日录》,不分卷,第198—199页,续修四库全书本。
③ 谷应泰:《明史纪事本末》卷四十三《刘瑾用事》。

年的事例说明巡抚应当革除,后未成行。"逆瑾又欲革天下巡抚官,云旧制所无,天顺间亦曾革罢,遂将各处巡抚都御史取回。后与内阁议不可,止将腹里巡抚革去,其漕运及边方都御史俱不革。"①

以上为目前所知明代仅有的两次大规模裁撤巡抚行为,不过也很快便恢复旧制,常设不废。天启年间,边镇设立巡抚主要有:整饬蓟州等处边备兼巡抚都御史、巡抚保定提督紫荆等关兼海防军务都御史、巡抚山西地方提督雁门等关都御史、出镇行边督师蓟镇登莱天津等处军务兼巡抚辽东地方都御史、提督军务巡抚辽东山海关等处都御史、巡抚登莱等处地方备兵防海赞理征东军务兼管粮饷都御史、巡抚宣府赞理军务都御史、巡抚大同赞理军务都御史、巡抚宁夏赞理军务都御史、巡抚延绥赞理军务都御史、巡抚甘肃赞理军务都御史、巡抚陕西赞理军务都御史、巡抚天津备兵海防策应缓急兼理粮饷都御史等。②

以下分别考察辽东、宁夏二地皇帝给发巡抚的敕令:

敕谕辽东巡抚:

> 今特命尔巡抚辽东地方赞理军务,训练军马、整饬边防、提督粮储,禁革一切奸弊。务使军威振举、粮饷充足、衣甲鲜明、器械锋利、城堡墩台边墙无不完固,以防御寇贼抚安兵民。有警则公同镇守总兵等官调度官军,相机杀贼,禁约管军头目,不许科扰克害及隐占私役,有误战守。违者轻则量情惩治,重则毋畏势豪径自参奏拿问。其余一应边务听尔便宜从事,与镇守等官从长计议而行。况今辽东地方疲惫、军士艰难,守边官员行事乖方,以致地方不靖。尔为宪臣受兹委任,宜持廉秉公、安静慎重,凡军民利病可兴可革者,悉心访究,从宜审处、具实奏闻。务使地方宁谧、内外詟服,毋或视常怠忽及乖方误事,自取罪责。尔

---

① 陈洪谟著,盛冬铃点校:《继世纪闻》,中华书局1985年版,第85页。
② 朱长祚著,仇正伟点校:《玉镜新谭》,中华书局1989年版,第65页。

其勉之勉之,故谕。①

敕谕宁夏巡抚:

> 今特命尔巡抚宁夏地方赞理军务,训练兵马、整饬边备、防御贼寇,务令衣甲整齐、器械锋利、城堡墩台修治坚完、屯田粮草督理完足、地方水利设法疏通,禁约管军头目不许贪图财物、科克下人及役占军余私营家产。违者轻则量情发落,重则奏闻区处。凡一应边务事情、军民词讼及利有当兴弊有当革者,悉听尔便宜处置。该与镇守总兵等官会同者,须从长计议而行。凡遇战阵之际,其副参、游击等官如有逗留退怯者,悉听尔以军法从事。尔宜摅诚效忠、严明赏罚、振举兵威,遇有警急须与各官同心协力相机行事,务俾丑虏詟服、反侧安静,庶称任使。毋得乖方误事,自取罪愆,尔其敬之慎之,故谕。②

细察这里的两个敕令,几乎就是永乐七年给宣府镇总兵敕令的翻版,显示边镇军政大权正式落入文官系统。与总兵敕令相比,可以发现巡抚完全掌控了边镇军政要务。

与专门负责钱粮管理的郎中相比,从巡抚所处理的具体钱粮事务看,该员对边镇钱粮实施宏观性管理,主要通过对所辖区域钱粮机构的调配和整合来实现其管理职能。③正统三年(1438),添设陕西布政司参议、按察司佥事各一员于甘肃监收仓粮,"先是,甘肃仓粮俱委巡抚侍郎柴车、徐晞提督,至是上以二人职专边务,不宜兼领,故命增设官理之"④。这条材料清晰地说明,巡抚一般不参与诸如"监

---

① 刘效祖:《四镇三关志》卷七《制疏考·辽镇制疏·诏敕》,四库禁毁书丛刊本。
② 明刊本《宁夏新志》卷三《内治上·官制》,中国方志丛书本。
③ 当然,所谓宏观性管理也并不是绝对的,某些情况下,巡抚也时有参与具体的钱粮管理事务。尤其明代中期以后,客兵本色粮食的召买往往由巡抚亲自过问。
④ 《明英宗实录》卷四十八,正统三年十一月己酉。

收仓粮"等事务性工作。具体而言,巡抚的职责主要包括如下几个方面:

根据钱粮事务的繁简,适时增减有关管理人员。如陕西一地供应宁夏、甘肃、延绥、固原等地军饷,早期俱系各地民众自行输送,期间道路险阻,转输不便。许多民众往往赍金帛就彼市纳粮草,一些狡黠之徒趁机包揽费用,通同官吏虚出实收,致使仓无储积、军饷虚耗。其原因即在于"各卫僻远,更无官司与之论校,得以恣意妄为,无所忌惮",是故,陕西巡抚张信建言,"布政司、按察司各增置堂上官二员,专令于彼监视,有作奸者,不限职之大小,擒治如律",该建议经户部覆议后实施①。天顺六年(1462),辽东巡抚胡本惠赴京议事,上言辽东二十五卫设立官攒、库秤共三百员,所收钱帛不多,徒费俸给,他建议合并各卫所仓库,减少管库人员以节省开支。其中辽阳在城六库并于定辽左中前三库,广宁在城四库并于广宁左二库,开原在城二库并于三万库,义州在城二库并于义州库,锦州在城二库并于广宁左屯库。宣府等地,万全都司所属卫所沿边城堡仓库俱委军职管理,期间弊端丛生,不可枚举。在宣府巡抚殷谦的建议下,于葛峪、赵川、洗马林三堡仓各设官攒,管理各城堡粮储。

巡抚针对钱粮收支过程中出现的种种问题,还必须适时提出解决的方案。为保证甘肃、宁夏等地钱粮的收支,陕西巡抚罗汝敬建议,"将陕西布按二司府州县三年六年考满官员暂留在任,支俸管事攒运粮储,候边方宁息依例赴部"②。成化二年(1466),在辽东巡抚的坚持下,辽东各类管粮官员由岁一更代改为三年一更,延长其任职年限,原因在于更换过于频繁,导致有司"不能周知仓库利病,吏卒得以夤缘为奸,无所稽核"③。万历二十二年(1594),宁夏巡抚鉴于当地边储钱粮责成不专蠹耗易生、催科无术逋负愈多的情况日益严重,

---

① 《明宣宗实录》卷三十三,宣德二年十一月癸巳。
② 《明英宗实录》卷二十二,正统元年九月辛酉。
③ 《明宪宗实录》卷二十五,成化二年正月癸亥。

力陈专一钱粮管理和强化对有司的督责,经户部合议后定开则例,"将一应钱粮俱监收经管各官呈明兵粮道核实批允,方许出纳开销,民运拖欠,专督布政司严行州县,除蠲免外,挨年解完,岁终备开完欠职名,以凭咨部处分"①。

如前所述,就明代的情况而言,尽管巡抚总管一方的性质越来越凸显,但有明一代,巡抚始终以都察院属员出巡地方,或以"佥都御史"、或以"副都御史"衔管理地方事务。也就是说,巡抚始终具有"宪臣"即监察官的性质。因此,巡抚的一个重要职能就是对边镇钱粮的稽查和监管。这种稽查和监管体现在两个方面:一是有关钱粮管理人员受其管理,二是对贪渎人员的弹劾和处理。关于这一点,下文将详述。

二、道员与通判

在九边各镇,负责钱粮出纳和管理的还有从属于地方布政司和按察司系统的参议、佥事和更低级别的通判、同知等人员。他们一般列衔在各地布政司、按察司,或者府一级行政单位,但不负责处理当地民政事务,实际上是边镇钱粮管理者。在边镇钱粮管理中,道和路一级的官员非常重要,尤其各级道员的位置更不容忽视。

关于明代道级中分巡道、分守道、兵备道设立的情况,《明史》有简单的概括:

> 按明初制,恐守令贪鄙不法,故于直隶府州县设巡按御史,各布政司所属设试佥事。已罢试佥事,改按察分司四十一道,此分巡之始也。分守起于永乐间,每令方面官巡视民瘼,后遂定右参政、右参议分守各属府州县。兵道之设,仿自洪熙间,以武臣疏于文墨,遣参政副使沈固、刘绍等往各总兵处整理文书,商榷

---

① 《明神宗实录》卷二百七十五,万历二十二年七月丙戌。

机密,未尝身领军务也。①

从这段记载看,三道之设立,起初分别承担不同的职责,分守道系布政司属员,主要负责协助布政使长官处理民政和钱粮事务;分巡系按察司属员,主要稽查有司之不法;兵备则为总兵属员,协助其整理文书等事。就明代的整体情况而言,分守道侧重于与钱粮有关的"食",分巡和兵备侧重于与军队有关的"兵",即如李一元在给友人写的序文中所论,"当在汴时,凡事属臬无不分任,而所主在于兵;继今之闽,凡事属藩无不分任,而所主在于食"②。通判和同知一般列衔在边镇附近各府,主要负责所属各路钱粮的管理。

边镇各道和通判的设置情况大致如下。

宣大三镇:宣府镇,万历三十年(1602)前后,除宣府镇城及其所属鸡鸣驿堡独立管理外,共分为宣府守道(辖上西路、下西路、南路)、宣府巡道(辖上北路、下北路、中路)、怀隆道(辖东路、南山)等三道八路。时宣府各道分别为:分巡口北道兵备山西提刑按察司按察使张国玺、山西等处承宣布政使司分守口北道右参政郭士吉、整饬怀隆等处兵备山东提刑按察司副使马维骃。通判、同知设立情况为:宣府镇城设立有管粮同知一名,上西路设同知一名,驻扎万全右卫城;下西路设立通判一人,驻扎怀安城;中路设立通判一员,驻扎龙门城;东路设立通判一员,驻扎怀来城。

大同镇分为阳和道(辖新平路、东路)、分巡道(辖东北路、不属路城堡)、大同道(辖北西路、中路、威远路)、分守道(西路、井坪路)等四道九路。时大同各道分别为:整饬大同左卫等处兵备山西按察司按察使樊东谟、分守冀北道兵备山西布政使司右参政兼佥事李芳、分巡冀北兵备道山西布政使司右参政兼佥事陈所学、整饬阳和兵备山西提刑按察司副使刘汝康。通判、同知设立情况为:东北路设

---

① 张廷玉:《明史》卷七十五《职官四》。
② 李一元:《李陶山先生集》卷四《赠兵宪安吾杨公升任序》,万历十四年刊本。

立通判一员,驻扎弘赐堡;东路万历三年(1575)设立管粮同知一员,驻扎阳和城;井坪路嘉靖中设立管粮通判一人,驻扎朔州城;中路设立通判一员,驻扎大同左卫城。

山西镇分为冀宁道(辖山西省城),冀南道(辖汾州府城),雁平道(辖东路、北楼路),宁武道(辖中路),岢岚道(辖西路、河保路)。时山西各道分别为:整饬岢岚偏老等处山西按察使赵彦、分守冀南道山西布政司左参政张季思、分巡冀宁兵备道山西布政司右参政兼佥事刘廷谟、整饬雁平等处兵备山西按察司佥事李茂春、整饬宁武等处兵备山西按察司佥事任应征。通判、同知设立情况为:东路设立户部管粮主事一人,驻扎代州城;太原府通判一人,驻扎代州城;北楼路有同知一人和仓大使一人,驻扎北楼口城;中路嘉靖三十九年(1560)设通判一人,驻扎宁武关;西路设立同知一员、通判二员,驻扎偏头关,通判一驻老营城。①《三关志》总结山西镇三关钱粮管理机构的变迁云:三关粮赏始属雁门兵备道,嘉靖十六年(1537)命部官一员领之,满三年得代。十九年(1540)五月议取回部,二十一年(1542)复差,代州、忻州、保德各设监收同知一员。②

上述宣府、大同、山西三镇各道员系次第设立,边镇巡抚、道员、通判钱粮管理系统的形成是一个渐次的过程。实际上,从明初开始,地方布政司和按察司系统即介入边镇钱粮的管理中。具体参见下表:

---

① 以上宣府、大同、山西三镇各道和通判的设置,分别参见杨时宁:《宣大山西三镇图说》卷一《宣府镇图说》、卷二《大同镇图说》、卷三《山西镇图说》,续修四库全书本。

② 廖希颜:《三关志·兵食考·输挽》,续修四库全书本。

表 4—2：宣府大同山西三镇地方系统钱粮管理机构设立表

时间	地点	设立情况	任务
宣德二年	大同	山西布政司、按察司委堂上官各一人。	民运拖欠不纳，催各地钱粮如期上纳。
正统六年	山西	增置保德州判官一员。	专理偏头关监收粮料。
正统十一年	大同	添设山西按察司副使一员。	管理大同粮储。
正统十一年	山西	添设蔚州同知一员。	提督柴沟堡仓收支。
景泰三年	宣府	添设山西布按二司官各一员。	理边储。
景泰五年	山西	添设山西潞州管粮同知一员。	理边储。
天顺二年	宣府	保安、隆庆二州添除判官二员。	分定仓属监督收放。
成化二年	宣府	置保定州判官五员、吏目一员，隆庆州判官四员、吏目四员。	分管各营堡仓粮。
成化八年	山西	添设山西蔚州判官一员。	管天城、阳和二处仓场。
成化八年	大同	设浑源州判官一员。	专管右卫仓场。
成化十一年	大同	添除判官五员，俱隶蔚州等州带俸。	大同粮草收放。
成化十六年	山西	添设山西泽州、代州同知各一员。	管粮。
成化二十年	大同宣府	增置山西按察司副使、佥事各二员。	督理军储等事。
成化二十二年	山西	铨注按察司副使毛松龄于山西整饬代州雁门等关兵备。	提督粮储兼理词讼。
成化二十三年	大同	增设平房卫收粮州判官及井坪守御千户所收粮州吏目各一员。	收放平房卫、井坪所仓场粮草。
弘治十四年	大同	改设通判三员，一于天城阳和、一于左右威远、一于平房井坪朔州。	专管各仓场粮草。
弘治十五年	宣府等	除授通判八员，铨注真定、保定、河间、大名四府。	前往各仓专一监督收放。

续表

时间	地点	设立情况	任务
正德二年	宣府	添设山西按察司佥事分巡宣府,先前有设立,后裁革,至是复设。	钱粮浩大,分巡专管之。
正德六年	山西	增设太原府通判一员。	监督偏头宁武雁门三关及诸营堡仓场。
嘉靖二十七年	宣府大同	铸给宣大二镇五路管粮通判关防。	
隆庆元年	大同	复设北路通判。	专管粮饷

资料来源:明代历朝实录,申时行:《明会典》,张学颜:《万历会计录》,廖希颜:《三关志》,杨时宁:《宣大山西三镇图说》,正德《宣府镇志》,嘉靖《宣府镇志》,正德《大同府志》,尹耕:《两镇三关志》,陈子龙:《明经世文编》,叶盛:《叶文庄公奏疏》,徐学聚:《国朝典汇》,黄光昇:《昭代典则》,谈迁:《国榷》,何孟春:《何文简疏议》,张萱:《西园闻见录》,邓元锡:《皇明书》,雷礼:《皇明大政纪》等。

蓟辽二镇:蓟州镇设立三兵备,分别为密云兵备、蓟州兵备和永平兵备,与三兵备相对应,设立三通判,分别为密云通判、蓟州通判和永平通判,唯与他镇不同者,该镇未见分巡道和分守道之设置。密云兵备,正统十四年(1449)设,初分理讼狱,寻议罢。弘治九年(1496)复设,管理黄花至山海等地方,以山东按察司副使一员为之,驻扎蓟州,十一年(1498)移驻密云。嘉靖二十九年(1550)增设蓟州道,止隶密云一道地方。蓟州兵备,嘉靖二十九年(1550)从密云兵备析出,始设按察司副使一员,列衔山东或山西,驻扎蓟州,隶蓟州一道地方。永平兵备,嘉靖三十九年(1560)设,按察司副使一员,列衔山东或山西,驻扎永平府,隶永平一道地方。

密云管粮通判,嘉靖二十九年(1550)设,列衔河间府。蓟州管粮通判,隆庆三年(1569)设,列衔河间府,四年(1570)改列衔永平府。

永平管粮通判,嘉靖三十年(1551)设。①应当指出的是,上述三通判是蓟州镇万历以后的定例,此前该镇通判的设立有一个废置变迁的过程。早在正统年间,密云地方即设立监收钱粮官员,正统八年(1443),"添设密云县县丞一员专管粮储"②。弘治十八年(1505),郎中赵鹤呈称驻扎蓟州带管密云、古北口一带不便,密云、居庸等处特差主事二员专一整理边储,先前设立通判三员尽行革除。③这条材料说明,至迟在弘治年间,蓟州镇一带已经设立通判三员管理边地钱粮。嘉靖十三年(1534),鉴于蓟州边储浩大,原有人员不敷管理,特添设通判一员。万历十二年(1584),又铸管饷蓟州同知关防。④

辽东镇设分守道一、分巡道一,兵备道二,管粮通判三。分守辽海东宁道,正统三年(1438)设,以山东布政司参政或参议一员总理粮储,嘉靖四十二年(1563)抚按请兼理辽阳等处兵务。分巡辽海东宁道,正统三年设,山东按察司列衔,副使或佥事一员,专理词讼。嘉靖三十九年(1560)抚按请兼理广宁等处兵备。⑤开原兵备,嘉靖十九年(1540)设

---

① 刘效祖:《四镇三关志》卷六《经略考·蓟镇经略·今制》。
② 《明英宗实录》卷一百九,正统八年十月壬辰。
③ 张学颜:《万历会计录》卷十八《蓟州镇·职储》。
④ 《明神宗实录》卷一百五十三,万历十二年九月乙酉。
⑤ 辽东分守道先驻广宁,分巡道先驻辽阳,后都御史马文升以广宁既有户部郎中,辽阳既有巡按御史,题准改分守道于辽阳、分巡道于广宁。参见毕恭:嘉靖《辽东志》卷五《官师志》,辽海丛书本。在该志卷二《建置志·公署》中,有辽东分守道和分巡道题名记各一篇,其中记载了二道的废置情况。其分守道题名云:山东岁分藩臬佐贰各一员巡守其地、董治兵粮,诚万年保边之计也。始布政分司在广宁,按察分司在辽阳。成化己(乙)巳,守臣以辽阳有巡按御史、广宁有管粮郎中,奏移布政司于辽阳仍理粮储,按察司于广宁始专刑狱。其分巡道题名云:又命内外文武重臣总镇抚治,以山东布政司参政参议一员理粮储,按察司副使佥事一员理刑狱。往者按察分司在辽阳,布政分司在广宁,乃成化乙巳岁总镇太监韦公朗以广宁有户部郎中则布政分司可省,而辽阳不可缺人以理粮储;辽阳有巡按监察御史则按察分司可省,而广宁不可缺人以理刑狱,互相易置事体为允。这里有两处需要注意:第一,从分守道的题名看,起初分守和分巡确有分工上的不同,分守作为布政司属员,主要处理与钱粮有关的民政事务;分巡作为按察司属员,主要处理与词讼有关的司法事务。第二,二道变更驻扎地点,一说为都御史马文升建议,一说为内臣韦朗建议,其实无差别,这再次显示边镇事务系由内臣和外臣共同处理。

于金州城,山东按察司列衔,佥事一员充任,二十二年(1543)改整饬开原、中固、铁岭、泛河、懿路等处兵务。①宁前兵备,嘉靖四十二年(1563)设,山东按察司列衔,副使或佥事一员,整饬宁远前卫等处兵务。

由于辽东和山东特殊的地理关系,辽东镇钱粮向由山东有司兼管。正统四年(1439),行在湖广道监察御史李奈升山东按察司佥事,督理辽东各卫钱粮。景泰三年(1452),户部奏请添设山东布按二司官各一员于辽东理边储。成化二年(1466),定该镇管粮官三年一更,此后成为定例。上引材料说明辽东分巡和分守俱系正统三年设立,但此时所谓设立仅仅指山东布政、按察二司定期派遣属员赴辽东管理钱粮事务,尚未正式有"分守"、"分巡"之名目,二员也没有常驻辽东。至成化年间,辽东分巡道和分守道正式设立,嘉靖初年建立常驻制度。"嘉靖元年,题设辽东分守道,以山东布政司参政或参议一员总理粮储兼理边务","二年,题设广宁分巡道副使或佥事一员,山东按察司列衔。"这里还特别指出,"以上二员即成化间建官,但彼时更代回省,今常住本镇"②。

辽东镇管粮同知和通判设立情况如下:成化二十年(1484),添设金、复、海、盖等卫监收粮斛州同知六员,于济南府属州带俸。③弘治十六年(1503),添设辽东通判一员,分管锦义、宁远、广宁等前后中右屯七卫。嘉靖十四年(1535),巡按御史奏设管粮通判二员,一分理河东、一分理河西。④嘉靖三十八年(1549),复设通判二员,一驻广

---

① 《万历会计录》云:嘉靖二十六年题设开原兵备道佥事一员,山东按察司列衔,实误。早在正德十六年六月,巡按辽东御史杨百之即建议在开原特设兵备副使一员,后未允。嘉靖《全辽志》载:开原兵备,嘉靖庚子(十九年)添设金州兵备,以山东按察司佥事充任,癸卯(二十二年)改兵备开原驻扎。参见张学颜:《万历会计录》卷十七《辽东镇·职储》;《明世宗实录》卷三,正德十六年六月甲午;李辅:嘉靖《全辽志》卷三《职官志》。

② 张学颜:《万历会计录》卷十七《辽东镇·职储》。

③ 张学颜:《万历会计录》卷十七《辽东镇·职储》。此处"于济南府属州带俸"实误。《明宪宗实录》记:增置山东武定、东平、高唐、滨、曹、濮六州判官各一员。巡抚都御史马文升等奏,辽东定辽左等二十五卫所共三十二仓俱隶山东布政司,每仓大使各一员,职专收粮。比来因缘为奸,乞增设有司官监收,故有是命。《明宪宗实录》卷二百五十八,成化二十年十一月丙申。

④ 《明世宗实录》卷一百七十二,嘉靖十四年二月乙巳。

宁、一驻辽阳,于济南府列衔,专责稽查钱粮、问理词讼。嘉靖四十二年(1563),设通判一员,驻扎岫岩堡,在济南府列衔,专一追征钱粮、禁缉盗贼。上述通判设立废置不一,至隆庆五年(1571)成为定制,设立三通判,驻扎不同地方,且给予不同名目,但总体而言俱系职责钱粮。在西路者为广宁管饷通判,分管宁前、锦义、高平仓库;在东路者为辽阳管饷通判,分管辽阳、开原仓库;在岫岩者为海盖管饷通判,分管金、复、海、盖仓库。①

陕西四镇:陕西四镇设置时间前后不一,管理体制变化多端。根据刘景纯的研究,至成化时榆林卫的设立,延绥镇形成东、中、西三路防守的格局。宁夏镇于正统后期形成东、中、西三路防守体制。至嘉靖后期,甘肃镇形成凉州、庄浪、肃州、甘州、镇番和西宁六路防守体系。到万历时期,固原镇形成南北二部六个防守区域的局面。②万历初年陕西四镇各道及通判设立如下。

延绥镇设靖边、神木、榆林三兵备道和分守河西道,其中靖边兵备驻扎定边营,各营堡仓场边务俱听经理;神木兵备管理东路,分巡建安、高家、柏林、大柏油、永兴镇等城堡;榆林兵备管理中路,分巡双山、常乐、镇城、保宁、向水、波罗等堡并榆林二卫。分守河西道驻扎庆阳,分理延庆二府所属州县,兼管督修就近所属城堡。③设通判四员,分管东、中、西三路和城堡,隆庆以前俱以通判为之。万历后西路分二员,改通判为同知,以五员为之,分称管粮厅、城堡厅、延安府分管延绥东路粮厅、延安府分管延绥西路粮厅、定边管粮厅。④

甘肃镇设兵备道三,分守道一,分巡道一。西宁卫驻兵备一员,

---

① 张学颜:《万历会计录》卷十七《辽东镇·职储》。
② 刘景纯:《明代陕西四镇分路防守体制的形成和演变》,《陕西师范大学学报》2010年第2期。
③ 申时行:万历《明会典》卷一百二十八《镇戍三·督抚兵备》。
④ 万历《延绥镇志》卷二《建官·公署》,万历刊本,国家图书馆藏缩微胶卷。该镇城堡厅是较为特殊的机构,其他边镇未见有专门设立该厅者,以该厅名称分析,当为主管城堡钱粮。

监收判官一员；庄浪卫先设兵备一员，后改设行太仆寺少卿兼按察司职衔，驻监收判官一员；凉州卫驻扎分守道一员，监收通判、判官各一员；古浪所驻扎监收县丞一员；镇番卫驻扎监收判官一员；永昌卫驻扎监收判官一员；甘州卫驻扎分巡道一员，监收通判、判官各一员；山丹卫驻扎监收判官一员；高台所驻扎监收县丞一员；肃州卫驻扎兵备道一员，镇夷所驻扎监收县丞一员。①

宁夏镇设立有河西兵粮道一、河东兵备道一。河西道，弘治间属关西道分巡管粮，或副使或佥事，三年一更。后始铨注佥事一员给宁夏督储道关防，专收粮斛兼管水利，嗣又兼管盐法，巡历灵州地方。河东道，先是，有司以花马池位在延绥宁夏之间，位置冲要，乃奏设该道整理兵防，辖宁夏和延绥各九堡，后改太仆寺少卿兼制河东，驻扎灵州，寻复设河东道，驻扎花马池。宁夏设有四位监收同知，分别为镇城监收同知、东路监收同知（在后卫）、西路监收同知（在中卫）、中路监收同知（驻灵州），以上除西路属平凉府带衔，其他三员俱在庆阳府带衔，四同知俱巡抚题由原设通判改之。②

固原镇设立固原等处兵备一员、洮岷兵备一员、延安兵备一员、临巩兵备一员、巩昌兵备一员、靖虏兵粮道一员，其中洮岷、延安、巩昌三道兼分巡各地。③嘉靖时监收通判、同知设有五员，一驻固原卫、一驻靖虏卫、一驻洮州卫、一驻河州卫、一驻兰州卫。固原镇设立时间较晚，各兵备系陆续分设，其中最早者为固原兵备道。"成化五年，巡抚都御史马文升因土达满四反奏设。专一在于固原、高桥、靖虏等处往来巡历，抚安土达。仍整饬固、靖、甘、兰兵备，操练军马，修理城池、墩台、关堡，防御贼寇，兼理词讼粮储。"④从这里记载看，最初设

---

① 以上参见申时行：万历《明会典》卷一百二十八《镇戍三·督抚兵备》，张雨：《边政考》，续修四库全书本；万历《肃镇志》，国家图书馆藏缩微胶卷；崇祯《甘肃镇考见略》，国家图书馆藏缩微胶卷。

② 明刊本《宁夏新志》卷三《内治上·官制》。

③ 申时行：万历《明会典》卷一百二十八《镇戍三·督抚兵备》。

④ 杨经、刘敏宽著，牛达生、牛春生校勘：《嘉靖、万历固原州志》，宁夏人民出版社1985年版，第35页。

立的固原道管辖诸多地方,其后随着各地事务日渐繁重,各兵备道陆续分设。

与其他边镇相同,以上罗列一般俱系陕西所属四镇定制后的各道和通判等机构设置情况。由于各镇事务繁简不一、设置时间互异,不同镇别之间各机构的设立和废除有很大的差别。陕西四镇从属于地方系统的钱粮管理机构废置情况见下表:

表4—3:陕西四镇地方系统钱粮管理机构设立表

时间	地点	废置情况	任务
宣德元年	甘肃	令陕西布政司专委参议一员。	监督凉州等五仓收放粮斛。
正统元年	甘肃	设布按二司堂上官。	改甘州中等卫所仓隶陕西布政司,轮流监督收放。
正统三年	甘肃	添设陕西布政司参议、按察司佥事各一员。	于甘肃监收仓粮。
正统十一年	延绥	增置陕西延安府同知一员。	专理边仓粮储。
正统十三年	宁夏	添设陕西按察司副使一员。	宁夏等仓监督收放。
正统十三年	甘肃	添设陕西按察司副使一员。	甘肃等仓监督收放。
景泰四年	延绥	添设陕西按察司副使一员。	监收粮草。
成化元年	延绥	添设陕西西安府同知一员。	专理粮储。
成化二年	延绥	设陕西按察司副使一员。	巡察延绥等处边仓。
成化三年	甘肃	添设陕西临洮府同知一员。	于兰县监收放粮草。
成化五年	甘肃	添设陕西布政司参议一员。	于甘肃等六仓监收粮斛。
成化八年	延绥	添设庆阳府通判一员、延安府通判一员。	分管延绥各地仓储。
成化八年	甘肃	添设静宁州判官三员、秦州判官三员、河州判官二员、兰县县丞二员、金县县丞一员。	分管甘州、凉州、西宁、镇夷、古浪等地仓储。
成化九年	延绥	升陕西布政司右参议严宪为按察司副使。	监督延绥东路边储。
成化十二年	固原	添设巩昌府阶州判官一员、徽州判官一员、陇西县县丞一员。	收放岷州、洮州、西固城等仓粮。
成化十三年	宁夏	添设陕西庆阳府通判一员。	专门管理宁夏粮储。

续表

时间	地点	废置情况	任务
成化十五年	甘肃	增设甘肃等处六仓管粮参议一员。	管理仓储。
成化十八年	延绥	升陕西延安府同知张承宗为陕西按察司佥事。	专理榆林等处边储兼督屯田。
成化二十年	宁夏	添设平凉府通判一员。	专管粮草。
成化二十年	固原	添设巩昌府通判一员。	管理靖房卫广盈仓、打剌赤堡安定会宁二仓。
弘治元年	甘肃	陕西布政司参议移驻凉州，按察司委副使或佥事一员前去甘州。	分别管理西宁等五仓、甘肃等六仓。
弘治五年	甘肃	复添设先前废除管粮佥事。	整理粮储水利，提督行都司甘州等十五卫屯田。
弘治十六年	甘肃	添除通判二员，于巩昌府带俸，一驻甘州、一驻凉州。	专一往来监督收放，分管甘肃各地仓场。
正德十二年	甘肃	准给甘肃管粮佥事一员关防。	—
正德十三年	延绥	命铸延绥管粮佥事二员关防印记。	—
正德十三年	宁夏	添宁夏东路管粮通判一员，带衔庆阳府。	管理粮草。
正德十三年	延绥	平凉府添注通判一员。	管理本镇三路粮草。
正德十五年	宁夏	添设平凉府通判一员于宁夏西路地方。	监督收放粮草。
嘉靖十一年	延绥	陕西抚治官定委布按二司堂上官一员前去延绥等处。	专一催攒钱粮以备接济。
嘉靖十四年	甘肃	裁革甘肃管粮佥事一员。	—
嘉靖十九年	甘肃	令陕西分守陇右道参议移驻兰州。	不妨原务管理西安等府解运甘肃钱粮。
嘉靖三十九年	甘肃	复设河州管粮临洮府通判各一员，移凉州监督通判驻扎庄浪。	管理钱粮。
隆庆四年	延绥	于东中二路添设副使或佥事一员，驻神木堡。	兼管钱粮。
万历六年	固原	添设陕西阶州同知一员，驻扎西固所城。	专管收放民屯钱粮。

资料来源:明代历朝实录,申时行:《明会典》,张学颜:《万历会计录》,万历《延绥镇志》,康熙《延绥镇志》,弘治《宁夏新志》,嘉靖《宁夏新志》,《重刊甘镇志》,万历《肃镇志》,崇祯《甘肃镇考见略》,嘉靖《固原州志》,陈子龙:《明经世文编》,徐学聚:《国朝典汇》,黄光昇《昭代典则》,谈迁:《国榷》,何孟春:《何文简疏议》,张萱:《西园闻见录》,雷礼:《皇明大政纪》等。

综合上述表中信息,结合边镇各机构的设立,明代九边军镇系统钱粮管理机构具有如下特点:

边镇各地形成较为系统的管理体系,建制较为完备。明代边镇的建制一般为镇——道——路——城堡四级设置,镇级管理者为巡抚,道级管理者为分巡、分守、兵备等道,路级管者为通判、同知等,城堡一般为钱粮储存地,有仓库管理人员负责。尽管各地情况不一,但总体而言,各镇均按四级分别配备了数量不等的管理人员。就道级而言,三道职能各有分工,以边镇论之,基本为分守参议负责督饷,分巡佥事兼理词讼,兵备道员以振军伍。在边镇各地,一个基本的趋势是随着边镇形势的发展,三道在分管各自事务的同时,越来越多地涉入到钱粮管理中,且职能互有交叉。如崇祯时宣府、大同、山西三镇设立各种道员十余人,"诸凡选任营官,点验军马,稽核钱粮,自有本地道臣经管"①。就路级而言,基本为每路设立管粮通判一人,负责辖区内钱粮收放。明中期以后,边镇各地的通判一般改设为同知。如延绥东路管粮同知一员,"嘉靖前以通判分理,万历中改同知";西路管粮同知一员,"隆庆初设通判,万历中改同知"②。宁夏镇分别于成化十三年(1477)、正德十三年(1518)、正德十五年(1520)分设通判三员,分别管理中、东、西三路所属城堡钱粮,加上宁夏镇城原有通判一人共计四员,至嘉靖修订宁夏地方志时,四通判已经

① 卢象升:《卢象升疏牍》,浙江古籍出版社1985年版,第225页。
② 康熙《延绥镇志》卷三《官师志·文职》,中国方志丛书本。

改设同知。①

　　各边镇根据当地管辖区域和任务的多少,管理机构有一个不断增减的过程。从设立时间看,主要集中在嘉靖以前,显示至嘉靖时各镇管理体制基本确立。其实,边镇分守、分巡、兵备各道正式设立的时间相对较晚。如宣府镇分巡道始设于弘治五年(1492),是年,宣府镇设立分巡按察司佥事分巡口北地方,"此设置分巡按察佥事之始"②,至嘉靖十八年,鉴于口北一带事务繁忙,分巡道难于应付,管理不周,遂添设分守道一员,以布政司右参议刘珂前往,"此为增置分守参议之始"③。

　　但是,由地方布政司、按察司设立专员或者派遣赴边镇管理钱粮的制度实施甚早。正统初年,山东布政司参政沈固在大同、刘琏在宣府各参赞总兵官综理边务兼管粮储,为便于管理,特铸总督管粮关防二颗给之。④从景泰二年(1451),宣府大同地方由山西布按二司各委官轮赴收粮,"宣府有侍郎刘琏、大同有都御史年富,然皆在城总督不能躬临监收,是以各仓官攒作弊,总兵官定襄伯郭登以闻。户部请准陕西各边例,于山西布按二司差官佐理监收,故

---

① 由史料分析,除个别地方外,边镇各地由通判改为同知多在万历以后,尽管我们还不清楚更改的具体原因何在,但估计和山西镇管粮通判的贪污有关。隆庆六年,巡按山西御史桂天祥劾西路管粮通判尹祺贪污,论将通判改设为同知。其言:三关通判上干数十万之国计,下系数十万之生命,职司甚重,止以贡监为之,即日去一官何益。盖贡监视通判为高秩,或以举人被谪处之,又视此为穷途,未有能振刷自奋者。欲止其贪莫若重其任,宜每府改设管粮同知一员,以举人初选或进士任浅者除之。钱粮委之收支,边方委之查勘,刑狱委之问理,果才守俱优,即擢以部署金宪之职。练习既久边事周知,又足以储养边才,为他日大用之地。如此则人怀前进之心,军有饱食之望,国计边储两有攸赖。疏下该部。参见《明神宗实录》卷二,隆庆六年六月辛未。

② 嘉靖《宣府镇志》卷二《诏命考·皇明·(弘治)五年赐山西按察司佥事赵缙分巡口北敕谕》。

③ 嘉靖《宣府镇志》卷二《诏命考·皇明·(嘉靖)十八年赐山西布政司右参议刘珂分守口北敕谕》。

④ 《明英宗实录》卷六十六,正统五年四月戊子。

有是命"①。从此,山西地方有司开始定期派遣属员前往宣府、大同二镇管理钱粮。这条材料还表明,此前陕西各边已经有地方布政司和按察司系统人员在各边镇经理钱粮事宜。在延绥镇,尽管设立管粮参政,但由于其隶属布政司系统,对各堡官军和仓储管理人员没有监察权,导致弊端丛生,"管粮参政于各堡官军不相统摄,每遇纳户上粮,任其恃强作弊,纵有发露者不服提问,致使官攒人等亏折粮多"②。为改变这种状况,该地特设立按察司副使一名,将参政撤回。延绥一地延绵二千余里,仓储二十五处,随着边镇事务逐渐增多,原有一名按察副使不敷处置,成化二年(1466),升陕西延安府同知刘瑄为按察司佥事,与原派按察副使分理边储。成化十二年(1476),总督大同宣府军务兼督粮储户部尚书余子俊奏,宣大仓场虽有巡抚总理等官,然巡历不周积弊如故,应于山西按察司额外设官二员往来大同宣府巡察奸弊。四月,增置山西按察司副使、佥事各二员督理大同、宣府军储等事。③成化二十二年(1486),"铨注按察司副使毛松龄于山西,整饬代州、雁门等关兵备提督粮储兼理词讼"④。这是目前所见较早正式给发敕令表明该"按察司副使"系"兵备"者的记载。

起初,边镇各地均未设立路一级的通判,各镇卫所一般设立各仓场大使、副使等官攒收放,监管则归属各道。以大同镇言之,宣德十年(1435),置大同府草场大使一员;正统二年(1437),增置大同左卫等八卫经历司经历各一员;正统七年(1442),增置大同府草场副使及大同左卫、右卫、玉林、云川、威远、天城、阳和、高山、镇房九卫仓大使各一员。⑤成化二年(1466),宣府巡抚叶盛言,正统时宣府各仓添设州判官、吏目提调收放的办法最为有效,裁省后奸弊百出,应

---

① 《明英宗实录》卷二百四,景泰二年五月己未。
② 《明英宗实录》卷二百二十九,景泰四年五月癸未。
③ 《明宪宗实录》卷二百五十一,成化二十年四月庚申。
④ 《明宪宗实录》卷二百七十九,成化二十二年六月辛卯。
⑤ 《明英宗实录》卷十,宣德十年十月戊午;卷三十,正统二年五月戊申;卷九十九,正统七年十二月壬辰。

当恢复之。是年,复置保定州判官五员、吏目一员,隆庆州判官四员、吏目四员分管各营堡仓粮。① 在宁夏,镇城并各边营堡岁计粮料四十余万,其间地里星散、情形不一,仅靠管粮按察司官一员不能遍历周查,其中诸多弊端该员也无从知晓。成化十二年(1476),巡抚张鹏建议增设通判一员于宁夏分理其务,是年六月,即增置陕西庆阳府通判一员专门管理宁夏粮储。② 弘治十四年(1501),根据大同各地仓储的变化,裁革大同天城等卫收放粮草判官、吏目七员,改设通判三员专理其事。弘治十六年(1503)三月,增设陕西巩昌府管粮通判二员分理甘州、肃州及凉州、镇番等处仓场。③ 在辽东,各卫所俱设有军储仓,督理者仅一郎中居镇城遥领之,故各仓官攒通贿滋弊,嘉靖十四年(1535)特设管粮通判二员,一分理河东、一分理河西。④

嘉靖中期以后,各边镇管理机构的设置基本确定,形成四级管理体制。嘉靖四十四年(1565)蓟州镇通判的废除和随即恢复说明,边镇各地在钱粮管理上,已经建构了相对稳定的管理方式和各自辖区,对任何一个机构的随意废除和变更都可能导致始料未及的问题。⑤

三、明代九边钱粮管理中的"寄衔"问题

作为边镇钱粮的主要管理者之一,无论是道员还是通判、同知都不属于边镇内编制,而是归属各布政司等地方系统管辖,形成所谓的"寄衔"制度,这是九边军费管理中的突出特点,其基本原则为

---

① 《明宪宗实录》卷二十八,成化二年闰三月丁丑。
② 《明宪宗实录》卷一百五十四,成化十二年六月己丑。
③ 《明孝宗实录》卷一百九十七,弘治十六年三月壬午。
④ 《明世宗实录》卷一百七十二,嘉靖十四年二月乙巳。
⑤ 嘉靖四十四年,巡关御史陈省认为,既然永平设立郎中一员,足以管理燕石二路钱粮事宜,遂建议将原设该地管饷通判裁撤,并得到批准。后随即恢复之。参见《明世宗实录》卷五百四十二,嘉靖四十四年正月己亥;卷五百五十一,嘉靖四十四年十月乙酉。

就近设置。就九边道级情况来说,分守为地方布政司属员,分巡和兵备为地方按察司属员。属辽东者寄衔山东,属蓟州镇者分别寄衔山东或山西,属宣大三镇者寄衔山西,属陕西四镇者寄衔陕西。从通判和同知级别看,更能体现这一原则。如蓟州镇兵备归属山东或山西,但该镇所属密云、蓟州通判寄衔北直隶的河间府,永平通判寄衔永平府。宁夏的东西两路通判,由于地理位置的差异,也分属庆阳府和平凉府管辖。在延绥镇,成化八年(1472)添设通判二员,一属延安府、一属庆阳府。①

问题的关键在于,既然边镇本身已经形成较为完备的建制,且有户部派遣的郎中专门负责管理钱粮,何不在边镇内部现有体系中建立起从属于边镇自身的管理系统,却设立隶属地方行政系统的官员参与边镇钱粮管理呢?这一制度的设立是明代特殊的管理体制所决定的。

在疆域管理上,顾诚先生认为明代疆土分为两大系统管辖,一是六部——布政司——府——县,一是五军都督府——都指挥使司——卫(守御千户所)——千户所,进而,他将卫所划分为沿边卫所、沿海卫所、内地卫所、在内卫所四类。②为保证军粮的供应,明代各卫所均设立有仓储储备钱粮。这些仓储尽管在卫所的辖区内,但卫所武官却无权处置,而是由地方行政系统管理。

> 镇守河南行在户部右侍郎王佐奏:河南所属税粮于军卫收受,奸弊百出。上命廷臣集议复奏。宜通行天下司府州县,原有仓分者以卫所仓并属之;原无仓分者,就以卫所仓改易其名隶

---

① 结合各边镇的具体地理位置,通过与《中国历史地图集·第七册(元明时期)》中的相关布政司对比便很容易发现,管粮通判寄衔所在各府一般均与边镇相邻,或该镇本身即在该府的管辖区域。有关寄衔地与边镇在地域上的对应关系,可参见中国历史地图集编辑组:《中国历史地图集·第七册(元明时期)》,中国地图学社 1975 年版,第 40—57 页相关部分。

② 顾诚:《明帝国的疆土管理体制》,《历史研究》1989 年第 3 期。

之。惟辽东、甘肃、宁夏、万全、沿海卫所无府州县者,仍旧卫所。时令风宪官巡视,从之。①

这条材料说明,从宣德末年以后,明代各地卫所所属仓储已经以不同的形式分别归属地方系统管理,卫所各级武官至少从制度设计上失去了对仓储钱粮的控制权。唯其不同者,由于辽东、甘肃、宁夏、万全等地卫所无对应的府州县,仍旧归卫所管理。

实际上,上述各地正是九边所在地,这种情况的出现主要是由于九边独特的管理体制所决定的。郭红将明代卫所分为实土、准实土、无实土三种类型,所谓实土卫所,"即指设置于未有正式行政区划(明代表现为布司、府、州、县)的地域的卫所。这些卫所有一定的辖区,在此辖区内管军治民,除军事职能及上下隶属系统不同外,其他功能与府州县相似,是军管型的政区"②。也就是说,在辽东、甘肃等地根本不存在地方行政系统,故其仍然归属卫所管理。但是,从正统初开始,边镇仓储也逐渐由卫所过渡到地方。

> 行在户部奏:巡抚陕西为事官罗汝敬言,宁夏等六卫并洮、河、岷三卫仓无附近州县,欲如行都司例,改隶陕西布政司管辖,从之。③
>
> 并永宁、隆庆左二卫仓为一。初二卫仓监收粮料经历、仓副使俱系卫指挥管辖,遇有亏弊,畏避莫敢言。至是山东布政司右参政刘琏请并为一仓,改铸印信,从永宁县统属,知县公同监收,从之。④

---

① 《明英宗实录》卷七,宣德十年七月己卯。
② 郭红、靳润成:《中国行政区域通史》(明代卷),复旦大学出版社2007年版,第259页。
③ 《明英宗实录》卷二十二,正统元年九月辛酉。
④ 《明英宗实录》卷三十五,正统二年十月丁卯。

改万全迤西诸卫所仓隶保安州,迤东诸卫所仓隶隆庆州,辽东诸卫所仓隶山东布政使司,俱从户部请奏也。①

以上三则史料中,陕西行都司即为甘肃镇辖地,宁夏等六卫即为宁夏镇辖地,洮、河、岷三卫即为后设的固原镇辖地,永宁、隆庆、万全一带即为宣府镇辖地,辽东诸卫所即为辽东镇辖地。这说明,至迟在景泰三年(1452),九边中的甘肃镇、宁夏镇、固原镇、宣府镇、辽东镇所属卫所仓储已经归各地方布政司管理。虽然目前没有发现其他镇相关改设的材料,但从陕西布政司派遣大量人员赴延绥镇管理钱粮,山西镇、大同镇、蓟州镇所属区域本身即设立有地方行政系统看,这些边镇的仓储亦归地方管理的推论应当是成立的。虽然九边建立起比较完备的防御体系和行政建制,但军事管理权和钱粮管理权实际上已经被分割,这是明代边镇钱粮管理的一个基本制度设计。

寄衔之所以成为九边军费管理的一种制度,与边镇钱粮供应中的民运密切相关。所谓民运,指明代将北方山东、山西、陕西、北直隶、河南所属地区本应起运的税粮由当地民众按照指定的区域直接交付给边镇各地作为军饷。地理位置上的相近,使得上述区域成为九边民运钱粮的供应地,"顺天及直隶保定八府实畿内近地,陕西、山西极临边境,河南、山东俱近京师。凡各边有警,其粮草马匹一应军需,俱借四省八府之民攒运供给"②。在明代管理归属设定非常严格的情况下,边镇各巡抚、包括户部郎中在内,都无权干涉地方行政事务,他们对边镇钱粮的管理仅仅限于边镇内部。民运钱粮是一个比较复杂的问题,巡抚和郎中在民运钱粮到达边镇后可以行使相关职权,但钱粮如何到达边镇却非其所能控制,从征收到运输的环节

---

① 《明英宗实录》卷二百十三,景泰三年二月己卯。
② 陈子龙:《明经世文编》卷六十四《马文升·为会集廷臣计议御房方略以绝大患事疏》。

才是问题的关键。对于民运钱粮的拖欠,边镇巡抚往往只能大发无奈之感叹,请求以京运补充之,却很难采取有效措施督促地方民运之缴纳。隆庆四年(1570),宣府巡抚孟重奏,"山东、河南、山西、北直隶河间、顺天、保定、真定等郡积欠本镇民运粮甚多,军饷缺乏,乞行各处催解"①。从"乞行各处催解"看,边镇专设巡抚没有对地方钱粮的征收和管理权,巡抚必须将所请事项上报户部,由户部与地方行政系统协调。

延绥镇的情况曾一度较为特殊,该镇巡抚弘治以前兼理延庆二府民事,是以军民俱受其惠,边镇钱粮无忧。其后有司鉴于军镇兼治民地与体制不合,乃将延庆二府属陕西布政司统辖,导致"管军者但知责钱粮于有司而不问民之便否,治民者但知以姑息为小惠而不念边饷之缺乏,近来民屯税粮拖欠日积,该镇官军饿死,大半由此故也"。由于失去对地方行政系统的管辖权,"司府州县官视延绥都御史势同宾主,难以行事"②。万历二十年(1592),延绥巡抚贾仁元奏当地军饷不足,军士月粮无以给支,原因即在于"陕西各府拖欠之故……西安等府折征亏折及十四年以后拖欠本折五十七万五千九百五十有零,查计该镇月粮,是拖欠者,几足二年之用"③。万历二十二年(1594),户部在答复宁夏巡抚周光镐条议边政有关问题时说,"民运拖欠专督布政司严行州县,除蠲免外挨年解完,岁终备开完欠职名,以凭咨部处分"④。从这里也可以看出,九边钱粮的民运部分离开了地方行政系统的配合,边镇便无法运作。

实际上,从明初山西、陕西、山东等地的情况看,经由地方系统设立的布政司参政、按察司佥事等官主要任务就是催征各地民运钱粮。以大同镇言之,该镇缘边军卫岁用粮俱是山西布政司定拨输纳,

---

① 吕本:《皇明宝训·大明穆宗庄皇帝宝训》卷二《理财》,隆庆四年十二月己未,四库全书存目丛书本。
② 范钦:《嘉靖事例·复议延绥抚臣条陈二事》,北京图书馆古籍珍本丛刊本。
③ 朱吾弼:《皇明留台奏议》卷十三《杨廷谏·议边饷部入疏》,四库全书存目丛书本。
④ 《明神宗实录》二百七十五,万历二十二年七月丙戌。

自永乐二十一年(1423)至宣德元年(1426)虽委右布政使白思谦等催办，由于该员未躬亲严督，致积逋欠。宣德二年(1427)遂定委山西布政司、按察司堂上官各一人催督，每年十月必须完纳钱粮，过期者府州县所委官俱治罪。①从明政府给发分巡、分守、兵备的各种敕令看，整理民运是其重要任务之一。弘治五年(1492)，宣府镇设立分巡道，以山西按察司佥事为之，敕令中有云："前往彼处专督一应粮草，并稽考各该卫所月粮、布花、马匹草料及马价、钱钞、均徭、赃罚、预备等项钱粮，务要趁时劝督，依期征收。"②在给山西按察司佥事姜佐的敕令也强调，"凡仓场收支，务要严督各该管粮官，不许官员军民及势要之家包揽侵欺，并通同官攒人等虚出盗卖"③。为协调陕西三边四镇的钱粮供应，从正统年间开始，陕西布按二司陆续专设二员负责一应边镇钱粮的收缴与供应，嘉靖初年以各处属员过多革除之。但陕西一地事务繁忙，夏税秋粮除抛荒等项外实征税粮一百八十三万余石，草一百二十八万余束，陕西都司、行都司所属卫所该征屯粮八十三万余石，除部分存留作为禄米俸廪外，俱系起运延绥、宁夏、甘肃、固原各镇军饷。由于管理官员的裁撤，导致各镇钱粮拖欠严重，从嘉靖元年(1522)到六年(1527)，除蠲免外，固原镇不计，合计三镇共拖欠粮九十二万余石，草一百一十余万束。考虑到陕西一地外控三边，供饷浩繁征输为急，与腹里地方大有不同，且"自正统、天顺、弘治等年节经议设，各请敕旨钦遵行事，迄今百有余年，边方粮饷颇有赖"④。有司建议查照旧规，将陕西布政司管粮参政罗方、按察司管屯佥事刘雍行令遵奉原领敕书，各照旧管理陕西民屯粮草，不许干预别事。嘉靖九年(1530)正月，此议得到批准。正所谓"(陕

---

① 《明宣宗实录》卷二十四，宣德二年正月癸丑。
② 嘉靖《宣府镇志》卷二《诏命考·皇明·(弘治)五年赐山西按察司佥事赵缙分巡口北敕谕》。
③ 正德《宣府镇志》卷八《制敕》。
④ 范钦:《嘉靖事例·仍设陕西布按管粮管屯官》。

西)布政司管粮官例该催督八府粮储,以供各边之用。"① 就民运的本质而言,其实就是由地方政府征收的税粮。因此,设立从属于地方行政的管理系统处理民运相关事宜成为必然。②

同时,寄衔制度的形成,还与明代独特的督抚体制有关。明朝的总督和巡抚,是明廷为强化中央集权,更好地处理中央与地方的关系,协调地方事务而由中央都察院派驻地方的高级官员。明朝的总督、巡抚一方面始终是以中央都察院兵部堂官身份派遣到地方的"差职",另一方面又具有越来越浓厚的总揽一方大权的地方正式长官的色彩。③ 从嘉靖中期以后,督抚越来越多地体现出总镇一方的趋势,但无论是总督还是巡抚,有明一代均保留了其"差职"的身份。尽管边镇各地均设立巡抚的办公衙署,但从行政建制上来说,明代始终没有设立专属于巡抚的下属机构。就各边镇的情况看,武官建立起总兵、副总兵、参将、游击等不同级别具有上下节制性质的系统,边镇有警,总兵可以随时率领和号令所属应战。但巡抚在边镇职权的行使,尤其在钱粮管理上,却没有具有行政隶属关系的属员,究其原因,根源仍在于巡抚的"差职"性质。大学士王鏊谈论到巡抚时说,"各省布政使二人、参政二人、参议二人,按察使一人、副使二人、佥事二人,又有都御史统之"④。这里的"都御史"显然指巡抚,其实所谓

---

① 杨一清撰,唐景绅等点校:《杨一清集》(上),中华书局2001年版,第372页。
② 弘治元年,给发山西布政司右参议王盛总督粮储敕令一道,非常典型地体现出该员的性质。赐之敕曰:比闻山西所属递年拖欠粮草数多,王府及各卫所禄米俸粮拨给不足,预备仓全无蓄积,饥民无以赈济。而管粮官多有受贿,纵容粮里书算人等(作)弊多端,兼以所在军卫刁蹬官舍旗军包揽挟制不肯上纳,以致粮草往往拖欠,而所收者尤多亏折。究其所以,盖由无官专管故也。今命尔专一提督禁革奸弊,其府州县管粮官并提调正官,如有催征违限及纵容各仓官攒通同势豪军民人等作弊者,事发,干碍军职并文职五品以上参奏逮问,其五品以下听尔径送本司理问。尔受兹专委,须夙夜尽心、廉谨自持,催督以时出纳惟公,俾粮储足用,民不告劳,斯称朕委任之意。参见《明孝宗实录》卷十,弘治元年闰正月戊寅。
③ 郭红、靳润成:《中国行政区划通史》(明代卷),第713页。
④ 王鏊:《震泽长语》卷上《官制》,文渊阁四库全书本。

的"统之",并非意味着巡抚对各有司的管辖权,而仅仅是一般意义上的"节制"。从制度的角度来说,地方行政长官依然为布政司系统。遇有地方事宜,巡抚发挥作用往往通过"会商"的方式实现,或者通过上奏由更高级别的行政系统来影响布政司的作为,其本身没有直接命令地方布政司各级系统的权力。

第二节 明代九边中央系统军费管理机构

一、边镇户部管粮郎中的设立

作为主管全国钱粮的机构,户部对边镇军饷承担主要的管理职能。在以户部派出机构为代表的中央钱粮管理系统中,可以分为两个类别,一是常设机构,一是临时派遣。[①]本节主要讨论户部在边镇的常设机构管粮郎中。

按照分工原则,边镇钱粮主要由户部所属山东、陕西、山西、贵

---

① 管粮郎中是隶属于中央系统的常设机构。实际上,在九边各地的钱粮管理中,还有一种中央系统的管理方式,即在边镇出现各种紧急情况时,派遣官员赴当地临时负责钱粮的管理和筹措,其中主要是户部属员兼都察院衔,当然也有其他人员。这种临时性派遣的史料在明代历朝实录中多有记载,一般情况下被派遣之人系给敕行事,往往带领若干属员前往边镇,会同边镇有司处理一切钱粮事宜,事完即返。鉴于此类材料比较多,仅举一例。成化二十年,命户部左侍郎李衍理陕西边储。时大学士万安等奏:即今黄河已冻,房贼入套将有分道南寇之举。上厪圣虑,已预发大同宣府游兵相兼战守矣。明春冻开,渡河北遁,斯可无患,设若盘踞不出,内地骚扰,其患非轻。加以陕西、山西人民饥馑流离,尤难料理。宜敕大臣一员,选带部属亟往总理,会同镇守总兵、巡抚、巡按、都布按三司、分巡分守等官,计议房贼冲突去处,本土并调来军马驻扎城堡,扣算现在粮草银两若干,节次奏送及上纳等项粮银若干,通计可足几时支用。若再加客兵何措置,或总扣一藩储蓄多方接济,或附近积有粮草处所可以借运,或别有长策可以供给边饷,悉令酌量便宜处置,径自施行,事干重大者奏请定夺。务使军储不乏,防守有备,斯保无虞。疏入,故有是命。参见《明宪宗实录》卷二百五十九,成化二十年十二月癸亥。

州清吏司负责。在户部的职官设置中,陕西清吏司设立郎中三员,除一员负责日常事务外,其中一员总理甘肃钱粮,一员驻扎花马池整理客兵粮草,隆庆四年(1570)该员驻延绥镇城负责延绥钱粮。山东清吏司设郎中两员,一员负责日常事务,一员专理辽东粮储。山西清吏司设立郎中四员,内一员总理宣府粮储,一员总理大同粮储,另有主事一人管理山西镇钱粮。在万历《明会典》有关吏部职官设置的记载中,蓟州镇管粮郎中的归属未明,其贵州清吏司官员设置云:贵州清吏司,郎中三员,内一员总理密云粮饷,一员总理永平粮饷。①根据该书户部关于贵州清吏司的管辖范围,蓟州镇郎中应当为贵州司的属官。户部管粮郎中是明代九边军费管理系统中最为重要的机构,在整个边镇钱粮管理体系中居于核心地位。

九边户部管粮郎中设立情况如下。

宣府镇：关于宣府郎中的设立时间,史料记载差异较大。《万历会计录》云：正统十四年(1449)添设郎中一员总理宣府粮储。②正德和嘉靖《宣府镇志》均称天顺元年(1457)徐敬作为第一任管粮郎中任职宣府。考察有关年代的《明实录》可以发现,早在宣德初年,户部郎中已经参与了宣府钱粮的管理。宣德二年(1427)十二月,行在户部郎中王良奉命于宣府诸卫整理粮刍。③正统四年(1439),巡抚大同宣府右佥都御史卢睿奏称与郎中等人共同参与该地军士冬衣布花的发放。由此可见,正统年间管粮郎中在宣府的确存在。景泰二年(1451),协同管理边储户部郎中李秉劾奏侍郎刘琏总司边饷大肆奸欺,每与官军通同作弊。④可见,管粮郎中在宣府已经具备了相当的职权。上述材料说明,天顺元年以前宣府镇确有户部郎中在当地负责钱粮的管理。

---

① 申时行：万历《明会典》卷二《吏部·文选清吏司·官制一·京官》,续修四库全书本。
② 张学颜：《万历会计录》卷二十三《宣府镇·职储》。
③ 《明宣宗实录》卷三十四,宣德二年十二月癸亥。
④ 《明英宗实录》卷二百十一,景泰二年十二月丁卯。

对于这一问题的考察还必须注意到，正德《宣府镇志》成书时间相对较早，不能轻易否定其记载的可靠性。该志记录宣府镇宣德至天顺间管粮官云："罗通，户部员外郎，宣德年间；徐敬，天顺元年；马驯，天顺四年；庞胜，天顺七年。"①这里没有任何正统、景泰间管理宣府粮储户部郎中的记载。嘉靖《宣府镇志》记录宣德至天顺间的情况说：罗通，宣德五年（1430）随驾巡边，以户部员外郎督理粮储，师旋回部；正统三年（1438），章绘以山西副使管理粮储；正统六年（1441），李俊以山东按察副使管理粮储；正统八年（1443），刘琏以山东参政管理粮储；正统十一年（1446），李秉以户部郎中协管粮储；景泰二年（1451），徐行以山西按察佥事管理粮储；景泰五年（1454），张春以山西按察佥事管理粮储。②上述除罗通以户部员外郎身份管理边储、李秉以户部郎中身份协管粮储外，其他人员均为地方边镇系统。

上述记载互异的关键在于《宣府镇志》记录的标准与别处不同。在天顺元年以前，尽管宣府镇时有户部官员以郎中身份参与该镇的钱粮管理，但没有形成固定的建制，其管理多系临时性质，随时派遣随时撤回，而且也没有形成以郎中为核心的钱粮管理体系。从天顺元年徐敬开始，宣府镇管粮郎中成为定制。"徐敬，直隶永年人，监生，诏以户部郎中任，三年一代，始著为令。"③《明英宗实录》的记载更为详细：

---

① 正德《宣府镇志》卷六《宦绩》，嘉靖增修本。
② 嘉靖《宣府镇志》卷二十七《职官表·经理文臣》，中国方志丛书本。
③ 嘉靖《宣府镇志》卷二十七《职官表·经理文臣》。宣府镇钱粮管理的沿革，宣府户部分司题名记云：宣府密迩京师，乃第一边镇也，其所属凡四十城堡，在在有仓场，预蓄粮刍以供士马，岁用殆百万计。粤自洪武以来，出纳之任俱委之卫所首领官，上无统治，奸伪日滋。迨宣德五年，创为公署于宣府，乃命山东参政刘公琏来督理之。寻升户部侍郎兼任巡抚，责以政务繁剧，因荐郎中李公秉协赞其事。公复擢金都御史代为巡抚，仍督粮饷，奏行山西藩臬二司岁各委官一员于兹分理。天顺改元，户部奏请简任郎中一员膺玺书专任总理，兼管屯种，三载一代，遂著为令。嘉靖《宣府镇志》卷十二《宫宇考·皇明》。

（天顺元年二月），命户部郎中徐敬、杨益往宣府、大同提督粮（储）兼理屯种。时取回都御史李秉等，口外粮储无人提督，户部以闻，故有司（是）命。①

（天顺四年三月），巡抚大同宣府右副都御史王宇奏三事：一，宣府大同管粮郎中宜三年一换，庶不人情稔熟、事无生弊。②

这两条材料印证《宣府镇志》所记载的天顺元年徐敬任宣府郎中且三年一换成为定制是准确的。天顺元年之前宣府有户部郎中前往管理钱粮的情况也是存在的，只不过当时的郎中多为临时性质。

从天顺元年开始，宣府镇正式设立户部郎中专门管理当地军饷。所谓三年一代，是就制度设计而言，实际情况往往有着比较大的出入。以宣府镇言之，从成化年间开始，郎中任职年限已经变动不居，几经更改。从成化十八年（1482）到二十一年（1485）的四年间，先后有李恭、汪洪、郑炯、赵润四位户部郎中莅临管理。从正德三年（1508）到七年（1512）的五年间，又有张琇、高选、张锦、苏琰、秦伟五人任职当地。嘉靖三十三年（1554）到三十六年（1557），先后有朱天俸、睢明才、沈绍德、冀錬连任此职。总的来看，嘉靖以后，基本为三年或二年一任。其中变化者，唯嘉靖十八年（1539）以权臣言革除郎中以山西参议总理之，寻于二十年（1541）恢复。③

大同镇：大同镇钱粮管理的沿革情况，《大同府志》云："大同粮饷浩繁，初命在廷大臣或布政司官专理，比设巡抚则兼理焉。后专命户部郎中领敕行事。"④根据上引《明英宗实录》的材料，天顺元年二月，命户部郎中杨益往大同提督粮储兼理屯种。实际上，早在宣德年

---

① 《明英宗实录》卷二百七十五，天顺元年二月癸丑。
② 《明英宗实录》卷三百十三，天顺四年三月乙酉。
③ 嘉靖《宣府镇志》卷二十七《职官表·经理文臣》。
④ 正德《大同府志》卷七《宦绩·国朝·总理粮储》，四库全书存目丛书本。

间户部已经题准山西司添设郎中一员总理大同粮储。①综合宣府、大同的情况不难得出结论,之所以史料突出了天顺元年二镇管粮郎中的设立问题,原因在于是年以后任职的郎中正式获得皇帝颁发的敕令,并给予其行使权力的重要象征——关防。天顺二年(1458),户部鉴于宣府有副都御史王宇、大同有佥都御史李秉总督粮草,拟将二镇管粮郎中徐敬、杨益取回别用,"上曰:管粮郎中不必取回,仍听王宇、李秉督理"②。自此宣府、大同郎中的设立成为常制。不过在成化年间,大同镇郎中又几经废设。成化十五年(1479)巡抚孙洪论天顺以后大同镇郎中设立沿革情况,"天顺年间复选郎中杨益总理,七年设巡抚韩雍总理,将郎中罗绅取回,成化十年巡抚董方又题照旧添差郎中王竖,是年巡抚孙洪奏要减省,将郎中冀锜取回"③。从《大同府志》记载的该镇郎中名单看,弘治以后大同管粮郎中的设立趋于正常。

延绥镇和宁夏镇:延绥镇正式设立时间较晚,但早在正统三年(1438),行在户部主事崔恭即赴陕西延安等处提督新设仓储收放粮草,由于个别管理人员的不法,陕西各地设立的主事当年八月便被革除。"罢陕西诸边提督收粮主事。先是以诸边收粮多弊,各遣行在户部主事一员提督,至是有主事以赃败,遂革罢之。命镇守巡抚侍郎都御史理其事,仍令巡按监察御史问察。"④正统以后,延绥一带边事渐紧,钱粮往来日渐频繁,原有管理机构不敷支用。成化六年(1470),陕西巡抚马文升奏请户部每岁秋初遣主事一员于延绥督军并办理粮草,户部议后行之。"请敕该部每岁秋初遣主事一员督军计办粮草,事竣还京,务使常有十数年之积,则军民免转输之劳、地方无惊疑之患。"⑤正德十年(1515),陕西总制邓璋奏三边用兵频繁粮

---

① 张学颜:《万历会计录》卷二十四《大同镇·职储》。
② 《明英宗实录》卷二百九十四,天顺二年八月己卯。
③ 张学颜:《万历会计录》卷二十四《大同镇·职储》。
④ 《明英宗实录》卷四十五,正统三年八月癸丑。
⑤ 薛应旂:《宪章录》卷三十三,第714页,四库全书存目丛书本。

草缺乏,请运送银两、开中引盐以济急用,原有户部侍郎冯清督饷甘肃,无暇顾及延、宁、环、固一带,户部覆延绥军饷即以该部陕西司郎中张键专理。①但此时所谓专理者,仍以张键在司理事的方式为之,而不是派遣其人前往延绥镇专责当地钱粮。

迟至嘉靖十八年(1539),延绥始设立管粮郎中。先是嘉靖十五年(1536),延绥巡抚张珩乞如辽东、宣大例遣部属一员督理钱粮,户部认为延绥岁入甚丰,一应钱粮由东西二路管粮佥事督理,不宜再设户部管理人员。十八年,总督刘天和题花马池地方要害,他建议在"延、宁二镇总设郎中一员,请给敕书关防,前去花马池驻扎,整理各镇客兵粮草"②。当年四月,添设户部管粮郎中一员于花马池,分理延绥、宁夏二镇客兵钱粮。

隆庆四年(1570),王崇古上言随着边镇事务的增多,郎中一人分理二镇钱粮导致弊端丛生:

> 花马池定边二营,居延宁二镇适中交界,套虏出没之冲。先年原议总督部臣每岁防秋驻扎花马池,调集各镇客兵摆守大边。钱粮支用浩繁,请差户部郎中一员专管客饷。近年以来岁计已定,总理既听军门,催办分属二镇,靖边宁夏该道,郎中止有招买盐引七万余专备客兵摆边本色之支,中间部寮迁徙不常、意见各异,致各仓场主客影射,奸诡虚出。各道既难究诘,部僚间被污累。③

宁夏客兵钱粮,主要由灵州开中盐引供应,鉴于当地开中事宜已有专门管理,而延绥钱粮收支日益频繁,他建议将花马池管粮郎中改移延绥镇驻扎,总理该镇各项钱粮,其宁夏、固原二镇主兵钱粮

---

① 《明武宗实录》卷一百二十三,正德十年四月癸丑。
② 张学颜:《万历会计录》卷二十六《延绥镇·职储》。
③ 陈子龙:《明经世文编》卷三百三十九《王崇古·陕西四镇军务事宜疏》。

并宁夏镇客兵盐引钱粮仍听其稽查兼理,此议经户部上奏后批准实施。万历元年(1573),延绥巡抚张守中以管粮郎中张体乾不法为由议革除之,在户科都给事中贾三近力主下,延绥镇郎中得以保留,其后设立成为规制。万历《延绥镇志》统计了隆庆四年以后历任户部郎中,基本为三年一任。

甘肃镇:甘肃镇设立郎中时间也比较晚,但宣德十年(1435)已经有户部派遣的主事前往甘肃甘州、凉州、庄浪、兰县等地监督当地仓储收支。①正统二年(1437),各管理粮储主事又获得了兼管当地屯田的权力。至正德末年,甘肃镇才正式设立户部郎中于当地管理军饷。嘉靖初年该地郎中又几经废置,变化多端。史载:正德十五年(1520),言官建议后经户部题准,差部官郎中一员专在兰州驻扎,验收钱粮、稽察奸弊、督催未完民运以免百姓侵掠之虞。嘉靖元年(1522),户部因为缺官差用题请取回,次年兵部尚书彭泽建议复设未蒙俞允,嘉靖四年(1525)尚书金献民建议复设随荷准行。嘉靖七年(1528)六月兵部尚书王琼亲历甘肃地方又议裁革。②上述这段话大致描绘了嘉靖初年甘肃管粮郎中的设立情况。

关于嘉靖四年甘肃复设郎中一事,其他材料中也有记载。"嘉靖四年,三边总督题陕西三边供应钱粮,惟甘肃一镇道途险远转输艰难,先年添设委官管理以时征收,解户便于上纳、粮草亦易完足。自裁革之后,事无统属奸弊丛生,乞要添设郎中一员专理甘肃一镇粮草,常在兰州驻扎,催督凤翔等府税粮,本部(户部)覆准。"③嘉靖四年,"复诏(设)督理甘肃粮储户部郎中一员于兰州,从提督军务兵部尚书金向民请也"④。但是,当年甘肃郎中并未派遣,史载:"嘉靖四年,陕西巡抚王荩题,固靖环兰等处大房入套,动调兵马,乞差部属

---

① 《明英宗实录》卷九,宣德十年九月辛未。
② 范钦:《嘉靖事例·议复甘肃边郎》。
③ 张学颜:《万历会计录》卷二十八《甘肃镇·职储》。
④ 《明世宗实录》卷四十九,嘉靖四年三月乙亥。

官一员督理粮饷。本部议得,原差甘肃督饷郎中胡宗明相应就于固原等处整理粮草。"①根据嘉靖五年(1526)的记载,该郎中也未成行,"罢遣陕西固原等处催粮郎中,仍命该省管粮佥事及分巡兵备兼督"②。这条材料说明,尽管在嘉靖四年明政府下令复设甘肃等地的郎中,事实上并没有派遣属员前往该地执行管理职能。嘉靖七年,提督陕西三边军务兵部尚书王琼以甘肃郎中既革,将原任凉州分守道移驻庄浪分管庄浪、镇羌仓粮,原任甘州分巡道移驻凉州分管凉州、永昌、镇番、古浪千户所仓粮,甘州管粮佥事照旧管理甘州等五卫并山丹卫、高台千户所仓粮,肃州兵备副使就近管理肃州卫、镇夷千户所仓粮,西宁兵备副使就近管理西宁卫。③

　　嘉靖以后,甘肃边镇事务日繁,防守任务日益沉重,钱粮出纳日多,设立专门的管理机构成为必然。将钱粮事宜全部付诸地方守巡也严重干扰了他们的日常工作。"分巡专坐兰州则有妨巡历分(公)务,不废巡历则粮纳(之人)沿途跟随,一不便也;兰州守候,二不便也。平居无事尚可支吾,万一羽檄交驰,巡历督饷二事俱急,顾此失彼可不虑乎?今欲经略甘肃,必复此官而妙选其人,此首务也。"④上述议论可谓一语中的,以守巡替代郎中,正是"废专官而令带管督催,不能如向之周备",边镇钱粮管理弊端百出。次年,户部尚书梁材以甘肃孤悬河外转输艰难,奏议复设郎中一员专责钱粮并得到批

---

① 张学颜:《万历会计录》卷二十九《固原镇·职储》。
② 《明世宗实录》卷六十二,嘉靖五年三月甲申。
③ 《明世宗实录》卷九十三,嘉靖七年十月丙辰。
④ 陈子龙:《明经世文编》卷一百《李承勋·会议事件》。桂萼也有大致相同的议论。甘肃粮储,旧有户部郎中一员驻扎兰州专理其事。催督民运、区处盐粮、召商籴买之类奉玺书而行,责任颇重。昨总制衙门自悔不当奏革,以为边粮重计废专管之官令分巡摄之,则督催将不能如向之严、规画将不能如向之密,稽考出入将不能如向之备。设使专坐兰州,则有妨巡历公务,不废巡历则粮纳之人沿途跟随,一不便也;兰州守候,二不便也。平居无事尚可支吾,万一羽檄交驰,巡历督饷二事俱急,顾此失彼可不虑乎?今欲经略甘肃,必复此官而妙选其人可也。参见陈子龙:《明经世文编》卷一百八十一《桂萼·进沿边事宜疏》。

准。至此,甘肃管粮郎中才尘埃落定,成为常制。

蓟州镇:蓟州镇位在腹里,设立户部郎中时间较晚,但由中央委派官员管理蓟州镇一带钱粮非常早。朱元璋在平定南方战事以后,随即挥师北上,讨伐蒙元残余势力。大量军队调动,粮草管理事务频繁,洪武十一年(1378),即在密云设立户部主事一员管理当地钱粮。①宣德六年(1431),户部题议,永平、山海、蓟州等处兵马操练,钱粮浩大,需派遣专员管理。是年吏部题准,选除鸿胪寺少卿张隆给敕前往。正统四年(1439),行在户部奏:"总理永平、山海等处粮储行在通政司右参议张隆系增置官,今奉诏书当减省,送行在吏部改用。上曰:边储系军国重务,不可无专职总理,俾隆仍莅其事。"②英宗皇帝的这一态度表明,张隆专职经理蓟州钱粮成为常态,亦即成为中央系统的常设机构。正统九年(1444),设立山海卫户部主事一员,提督收支并巡视永平府界岭口、刘家口、喜峰口仓场,禁革奸弊。成化八年(1472)升户部郎中李宽为通政司右参议,管理蓟州等处粮储。③《万历会计录》载其沿革云:

> 正统十一年,镇守蓟州总兵应城伯孙杰题专官分管事务,本部覆准:将永平山海界岭口、林南东店等仓一应收放料草,令山海卫管粮主事任荣管理。其遵化、蓟州、喜峰、刘家口等处粮草令应城伯孙杰管理,及山东佥事姜永俱协同参议张隆兼管。本年张隆致仕,本部会官保推郎中邹来学升通政司右参议接管,历升右副都御史,景泰年仍总督粮饷。后推都御史李宾,天

---

① 刘效祖:《四镇三关志》卷八《职官考·蓟镇职官·文秩·密云户部分司》,四库禁毁书丛刊本。

② 吕本:《皇明宝训·明英宗宝训》卷三《重边储》,正统四年七月丁未,四库全书存目丛书本。《明英宗实录》载:正统元年,升行在鸿胪寺左少卿张隆为行在通政司右通政,隆在永平等处督理粮草,至是九年任满,故有是命。参见:《明英宗实录》卷十四,正统元年二月壬子。

③ 《明宪宗实录》卷一百一十一,成化八年十二月癸酉。

顺成化间又推京堂官管，至弘治始专设郎中。①

　　上述情况说明，弘治以前蓟州一带已有吏部任命的中央系统的官员于当地整理边储。尽管其没有管粮郎中的名号，但实际承担的职能与郎中毫无二致。这在边镇各地是较为特殊的现象。考察其他各镇的情况可以发现，一般以户部郎中为代表的中央系统的管理机构设立时间均晚于地方行政系统，而蓟州镇从明初即已任命从属于中央系统的通政司属员管理钱粮。同时，蓟州镇管理地域比较复杂，其先后变化多端，这里所说的"弘治始专设郎中"应当指弘治十八年（1505）蓟州一带分设郎中事。实际上，早在成化元年（1465），明政府已经设立管理蓟州一带的户部管粮郎中，"户部分司，成化元年设，初岁委郎中一员"②。弘治十八年，总督居庸关等处粮草通政使司右参议熊伟奏，蓟州镇一带各地仓场户部岁委主事三员分管，彼此甲是乙否，怠玩多弊，他建议增置易州郎中一员，管理居庸、紫荆、倒马等关并保定、唐县、易州、涿州、良乡等处，蓟州、密云、古北口、石匣堡等处径属蓟州郎中管理，户部先前设立各地主事裁革之，此议经户部覆奏后得到批准。③但同年郎中赵鹤即称蓟州分司带管密云、古北口一带不便，随即三主事恢复，紫荆、倒马等关照原差主事监督，密云和居庸等处仍差主事二员，专一整理边储。④

---

① 张学颜：《万历会计录》卷十八《蓟州镇·职储》。万历《明会典》载：天顺元年添设户部郎中一员于永平山海蓟州等处，一员于宣府，一员于大同，俱提督粮草。查宣府和大同确系天顺元年设立户部郎中，但该年蓟州镇是否设立，除该记载外，未见其他史料有相关记载。从上引各种材料和通政司在当地管理钱粮看，天顺元年蓟州镇应当没有设立专门的户部郎中。何况《明会典》本身的记载也有相互抵牾之处。上述记载表明当年应是设立郎中三员分管各地，在该书卷十八，另有记载道："天顺元年令本部差郎中四员，于宣府大同蓟州永平山海等处，提督粮储兼理屯田。"此四员不知何所据。

② 刘效祖：《四镇三关志》卷八《职官考·蓟镇职官·文秩·蓟州户部分司》。

③ 《明孝宗实录》卷二百二十一，弘治十八年二月己巳。

④ 张学颜：《万历会计录》卷十八《蓟州镇·职储》。

嘉靖年间蓟州镇所属区域分合不定,户部管粮郎中的设立也不断变更。嘉靖二十二年(1543)差主事一员,专理易州客兵粮饷。三十八年(1559)裁革昌平、密云二处管粮主事,改设郎中一员总理粮饷,其一应钱粮文移悉并贵州司掌行。嘉靖四十三年(1564)令贵州司添注郎中一员,总理永平粮储兼管屯种。嘉靖四十四年(1565)复设昌平主事管理三路兵马钱粮,密云郎中仍专理密云粮饷。隆庆以后,蓟州镇定制户部郎中三员:一驻密云县,督理各标兵营及墙子岭、曹家寨、古北口、石塘岭四路粮饷;一驻蓟州,督理各标兵营及太平寨、喜峰口、马兰峪、松棚谷四路粮饷;一驻永平府,督理山海关、石门寨、燕河营、台头营四路粮饷。①

辽东镇:成化十二年(1476)户科左给事中张海请辽东如宣府、大同例,设立管粮郎中一员驻扎广宁专理辽东粮储。户部复议后以为可行,遂责成吏部选郎中一员专于辽东管粮。成化十二年,"添设管粮郎中于广宁,仍三年一查盘"②。该镇郎中的设立,缘于先前管理钱粮有司彼此冲突,"辽东地方以辽河为界,河东定辽左等十四仓按察司官主之,河西广宁等十一仓布政司官主之,二年一代行之已久。但各仓循环月报出入数目两不相知,且干涉军职难于行事,况官经二年或相掣肘,差官查盘又无定例,是以人多玩法易于作弊"③。上述材料揭示,由于边镇事务日繁,且原有机构弊端百出,设立隶属户部的专门钱粮管理机构势在必行。辽东首任户部郎中为王宗彝,隶属于山东清吏司。十五年(1478)辽东巡抚陈钺认为辽东管粮已有山东布按二司官管理,无需另外设立郎中一职,王宗彝随即被撤回,次年户科给事中齐章题称辽东系临边境,军马调集粮草为先,应当设立专门的管理机构,仍差郎中一员整理钱粮。此后辽东管粮郎中成为常例。

万历末年,辽东战事爆发,军饷开支猛增。早在辽东战事爆发之

---

① 刘效祖:《四镇三关志》卷六《经略考·蓟镇经略·今制》。
② 谭希思:《明大政纂要》卷三十一,四库全书存目丛书本,第129页。
③ 《明宪宗实录》卷一百六十,成化十二年十二月乙未。

前,为应对当地日益严重的危机,辽东已经开始大量招兵买马。万历四十二年(1614),当地已经有新饷、旧饷之分别。①四十六年(1618)之后,随着各地援辽兵马的增加,当地用度大增、事务繁杂,八月,户部设立新饷司,专门负责辽东一应钱粮,辽东钱粮管理遂正式分为新饷、旧饷。"新设辽东饷司以潘宗颜为之,命于广宁设立衙门专理东征粮饷。"②新饷司职责涉及银两之贮藏、米豆草料之召买、官军月粮本色折色之发放、府佐卫营官员之考核等。此后,有关辽东加派钱粮事宜由新饷司处理。九月,"新升辽东巡抚周永春奏:请照宣大各镇抚臣例,补中军游击一员,隶以标兵六千以壮军中声势,粮草于新饷司支给"③。万历四十七年(1619),户部职方司员外郎王元雅呈策辽六款,其中有"宜敕下户部郎(中)行新饷司星夜料理"④。四十八年(1620),为审计有司册报兵马钱粮之虚实,经略熊廷弼建议,"行监军御史转行海盖等道会同新饷司逐一查算改正"⑤。

泰昌元年(1620)八月,户部又将太仓库分为新旧二库。时户部题:

> 新饷一事,物力竭天下而安危系辽左,非以专官总理之不可。若新旧二饷并收一库,在今日亦觉未便。盖旧库止税饷四百余万,今又益以新饷银五百余万,一司官目检而手算之,既拮据

---

① 《明神宗实录》卷五百一十七,万历四十二年二月丁未。
② 《明神宗实录》卷五百七十三,万历四十六年八月庚申。万历四十六年,户部称:奴酋肆逆,廷议召援、征剿非三百万饷不可,然转输不赀、头绪纷杂,故特设新饷司一员以管理之,盖责任亦极重矣。如银两之贮严密衙门也,米豆料草买籴委官之会同各道也,官军月粮之本折兼支也,府佐卫营等官之听行委用举劾也,业已具在前疏。奉有俞旨:疏中云有未尽事宜,另行酌议。户部据此又强调了新饷司必须注意防止军饷虚冒等事。程开祜:《筹辽硕画》卷十《户部·为援辽新设饷司酌议经理事宜以示画一以便遵守事》,国立北平图书馆善本丛书本。
③ 《明神宗实录》卷五百七十四,万历四十六年九月庚寅。
④ 《明神宗实录》卷五百七十八,万历四十七年正月癸卯。
⑤ 《明神宗实录》卷五百九十六,万历四十八年七月辛巳。

不遑,且总入于一库,司库者或不免通融支放,稍那移于新旧之间,嗷嗷者遂借为口实。诚另设一库另委一官,各营局内司新饷者札新库,即计数而解辽左。司旧饷者札旧库,即计数而解九边,法无便于此者。……其原任本部河南司鹿善继,贞心定力、绰有担当,委以新库雅能办之,臣即当遵旨札催本官前来管理辽左饷务。从之。①

其实,鹿善继并没有马上担任此职,在确定将太仓库一分为二后,随即铸给户部专理辽东新饷关防一颗,以江西司员外郎杨嗣昌升补郎中主之。②

边镇管粮郎中的设立是时代的产物。在正式设立郎中之前,边镇各地实际已经有一套较为完备的钱粮管理机构,或由中央临时派遣,或由地方布政司、按察司官员负责,或为巡抚兼管。其边镇各路、各仓储还设立有等级不同、大小不一的各类管理人员。成化以后,随着明代社会经济的发展,九边出现了新的巨大变化,这些新变化给钱粮筹集和管理带来许多新的问题。

成化以后,边镇各地本色粮食的筹集日渐困难。明初曾发挥重要作用的屯田至宣德后期已开始逐渐废弛,尽管政府三令五申,不断派遣有司清查核实,但屯田本色粮食收入的不断减少成为不争的事实。弘治时期的叶淇改制,又使开中盐粮制度被破坏。③与此同时,

---

① 《明光宗实录》卷六,泰昌元年八月庚申。

② 以上所述为九边七镇的基本情况,另外山西镇和固原镇未设立郎中,山西镇以户部主事一员管理,固原镇由当地官员兼管,此不赘。

③ 对于叶淇改制的评价,从明代至今依然争论不休。但无论其动机如何,的确造成了一个客观事实,即边镇粮食收入减少。在政府法定开中盐粮的情况下,由开中获取的粮食成为边镇本色供应的可靠保障之一,尤其在发生紧急情况之时,开中几乎成为筹措钱粮的最重要选择。在开中盐银的情况下,从技术性的角度而言,的确于商官皆为便利,却造成了边镇粮食短缺的窘境。这一情况在明代中期以后日趋明显,也就是时人常常感叹的"边镇不患无银而患无粮"、"有银而无处籴粮"等等。

边镇明代军队与各少数民族之间力量的对比发生了很大的变化。在明初洪武永乐时期连续打击下,蒙古残余势力基本无还手之力。正统以后,边镇形势已发生逆转,活跃在北部边疆的各蒙古族部落成为边镇的巨大威胁。为此,明代被迫在边镇增加军队,修筑边墙和城堡,先前"七分屯田三分守城"的定制也一步步被突破,屯军不断转化为操守部队。上述情况在军费上的体现就是边镇钱粮开支逐渐增加,尤其是户部给付的京运年例银不断增加。

由此可见,随着时代的发展,明代九边各地钱粮管理事务日益繁重。同时,在管粮郎中没有设立之前,同一边镇的钱粮往往分属不同的机构管理,造成彼此相互制约,甲是乙否,效率低下,严重干扰了边镇钱粮的正常运作。成化十七年(1481),大学士杨守陈曾说:"国初肇建陕西行都司于肃州,统十二卫三所,而所谓会计出纳者,则布按两司各遣官分理。其甘州、山丹、永昌、肃州、镇夷、高台诸仓则属按察司,而凉州、镇番、庄浪、西宁、古浪诸仓则属布政司,事权不一,有无不相通融,□者病之。"①由此,设立一个专门负责边镇钱粮管理的机构成为必然,各地户部管粮郎中便应运而生。边镇军饷收支非常复杂,涉及钱粮数量巨大,"治储之事散有聚无,士需将征豪干暴取,凶不改敛,贫不减费,权利而府怨,是难之也"②。这也使得必须设立一个专门的管理机构才能理清各种关系,强化钱粮的征收和管理工作。

嘉靖二十年(1541)前后管粮郎中废设的变化更说明该机构在边镇钱粮管理中不可或缺。嘉靖十九年(1540),户科都给事中郭鋆言,宣府、大同、辽东、永平、花马池等地管粮郎中奉旨取回,各巡抚衙门不能身亲调度,各守巡等官各自有职,未免顾此失彼难以兼摄。他建议于原设郎中处在布政司参政、参议内选取一员,令在各镇驻扎经理钱粮。二十年(1541),各有司因大房犯边,先后上言边事,兵

---

① 顺治《肃镇志》卷二《建置志·公署》,中国方志丛书本。
② 陈子龙:《明经世文编》卷一百三十九《何景明·郑子擢郎中序》。

部集廷臣议应对之策,其中之一便是复设管粮郎中,"旧设各边管粮郎中,得专敕行事,且系御户曹意相联属,制甚善也。今乃革之而更设一参议,使权归巡抚,事体枝梧,宜复设郎中如旧"①。同年十月,从兵部议,"复设宣府、大同、蓟东(州)、辽东、兰州、永平、苑(花)马池等边管粮郎中,以员外褚宝、郭朝宾、张天麟、张旦、胡汝翼、刘栋各升署职令之任,各与专敕行事"②。此后,边镇郎中常设不废。万历元年(1573),户科都给事中贾三近就有司革除管粮郎中的提议评论说,此系"因噎废食,非通方之见",不能因为某个郎中的不法行为否定该机构的作用,因此郎中不能废除③。崇祯时,毕自严谈到郎中的重要性时说,"至外之饷司,与三军尤亲,士马饥饱边事安危,俱于是乎寄,其所关更重"④。

二、户部郎中的主要职能

作为由户部派遣专门负责边镇钱粮管理的机构,郎中在整个边镇军饷管理中承担着重要的任务。在各边镇郎中成为常设后,一般郎中赴任之时,皇帝均给予敕令,这是考察其职能的最好材料。兹以宣府镇和辽东镇郎中的敕令分析之。
宣府管粮郎中敕谕云:

> 宣府等处地方钱粮数多,仓廒星散不一,兼以军卫官军及权豪势要不遵约束,或包揽侵克,或通同官攒人等虚出盗卖,以致边储亏折有误供给。今特命尔前往彼处管理一应钱粮,兼管屯种,严督各该管粮官员,凡收支之际,务要关防严密,除奸革

---

① 《明世宗实录》卷二百五十三,嘉靖二十年九月丁未。
② 《明世宗实录》卷二百五十四,嘉靖二十年十月辛酉。
③ 《明神宗实录》卷十七,万历元年九月壬辰。
④ 毕自严:《度支奏议·堂稿》卷七《议祛饷司宿蠹十款疏》,续修四库全书本。

弊,禁约官吏军民人等,不许包揽侵盗在官钱粮及私役占用屯种军丁。违者听尔量情处治,应奏请者参奏来闻,其官攒以下应究治者究问如律。每岁或开中引盐并发银籴买粮料,须斟酌价值贵贱、岁用多寡及地方缓急,从公坐拨分派。其粮务要干圆洁净,不许掺和糠秕沙石,仍取勘各卫仓厫数目,各项粮料俱要坐定厫口,随收随盘,以革奸弊。凡一应合行事宜,悉与巡抚官会议停当而行,不许偏执自专,乖方误事。其腹里地方,如遇灾伤粮草少收,送到银两亦要公同巡按御史籴买,以革权豪包占迁延不纳之弊。尔须持廉秉公,正己律人,毋暴毋刻,务俾事妥人安,庶副委任。如或丝毫不谨以致扰人坏事,及畏势听嘱,容情作弊,亏损钱粮,事发必重罪不宥。尔其勉之慎之。故敕。①

敕辽东粮储户部郎中张崇功:

辽东地方该用钱粮数多,止靠屯田子粒及在京送去银两并开中引盐以备支用。奈近年以来奸弊百端,粮料滥收,粗涩糠秕不堪食用,屯田被人侵占子粒无从上纳。若不严加清理禁革,不无边储亏折有误供给。今特命尔前往彼处总理,督同都布按三司管屯管粮官员及督并分理钱粮知州通判,凡一应屯田,务要照例逐一清出,拨军屯种。各仓场粮草收支之际,务要关防严密,除奸革弊。禁约官吏军民人等,不许包揽侵盗及侵占屯田,不纳子粒。违者六品以下官,尔即拿送按察司分巡官并所在官司问理,应奏请者照例奏请施行。其三司官若有因循怠忽,亦听尔指实劾奏。每岁开中引盐并纳银籴买粮料,须斟酌价值贵贱、岁用多寡及地方缓急,极边城堡缺粮仓分,从公坐派,不许只于附近有粮去处派拨,图作人情。其粮料务图干圆洁净,敢有掺和

---

① 嘉靖《宣府镇志》卷二《诏命考·皇明·睿皇帝天顺元年赐户部郎中徐敬总理粮储敕谕》。

糠秕沙土者，就便拿问退出。仍取勘各卫仓廒数目，各样粮料坐定廒口随收随盘，以革奸弊。及令各卫定委老成指挥一员，量拨余丁烧造砖瓦石灰、采打木植专以预备，遇有各廒损坏随即修理。亦就总督查者，□令各官私役卖放。凡彼处一应合行事宜，务要遵照该部近日题准事理，悉与巡抚官协同面议，停当而行。毋得偏执自专，乖方误事。尔受兹委托，须持廉秉公、正己律人，毋暴毋刻，务俾事妥人安，斯称任使。如或持身不谨，以致扰人坏事，及畏势听属容情作弊亏损钱粮，事发必重罪不宥。尔其勉之慎之。故敕。①

由以上两个敕令并结合其他史料，我们探讨边镇管粮郎中的职能问题。

第一，提督屯种。边镇屯田尤其是军屯学术界已经有了非常深入的探讨，本书不拟展开论述。②正如众多方家所指出的，总体而言，屯田收入在边镇军饷中所占比例呈逐渐下降的趋势。但是，作为一种制度设计，有明一代，边镇的军屯始终为执政者所强调。明初设计的卫所制度其经济基础便是屯田。因此，尽管屯田的废弛成为人人皆知的事实，但依然为朝野上下所关注，每逢边镇粮食危机之时，恢复屯田祖制几乎成为建言者的不二之选。明初朱元璋曾言，"养兵百万，当不费百姓一粒米"，明中期以后，这句话却演变为"养兵百万，不费百姓一粒米"。许多人往往以此为依据，论证屯田的可行性。分析上述两个敕令，均强调郎中的首要职责即为管理屯田，即所谓"凡一应屯田，务要照例逐一清出拨军屯种"，"不许包揽侵盗在官钱粮及私役占用屯种军丁"。

从郎中实际处理的有关事务看，其对于屯田的管理包括两个方

---

① 刘效祖：《四镇三关志》卷七《制疏考·辽镇制疏·诏敕·敕辽东粮储户部郎中张崇功》。

② 参见王毓铨：《明代的军屯》，中华书局2009年版。

面,一是监管有关人员,二是具体处理一般事务性工作。正统二年(1437),行在户部主事在甘肃收受粮储,时兵部右侍郎徐晞奉命镇守边防兼督屯田,因庄浪镇番诸卫相去甚远,无法照顾周全,遂命该主事与之共同提督屯田。弘治十六年(1503),"增设直隶永平府通判一员,专在辽东义州城分理管(广)宁左右等七卫屯田粮草,三万等七卫及定辽左右等七卫屯粮,令分属安乐自在二州知州带粮(管),俱听管粮郎中总理。管(广)宁在城四卫屯粮仍郎中自理"①。

第二,钱粮收支和管理。这是管粮郎中最重要的职能,正所谓"各镇设督饷郎中正以慎出纳调盈缩"②,"司饷一官,虽系曹署,然以管百万金钱之出入,司□□战士之命脉,任极重而责亦匪轻"③。

监督仓粮出纳。明代边镇仓储管理系统非常复杂,根据韦占彬的研究,至天顺成化年间,户部与地方共管的边军仓储管理体制基本形成,大致分成四个层级:仓大使、副使等仓储直接管理者,通判、州判官、县丞等监督一仓或数仓收支的府州县佐贰官,监督监管一镇仓储的布政司、按察司佐贰官,户部郎中。④不同机构之间各自职掌交叉,十羊九牧,如此反给负责仓储的最低级胥吏官攒提供了可乘之机,他们上下其手,侵吞仓粮,导致弊端重重。有实收已到而升合未纳者、有循环开载而仓场全无者、有仓场现存而循环隐没者、有滥收粗恶粮草者、有以召买盐屯等粮相影射者、有廒无扃锁仓无门垣便于侵盗者、有逃故官军粮银各卫所不即扣还者,如此等等,不一而足。在户部看来,解决上述问题的关键在于"专委管粮郎中主事查核,毋令诸将吏得侵其权"⑤。从郎中处理的具体实务看,其对负责仓储管理的通判、官攒等有监管之责和处罚的权力。

明代中期以后,随着各种粮料的改折,无论是民运还是开中多

---

① 《明孝宗实录》卷一百九十六,弘治十六年二月己未。
② 《明神宗实录》卷五十三,万历四年八月甲申。
③ 毕自严:《度支奏议·新饷司》卷二《考核山海饷司王建侯疏》。
④ 韦占彬:《明代边军仓储管理论略》,《河北师范大学学报》2007年第4期。
⑤ 《明世宗实录》卷五百五十八,嘉靖四十五年五月辛丑。

数以银两的方式缴纳,加之给发边镇大量的京运银,边镇白银的储存量不断增加,各地普遍设立用于储存白银的银库。在设立郎中的边镇如宣府、大同、蓟州、辽东、延绥、甘肃等地,银库银两均由郎中和当地府县正官定期收放,其出入封锁悉照太仓库例,不允许库官自收自放。在未专门设立郎中的边镇,先前俱系各道委官收放,移文郎中知会。其后鉴于司道多不亲临至通判库官侵扣,遂改为司道官亲临收放,郎中不时巡历清查,不能仅仅以各有司上报文册简单应付了事。在银两收放入库的过程中,主管郎中必须秉公处置,与各该有司官员通同收支,"其京运委官解到太仓银两,巡抚会行管粮郎中、主事,公同守巡查照原给号簿秤收,如有附余,照旧依律作正支销"①。

　　发放军饷是钱粮管理的关键环节,对管粮郎中来说,核定军队人数是防止钱粮虚冒的基本前提。而在边镇各地,确也出现了武官滥收亲兵诡冒姓名希图钱粮的现象。蓟镇"将领滥收亲军,或浮游无赖、或老疾不堪、或诡冒姓名、或挪移卫所,前甲后一(乙),册籍纷吏(更),朝暮(募)夕逃,粮饷虚费"②。为此,将领勾解军役必须关白巡抚、兵备,钱粮发放必须预报管粮郎中查对无碍,方许食粮。

　　由于各地情况不同,边镇郎中管理范围也有所差异。嘉靖以后,边镇虏情严重,费用激增,郎中一人管理不善,各地主客分治成为常例,户部郎中专责主兵,客兵则由当地的巡抚和各兵备道等督理。嘉靖二十五年(1546),宣大总督翁万达题准:"今后一应客兵钱粮俱巡抚衙门出给勘合,一应主兵钱粮俱管粮郎中出给勘合。"③嘉靖二十八年(1549),甘肃甘、兰二卫主兵月粮设有督储郎中专理,兰州、会宁县一带客兵钱粮尽属固原兵备。甘肃管粮郎中的职责一度变动不居,嘉靖十五年(1536),陕西巡抚黄臣题该地八府民运,惟甘肃地方

---

① 张学颜:《万历会计录》卷二十三《宣府镇·职储》。
② 《明世宗实录》卷一百六十六,嘉靖十三年八月壬子。
③ 张学颜:《万历会计录》卷二十三《宣府镇·职储》。

极为险远,应设立郎中一员在兰州驻扎,专门查验各府民粮价值等项。不过,户部派遣隶属中央系统的郎中不管理军饷收支而负责民运钱粮的征收显然不妥,"兰州旧有管粮郎中而不司支放,与宣大事体少异,已失事宜,或又令其历在催征,不更远乎?若以省参一官专驻兰州以督边课,如近时山东河南京运事例,而移郎中于甘州,如宣大例,则稽察归于户部,催科便于本省,是或一道也"①。以郎中负责地方钱粮征收,既违背了郎中初设的本意,也导致民运征缴的困难。因此,有司建议甘肃当如宣大事例,以本省官员主征收,以郎中责收放。嘉靖三十七年(1558)五月定,蓟镇各地仓场召买粮草,主兵属之管粮郎中,客兵主之兵备道。嘉靖四十一年(1562),蓟州镇主客分治成为定规。"自今宜以主兵粮饷责之管粮郎中收放,客兵粮饷责之兵备道。……著为令。"②

这种分理方式造成一个明显的弊端,即各地情况不同,主兵客兵人数不一,某地或者主兵钱粮不足、客兵军饷有余,别处则可能主兵钱粮有余、客兵军饷不足,但在分别管理的情况下,往往导致"客饷属之抚道而户部专理主供,遂生彼已不肯通融"③。为解决各自为政且稽查不易的问题,早在嘉靖二十六年(1547),巡按御史黄如桂鉴于宣大钱粮以主兵属郎中、客兵属守巡,挪移影射奸弊难稽,建议钱粮不分主客归属郎中,其召买职能则由守巡负责,"将各项钱粮无分主客皆以郎中领之,至于召买等项,则守巡督率通判等官经理,庶内外分职,得交防互制之法也"④。尽管该建议经户部上奏后得到批准,但从后来各镇的实际运作看,主客分治依然为钱粮管理的基本

---

① 张天复:《皇舆考》卷十一《九边·甘肃》,四库全书存目丛书本。
② 《明世宗实录》卷五百十六,嘉靖四十一年十二月壬戌。实际上,在当年二月,有司已经建议在蓟州镇实行主客分治的办法。户部覆工科给事中邓栋条陈议处蓟州事宜称:调到客兵皆兵备道所督率而稽察之,其支粮之数宜照宣大例,责令兵备分管,其户部郎中宜专管主兵,以防侵冒。参见《明世宗实录》卷五百十六,嘉靖四十一年二月癸酉。
③ 《明神宗实录》卷七十三,万历六年三月庚午。
④ 《明世宗实录》卷三百二十六,嘉靖二十六年八月丙申。

原则,至万历以后才发生变化。

第三,会同各地巡抚处理边镇钱粮事务。边镇钱粮不足,郎中和巡抚须共同清理各地军饷用度,会计各卫所城堡兵马钱粮数量以计其盈缩。嘉靖初年,宣府、大同、宁夏一带接连败绩,地方纷纷以粮草无措为借口,坐视边镇被掳,生灵涂炭。世宗皇帝谕令:"户部便通行各边巡抚、管粮官,查概管城堡现在粮料草束各的有若干,可够主客兵马若干名几时支用,各官库现在未支银两的有若干,近时开去盐引若干,曾否召报上纳完足。"①

嘉靖九年(1530),大同镇地方有秋,有司建议预发银于当地召买,其请发和给支程序为:

> 先该巡抚大同都御史王大用、总理粮储署郎中王民会题:据山西布政司分守冀北道左参议陈时明呈称:本镇地方今岁麦已先秋亦可望,现在银两不多,若待山西该年边储解到方才召籴,冬尽春来恐不能完,后时失利。乞要预发太仓官银数十万两运送前来,听其酌量紧要城堡,趁今年丰米贱,召商籴买本色。该本部议拟动支太仓库盐粮等银一十五万两……差官运送前去,交与管粮郎中照数秤收。……听其会同巡抚都御史计议,定拟斗头,趁时召商,分认城堡上纳本色粮料,坐委参议陈时明。②

大同镇由于缺少银两购买本色粮食,先是分守道将调查的实际情况报告给巡抚,而后由巡抚和管粮郎中共同会题请户部上奏给发银两,在皇帝批准后,户部动支太仓银两派专员交付郎中收管。京运银两到达边镇后,郎中再会同巡抚确定召买有关事宜,然后交由分守参议具体负责召买工作。万历以后,尽管边镇烽火不燃,但钱粮开支不断增加,清理钱粮虚冒成为第一要务,从宣大总督清理后节省银

---

① 毛伯温:《毛襄懋先生奏议·抚台集》卷六《接济边储疏》,四库全书存目丛书本。
② 范钦:《嘉靖事例·查考大同预支粮银》。

十二万余两、延绥裁汰浮冒年省银万余两看,清理的确具有一定的效果。

万历十六年(1588)前后,辽东钱粮不敷应用,户部令当地有司核实各种用度数量。为此,辽东管粮郎中周文卿会同整饬金复海盖兵备按察使郝杰、分守辽海东宁道兼理边备右参政栗在庭、整饬开原兵备右参政成逊、分巡辽海东宁道兼理广宁等处兵备副使鲍希颜、整饬宁前兵备佥事王邦俊将万历十五年(1587)起至十六年十二月终止收放各项钱粮分别旧管、新收、开除、实在数目造册报送辽东巡抚。辽东巡抚又会同蓟辽总督加以核实以厘清该镇钱粮不足之缘由,通计岁额缺少银四万九千两。为保证辽东钱粮应用,管粮郎中与巡抚会计各项用度,视缓急通融支给。

在辽东巡抚顾养谦看来,管理程序的不合理和僵硬化分工导致钱粮收放出现问题,最终军人不得实惠。根据责任划分,辽东一切钱粮征收必须经管粮郎中委官查明,然后坐派某月本色某月折色,报部后方能给发。不过,辽东本色豆过五月辄黑腐不可食,米谷亦浥烂不能用。如果根据实际情况,各道臣当青黄不接之时,将在仓本色随宜给放,诚为公私两便。但问题在于,"管粮郎中坐派本折定数则已报部矣,各道之臣往往文移请改而已无及矣。故部臣若以为道臣擅权而不知其应从便计,道臣若以为部臣掣肘而不知其未有前闻,彼此数目参差、往来驳正归一,颇费事矣"。这里郎中和各道在钱粮管理上发生冲突,双方各以其固有职掌为出发点,结果导致钱粮的浪费。顾氏建议,"军饷之给散,管粮郎中势必不能兼,既已属之各道,则每岁当青黄不接之时,听各道查在仓本色随宜给放,以济枵腹燃眉之急而免黑腐浥烂之患,则道臣便;仍一面呈详抚按二臣,一面移文管粮郎中,以定本色折色之数而为季报岁报之地,则部臣便;此和衷共济之义也"[①]。也就是说,在郎中一人无法周理全镇的情况下,应

---

① 顾养谦:《冲庵顾先生抚辽奏议》卷十七《缺乏钱粮恳饬臣工协心体国以足经用疏》,四库全书存目丛书本。

当给各道通融处理的权力,如此则既济军士之急,又免湮烂之患。

出于考核和升迁的考量,部分郎中往往以积羡余为能事,实际上基本为克扣钱粮或逃亡未补所致,严重损害军民利益。嘉靖三十八年(1559),给事中魏元吉建议,各边管粮郎中召买之时,如遇给放官军商民各项银两,务必先期会同廉能官员督同该库官吏同领银人等"当官挈验,务令足数,不必多积羡余亏累商民"①。但是,明中期以后,节省钱粮依然为考核郎中的主要指标之一。万历二十四年(1596),为鼓励各边镇郎中加强管理节约军饷,特将管理兵饷节省至四十余万的户部郎中郑璧升五品京堂官。万历三十二年(1604),辽东管粮郎中王爱三年任内节省本折计银二十五万两有奇,该员于应得职衔外加二级。其后二人均因此又被罢黜,其实节省云云,多系"积羡余"所得。

万历三十六年(1608),户科给事中韩光裕即对王爱提出强烈的批判和谴责。"查先任管理郎中王爱经管三年,所积羡余银十九万四千余两,粮五万六千二百九十余石。夫有兵即有饷,有缺即有补,安所得羡余? 从扣克来,此非经非制也。……谁令其积羡以猎超迁如王爱者,事发之日天已殛之。"韩氏认为这种行为,"是相率而为盗臣也,既盗朝廷之钱粮,又盗朝廷之名器"②。实际上,自从万历中期以后,辽东边镇危机日重,该地不断招兵买马,各项用度日增。自羡余之风兴起,该镇"有军而故悬缺不补,以为留饷之地;有饷而故留作羡,不为补军之用"③。万历以后,边镇军费供应日渐紧张,地方绌于应对,难有结余存留。而且,一旦视"积羡余"为能事,势必导致郎中上下其手,挪此应彼,为其侵渔贪污大开方便之门。"钱粮止有此数,解者既不可多求,领者又不可少与,此物将奚从出,不几为侵渔者借

---

① 《明世宗实录》卷四百六十八,嘉靖三十八年正月戊午。
② 董其昌:《神庙留中奏疏汇要·户部》卷六《户科给事中韩光裕题为重镇蠹坏等事疏》,续修四库全书本。
③ 陈仁锡:《陈太史无梦园初集》,《车集》一,《筹边论·辽饷二司》,续修四库全书本。

之口耶。"①

羡余一旦成为有司刻意追寻的目标,则种种怪现象自然发生。对于官军来说,先前逃亡之后,至少从制度上而言时刻面临着被再次拘役勾补的风险,由于羡余的盛行,有司不以补军为要务,官军免于勾补则多人相率而逃。对于郎中而言,尽管其负有查核军数之责,为积累更多的羡余,有缺不补甚至是唯恐不缺成为其必然的选择。最终导致逃者益众、军额益亏。

---

① 毕自严:《度支奏议·堂稿》卷七《转饷画一全行兑支疏》。关于"积羡余",是一个非常值得探讨的课题,它涉及明代九边钱粮管理的诸多侧面。万历三十年前后,涂宗濬以延绥为例,说明有司刻意积羡余实不可行。其云:延镇每年京运主客年例可四十三万有奇,偿不节缩减省,臣等岂不欲毕智竭虑,为国家惜一分之费以纾一时之急哉!顾其势有所不可者:该镇每年军马之数不日减也,各军马每年防房之役不日弛也。于中军逃马倒四路各营不能尽无,然求以此空月之数积至几万十几万,此事理之所无也。或者相沿先年流传至今,与民屯现在应征之数及还官应追未完之数总而计之。前饷司一时报部或至十有七万,然本官偶一为之则可,以此为法将来则非所以为训矣。何以明其然也?前积既有十七万,每年京运减,则边储当有余粮。去年夏季东路军马缺饷,饷司郎中孙敦化束手无策,不得已将抚赏库银借支三万有余始济一时之急。向无此银,则军哗于内房逼于外,延镇之事去矣,此可不为殷鉴哉。但前人既以多报为能,则后之少报者为不能;前人既以多报得美迁,后人将以少报得下考。利钝淹速之间,不肖者得以借口;多寡相形之际,贤者不免累心。于是军马额数应补而前官未补者,后既以为应裁,始有为限年之说者矣。粮料及时应给而军马续补者,饷单不免久稽,始有为限月之说者矣。夫万历十九年阅视少卿王世扬题准军马经制,未尝有每年递减之文,而军马既已顶补在营,岂可枵数月之腹。以为不如此,则积余不能多也。夫军马日减是寖弱之渐也,饷不时给是脱巾之因也,见小利而忘远忧,奚可哉!夫大司农率属自有正道,未必以附余为考课;士君子进身自有正路,不当以承望为捷径。前饷臣郑璧因延镇兵马调赴宁夏讨贼,积有未支军饷伪报掠为己功,骤升京秩,卒为阅视御史于永清发露其事竟因革职,则亦何益之有。今饷司孙敦化刻意清刷,未必有此,而前人之流弊大为后人之累,不可不逆阅其途也。参见陈子龙:《明经世文编》卷四百四十七《涂宗濬·及时议修内政治实政事疏》。

第三节　明代九边军费管理机构的关系

一、管粮郎中与巡抚的关系

在九边各镇，明代设置了不同系统和级别的钱粮管理机构，彼此之间关系错综复杂，职能各有交叉，形成多层次、多部门共同监管的钱粮管理体制。

边镇钱粮浩繁，收支数量巨大，各管理机构在处理有关事宜之时，往往彼此之间共同参与，以收其效。事实上，为应对边镇各种问题，各管理部门的通力合作必不可少，尤其在钱粮的征收环节更须严密把关。在蓟州镇，由于钱粮征收不实导致边镇军饷无法给支，带来非常多的问题。

> 查得各州县起解边粮，实出实入，乃其制也，而当时立免支之法者，其意盖欲取便于军民。殊不知解户仓攒通同作弊，虽有月报之虚数，实无入仓之粮草。春初有军士告缺月粮，即批行管粮衙门查给。及至管粮衙门回称军士月粮已坐派某仓系军士之捏词，又不免批行将领之查究。及至将领又回称虽坐派某仓，差去军士关领皆系空仓，原无米石。看得司饷者之坐派，必凭仓库之实收，今各有推词，其弊必在于仓攒矣，又不免批行兵道从实追问。……司兵司饷者往往争辩不息者，职此故也。①

蓟州镇的情况表明，由于在最初的钱粮征收环节出了问题，户部郎中、兵备道、边镇将领等各部门之间文移往来频繁，却没有解决任何问题，反而导致彼此争辩不息。

---

① 陈子龙：《明经世文编》卷三百七《刘焘·上内阁司徒议处蓟东钱粮书》。

在边镇郎中未形成定制之前，一般边镇钱粮的管理以户部派遣专员和地方官员为主。巡抚由于事务繁忙，在钱粮管理上系"总领"性质，如甘肃镇平时的日常管理，"有都御史曹翼总领，至于粮草储备既有侍郎柴车提督，又有布按二司堂上官往来措理"①。隆庆三年，在讨论密云、昌平军饷给发问题时，兵备道、管粮郎中、蓟辽总督、户部、蓟镇巡抚、管粮通判等统统参与其中。在地方看来，密云地方本色不足，当地收成欠佳，如在当地召买势必给民众和商户带来极大的不便和困扰，行兑运则军队无法得到实惠，建议仍然恢复旧制，以漕运直接给密云本色。各机构协商后认为，密云、昌平漕运本色军饷，不能改为户部给发京运年例召买，而应当继续由漕运给本色。②

郎中的设立，一定程度上分割了巡抚的钱粮管理权力。大同郎中杨益上任不久，双方即爆发冲突，这次冲突还引发了连锁反应，连户部也被牵涉进来。先是，大同巡抚王宇奏称，由于郎中杨益不作为，该镇边储无法措备，为保证边储的供应，应当撤换该员另委他人。户部认为，巡抚官职责钱粮，不必另外差员，当令该抚督促部下尽力筹集，且杨益未见明显的失误，不便究问，当"宜移文申饬，勉其自新"。至此，应当说双方的争执均系出于公事，且从各自的角度而言，无论是巡抚的上奏还是户部的答复，均无大的不妥之处。但其后王宇对户部指责道：

> 户部尚书沈固等既不奏差官员，又不令益听臣督理，朦胧奏请，致使益凡事不相关白，倘刍藁缺用，罪将安归。况固等移文臣处，微词巧诋，欲将臣下同所属（笔者注：此处疑有漏文或衍文），若依所奏，则臣止可督理粮草，而于巡抚之事不当干预，其于原奉敕谕实相违戾。乞以臣言并户部所奏参究，以定是非。③

---

① 《明英宗实录》卷五十，正统四年正月己丑。
② 谭纶：《谭襄敏奏议》卷七《明会计以通时变预远图疏》，文渊阁四库全书本。
③ 《明英宗实录》卷三百六，天顺三年八月癸酉。

平心而论,大同巡抚王宇此时对户部尚书沈固等的指控过于不公,既然没有将管粮郎中杨益撤回,自然无再差属员的必要。尽管目前我们还没有发现给发大同郎中的敕令,但上引宣府郎中的敕令云:"凡一应合行事宜悉与巡抚官会议停当而行,不许偏执自专,乖方误事。"辽东郎中的敕令云:"凡彼处一应合行事宜,务要遵照该部近日题准事理,悉与巡抚官协同面议,停当而行。毋得偏执自专,乖方误事。"从这两个敕令看,在郎中与巡抚的关系上,彼此并不存在隶属关系。也就是说,巡抚对郎中并没有行政管理权,双方处理边镇有关事宜,更多是属于"会商"性质。考虑到宣府大同郎中系同时派遣,且当时两镇巡抚尚未分离,大同郎中与巡抚的关系应当与此类似。"饷司一官,上仅受节制于总督,至抚院以下皆得分庭抗礼。"①因此,王宇所谓"又不令益听臣督理"云云,显然没有任何道理。至于说"若依所奏,则臣止可督理粮草,而于巡抚之事不当干预,其于原奉敕谕实相违戾",其实在户部尚书的答复中,仅仅谈到巡抚有督理粮草的职责,并没有说巡抚不能干预边镇其他事务,更谈不上与"敕谕实相违戾"。当然,由于户部自身的原因,"致使益凡事不相关白"的问题可能也是存在的。这是双方的第一次正面交锋。

在以郎中为核心的边镇钱粮管理体制中,郎中与地方巡抚的关系比较复杂。一方面,在以文制武的管理方式形成后,以总兵为代表的武官系统被彻底剥夺了与钱粮有关的一切事务,巡抚成为主管边镇军政财政要务的地方大员。尽管后来明政府先后设立了陕西四镇、宣府大同、蓟州辽东三地总督兼管军饷,但实际上依然操纵在各地巡抚手中。在管粮郎中没有成为定制之前,巡抚对边镇军饷拥有实际控制权。各地郎中的设立并成为定制,既剥夺了巡抚的一部分财权,又对其形成相当程度的制约。另一方面,在明代官阶序列中,巡抚的品级比郎中高出许多,从皇帝给发的敕令也能发现,郎中职能的发挥必须与巡抚密切配合。但由于双方分属不同的系统,彼此

---

① 毕自严:《度支奏议·堂稿》卷七《议袪饷司宿蠹十款疏》。

冲突难免,嘉靖四十年,蓟辽总督杨选抱怨说,"边镇一切钱粮收支悉户部郎中,所司督抚无与,比及会计,郎中呈应用之数,督抚会题,部辄裁减。督抚虑不给用,曲意节缩,至将主兵应上边者无警暂留本城,及遇寇警闻报督发,近者犹或可及,远者多不能赴,此形迹误事之弊也"①。这种冲突往往对边镇军政和财政造成比较大的影响。

二、管粮郎中与各道及其他机构的关系

各边镇普遍实行主兵客兵分离之后,一般主兵钱粮归郎中,客兵钱粮归兵备道。年终会计根据不同归属联合上报。如蓟州镇主兵粮饷责之管粮郎中收放,客兵粮饷责之兵备道召买,稽之郎中。其每月出入之数,悉令该库官揭报巡抚,年终主兵会计郎中巡抚同疏,客兵会计巡抚总督同疏。嘉靖三十八年(1559),有司再次奏陈,宣府大同由于分别管理,导致钱粮稽查不时,不法之人作弊,军饷不得实用:

> 各边主客兵饷悉领之管粮郎中,故出入有稽而奸弊易察。近年宣大以逼近虏巢,四时防御,征调纷纭,奏讨旁午。以其经费穰浩,乃以客兵钱粮属之守巡各道,其出入敛散,一维巡抚主之。致有解银未至该镇而巡抚中途留用者,有弃阁户部勘合而听出入于巡抚小票者,各道以势在相轧,莫敢谁何。故近日司饷部臣不得其职,而两镇抚臣亦往往以赃败。今请申明定规,将一切客饷俱如主兵事例,归之管粮郎中,以一政体、塞弊源。②

在边镇钱粮统归郎中管理之时,确实可以做到"出入有稽而奸弊易察"。宣府大同军饷实行主客分治后,郎中失去了对客兵钱粮的

---

① 《明世宗实录》卷五百一,嘉靖四十年九月乙巳。
② 《明世宗实录》卷四百六十九,嘉靖三十八年二月壬戌。

监管,"其出入敛散一维巡抚主之",致使巡抚中途留用者有之,置户部勘合不顾者有之。在分治的情况下,郎中根本没有权力过问,"故近日司饷部臣不得其职,而两镇抚臣亦往往以赃败"。主客分治,郎中和地方兵备各自掌管不同的钱粮,但关键在于边镇有警,各地客兵动调不常,钱粮难以预先置办,有司往往拘泥于职掌所在,主不给客,客不济主。万历以后,主客合一统归郎中管理才渐成边镇的通例。

边镇各地钱粮动辄百余万,仅靠若干郎中或守巡各道往往不能应付,尤其在各镇分设路别以后,郎中和守巡往往居于镇城或其他重要卫所,不能及时处理各路钱粮出纳。因此,在郎中和守巡之下,一般设立通判负责一路,作为其属员协助管理军饷。尽管在行政建制上,通判寄衔于各地方行政系统,但却归属郎中或守巡管理,具体负责仓储出纳,所关甚重。如蓟州镇,设立郎中三员,各有属下分理通判一人。宣府大同二镇"主客钱粮总以部官巡守,分以五路通判,而通判者,召商给价、监守征收,所系最重者也"①。甘肃镇于临洮府设同知一人监收兰州广积等六仓,设通判一人监收河州等三仓,举凡民屯、京运、开中等项钱粮俱归其亲临收放。嘉靖三十一年(1552)户部再次明确郎中对通判的管理和监察权,"以后收受粮斛,不许滥委武职及经历、知事等官,止许管粮郎中督责通判及州县正官立限比较,如违,管粮郎中会同巡抚参奏"②。嘉靖四十三年(1564),巡按顺天御史董尧封建言,"各镇管粮通判悉听郎中节制,抚按官不得他委",此议得到批准③。隆庆三年(1569),蓟州镇马兰、太平、松棚三路军伍云集,钱粮浩大,督抚会题设立通判一员专管主客兵马钱粮,就近于河间府带衔,"受蓟州管粮郎中钤辖"④。

边镇钱粮管理,通判尽管地位较低,但位置重要,是具体事务性

---

① 陈子龙:《明经世文编》卷二百五十二《赵炳然·题为条陈边务以俾安攘事》。
② 张学颜:《万历会计录》卷二十三《宣府镇·职储》。
③ 《明世宗实录》卷五百三十六,嘉靖四十三年三月庚申。
④ 谭纶:《谭襄敏奏议》卷六《改设管粮专官以重责成以资边计疏》。

工作的承担者,"管粮通判,上自督抚下迨军士,无不仰给"①。正因为如此,万历八年(1580)订立条规,强调各边盘收监放尽责通判,不许复委经历等官。

在文武分治尤其以文治武的体制形成后,巡抚基本全揽了边镇要务。弘治时期,宁夏巡抚冯清诗云:"百寮庶府纲维地,春荣秋肃归毫端。鉴之空扬清激浊,矢之直禁弊除奸。安内则黎元绥辑,攘外则夷虏摧残。权总兵民之任,位尊股肱之官。"②既然如此,巡抚职能的发挥必须通过一定的途径才能实现。巡抚对于分守、分巡、兵备各道,有事实上的管理权。尽管各道寄衔于地方行政系统,但在边镇各道正式建制以后,巡抚和各道便形成事实上的上下级关系。靳润成指出,巡抚"集所抚地区民政、军事、监察之权于一身的目的,则主要依靠统辖所抚地区的'道'来实现"③。也就是说,巡抚职能的行使和发挥主要通过各道来完成。因此,各道的活动自然受到巡抚的制约和规范。尽管为地方系统,但如果有干边镇钱粮,地方相关负责人员一般受边镇巡抚节制和管理。在辽东,管粮布按二司官员任满之日,须将任内事由开报巡抚,听其考查有无勤怠。边镇本色粮食的召买,由于隶属关系的问题,户部郎中"无地方之责,一应号令不行",根本无法对地方有司形成约束。为保证召买的顺利进行,嘉靖三十一年(1552)定,"召商买纳听督抚严令守巡等官处置"④。甘肃镇设立临巩兵备道后,原管粮郎中的部分钱粮管理职权转归该员,考虑到"临巩兵备道与甘肃抚臣不相统摄,恐事体窒碍,势难必行,或不免迳巡违误……令该道听甘肃抚臣节制。凡应解该镇钱粮,查照户部郎中原行事例一体验发"⑤。

---

① 陈仁锡:《陈太史无梦园初集·车集一·筹边论·各边管粮责甲科》,续修四库全书本。
② 弘治《宁夏新志》卷八《杂咏》,天一阁藏明代方志选刊续编本。
③ 郭红、靳润成:《中国行政区划通史》(明代卷),第714页。
④ 张学颜:《万历会计录》卷十八《蓟州镇·职储》。
⑤ 陈子龙:《明经世文编》卷三百六十《庞尚鹏·清理甘肃屯田疏》。

明中期以后，道臣在边镇钱粮管理中发挥越来越重要的作用。万历四十八年（1620），辽东督饷侍郎李长庚鉴于钱粮事务不能及时处理，建议将辽东各道加管理饷务职衔，"盖臣等之施行，全仗各道分地考成，臣部已经定议，而先无分地之官何以施之"①。此时各道成为协助其处理边镇饷务的主要力量。应该说，兵备道兼管钱粮具有很大的优势，由于该员职责军戎，对于军队人数比较熟悉，便于对军务进行掌控，"以治兵之官兼理饷，则虚冒无所容奸，一便也；知兵之缓急而先后支发，二便也；哗兵要挟者立置之法，三便也"②。

考察各管理机构的功能可以发现，无论是中央系统的郎中还是边镇系统的督抚、各道等都负有一定的钱粮稽查职能，作为审计机构的巡按却不同程度上参与了钱粮的管理，由此呈现出明代九边钱粮管理与审计相互交叉的特点。

如前所述，从体制上而言，明代总督和巡抚本身即为身兼"宪职"的中央政府差员，总督和巡抚在钱粮上的职能重点在于"督"而不是"管"，它主要通过对相关机构的约束、稽核和监管实现钱粮的审查。一般情况下，总督和巡抚本身不参与钱粮发放等具体技术性事务，正所谓"各处管理粮草俱有专官，其巡抚都御史等官不过总领其事"③。总督则更多的是督促有关管理机构处理钱粮事务，如给发总督蓟辽保定等处军务兼理粮饷兵部左侍郎兼都察院右佥都御史谭纶的敕令云："尔仍督同各该巡抚及管粮郎中等官，凡遇籴买主客兵粮料草，督令守巡兵备官估计召商比较，完纳各仓库支放。巡抚并郎中、主事各照分定地方掌管，先事储积、临时供亿，俱听尔调度。"④

作为钱粮管理机构的户部郎中、守巡兵备等员，负有弹劾稽查

---

① 董其昌：《神庙留中奏疏汇要·户部类》卷四《督饷侍郎李长庚题为守沈为灭贼大机等事疏》，续修四库全书本。
② 毕自严：《度支奏议·堂稿》卷十四《饷司何朝宗被逮认罪疏》。
③ 《明武宗实录》卷四十一，正德三年八月甲申。
④ 刘效祖：《四镇三关志》卷七《制疏考·诏敕》。

贪污有司的职能。成化二年(1466),延绥镇神木、府谷等县堡以至安边、定边等营塞距离镇城遥远,一般官员罕有至者,其边塞士卒为官旗侵渔虐使,以致衣食不给,特诏令郎中、按察司分巡等官务必亲自前往该地,以便随时督查有司之不法,不能因其路途遥远而弃之不顾。在钱粮管理内部,尤其没有隶属关系的郎中和各道之间,往往彼此互相审计稽查。万历元年(1573),陕西巡按题兰州仓场侵冒数多,议将主客兵钱粮比照蓟辽等项事规统属郎中兼理,先前负有管理职能的临巩兵备则承担稽查任务。此议经户部上奏后成为定例,通行甘肃、陕西各巡按、管粮郎中,将兰州一带主客钱粮俱令郎中兼理,凡出入籴买粮草,先于临巩兵备道挂号定价后,郎中收放发银,各立簿籍互相觉察。①崇祯元年(1628),辽东管粮道因见该镇郎中张志芳钱粮册中有朋造、底价、下脚三项,遂弹劾其钱粮出纳不明,后经天津巡抚崔尔进、督饷御史钱士贵、巡按御史陈睿谟核实并无克扣盗卖。作为管粮郎中的上司,户部尚书毕自严一一就该道所指做出解释,所谓"朋造以备船只失风之需,下脚以防挂欠追赔之累,不过暂留之官仍归之船户,至底价原未另贮,即在运价之内通融支放"。②

管粮郎中的审计职能还体现在:作为主要的钱粮管理机构,它会同巡按御史联合执行钱粮审计。正德十一年(1516),大同巡抚会同总兵官、镇守太监报告正德十年(1515)下半年实有马步官军四万六千余人,而管粮郎中册报人数为五万八千余人,相差一万余人。为防止中间私役隐占、冒支月粮等项情弊,在兵部的建议下,"巡按御史会同户部管粮郎中吊取本镇官军食粮文簿,从公查勘实在官军的有若干,其少报官军,如有私役隐占及冒支月粮、开造差错等项情弊,应提问者就便提问,应参奏者参奏施行"③。嘉靖四十五年以后定则例,诏令各边粮饷行巡按御史每岁一查,在巡按御史清理审计的

---

① 张学颜:《万历会计录》卷二十八《甘肃镇·职储》。
② 毕自严:《度支奏议·新饷司》卷三《复督饷道张志芳被诬克扣疏》。
③ 王琼:《晋溪本兵敷奏》卷三《宣府大同类·为军务事》,四库全书存目丛书本。

同时，该员还必须会同管粮郎中互相稽考。①

明代没有独立的审计机构，边镇钱粮的稽查由监察系统的巡按御史和给事中承担，其中给事中审计边镇钱粮多系临时派遣，定期审计主要由巡按御史执行。②现存明代档案保存有给发甘肃巡按御史敕令一道，兹摘录如下：

> 该户部题称，各边钱粮数多，奸弊易生，欲照例五年差官查盘。今特命尔不妨原务，查照该部题准事理及所造文册，自嘉靖三十七年起至四十二年止，吊取各该收放卷簿到官，逐一查盘。……应委官员，自都布按三司以下悉听选委，总督、巡抚、管粮郎中、监督主事等官照旧不得干预，各边守巡、各路管粮通判等官尤当回避，以听查理。③

从该敕令看，巡按御史审计的前提是"不妨原务"，此即意味着该员为兼职审计，它在执行其正常职能的基础上审计边镇钱粮。巡按审计的项目包罗万象，举凡民运、屯田、开中、京运、忩运各项钱粮收入和征缴、边镇各仓场召买、修边工食、军士月粮、行粮等开支，边镇各地城堡主兵官军马匹、入卫应援客兵招募添选兵马等数量，俱归其"逐起分项挨年顺月参伍磨对，收放总散有无通销明白"。在程序上，巡按御史行使独立的审计权，各督抚、郎中等不得干预，涉及有关钱粮管理人员守巡、通判等必须回避。

作为主要审计机构的巡按御史，对钱粮管理机构的各种违规和

---

① 《明世宗实录》卷五百六十四，嘉靖四十五年闰十月庚戌。

② 关于明代的审计问题，学术界一般认为，与宋代设立专门的审计机构相比，明代实行监审合一的制度，即监察系统负责兼职审计，这使唐宋时期外部、内部专职审计机构的体制没有得到充分的发展而夭折，国家审计体制越来越具有浓厚的封建专制色彩。具体参见方宝璋：《中国审计史稿》，福建人民出版社 2006 年版。

③ 中国第一历史档案馆、辽宁省档案馆：《中国明朝档案总汇》（第一册），广西师范大学出版社 2001 年版，第 145—146 页。

不法行为实施监管,督促其恪尽职守。成化七年(1471),兵部右侍郎陈宜指出,由于布按二司分巡官常驻镇城,经年不到保德州等仓巡视,导致豪猾包揽、官攒侵欺,粮草亏空严重,"宜令巡按御史严督分巡官,于夏秋无事之日常轮一员在关,冬月有警之时俱常在关莅事,庶几军政修举、奸弊可革"①。万历初年,不少郎中在钱粮出纳中巧为除扣,挪移虚冒,给散军士月粮,本色则红腐不堪食,折色则短少不足用。为此,明政府要求巡按御史,"凡遇查盘,粮必倒廒验斛,银必拆封验秤,仓廒随时修理,毋容假名别贮,果有不法,如例参究"②。对于边镇钱粮审计中发现的问题,除巡抚外,巡按有权处理其他管理人员。弘治二年(1489),因大同钱粮亏折数多,与此有关者户部郎中戈孜,山西参政金纯、陈清,参议徐庄、王盛,副使熊翀、刘璋,佥事王璇、王存礼、萧谦均被巡按御史逮问。③弘治六年(1493),因洮岷等处仓库草场亏折侵盗,管粮参议丘璐、耿文睿,参政王哲,佥事张琳被巡按御史逮问,负有连带责任的巡抚都御史王宗彝、王继却另行处理。④

在钱粮管理机构逐渐拥有审计职能的同时,作为主要审计机构的巡按御史也参与到边镇钱粮的日常管理中。正统皇帝即位之初,即建立定制,命科道官监督布花的发放。时行在兵部奏在京及山西、陕西、万全、辽东等都司卫所官员克扣赏赐军伍布花,请"在外令巡按御史等官会同户部官给之,庶使所司不得侵欺,军士皆蒙实惠。上从之,命永为定制"⑤。

审计机构涉入钱粮出纳的具体过程,看似强化了钱粮的监管,实际上往往导致更大的弊端,由此出现如何"监督监督者"的问题。

---

① 《明宪宗实录》卷八十八,成化七年二月辛未。
② 《明神宗实录》卷五十三,万历四年八月甲申。
③ 《明孝宗实录》卷三十一,弘治二年十月丁未。
④ 《明孝宗实录》卷七十五,弘治六年五月乙酉。
⑤ 谭希思:《明大政纂要》卷二十一,第680页,四库全书存目丛书本。

成化十五年（1479），总督粮储户部尚书翁世资奏京城内外各草场奸弊多端，请命巡视御史同户部委官监收。巡视御史蒋昺认为，"收受钱粮实户部之事，巡察奸弊乃御史之职，宪纲事例具有成规"，宪宗皇帝指出，"粮草出纳乃户部职掌，旧例御史巡视所以纠察奸弊也，若令御史同事，奸弊谁从而革之，户部所言殊乖事体"①。可见，在皇帝看来，监察环节必须和具体执行环节分离，如此才能更好地发挥审计职能，该建议遂未成行。

嘉靖皇帝即位之初，便诏令巡按御史参与到边镇钱粮管理中去，"诏各边抚臣并管粮郎中，凡支散钱粮及召商上纳刍粮、开中引盐，并会巡按御史酌议以行，从户部覆都给事中邵锡议也"②。这是一条值得重视的材料，它标志着审计机构正式参与到日常的钱粮管理中，同时也说明作为监察系统的巡按权力有逐渐增大的趋势。嘉靖四十一年（1562），鉴于顺天保定巡抚事务繁忙，民运钱粮的征收责成巡按负责，并给专敕以重其事权。巡按权力的扩大，一度引起弘治帝的不安，他在与都御史戴珊和刘大夏的谈话中说，"尔等各衙门，凡事都奏行巡按御史勘报，岂以此官公道可托耶？"③事实的确如此，尽管有司三令五申，要求巡按必须恪尽职守，但随着其职权范围的扩大和监察权力的加强，巡按明显对各有司形成较为明显的压制。正德时弘治帝的担心终成现实，胡世宁说："今则藩臬守令皆不得专行其职，而事皆禀命于巡按矣。甚而巡抚固位者亦不敢专行一事，而承望风旨于巡按矣。相见之际，知府以下长跪不起，布政以下列位随行，甚者答应之际皆俯首至膝，名曰拱手，而实屈伏如拜跪矣。"④在这种情况下，希望对巡按进行有效的监管难度极大。

---

① 《明宪宗实录》卷一百八十七，成化十五年二月甲午。
② 《明世宗实录》卷二，正德十六年五月己卯。
③ 焦竑著，顾思点校：《玉堂丛语》，中华书局1981年版，第112页。
④ 陈子龙：《明经世文编》卷一百三十六《胡世宁·守令定例疏》。

小　结

　　严格意义上讲,户部郎中是边镇专责钱粮的唯一机构。很显然,面对各镇动辄百余万的钱粮出纳与监管,仅靠郎中一人显系杯水车薪,而且郎中本身良莠不齐,也大大增加了边镇钱粮虚冒和侵欺的可能性。明中期以后,钱粮筹集愈加困难,各地民运拖欠数多,此种状况的出现,固然系催征无法所致,但也和个别郎中在收纳环节中监管不严有很大关系。"惟是民运解到,饷司为政,有苦于加耗之太重者,有苦于下役之需索者,致令百姓赔累不支,视为畏途。"①在巡抚受体制所限没有自身属员、武官系统被彻底排除钱粮管理的情况下,由地方行政系统相关人员兼管成为九边最现实的选择,从而也就形成明代九边钱粮管理中独特的"寄衔"制度。

　　明代九边各地军费管理机构的设置形态,对边镇军饷收支产生了巨大的影响。由于各管理机构职能多有交叉,在具体执行有关钱粮征收等各种事务时,彼此制约,互相扯皮的现象时有发生。论功则彼此邀宠,评失则彼此推脱,一定程度上大大降低了效率,给边镇钱粮的管理和征收带来很大的困难。如陕西民运钱粮的催征,既有布政司专设的督粮道,又有边镇分守道,巡按御史还参与其中,隆庆末年,郜光先对此评论道:"缘以职掌互掺,事不画一,兼之各官畏避嫌怨,未尝亲历督催,以故各该有司征输怠缓。每遇查参之时,顾又朦胧捏报。"②根据户部拟定的则例,管粮郎中负责钱粮收放,各守巡兵备道稽查奸弊,立法的基本依据是收放钱粮则稽查已在其中,稽查奸弊则收放亦其职责,其初衷是希望部臣和道臣同心共济、互相查核。但道臣和郎中在数量上有所差异。每逢钱粮发放出现问题,道臣往往以钱粮出纳非我职责推诿,部臣则以一人无法遍及周知来塞责。

---

　　①　毕自严:《度支奏议·堂稿》卷七《议祛饷司宿蠹十款疏》。
　　②　张卤:《皇明嘉隆疏抄》卷二十一《郜光先·遵旧章严申饬以重地方疏》,四库全书存目丛书本。

第五章 明代九边马匹的赔补制度

在冷兵器时代，马匹是行军作战的重要工具。同样，由于种种原因，马匹的倒损逃亡也是一直困扰决策者的重大问题。如何有效补充和应对死亡马匹成为历代马政必须面对的难题之一。关于军马的赔补，明代开创了桩朋银制度。这一制度广泛实施于明代的京营和边镇军队中。在宣府、大同等地，为补充马匹购买资金的不足，明代还实行了团种制度。迄今为止，笔者未见国内对桩朋银和团种问题有专门的探讨。①本章

---

① 迄今为止，关于桩朋银，1972年日本学者谷光隆的研究仍然具有非常重要的参考价值，他从桩朋银的起源和征收规定，军队的负担和将领的侵渔，桩朋银、地亩银和马价银的关系等三个方面论述了该问题，谷光隆侧重于明代京营的情况。参见谷光隆：《明代马政の研究》，京都大学东洋史研究会，昭和47年版。2010年，刘利平在讨论明代中后期太仆寺的财政收入时估算了桩朋银数量的问题。在笔者看来，刘氏的研究存在两个问题，一是对桩朋银数量的估计存在以偏概全的误差，二是将所有桩朋银作为两京太仆寺的收入值得商榷。在明代，南京太仆寺、北京太仆寺、各边镇行太仆寺分别有各自的管辖范围，桩朋银的收贮实行分别管理。参见刘利平：《赋役折银与明代中后期太仆寺的财政收入》，《故宫博物院院刊》2010年第3期。其他涉及这一问题的还有姚继荣：《明代西北仆苑官牧制度及其演变》，《青海师范大学学报》2000年第3期；《明代西北马政述论》，《青海师专学报》1996年第1期；《试论明代西北马政的衰败原因》，《青海社会科学》1994年第3期；张士尊：《明代辽东马政探论》，《社会科学辑刊》1997年第3期；黄仁宇著，阿风等译：《十六世纪明代中国之财政与税收》，三联书店2007年版，第357—358页等。

不揣浅陋,就明代桩朋银和团种制度略作述评,以期抛砖引玉。不当之处,敬请方家赐教。

第一节 桩朋银制度与九边马匹赔补

一、明初马匹赔补政策

明朝建立后,即对马政建设非常重视。朱元璋首先强调了马政修举关键在于有司是否忠于职守。洪武八年(1375),他命刑部尚书刘惟谦申明马政,强调必须严督所司尽心刍牧,务底蕃息。明代马匹牧养采取官牧和民养两种形式。所谓官牧系由官方设立草场,卫所军人自行牧养;民养则是减免民户部分徭役,由其承担马匹牧养的任务。无论是官牧还是民养,都面临着马匹死亡如何补充的问题。

洪武时期,民间养马最初采用户马制。洪武六年(1373)令近京军民户养母马一匹,岁课驹一匹,蠲其科赋。在朱元璋订立的太仆寺职掌中,即明确若养马民户不用心饲养,马匹死亡必须令其买补还官,作奸犯科者依例处罚。"若人户不行用心孳牧,致有亏欠倒死,就便着令买补还官。每岁将上年所生马驹起解赴京调拨,本寺每遇年终比较,或群监官员怠惰,或人户奸顽,致有马匹瘦损亏欠数多,依例坐罪。"[①]二十八年(1395)制定的民户养马文中,更明确了民牧有关问题:

> 江南一十一户、江北五户共养马一匹,皆系同乡同里,丁力多寡、田产厚薄彼此相知,富者助贫、贫者安业,不待官府号令自能相劝,岂不人情和睦,风俗淳美。今有丁多之家倚恃豪强,欺压良善,着令丁少人户一般轮流养马,靠损小民。甚至略无人

---

① 雷礼:《南京太仆寺志》卷一《谟训》,四库全书存目丛书本。

心,着令幼儿寡妇笃废残疾一概出备用马钱,有伤风化。榜谕之后,务要照依原编人户内尽丁多之家做马头,养马一匹之内,或两三户人丁相等者,富实之家喂养,并不许着令丁少人户轮流。设有倒损亏少,其余人户止是津贴钱钞买马,其丁多大户敢有不行自养马匹,仍前轮流靠损小民及着令幼儿寡妇笃废残疾一概出钱买马,许诸人绑缚赴京,全家发边卫充军。①

由上述榜文并结合其他材料可以看出:第一,明代推行户马制的基本原则是根据民众的富裕程度和丁口的多少将之区分为不同的户等,在江南十一户、江北五户中以较为富裕的上等户养马,其他民户津贴之,这样做是为了"富者助贫、贫者安业",希望达到"人情和睦风俗淳美"的目的。对于政策的制定者来说,这是一个非常理想化的设计。第二,从洪武末年开始,已经出现所谓养马大户转嫁负担的现象,他们倚仗自己的财力以各种手段令"丁少人户一般轮流养马",甚至一些不法之民迫使"幼儿寡妇笃废残疾一概出备用马钱",这就大大违背了政策制定的初衷。为此,该榜文再次重申根据户等饲养马匹,不能累及小民。第三,马匹如果有"倒损亏少",该养马各户中共同购买赔偿,丁少民户以"津贴钱钞"的方式朋合买补。明初的马匹赔补本身是一种较为沉重的负担,即便是蠲免其部分赋税和徭役,一般民户也难以承担,只有富裕的上等户才堪以担当。由此可见,从明初开始,在民间马匹死亡赔补的过程中,采取的便是"马头出银、他户津贴"的朋合买补方式。

至于京营卫所军队的马匹,明初于京城或各地卫所均给予一定数量的马匹供军队骑操之用,其搭配、科驹、起解、比较等各项事例俱照民间执行。宣德五年(1430),行在兵部尚书张本言:"自永乐二十二年至宣德五年八月终,京卫官军领马一十九万三千八百余匹,递年倒死累蒙恩宥,现在之数五不及一,应追偿者一万九百二十余

---

① 雷礼:《南京太仆寺志》卷一《谟训》。

匹。请令以十人为率,义和朋合均出价值,每月共买一匹还官,果无力者行原籍家属追买。及查军民所养种马亏欠五万四千八百四十余匹,亦令每十户朋合买赔,庶几军民皆便。"从永乐末至宣德五年八月,京卫官军马匹死亡相当普遍,除了蠲免外该赔偿的马匹数量达到一万多匹,他建议采取"义和朋合"的方式,即十人为一组,共同出资承担购买马匹的任务。对于民间拖欠的种马,也令"每十户朋合买赔",其目的是"军民皆便",此即意味着既不能亏官也不能扰民。有司合议后定制,"其民间该赔者,如义和事例,可令一县或一里共买,勿拘十户,官军于本卫所本队伍共买或于原籍买偿者,皆可从"①。从这里看,民间拖欠的马匹,则仿此采取"一县或一里共买",其"勿拘十户"显然也系为了减轻一般民户的负担。从"义和"的词义分析,明初无论是民间和军队官牧,其马匹赔补侧重朋合的方式显然具有互助的意义。成化七年(1442)奏准,"天下卫所孳牧马匹有埋没者,俱照原额买补,令军余朋合领养"②。

在九边各地,明代也采取了不同的方式来补充死亡的马匹,其基本理念与民间和京营的赔补如出一辙,即采取朋合互助的方式解决,以避免导致有马军人陷入贫困的状态。从景泰末年开始,宣府已经开始实行地亩银制度用来补充马匹的买补。所谓地亩银,即政府出资给闲旷军余牛只、土地和种子,以其耕种余粮入官,将出售后的银两给贫军购买马匹。这一办法不但对马匹的补充起到很好的辅助作用,而且对于边镇的稳定也贡献颇力,"天顺初有言劳军不便者,备行都督杨能等官会议,俱称且耕且守经国远图,而大同宣府自罹兵变,人畜荡尽,幸而朝廷大发帑银,差官于河南山东诸处买牛给军耕种,收余银以买马,由是边人稍得聊生,此法安可轻废,事遂仍旧"。成化初年,宪宗皇帝再次谕令"法既良便宜永遵行"③。成化七年

---

① 《明宣宗实录》卷七十三,宣德五年十二月庚辰。
② 雷礼:《南京太仆寺志》卷二《孳牧》。
③ 《明宪宗实录》卷二十二,成化元年十月庚寅。

八月,陕西巡抚马文升鉴于当地军士由于马匹死亡的赔补导致贫困,建议以屯田剩余粮纳银助官军买马以解军贫。"每人现所给田百亩,约获五十余石,以六石输官之外,所存尚多。可令每岁纳银一钱,一卫计田三千五百顷,可得银三百五十两,足以贴助买补欠马。"①在宁夏,官军屯田每人五十亩、舍余三十亩为一分,除缴纳各种粮料草束外,"又劝借银五分,以为凑买战马之资"②,主要用于贴补买马的费用。

由此可见,在桩朋银制度没有实施之前,无论是军队还是民间,赔补制度的初衷在于互助,惩处的意味不大。从有关材料看,实行朋合制度主要在于减轻下层民户或军户的负担。

马匹死亡不可避免,赔补对于养马人来说是一个巨大的负担,无论是卫所军人还是养马民户,都为此付出沉重的代价。永乐末年民间已经出现为赔补马匹而典妻卖子的现象,洪熙元年(1425)诏:"各处军民有为事追陪孳生马匹,受官府逼迫,不得已将男女妻妾典卖与人,以致流离困苦莫能自存者,诏书到日官司即为赎还,毋得托故延缓。"③在宣府,该制度没有实施之前,马匹买补给军队带来沉重的负担,"军贫无措,则朋合科敛,甚至典鬻男女扣除粮料亦不能完"④。成化初年,京营军队出现大量逃亡,原因之一即在于马匹死亡无力赔偿,许多军人被迫流亡他乡。成化三年(1467),靖虏将军总兵官武靖伯赵辅奏:"五军、神机、三千等营军在逃者动以万数……然臣近日体知,此等逃军中间多有马匹倒死追陪不起。"⑤

总之,马匹死亡赔补已经严重影响到士兵的生活和军队的安定。若令死亡马匹的主人自行购买,势必给士兵本人带来沉重的负担。但是,如果对于马匹死亡一味听之任之,也将导致养马军人不用

---

① 《明宪宗实录》卷九十四,成化七年八月戊午。
② 弘治《宁夏新志》卷一《宁夏总镇·田赋》,天一阁藏明代方志选刊续编本。
③ 雷礼:《南京太仆寺志》卷一《谟训》。
④ 《明宪宗实录》卷二十二,成化元年十月庚寅。
⑤ 《明宪宗实录》卷四十三,成化三年六月癸丑。

心饲养,甚至官马私用、克扣草料、损公肥私。针对由于马军的主观因素导致马匹死亡的情况必须建立一个惩罚机制。

二、桩朋银制度的实施

实际上,早在桩朋银制度正式推出之前,为惩罚军队当中各种马匹不断走失和死亡现象,明政府已经开始实施朋合与死马主人出银相结合的办法。成化七年,"各卫军余关领马匹倒死,以物力等第出银,每马一匹上户出银三两、中户二两、下户一两,余以屯田子粒银贴凑买补"①。该命令具有关键性意义,它正式确立了军人按照家庭富裕程度的不同,在马匹死亡后必须缴纳不同数量的银两用于购买马匹,其不足部分则由其他方式贴补。

在此基础上,成化十三年(1477),抚宁侯朱永奏准实施桩朋银制度:

> 京营马倒失,其马主系都指挥者出银三两,指挥二两五钱,千百户镇抚二两,旗军一两五钱,走失被盗者各加五钱,谓之桩头。又令各营马队官军每岁朋合出银,岁以六个月为率,每月都指挥、指挥出银一钱,千百户镇抚七分,旗军五分,遇马倒失贴助买补。在外各边悉照此例。②

为解决桩朋银制度运作中的问题,嘉靖二十二年(1543),明政府又拟定了若干细节性问题:

> 凡遇官军倒死马匹,领养一年者,旗军追罚银三两、千百户镇抚四两、指挥五两、都指挥六两;二年以上者,旗军二两、千百

---

① 雷礼:《南京太仆寺志》卷四《关换》。
② 申时行:万历《明会典》卷一百五十二《马政三·买补》,续修四库全书本。

户镇抚二两五钱、指挥三两、都指挥三两五钱;五年以上者,旗军一两五钱、千百户镇抚二两、指挥二两五钱、都指挥三两;十年以上者,旗军一两、千百户镇抚一两五钱、指挥二两、都指挥二两五钱,走失被盗者各加五钱。按月追完造册解部,稽查发寺,收候买马支用。其领养十五年以上者,免追桩银。①

万历年间,明政府又调整了桩头银的征收则例,并成为通行的法则。

  一年以上,都指挥四两;五年以上,都指挥三两;十年以上,都指挥二两五钱,以下者俱各递减五钱;十五年以上,俱免追桩银;走失者被盗者赔补。凡领马一年以上倒死者,例仍解究,其余免责。②

以上构成了明代桩朋银制度的基本内容。首先,成化十三年桩朋银政令的颁布涵盖了京军和边镇军队,即意味着该制度在全国各地军队中广泛实施。其次,桩朋银实施的基本原则是根据军队中的等第高低分别出银,等第高者出银较多,等第低者出银较少。再次,桩头与朋合体现出不同的意义,桩头银缴纳的数额远远大于朋合银,它侧重于惩罚的性质,尤其对于"走失被盗者"更要令其"各加五钱"。朋合更侧重于互助,以六个月计算,都指挥、指挥共出银六钱,千百户镇抚四钱二分,旗军三钱。第四,我们知道,马匹不同于一般的生产工具,它不可避免地存在生老病死现象。可以想象,一匹壮马和年老体衰之马价值自然相差甚大,死亡后让马主出纳相同的桩头银显系不公。同时,马匹自然有一个正常的寿命,对于所谓寿终正寝

---

① 申时行:万历《明会典》卷一百五十二《马政三·买补》,续修四库全书本。
② 孙承泽:《春明梦余录》卷三十一《倒死马匹追桩年限事例》,北京古籍出版社1992年版。

者马主似乎也没有什么责任。嘉靖二十二年的政令对此作了区分，其出发点在于维持互助和惩罚并举的基本理念，即所谓"庶桩银适轻重之中，官军守画一之法"①。

前述为桩朋银制度的一般原则，其实京军和边军相差甚大，各边镇之间也有很大的不同。

就京军的情况而言，桩朋银的征收最初由各营武官自行管理。马匹死亡倒失后，各卫所官员根据相关则例征收桩朋银两，然后购买补充马匹。管军官员自行征收的弊端很明显，由于没有其他部门的制约和监督，不惟给其从中上下其手提供了方便，而且在很大程度上导致了京营马军的普遍贫困化。正德元年(1506)，太仆寺卿储巏陈马政四事，建议"将团营官军询验家产分为等第养马，其旧例桩头朋合银两宜行革去"，兵部建议，"桩朋银两行之既久，若验养马则堪养之人或非堪调之士，但银两不宜管军官员经收，自后宜尽解部转输太仆寺以杜侵欺为便"②。尽管皇帝同意了这一建议，但并不能认为由此京营桩朋银的征收和管理即由各营转入太仆寺。

就目前笔者接触的史料来说，即便在京军内部，五军、三千、神机等营桩朋银的管理也不尽相同，并且前后变动不居。嘉靖元年(1522)，"以五军、三千等营缺马，命将各营收贮在官桩朋银两转解太仆寺，每银十两关马一匹给发官军，暂济急用，不为例"③。从"不为例"分析，五军和三千营桩朋银的征收和马匹的补充仍然由各营自行管理。在嘉靖二年(1523)兵部给御史陈伯谅的回复中，无疑证明了这一点。"诸营各有桩朋银收贮买马，其后团营送太仆寺率银十两

---

① 嘉靖二十二年，兵部覆：成国公朱希忠奏言，近者部议追收马匹桩银，欲比照边方驿马事例，一年者追银五两，二年以上递减；十年以上免追，意在劝惩过于损益。臣请再行酌处，自后军官倒死马匹，领养一年者旗军罚银三两，千百户以上至都指挥递增一两；二年、五年至十年以上，每等递减五钱，走失被盗递加五钱，庶桩银适轻重之中，官军守画一之法，从之。《明世宗实录》卷二百七十六，嘉靖二十二年七月丁巳。

② 《明武宗实录》卷十五，正德元年七月庚寅。

③ 《明世宗实录》卷二十一，嘉靖元年十二月癸未。

兑一马，着为例。"①

随着马匹死亡的不断增加，京军桩朋银两征收则例不断变更，惩罚的用意逐渐显现，给军人带来的负担也日渐沉重。针对这种情况，王之诰建议量增桩银，尽量免于官军自行赔补。"京营官军马匹倒死者，故事止以年限为差追纳桩银，不足示戒。近议五年之内倒死辄令买补，则已甚矣。请酌议新故之法，如一年以上者视故事加追银一两、二年以上者半之，至五年以上仍如故事追桩。则奸顽既知稍警，而贫军亦免重累。"②还应当指出的是，尽管具体的桩朋银两征收由各营管军武官负责，兵部、太仆寺与科道始终参与其中。正德七年（1512），太仆寺添设分管少卿一人，专门负责收兑马匹，并会同科道等秤收各营桩朋银两。在征收桩朋银两后，一般要按季报告兵部收支情况。嘉靖七年（1528），兵部鉴于"团营等营各有桩朋及子粒等银支用不一、侵渔莫考，请每营籍记出入之数，按季关白，以杜侵费。上从其议"③。为更好地加强桩朋银的征收和管理，嘉靖四十二年（1563）题准，京营将倒死马匹尽数查出，有单者照单征桩，无单者照新马倒死事例止追银三两。以后倒死马匹备呈巡视科道挂号，径自赴车驾司给单，发营追桩。

至于北部边镇，桩朋银的具体运作更为复杂，各地情况不一，征收则例也有较大的差别。可惜由于史料的缺失，无法就九边各镇的具体情形做详细的分析，兹以记载较为详细的大同镇、蓟镇和宁夏镇为例说明之。

大同镇应追桩朋银则例：

凡倒死营马，每匹肉脏大约估变七钱，应该当月即完。如一年之内倒死者，例该桩银三两，除肉脏外仍该银二两三钱，每月

---

① 《明世宗实录》卷二十五，嘉靖二年四月壬辰。
② 陈子龙：《明经世文编》卷二百八十七《王之诰·论戎政疏》，中华书局1962年版。
③ 《明世宗实录》卷九十四，嘉靖七年闰十月癸酉。

扣银三钱,内末一月扣银二钱,计八个月可完。二年以上倒死者,例该桩银二两,除肉脏外仍该银一两三钱,每月扣银三钱,内末一月扣银一钱,计五个月可完。五年以上倒死者,例该桩银一两五钱,除肉脏外仍该追银八钱,每月扣银二钱,计四个月可完。十年以上倒死者,例该桩银一两,除肉脏外仍该银三钱,一月扣完。十五年以上倒死者,例该皮肉银六钱,即以肉脏银当月追完。……凡有马军士,遇双月每名扣粮银五分名曰朋合,凑充买马之用。①

蓟镇桩朋则例：

本镇马匹自建营伍兑给后,岁有倒死,俱责本官赔补。如十年以上齿衰膘瘠、对敌阵亡、逐北走伤、出哨倒死或喂养善膘齿壮忽生暴疾医救不及者,预告查实,止追肉脏并桩银一两五钱。五年已上原膘齿肥壮喂养不善以致瘦死者,追肉脏外仍追桩银二两五钱。五年以下死者,追肉脏外追桩银三两。除追本军死马肉脏桩银,余价每二月一会计,通融其数,均摊于众。在各路通计一营、在各提调通计一提、在各标下通计各部,凡系马军公朋买补,每匹朋银十两。②

宁夏镇桩银则例：

马有倒死者,一年内旗军三两,家丁一两七钱五分；二年以上旗军二两,家丁一两四钱；三年一两五分,四年七钱；五年以上旗军一两五钱,家丁三钱五分；十年以上旗军一两,十五年以上止追脏银五钱。如遇敌逐北死者均免追桩银,或出哨在途中

---

① 王士琦：《三云筹俎考》卷四《军实考·马政事规·应追桩银则例》,续修四库全书本。
② 刘效祖：《四镇三关志》卷五《骑乘考·蓟镇骑乘·赔补》,四库禁毁书丛刊本。

走死者准纳肉脏银五钱。……朋合银乃先巡抚王公镐建议于月粮内人扣银五分,以偿倒马之价。①

上述三镇具有一定的代表性。从明代九边防务划分看,共有三个防区,分别是宣大防区,包括宣府、大同、山西三镇;陕西防区,包括宁夏、固原、延绥和甘肃四镇;蓟辽防区,包括蓟镇和辽东二镇。前列大同、宁夏、蓟镇分别位于三个防区,可以大致代表九边桩朋银则例的一般情形。

从三则材料,结合前引嘉靖二十二年(1543)的规定,大同、蓟镇和宁夏制定的则例主要是针对一般士兵的,它们和嘉靖二十二年的则例有着同一的精神,即根据马匹生长年限确定不同的桩头数量。只不过由于各地情况不同,桩头银征收的具体数量有所不同。在大同分为一年之内、二年以上、五年以上及十年以上四个等级,分别征收三两、二两、一两五钱、一两;在蓟镇分为十年以上及五年以上及五年以下三个等级,分别征收一两五钱、二两五钱、三两;在宁夏则罗列旗军和家丁两个类别分为一年以内、二年以上、三年、五年以上、十年以上及十五年以上六个等级分别征收不同的桩银。

从三个镇的对比看,蓟镇征收要比大同镇和宁夏镇稍重。另外在朋合银的征收上,大同和蓟镇有一个共同的原则,即征收的范围只限于马军,没有让步兵分摊。其不同在于,大同不论马匹死亡数量的多寡,实行逢双月即扣的办法。蓟镇则根据马匹死亡的数量,以每匹马朋银十两计算,合计出各营、各提、各部的朋银总额,然后分摊给各自的马军。宁夏镇征收则例与大同镇相同,但没有明确指出是双月征收还是每月均征,根据明代朋合银的一般原则,估计应为双月征收。②

---

① 《宁夏新志》卷三《内治上·兵马》,明刊本,中国方志丛书本。
② 从有关记载看,九边各镇的桩朋则例大致沿袭了成化十三年(1477)的办法,并在嘉靖二十二年(1543)规定的基础上进行调整。如宣府镇、延绥镇、辽东镇照搬了成化十三年的则例,山西镇简单的记载为指挥桩头银三两,千百户二两五钱,旗军二两。弘治十四年(1501)甘肃镇根据军人贫富程度分为三等,上户桩头四两,中户三两,下户二两。

至于桩朋银的征收数量，则是一个难以估算的数据。其原因在于：第一，各镇马匹数量在不同时代有很大的差异，死亡数量没有比较系统的资料，而且即便有比较系统的资料，还必须分辨死马之人究竟是指挥、千百户还是一般士兵，并大致测算各自的比例关系。第二，各镇马军和步军也没有统一的设立原则，很难对各镇的马军步军进行相对准确的统计。桩朋银的多少取决于马匹死亡的数量，由于不同年份之间马匹死亡数量各异，即便很准确地测算出某年某镇的桩朋数量，也无法表示该镇的一般情形。因此，我们只能根据部分数据略陈个别年份九边地方的桩朋银数量。

弘治年间宁夏镇现征朋合银3410两①，延绥镇一年大约朋合银为五千余两②，弘治十六年(1503)，甘肃镇桩头朋合的总数不会超过一万两。"甘肃所属官军马匹每年倒死不下三四千，而地亩朋合马价岁止八千九百余两，加以军士自备桩头，每马一匹大约用银十两，所买亦不过八九百匹。"③在上述八千九百余两的数据中，包含了地亩银，以该镇马匹单价和购买马匹总数计算，桩头、朋合和地亩银三者不会超过一万两，桩头银其实很少。如果剔除地亩银而将桩头和朋合银合计，肯定不会超过一万两的总数。隆庆二年(1568)，王崇古论及宣府、大同、山西三镇的桩朋银时说，"每镇朋银，岁各万余。桩银完欠不等，虽死马多寡追征难齐，每镇亦各至数千两。……今据各镇抚臣通行边腹各道详议前因，除山西镇原议应给去岁解俵马七百匹，价银八千四百两，及连年借支过山西布政司官库未补银二万五千五十余两，共三万三千四百五十余两，内除本年该扣桩朋银一万二千余两"④。结合《明实录》中若干年份的记载，这一数据应该没有太大的问题。嘉靖二十六年(1547)七月，兵部答复宣府大同巡按御

---

① 《宁夏新志》卷三《内治上·兵马》，明刊本，中国方志丛书本。
② 康熙《延绥镇志》卷二《兵志·马政》，中国方志丛书本。
③ 《明孝宗实录》卷一百九十九，弘治十六年五月己巳。
④ 陈子龙：《明经世文编》卷三百十八《王崇古·议收胡马利害疏》。

史的时候说:"两镇原额马九万三千九十八匹,今止存五万一千余匹,每岁兵部解发马价银数万,官军岁纳桩朋银亦以万计。"①万历十二年(1584),兵科给事中张希皋论及,宣府、大同、山西三镇"三年内新收胡马十万四千四百零,约费市本九十二万二百有奇,随查开除数略相当,而桩银仅十之一"②。根据这里的数据粗略计算,三镇三年内购买马匹费用为九十二万余,桩银为十分之一,则为九万两左右,每年每镇约为一万两。由此可见,山西三镇桩朋银保守的估计应当在一万两以上。③

九边各镇桩朋银的征收和管理,前后差别很大。顾炎武曾总结了陕西各镇桩朋银管理的沿革情况:

> 先是,地亩桩朋银两敛于无事之日,类解陕西行太仆寺收贮,以备原卫所官军买马,拖欠则催征,告领则核给。嘉靖己丑,总督王琼奏请各卫自行收支节省冗费。后因卫所作弊,至癸巳岁,巡茶御史郭圻仍令解贮本寺,如遇买补,必须呈报茶院批行,该道勘实方给领。如拖欠三年以上者,虽有银两不准给领。若积贮虽多,亦不准别卫借用。迩来卫所征解多不及时,弊且滋生。万历甲辰,巡茶御史史学迁按洮,清查严督其地亩等银不时征解,如期而收领之,弊窦且尽息矣。④

---

① 《明世宗实录》卷三百二十五,嘉靖二十六年七月壬申。
② 《明神宗实录》卷一百五十六,万历十二年十二月癸卯。
③ 令人感到困惑的是,同样在隆庆二年,山西巡抚都御史杨巍援引行太仆寺卿徐爌所论,当年山西镇所征朋银一万八百六十两有奇、桩银八千二百两。同一年份桩朋银的数据竟然相差近七千两。更为离奇的是,山西镇设立时间较晚,与其他建制完备的边镇如延绥、宁夏、宣府、大同等相比,无论是军队人数还是马匹数量都明显偏少,按照常理推测,各镇马匹死亡率不会差别太大,何以其桩朋银独多,此待考。参见《明穆宗实录》卷二十七,隆庆二年十二月壬午。
④ 顾炎武:《天下郡国利病书》第十八册《陕西》(上),续修四库全书本。

上述材料表明，陕西各镇桩朋银的征收和存储有两种方式：一种是军官自行收支，一种是军官征收之后解送各地行太仆寺管理，由太仆寺负责开支买马事宜。按照顾氏的说法，陕西各镇的桩朋银最初由陕西行太仆寺管理，其后为节省不必要的中间费用改为各地卫所自行收支和管理。这种方式的弊端非常明显，由卫所自行处置，没有任何机构对此监督和稽查，不可避免地出现贪污侵占的现象，所以最后又改归行太仆寺收贮。由于陕西边镇有茶马贸易，此时巡茶御史又涉足桩朋银的管理，而且在其中有相当的权威。桩朋银征收的一般程序为，官军收受或者购买马匹之后，赴太仆寺印烙，同时填注本军姓名、营队卫分、马匹毛齿及给领年月等各种具体情况，如果该马匹倒失死亡，则根据先前原注事实照例追补桩头银两。各镇负责马匹管理的兵备道或者太仆寺官员每年清查各地马匹死亡情况，根据该情况确定各地应当交纳的桩朋银数，具体征收由各营各卫所武官负责。为防止各地借故拖欠不纳，一般要订立桩朋上交的时限。嘉靖十五年(1536)议准，"遇边镇官军骑征马倒死或槽下倒死，行令各边分巡兵备等道及太仆寺查明给领，仍照旧严追桩银收贮，以备买补"[①]。

就各镇的实际情况看，上述两种征收和储存方式都有存在，但一个基本的趋势是，在桩朋银的管理上，各营武官自行征收逐渐向行太仆寺统一管理过渡。嘉靖中期以后，这一走向日趋明显。嘉靖四十年(1561)，蓟州镇鉴于镇守等官自行追取桩朋银以致侵克多端、马政不修，特令督抚衙门严加禁约，以后桩朋等银务要各道兵备副使立限追完，各另解道，遇有缺马帮凑买补。隆庆二年(1568)，山西鉴于桩朋银被武官大量侵没，行太仆寺卿徐爌提议将桩朋银征解该寺寄在代州，以备买马之用。万历十七年(1589)，蓟辽总督梁梦龙提议，蓟镇各营总、副、参、游各照营路，每年秋季备将该管马匹倒失、桩朋完欠、已未买补等数分别造册，解送该镇兵备道收查。万历二十

---

① 申时行：万历《明会典》卷一百五十二《马政三·买补》。

三年(1595),有司再次强调陕西边镇严禁将官自行开销,"按边镇桩朋马价,向贮之行太仆寺。今不解仆寺,将官一遇马死往往擅请支销,出纳倒补止凭文移为据,侵渔莫觉,渐不可长。今后须通详巡马衙门批允,方许给领,其有借支侵克者,罪无赦"①。

桩朋银征收先前实行官军按时缴纳的办法。按照制度规定,桩头银在马匹死亡一个月内、朋合银双月上交一次。既然为官军上交,意味着必须让他们从自己的实际收入中拿出若干作为桩朋缴纳。无论如何,从自己腰包掏钱付给别人总不是件快乐的事情,于是,稽迟者有之,拖欠者有之,借机逃亡者有之。上述种种,造成桩朋银征收严重不足。为有效解决这一问题,明代实行了朋合银以月粮抵扣的办法,即有司在发放月粮之际,各类军人应当交纳的朋合银数量直接从中扣除。

> 嘉靖二十九年题准,今后各营遇支放粮料草束折色之时,预将应出朋银官军姓名并朋银数目造册送部,转送户部照数扣除,有余方行给散。不足下月补扣。其扣过银两,户部印封送部转发太仆寺,收候买马支用。②

该条材料说明的是京营情况,不能据此认定九边各镇也于同时实行了该制度。事实上,各边镇情形不一,可能各地实行的时间并不统一。早在嘉靖二十九年之前,边镇各地已有地方开始扣除月粮用于朋合银两的征收,嘉靖中期以后,边镇以月粮抵扣朋合成为一种普遍现象。如隆庆三年(1569),固原镇即因为该镇朋合银两征解后交付陕西行太仆寺路远弊多,将本镇官军每年应出朋银就于俸粮银内扣留。③

---

① 《明神宗实录》卷二百八十四,万历二十三年四月甲寅。
② 申时行:万历《明会典》卷一百五十二《马政三·买补》。
③ 月粮扣除对于军人的生活影响还是很大的。以甘肃镇为例,隆庆三年,本镇军士月粮上半年本色六个月,下半年折色六个月,每石折银七钱,其马军扣朋银一两八钱,比一般军人两个月的月粮折银还要多。

桩朋银的管理方式变化之后，行太仆寺的角色变得非常重要，它要催促边镇武官及时将桩朋银两缴纳入库，并负责该银的使用和稽考。同时行太仆寺还必须对兵部和边镇督抚衙门负责，对兵部，它要将倒死马匹并追完银两、买补数目造册奏送该部查考；对边镇督抚衙门，行太仆寺要定期将马匹桩朋等银数目分别旧管、新收、开除、实在四款造册备呈之。动用桩朋银购买马匹或者他用，也必须呈允军门方许动支。其后，由于边镇大量请发北京太仆寺马价银和马匹，北京太仆寺也派人定期联合科道官员对地方马匹实有和死亡数量进行核查。问题的关键正在这里。在上列桩朋银的管理中，牵涉其中的机构包括太仆寺、行太仆寺、各镇分巡兵备道、巡按御史、边镇武官、督抚衙门和兵部，行太仆寺是其中最为微弱的一环。

三、桩朋银实施的效果及其制度性缺陷

按照明代的制度设计，太仆寺的马匹和马价银用来供应京军和边镇的不时之需，各地的日常马匹补充主要通过桩朋银以及其他资金购买，或者由官军自行赔补。从实际情况看，桩朋银并没有发挥应有的作用。边镇马匹不足，边镇往往先行奏讨北京太仆寺马价银。据储罐的统计，宣府、大同、延绥、宁夏、陕西布政司、甘肃、辽东、山西等地，成化年间共请发马价银十万二千余两，弘治时飞速上升到一百三十七万一千余两，增加了十倍有余，此外还有大量本色马匹送往边镇各地。①大量史料表明，桩朋银在边镇马匹的赔补过程中仅仅发挥了补充性的作用。

在桩朋银的征收和管理上，明代可谓法网罗织、犬牙交错，均未能有效解决马匹的补充问题。隆庆间，蓟辽总督谭纶感叹道："惟兵之所恃者马，马之日耗在于军吏之侵渔，议者患之。于是有追死马桩银之法，以领马久近为差。桩银不足，于是有追朋银之法，以自官及

---

① 陈子龙：《明经世文编》卷九十六《储罐·马政利病疏》。

军为差。俱岁终总奏,支以买马。其后又以将官稽察无法使马日耗,于是有以参罚之法,以失亡多寡为差,法至严矣。"①桩朋银的征收既没有减轻国家的财政压力,也没有降低死马军人的负担,反倒成为部分有司谋取私利的大好时机。他们上下其手,猫鼠同眠,致使这一互助并带有惩罚性的制度与设计初衷大相径庭。

正如前面所指出的,桩头意在惩处,朋合意在互助。无论是桩头还是朋合,其缴纳的基本前提是有马匹的死亡。如果说马匹死亡由于马军故意克扣草料、官马私用等各种非正常情况引起,对死马士兵加以必要的处罚是应该的。明初,边镇战马系官军自行放牧,冬季无草之时给支数月的草料。其后随着牧马草场逐渐废弛和战事日趋频繁,马匹草料主要由民运供应,在民运本色粮料改折为银两之后,马匹草料的供应以银支付,许多不法士兵往往借机据为私有。"及至交收,各兵用以充薪,而不入于马腹,民利于折乾,军亦利于折乾,而马死不问。"②如此这般,征收具有惩罚性质的桩头银乃十分自然之事。

其实,边镇马匹除战斗性死亡外,还有很多正常的死亡情况,明政府一概令养马军人分摊和赔补确有不合理之处。嘉靖二十六年(1547),兵部总结了边镇马匹死亡的四个原因,"官给刍后期,一也;贫军折银自利而不以饲马,二也;家丁通事辈强兑而不恤其力,三也;接送繁于征操,四也"③。其中有三个均与养马军人无关。

辽东的情况比较特殊,当地没有设立专门的驿站,其公务用马系各堡轮拨边军马匹在堡走递,号称"摆堡",但"镇守分巡等官各有亲识伴仆人等,及各衙门公差人役,日逐往来不绝,多讨马匹骑坐,及驮载行李下程,马易倒死,负累边军买补"④。马匹的过度使用导致

---

① 《明穆宗实录》卷二十八,隆庆三年正月戊子。
② 王在晋:《三朝辽事实录》卷八,第209页,续修四库全书本。
③ 《明世宗实录》卷三百二十五,嘉靖二十六年七月壬申。
④ 陈子龙:《明经世文编》卷一百三十四《胡世宁·为陈言边务情弊疏》。

死亡增多,费用均由军人自行负担。万历年间,辽东巡抚即曾质疑马匹的赔偿制度,"惟临阵军士倒死马匹,责其赔马,何以服军心、作士气!"①他认为无故倒死者当追征桩朋银,临阵死亡者当由太仆寺给支马价银官为补充。士兵为国奋战而骑操马匹死亡后,不但没有官为补充,反而因为未及时缴纳相关费用连月粮也被扣发。

马匹草料折银是一个固定的数字,并没有随着草料价格的上涨而有所增加,由此出现马匹草料银严重不足的情况,马匹草料不足导致官军饲养不力,死亡在所难免。嘉靖六年(1527)十二月,有司言:"营马多瘠固系失养,亦由军士贫难,人食不足而暇顾其马乎?访得各军一年全支草料者凡三月,余月折银,所折不足以供,立以待毙。"②隆庆二年(1568),户科给事中陈行健言,"京营马匹倒损过半,由料价太少",因此他建议增加马匹草料的折银数量并得到批准③。晚明时,马匹草料银不时为边镇军伍所侵吞,导致马匹大量死亡。万历四十六年辽东战争爆发,辽东物价日涨,"今辽阳小米、黄豆斗值二钱七分矣,草一束值二分五厘,□柴一束一分五厘矣,每军一日连人带马须得一钱四分方能过活,而所领月饷及马乾止于八钱。军兵……如何不夺马料养自己性命,而马匹如何不瘦不死"④。如此军兵自己生活尚且难顾,折色草料银很难真正用于饲养马匹。

另外,边镇马匹的大量死亡还有一个很重要的原因,即有司与势家通同作弊,或克扣草料,或官马私用,有马军人苦不堪言却也无可奈何。弘治年间杨一清奉命清查陕西马政,即发现了这种情况。"又有一等无知官员,将各军应给草料克减,或扣除在官而应答上司,或指称公用而私卖觅利。访得各边营堡,其弊尤甚。其镇守、分守、副、参、游击、把总等官,奉公守法者固有,假公营私者实多。非因

---

① 项笃寿:《小司马奏草》卷四《题为地方十分灾荒军民困苦恳乞天恩破格宽恤以保冲边事》,续修四库全书本。
② 《明世宗实录》卷八十三,嘉靖六年十二月己未。
③ 《明穆宗实录》卷二十,隆庆二年五月癸丑。
④ 佚名:《海运纪事》,不分卷,北京图书馆古籍珍本丛刊本,第236—237页。

公务,辄差旗牌官舍人等及容令弟侄子男买卖营运,滥给官马应付,多者二三十匹,少者五七匹。驮载私物重至百十余斤,程送前途远至七八十里,往来相继,驰骤无休。马匹因而损伤,军士莫敢声说。"①及至马匹死亡,有司倚仗其权势,往往以次充好,将矮小瘦弱、不堪骑乘的马匹给军伍作为战马之用,甚至出现部分军人高价购买的马匹买后旋即倒死者。

如果说马匹的正常死亡让官军自行赔补是不合理的,那么桩朋银制度本身存在的弊端导致更大的问题。

马匹具有很大的特殊性,存在很多不确定因素,对于养马军人来说,马匹随时都有死亡的可能性。贫困人家生活自顾不暇,难有余力购买健壮马匹。"各边军马倒死,多以瘦弱不堪者补之,概因军贫力不足以购善马也。"②早在弘治年间,兵部即强调拨养不均是京营马匹大量死亡的原因之一,"军营弊端最多,若使领马军士皆择付有力之人,则死损必少,岂至贻累逃亡,盖拨养不均所致其弊"③。马匹死亡尤其是连续性死亡所需赔补银两不是一般军人可以承受的,即便在实施桩朋银之后,军人因为赔补而不能自存、家破人亡的例子也在在皆是。万历十年(1582),宣府大同出现"一军有倒死三四匹者,照匹征桩以致月粮尽扣军贫不能自存"的情况④。面对不断拖欠的桩朋银,有司不断请求蠲免,但蠲免往往导致更大的问题,"不惟市本缺乏难以区处,抑恐奸猾官军轻视马匹而莫肯刍牧,则折损之弊日复一日"⑤。

对于政策的制定者来说,这里有一个两难的处境,在政策制定过程中,一方面要顾及官军不能因为养马而陷入贫顿,同时还必须考虑的确存在某些马匹因为个人因素而死亡的问题。由此,明代采

---

① 杨一清著,唐景绅等点校:《杨一清集》(上),中华书局 2001 年版,第 28 页。
② 《明世宗实录》卷五十三,嘉靖四年七月壬戌。
③ 《明孝宗实录》卷二百十五,弘治十七年八月辛未。
④ 《明神宗实录》卷一百二十四,万历十年五月丙子。
⑤ 《明神宗实录》卷一百七十七,万历十四年八月甲戌。

用了差别性原则,即根据财产和丁口的多寡将军人分为若干个等级,让其中富裕者作为养马军人,中等程度者可以贴补,贫困者免除。在决策者看来,富裕人户养马可以免除克扣草料、桩头难征等诸多弊端,"骑兵旧例,必选殷实壮勇官军领养马匹,欲其不克草料,遇有调遣堪以骑征"①。作为一种制度设计,直至明末在选择养马军人时,仍然"必审贫殷壮弱"②。

按照等级区分富裕者养马的设计没有任何问题,其动机无可置疑,但具体操作却非常困难。由于养马本身是一种负担,富裕军户以各种手段逃避养马,"各营军士,家道得过者以领马为累,贿赂人情百方买脱,侥幸差拨务取清闲。富者既不领马,所领必及于贫"③。事实上贫困军人养马者不在少数。养者既贫,死马之后无力缴纳桩银,造成连锁反应。在辽东,桩朋的实施与初衷出现偏差,给官军造成沉重负担。

> 访得辽东桩朋马价银两,本为贫寒官军一时死马难于买补,不知纳银之数有定限,而倒死之马无定期。马死已买数年而银未得实领者有之,调操官军更替回卫者有之,况法久弊生、侵渔射猎。边军困苦,如此马价,马死价未得领,又焉用此追银为哉。④

按照规定,辽东官军买补马一匹给朋合银三两资助,但随补随死,随死随补,导致恶性循环。由于辽东没有京运马价银的补充,桩朋之数严重不足,马匹的死亡时间和数量无法预计,导致某些官军在购买马匹时无法获得桩朋银的补贴不得不自行买马。但马匹死亡之后仍

---

① 陈子龙:《明经世文编》卷一百五十九《毛伯温·修举马政疏》。
② 《明熹宗实录》卷八十六,天启七年七月丙戌。
③ 万表:《皇明经济文录》卷十三《王廷相·修举团营事宜疏》,四库禁毁书丛刊本。
④ 毕恭:《辽东志》卷七《艺文志·翰林院修撰龚用卿户科给事中吴希孟会陈边务疏》,金毓绂:《辽海丛书》(第1册),辽沈书社1985年版。

然必须按时如数缴纳桩头银，如此这般，导致贫者愈贫，桩朋愈欠，马匹愈死。

为尽可能减轻养马军人的负担，保证朋合银的征收非常重要，这本身无可厚非。问题在于有些朋合银征收非常不合理，不但激起被征收之人的强烈反弹，而且产生了令决策者意料未及的恶果。朋合银本来俱在马军中征收，后来由于马匹死亡过多，朋合银严重不足，很多地方都实行了马步通融的办法，即步兵同样必须缴纳朋合银两。如大同巡抚杨志学等言："大同官军其先倒死官马，有朋合买补之例，迨后不继，乃责概城官军办之。"①嘉靖年间山西镇也由于朋合银两不足实行了分摊的办法，"该镇倒死马匹，先尽本军桩脏，余照司队摊银朋合买补，是亦补偏救弊之一端"②。在步兵看来，这是非常不合理的，他们本身和马匹毫无瓜葛，自然不应当承担朋合银两。而且，很多马匹死亡往往由于官马私用，养马军人获得利益，但却要他们承担责任。同时，以双月缴纳银五分计算，一年六次需要交付三钱银子，这也是不小的负担。山西三镇、陕西四镇军队月粮折色大约为每石折银六七钱左右，这就意味着步军损失了半个月的军饷。在辽东，军队月粮折色一般为二钱五分，每年三钱的朋合银相当于一个月的军饷还要多。

更重要的是，在有朋合银资助的情况下，出现了一个奇怪的现象，许多养马军人马匹频频死亡，并且军人本身似乎并不在意。桩头银毕竟是要支付的。原因何在？对于马军来说，马匹死亡的支出是桩头银，但盗卖料豆、官马私用、朋合银两构成了他的收益，如果其收益大于付出，则自然对马匹死亡与否并不在意。其收益由他本人一个人独享，而购买马匹的支付除了他本人以外，还有其他人的朋合银两，也就意味着开支由众人承担。正德初年，即出现了"军士贪图

---

① 《明世宗实录》卷四，正德十六年七月丙寅。
② 杨博：《杨襄毅公本兵疏议》卷十三《覆宣大总督尚书江东等条议山西防秋事宜疏》，续修四库全书本。

草料私卖以养马为累,倚恃朋银买补以马死为幸"的特殊怪象①。养马军人形成一种"路径依赖",马匹的死亡不但没有给他造成负担,反而带来额外的收益。由此朋合愈征,马匹愈死。

前已述及,桩朋银的征收和使用涉及诸多机构,其中各地行太仆寺的位置非常重要。事实上,行太仆寺的角色十分尴尬。洪武三十年(1397),置行太仆寺于山西、北平、甘肃、辽东等地,统管各自辖区内的马政事宜。朱元璋谕令:"如今山西等都司开设行太仆寺,恁都督府行文书去,说与都司、卫所知道,这个衙门职专提调马匹,比较孳生。但有作弊亏欠马匹,许令本寺举问。品职虽小,所掌事重,如同御史出巡按治。该管指挥、千百户卫所镇抚首领官吏,务要将所养一应马、骡尽数开报,听从本寺官点视提督。敢有非礼抗拒,许本寺官奏闻拿问。"②在皇帝给辽东行太仆寺少卿的敕令中也表明,该机构职专马政,所关匪浅。"今特命尔照京营事例,每年二次前去遍历该卫所营堡,将一应骑操马匹用心点閲,严加比较,瘦弱者督令加意饲养,倒失者责令依限赔偿。"③"品职虽小,所掌事重",此论固然确切,事实却非如此。

正是由于行太仆寺品级过小,无法形成对相关机构的有效约束和管理,导致各地桩朋银征收混乱不堪,各种严格的则例和管理制度如同纸上栽桑,全然无效。时人生动地描述了陕西的紊乱情形:

> 陕西延绥、宁夏、甘肃等处朋合银有止征马者,有征及步队者,有不分官军减征皆一钱五分、加征至一两者,有将月粮折色扣除在官者,有在操备地方径自收放本卫全不预知者,大概视死马之多寡为征银之赢缩,此朋合之不一也。桩头银有以上中

---

① 陈子龙:《明经世文编》卷九十六《储罐·马政疏》。
② 杨时乔:《马政纪》卷十二《各边镇行太仆寺苑马寺茶马司·各行太仆寺》,文渊阁四库全书本。
③ 李辅:《全辽志》卷五《艺文上·敕辽东行太仆寺官》,辽海丛书本。

下户为等者,有不分官军概征一两五钱、二两、二两五钱、三两者,有因公出外倒死与槽下倒死一体征收者,有槽下倒死与走失被盗第加五钱谓之免责银者。或掌之于卫或收之于操,大概死马官军给有官马才征桩头,无马给之多,只责令备价自买。陕西等处又有征收者,全不征者,此桩头之不一也。①

明中期以后,各地行太仆寺机构全面式微,颇为其他机构所忽视。尽管他们负有管理马匹的职责,但马匹的死亡和赔补的确涉及各个部门,在所有部门中,最不为重视者即为该部门,行太仆寺根本无法有效发挥其职能,自然马匹死亡后的赔补也流于形式。弘治末年,杨一清清理陕西马政,他督率陕西布政司和按察司官员协同行太仆寺少卿李宗商查处马匹事务,"其二司耻与之同事,不容并列",杨氏不由感叹"习俗之弊,至于如此"②。按照规定,桩朋银由各营、卫所、城堡武官征收,送交行太仆寺统一管理和使用。我们知道,"以文制武"是明代边镇管理体制的基本原则之一,但对武官形成制约的是手握重权的总督和巡抚,绝非这些位卑言轻的马政官员。军队系统中的把总、领班、管队、指挥、千百户等官俱系军职,又有镇巡、分守、协守、游击、兵备、守备为之统领,各官凭借威宠,倚仗声势,欺行太仆寺职冷权轻,往往抗违不服。柔者犹相阻挠,刚者动生欺侮。明代边镇马匹死亡过多,管队军官不但自身要缴纳数量较多的朋合银,还将被处以重罚,为逃避责罚,部分军官往往瞒报死亡马匹,并趁机克扣草料,侵吞桩朋,甚至逼迫属下军人自行买补。行太仆寺处于边镇马政管理系统中最重要却是最劣势的环节,也只能无可奈何了,正所谓"徒有比较之名,全无比较之实"。如此马匹的大量死亡不可避免,桩朋银的侵吞和拖欠是必然的。

---

① 何孟春:《何文简疏议》卷二《马政疏》,文渊阁四库全书本。
② 杨一清著,唐景绅等点校:《杨一清集》(上),中华书局2001年版,第17页。

第二节 明代宣府镇团种制度

明代九边的马匹供应和赔补,在宣府、大同等地实行了一种特殊的制度,即团种。笔者在查阅正德《宣府镇志》时,发现该志中有大量材料,目前尚未见有人使用。本节拟以正德《宣府镇志》和叶盛的相关奏折为基本史料,探讨宣府镇的团种问题。

一、宣府镇团种实施的时间

《明实录》中最早关于团种的记载在成化二十二年(1486)五月,"诏以宣府团种粮仍给边军买马"①。这里的记载表明,在成化二十二年,明代以诏令的形式重新规定团种粮食用于买马。弘治二年(1489),太监孙振等人再次奏请将团种粮食用于补充马匹②,该条记载的宝贵之处在于明确记录了成化初年叶盛在宣府行团种一事。那么,叶盛在宣府推行团种,究竟始于何时?嘉靖年间,潘潢在论及国家财政收入状况时说,为保证边镇钱粮的供应,必须修复屯政,清理屯田和屯军,若屯田军伍不足,"许照大明会典洪武三十年事例及正统年间侍郎叶盛宣府团种旧规,将各卫军内存精壮城操,摘拨老弱屯种,仍加抚恤,买给种牛,严谨烽堠,使得肆力农亩,鼓舞尽利"③。据此,似乎正统年间叶盛便已在宣府实施团种。诸多证据证明,潘氏这里的记载是错误的。

叶盛在宣府实施官牛官田之法最早应当为景泰三年(1452),

---

① 《明宪宗实录》卷二百七十八,成化二十二年五月戊辰。
② 《明孝宗实录》卷二十六,弘治二年五月乙卯。时镇守宣府太监孙振等奏:成化初都御史叶盛巡抚宣府,买官牛千八百余具,并置农具种子,拨军士于顺圣川及各路团种闲田,令收粮易银买马以补官马损耗,边人称便。后总督军务尚书余子俊改其田为屯田,撤团种军士于他所操守,马价既无从资补,屯粮复重为军累,请如旧拨军团种,从之。
③ 陈子龙:《明经世文编》卷一百九十八《潘潢·会议第一疏》。

《明史·叶盛传》载:景泰中,"擢右参政,督饷宣府。寻以李秉荐,协赞都督佥事孙安军务。……盛与辟草莱,葺庐舍,庀战具,招流移,为行旅置煖铺,请帑金买牛千头以赋屯卒,立社学,置义冢,疗疾扶伤。"这里未指明具体的时间。查叶盛以山西布政司右参议受命协赞都督孙安整饬宣府独石马营至长安岭一带军务系景泰三年之事。① 景泰五年(1454),叶盛曾经谈到,当时边镇奸弊固多,其中最大者为管事官员私占官军,广种庄田。先年无事之秋,总兵镇守内外文武官员专一役占官军,广种庄田,多至千余顷,少亦百数顷,导致在宣府口外地方出现一个奇怪的现象,守墩台者不及看庄出馘者,执犁锄者超过操弓箭者,附近肥饶地土尽属官豪,弯远沙薄山冈才及军士。尽管边镇看似生产旺盛,但即便年丰岁稔,穷军下人未免有啼饥号寒者。"臣前年初到口外之时,为见此弊,尽将各官旧日庄田踏勘查出,派与领养官牛军士,又得都御史李秉建言,申明整饬屯种。即今又尝会议,于各处拒敌墩堡,每处量拨官牛三具,就拨近堡田亩,令守堡官军且耕且守,以固边备。"② 叶盛这里的记载很清楚,"所谓前年初到口外之时",显然系景泰三年。鉴于当时弊端丛生,他曾清查庄田并给屯田军伍官牛令其耕种,在五年又继续实施该制度,给予官牛和田亩,令官军"且耕且守"。

这里叶盛只是说景泰三年和五年在宣府口外地方给官军官牛官田。正如后面所论,屯田和团种的一个重大不同就是目的各异,仅仅依靠上面的材料还不能证明景泰三年实行的就是团种,因为屯田军伍也有给官牛的情况。再来看成化元年叶盛奏折中援引有司论该

---

① 叶盛:《叶文庄公奏议·边奏存稿》卷一《赴任谢恩疏》。
② 叶盛:《叶文庄公奏疏·边奏存稿》卷四《劾内官弓胜疏》。关于当时边镇文武大臣广置庄田的情况,与叶盛同时代的商辂也说:臣又访得口外田地极广,除屯军土地亩已有定额外,其守城守关军士多无田地耕种。推原其故,盖因先前在京功臣等官之家将口外附近各城堡膏腴田地占作庄田,以次空闲田地又被彼处镇守总兵参将并都指挥等官占为己业,每岁使军夫耕种,收利肥己。其守城等项军士,非但无力耕种,虽有余力,亦无近便田地可耕。陈子龙:《明经世文编》卷三十八《商辂·边务疏》。

地景泰时行官牛官田事宜的记载:

> 案照先该提督守备周贤奏称声息不绝,乞将口外独石等处先年领银四千九百五十两,买到现在官牛一千八百四十五只共六百五十二具,马步每队量留一具共牛三只,摘拨软弱军人养种,照例上纳余粮买补马牛、措置军装、赈济贫军等用,其余俱给与缺牛原额屯军并复业舍余领养等因。奏奉英宗皇帝圣旨:户部参看停当来说,钦此。该本部钦遵,查得前项官牛系是本部议行,并总督边储右佥都御史李秉建议,节次奏准,行令彼处监收粮料参政等官叶盛督运,勘给整理。①

周贤的奏报很明确显示,口外独石等处先年给予官牛"摘拨软弱军人养种",其目的即为"买补马牛、措置军装、赈济贫军",而并非是为官军提供军饷。查周贤在景泰五年以右参将提督守备独石等处②,从户部的答复看,其所言"先年"之事,应为景泰三年叶盛所实行的官牛法。故我们断定从景泰三年宣府镇已经开始实施团种。对于周贤的建议,户部称应行当地总兵等官会议后裁定。天顺元年,宣府总兵官都督杨能会同镇总、粮储郎中合议后认为,该制度确实发挥了巨大的作用,应当继续实施。"数年以来,边储稍积,人得聊生。夫何法立方行便益良多,而立法之人去尚未远,何乃奏称劳军未便要行改废,今会议得未可遽弃,合照旧例施行。"③这说明,天顺时宣府的团种制度未曾中断。

---

① 叶盛:《叶文庄公奏疏·上谷奏草》卷三《议补官牛疏》。
② 景泰五年,命都指挥佥事周贤充右参将守备独石。时都督同知孙安充副总兵守备独石,提督军务佥都御史李秉言其老疾,故命贤代之。《明英宗实录》卷二百四十六,景泰五年十月庚寅。
③ 叶盛:《叶文庄公奏疏·上谷奏草》卷三《议补官牛疏》。

二、宣府镇团种制度

天顺成化之交,刚刚升任宣府巡抚的叶盛上奏请求在所属区域大规模开展团种并得到批准。①遍查现存叶盛所著各种文献,均未收录其有关团种的材料。令人庆幸的是,在正德《宣府镇志》中保留下来。该材料弥足珍贵,兹照录如下:

一,天顺八年十二月初行号令:

> 官牛屯田者左截单印,官田者右截双印,若有官豪势要、亲管卫所掌印管屯等官占耕私田,派载商民粮草已货计日追米,仍每牛追牛一只,有损伤者追牛二只,俱入官给军。

> 官牛递年孳生犊牛不行报官作己牛,现在者原牛入官,仍追牛一只。

> 屯田军余、官田军旗,若有官员私家役占及徇私放出大同山西等处,却将官牛占使洒派包粮,代纳子粒余粮,或将牛盗卖者,追原牛入官,仍追牛一只,其有私贿钱物,务要推究加倍追要。

---

① 成化元年,户部论及景泰、天顺及成化初年宣府镇团种事宜。户部奏:景泰末宣府总督边储都御史李秉尝上言,边城多有空地,而守城诸役之外复有闲旷军余,请以宣府官银量支买牛给与耕种,收其余粮入官易银,给与贫军买马骑操。时已准其言,于万亿库支银一万两买牛给军耕种矣。后至天顺初,有言劳军不便者,备行都督杨能等官会议,俱称且耕且守经国远图,而大同宣府自哗兵变,人畜荡尽,幸而朝廷大发帑银,差官于河南山东诸处买牛,给军耕种,收余银以买马,由是边人稍得聊生。此法安可轻废,事遂仍旧。今巡府(抚)宣府都御史叶盛等官复申奏,先年原买官牛共五千有奇,已多死者,今渐设法买补,又以余粮添买,共分为一千八百余具给军耕种官田。今年虽有旱干,亦颇收成。往年官马亏缺俱责军买补,军贫无措,则朋合科敛,甚至典鬻男女、扣除粮料亦不能完。今缺马二千六百有奇,已买及一千余数,俟秋收后再买补完,官府不烦督责之劳,军士不知军偿之苦,此皆官田官牛之功效大验。然立法非难,守法为难,伏乞圣明申敕宣(府)守臣恪守成规,益加防范,俾得久而不废,庶贫军有赖,边事克济,其言宜从。上曰:法既良便,宜永遵行。《明宪宗实录》卷二十二,成化元年十月庚寅。

官牛若有本身军余不行爱养,顾揽载脚,或非时装载己物,或奸懒租典与人取办子粒,再犯者俱枷项三月,牛有损伤者,知情租揽之人名下亦追牛一只。

官旗敢有擅杀官牛者,追牛问罪,仍照例枷号半年。

屯田粮草本人亲赴仓场上纳,官田粮食临时委官收受定夺。若有官旗识字人员私用大斗包揽科收,或诈称答应造册等项为由生事害人,分用入己者,事发根究所由,俱从重处治。

屯田官旗敢有累犯不悛,官田夏秋所收成熟粮食报官,该管官旗识字管事人员敢有隐瞒侵欺□合不实者,许诸人首告,加倍追讫,把总官调发管队,管队管事者带操。其有逼令带种私田入己,托称馈送及私占军牛致妨官田者同此。以上系是军牛一事,地方军中号令有违犯者,痛加责决,照前发落。其有情重者别议参问治罪。

一,成化元年十一月钦遵敕旨严行所属永为定例条件。

官牛每只用军一名,照原行摘拨马步队、卫所等项软弱无马不堪出战军人那兑领养,造册备开姓名,不许惯战精壮现有马之人领牛,致妨一时。有警调用,先前有马领牛者亦听于无马并步队等项兑领。其宣府之外,有官田离城不远去处及间有步军数少带养老小儿骒马者,不拘此限。

官田,宣府、蔚州仰守备、把总官,各哨行参将督属重新查定地土,开报都司,通并造册,内开顷田四至,务要近城近堡田地作官田耕种,庶几有警易便拘收人牛。果有远者,亦许从宜兑换。不许官豪势要之家占种近城近堡田地,却令官牛远去致有疏失。其田地造册之外,临时若有勤力之家多开垦者听,只须尽数粮食报官,不许瞒官入己。

管种官田委官,选殷实分守公正不贪者委用,但系曾跟上司官者就便革退别选,不许符同仍留坏事。领牛军人无事一依定规养牛,种田务求成效。粮食多者重加激劝。但有声息警急,随将官牛拘入附近城堡,呈报前来处治,本军听调听用。其官田官牛不许官豪势要之家借贷占用,有先行号令并今奉敕旨内事理钦遵。

余粮照原行会计,子种牛料、修补犁铧等并激劝犒赏种田官军、养济贫难等项公用外,其余粮易到银两买补官马牛、置办军装等用者,俱另项置柜收贮,行移管理粮储官员知数,俱委都指挥张寿把总掌管,听明文收支。若有侵欺及指称答应上司者,罪有攸归。

原行官牛五千七百零一只,每三只搭为一具,共一千八百九十八具零二只,都司即行查明造册,并催变卖易换老病牛只通行买补,完日听点。今后孳生牛只成牛堪使之日,就给与缺牛军人领养,官给银一两充喂养钱。其缺牛军人先前卖有肉脏钱,就并与别牛贴买给与。别有缺牛军人不必重买有过原数。

条件开载不尽者,俱照先行号令遵守。①

从上述记载并结合其他材料可以看出,团种有以下几个特点:

第一,团种的成员主要是现役军人中的老弱病残者。根据洪武年间制定的军屯则例,明代军屯有专门的屯军,从制度意义上讲,他们没有作战任务,其主要作用是给战斗部队提供粮草。团种的军人则是现役"马步队、卫所等项软弱无马不堪出战军人"。边镇有警,团种军人将团种牛只拘入附近城堡,随时"听调听用"。因此,团种属于耕战结合的体制。团种军人随时可以转换为作战部队,同样,现役部队中的部分人员也随时可以转换为团种军人。

第二,团种所得粮食草料易换银两后用来购买和补充马匹,同时还具有互助的性质,即用于"子种牛料、修补犁铧等并激劝犒赏种田官军、养济贫难等项"。在最初的制度设计中,尽管同样是耕作田

---

① 正德《宣府镇志》卷十《杂著》。

地,团种和军屯性质完全不同。军屯是国家拨出部分军人(包括军余)专门从事农业生产,他们在满足自己生产和生活需要的同时,必须按照规定将生产剩余以赋税的方式上交,并纳入国家财政的正项收入来源,作为财政预算的一部分统一安排和支配,在边镇由户部派出机构管粮郎中负责管理。虽然在军屯之初,官方也给予耕牛和种子等基本生产资料,但屯军使用这些生产资料必须缴纳牛租和种子租。团种系政府拨出现役军人中不堪征战者,给予部分闲置土地、牛只和种子从事生产,其生产收入全部上缴,扣除各种公用后由负责团种官员管理和经营,俱另项置柜收贮,用来购买和补充边镇马匹之不足,不纳入国家正项财政预算,收放情况行移管理粮储官员知数即可。总之,屯田是国家"起科"田土,具有财政和赋税性质;团种为"不起科"土地,具有互助性质。

第三,团种采取合作的方式生产。团种每名军人领一只耕牛,"每三只搭为一具",也就是说,三名军人组成一个小组共同组织生产。成化元年(1465)团种地三千八百七十顷七十三亩八分,成化二年(1466)团种地四千二百五十四顷四十六亩五分,依照"官牛五千七百零一只,每三只搭为一具,共一千八百九十八具零二只"计算,每具三名军人耕种团地二顷有余,每人耕种在六十至七十亩之间,略高于宣府军屯每人一分为五十亩的数量。弘治十一年(1498),尚书周经覆侍郎刘大夏条陈团种事宜,"团种军人领田七十亩,纳粮二十余石,少者十二三石,又系粗粮折细,仍又岁支月粮一十二石"[①]。该条材料还表明一个信息,团种军人尽管从事田地耕种,但其正规军的身份没有改变,月粮照旧给支。

"团种"何以称"团种"? 也就是说,为什么在宣府这种用于购买和补充马匹的耕作方式以"团种"命名。笔者认为,当初团种政策的推行者之所以以"团种"命名,与其基本职能用于购买马匹密切相关。明代马匹的补充实行朋合制,按照规定,各营马队官军每岁朋合

---

① 张学颜:《万历会计录》卷二十三《宣府镇·屯粮》。

出银,岁以六个月为率,每月都指挥、指挥出银一钱,千百户镇抚七分,旗军五分。朋合银侧重于互助的性质,它旨在通过建立一种互助基金的方式给马匹死亡者以一定的补贴,以免养马军人由于购买马匹陷入贫困状态。①"团种"以三人为一组,所得收入用于补充马匹的不足,与朋合制有异曲同工之妙。"团",《说文解字》释为"圆也",其后引申为"集合,聚集在一起"。所谓"团种",其含义即为大家聚集在一起,协力耕作。所有耕作的各种费用如耕牛、工具、土地都是官方提供,耕作军人的月粮政府照旧给发,生产所得粗细粮食统统归公,剔除公用外其余用来易换银两补充马匹之不足。即如文献所言团种"乃取各城堡老弱不堪战守之卒团聚一处,官给牛具"②。

成化二十一年(1485),宣府边境危急,余子俊会同监督军务太监张善、总兵官蒋琬将宣府顺圣川团种军人三千三百九十余名撤出,另外召募壮勇一千名设立一营专事战守事宜。③为应对军饷不足,余氏重新丈量顺圣川并各路城堡田地,"系团种者起科粮三升、草一斤,其公务驿传及多余者亦科粮三升,有草者照前征草。每岁将团种并多余地内量拨粮三千石,折算万亿库官银买补官马"④。在此,余子俊为弥补军粮的不足,开始征收团种子粒作为军饷之用,仅仅以三千石为补充马匹的费用。毫无疑问,三千石折银用于购买马匹显然是杯水车薪。次年,宣府巡抚李岳等奏称希望将收过团种田粮尽行买补马匹。五月,宪宗皇帝诏令宣府团种粮仍给边军买马。"旧制,沿边官地听军士协力耕种,以所收租于官库易银买补倒死马匹,边军赖之。后余子俊奏改以充边食粮储,岁止给三千石买马,以故军士偿补不给,多至逃亡,户部请仍旧为便。从之。"⑤当年即以团种田

---

① 具体参见本章第一节。
② 嘉靖《宣府镇志》卷十四《贡赋考》。
③ 余子俊:《余肃敏公奏议·总督类·军务等事》,四库禁毁书丛刊本。
④ 张学颜:《万历会计录》卷二十三《宣府镇·屯粮》。
⑤ 徐日久:《鹭言》卷十六《马政·补欠马》,四库禁毁书丛刊本。

粮四万二千余石易银买马。

弘治以后,边镇官军月粮基本改为折色发放,士兵领取月粮折色银两用于购买本色粮食和草料。团种粮食则必须出售换取银两用来购买和补充马匹。对于士兵而言,他既要购买粮食又要出售粮食,如此耗费周折确实非常麻烦。同时,随着屯政废弛,屯田子粒拖欠严重,边镇本色粮食储备严重不足。如宣府镇,正统年间屯田子粒年收入粮食二十五万四千余石,弘治十一年清查当地屯田子粒实征十三万余石,正德十年实征仅为六万四千余石。为解决这一问题,弘治十年(1497),刘大夏建议团种军人于团种土地之外,额外量给余田,每亩起科纳粮三升、草一斤。①正德十年(1515),总督丛兰提出了一个新的方案。其团种粗粮不必易银,令每二石折细粮一石,并草束拨附近仓场上纳,以补军储之缺。购买和补充马匹的经费则由京运年例银十万两中拨付二万两解发都司收贮,扣作马价银两。②这一办法充分考虑了各方面的利益,减少了团种田粮的运作程序,具有很强的可行性。"总制丛公兰以团种粮买补官马不无易卖纷扰之患,乃题准岁以团种粮二万石入军储,户部扣岁额银二万两为马价,是以现在之银易现在之粟,一省召籴之烦,一省官粜之扰,两称有便。"③

隆庆四年(1570),总督侍郎王遴条陈均屯田事宜,清理宣府成熟团种地亩共计二千八百五十余顷,依照屯田征收子粒,以一斗为则。并定宣府屯田、团种、地亩等各类田地以嘉靖十一年(1532)所入183535石为准征收。④至此,团种的作用发生根本性变化。团种与屯

---

① 刘大夏:《刘忠宣公遗集·文集》卷一《论宣府屯田疏》,四库未收书辑刊本,第六辑。

② 《明武宗实录》卷一百二十三,正德十年四月甲辰;张学颜:《万历会计录》卷二十三《宣府镇·屯粮》。

③ 嘉靖《宣府镇志》卷十四《贡赋考》。

④ 《明穆宗实录》卷四十七,隆庆四年七月辛未。

田一样,成为户部的正项收入用于边镇军饷的供应。实际上,早在嘉靖后期已经显露出这一苗头。嘉靖三十二年(1553),总督苏佑题团种地土不系户部额田,乞照旧征收本色易银买马。户部对这一观点进行驳斥,"据诸司职掌,田制尽归户部,前项团种原系额田,还照原议每年缴有实收通关到部,方发银两易买马匹"①。也就是说,团种必须足额缴纳粮食后户部才能给发抵扣的马价银两。嘉靖四十年(1561),御史温如璋清查宣府屯田、团种、地亩等地,共征收粮食二十一万四千余石,"尚书高耀覆准通入军储支用"②。此时,团种已经完全纳入户部预算。尽管隆庆四年将屯田和团种合并为同一的征收则例,但团种名色依然保留,其后称呼屯田和团种一般为"屯团"③。

作为宣府镇马匹购买和补充的方式之一,团种究竟发挥多大的作用。团种作用的发挥,主要取决于团种收入数量的增减。根据正德《宣府镇志》的记载,将宣府镇团种的基本情况列表如下。

---

① 张学颜:《万历会计录》卷二十三《宣府镇·屯粮》。
② 张学颜:《万历会计录》卷二十三《宣府镇·屯粮》。
③ 《明神宗实录》卷二百四十,万历十年九月癸未;卷二百七十四,万历二十二年六月辛酉。宣府镇团种、地亩、公务等各种名色的土地后统统改为屯田,这一改变可能和庞尚鹏大规模清理九边屯田有关。庞氏论宣府屯田云:今议该镇粮额名目多端,除地亩起科垦种等项,原属民间私买卖为子孙世业,通与丈明,除照等纳粮外,其原额屯田团种、及迩来查出功臣香火、及养廉牧种附余等地,通革去纷纷名色,并入屯田项下,将额粮照则均摊尽作实证之数。其往年新增虚粮通行除豁,不得虚实混淆,以滋纷扰。至于公务驿传地,其间盈缩有难一概取齐,而岁用纷纭原无定数,亦非所以一征科而革奸弊也。合无督责委官悉心查筹,除驿传银先年已经裁革外,其公用每岁若干随事剂量,着为成案。不足者从宜樽节,有余者作屯粮放支,亩数若多改入屯田额内。务令事皆考实,而弊蠹悉清。丈量之实政既行,则原额之屯田尽复,人有定业,疑是不生。若抚御得宜催征有法,屯政不患其不修矣。陈子龙:《明经世文编》卷三百五十八《庞尚鹏·清理宣府屯田疏》。

表 5—1：明代宣府镇团种表

路别	卫所	原/新	军余	牛只数	地亩数	粮食数	草束数
镇城	宣府十司、顺圣川	原额	1958	1958	476.7	41340	14430
	镇城近城	新增	201	201	150.07	1967	1498
东路	永宁卫、隆庆左卫	原额	79	—	55.3	1727	—
	怀来卫、隆庆右卫	原额	103	103	72.2	1854	772
	保安旧城	原额	92	80	56	1404	600
	保安卫	原额	181	159	111.3	2862	1192
		新增	17	17	6.44	165	68
	隆庆州城	原额	43	43	30	58	320
南路	顺圣川西城	原额	46	46	22.1	1300	345
		新增	452	99	199.74	1132	739
	宣府十司	原额	32	32	22.4	726	240
	顺圣川东城	新增	105	105	73.2	1568	784
	蔚州卫	原额	144	144	180	4320	1080
		新增	8	8	5.25	112	56
西路	万全右卫	原额	593	332	232.4	6165	2587
		新增	75	75	31.15	752	269
	新河口堡	原额	64	55	36	355	195
		新增	2	2	1.5	46	19
	新开口堡	原额	20	10	9	281	75
		新增	11	6	3.38	81	25
	万全左卫	原额	186	186	130.2	3348	1395
	怀安卫保安右卫	原额	136	136	95.2	1755	780

续表

路别	卫所	原/新	军余	牛只数	地亩数	粮食数	草束数
西路	柴沟堡	原额	508	420	273.8	4572	3210
	洗马林堡	原额	269	176	91.95	2931	1346
		新增	4	4	3.21	41	15
	膳房堡	新增	6	6	2.07	53	24
北路	开平卫	原额	482	482	337.4	4620	120
	马营堡	原额	512	512	365.4	5278	3840
	云州所	原额	122	95	66.5	845	703
	赤城堡	原额	154	127	88.9	1078	952
	龙门卫	原额	197	197	197	1656	1477
	龙门所	原额	331	219	151.26	2416	1636
	雕鹗堡	原额	69	69	42	552	450
	长安所	原额	57	57	39.9	912	427
中路	赵川堡	原额	19	19	13.3	342	142
	青边口堡	原额	3	3	2.18	54	22
		新增	17	17	11.9	153	127
	葛峪堡	新增	12	12	8.4	108	90
	大白阳堡	新增	13	13	9.1	117	97
	小白阳堡	新增	39	39	27.3	351	292
	常峪口堡	新增	7	7	4.9	63	52
	羊房堡	新增	2	2	1.08	13	10
合计		原额	6400	5739	3198.39	92751	38336
		新增	971	613	538.69	6722	4165
总计			7371	6352	3737.08	99473	42501

说明：表中资料来自正德《宣府镇志》卷四《田赋》，军余以"名"计算，耕牛以"只"计算，地亩以"顷"计算，粮食以"石"计算，草料以"束"计算。考虑到地亩的特殊性，均精确到亩，原文中粮食和草料均非整数，于"石"、"束"下另有更小的计量单位，为避免过于繁琐，该表均取整数，基本不影响计算结果。另，表格中"镇城"有"宣府十司"，南路亦有"宣府十司"，原文如此。

前文已引，成化元年团种耕地三千八百余顷，二年耕地四千二百余顷，表中显示合计原额新增共计三千七百余顷，说明团种在总耕地数量上没有太大的变化。从收获粮食和草束的数量看，至正德时的统计，原额新增合计粮 99473 石、草 42501 束，嘉靖二十八年（1549）前后，宣府管粮郎中奏报，"团种粮九万五千六百九十三石九斗六升、草四万三千五百五十六束六分七厘，新增团种粮二万一百九十二石二斗、草一万七千七百四十三束"①。这显示团种收入也保持了基本的稳定。《万历会计录》中保留了若干年份宣府团种收入的具体数据，从成化二十二年开始，宣府团种各色收入折合粗粮一般在十万石以上，以粗粮和细粮 2:1 计算，年均细粮收入五万石以上。②

成化二十年（1484），"时宣府大同荒旱米贵，银一钱止易米五升"③，米每石合银二两。弘治十五年（1502），"先年榆林每石不过二钱五分、宣府不过八钱五分，近因边方多事故征本色，每石用银至一两八九钱"④。正德十五年（1520），"宣府连年灾伤公私匮乏，每米一石用银二两"⑤。嘉靖十四年（1535）前后，宣府"目下青黄不接，时值委为太高。军士粮价月止六钱五分，籴粮不过五斗，委于养赡有所不足。又召商籴买，银一两三四钱方可得粮一石"⑥。嘉靖三十八年

---

① 陈子龙：《明经世文编》卷一百九十九《潘潢·查核边镇主兵钱粮实数疏》。
② 所谓细粮即各种麦、粟、豆等折合成以米计算。成化末年至嘉靖时期宣府镇团种收入具体数量，可参见张学颜：《万历会计录》卷二十三《宣府镇·屯粮》相关部分。
③ 《明宪宗实录》卷二百五十，成化二十年三月壬子。
④ 《明孝宗实录》卷一百九十二，弘治十五年十月辛酉。
⑤ 《明武宗实录》卷一百八十九，正德十五年八月甲子。
⑥ 韩邦奇：《苑洛集》卷十三《议处年久浥烂预备仓粮以济时艰事》，文渊阁四库全书本。

(1559)前后,宣府大同"二镇米麦每石值银三两以上"①。上述材料表明,成化末年至嘉靖中后期,宣府镇米价在每石银一两三四钱至三两之间徘徊。同时还必须注意到,上述价格均属非正常米价,材料显示"荒旱米贵"、"边方多事"、"连年灾伤公私匮乏"、"青黄不接"等情况表明,正常情况下宣府米价当比上述价格略低。以中间价每石二两计算,五万石细粮折合银二万五千两,即便再考虑到其他种种拖欠蠲免等情况,该镇经由团种提供的购买马匹之资也应当在二万两左右,嘉靖年间苏佑曾说,"宣府有买马团种银二万两"②。这是团种每年提供的购买马匹的经费数量。

根据《明实录》的统计,从成化二十三年(1487)六月到隆庆四年(1570)九月,太仆寺共给发宣府 34 笔马价银,合计 687860 两,其中有八笔用于修建边墙、招募军伍、赏赐军功等合计 148200 两,其余 26 笔合计 539620 两用于购买马匹,平均每笔为 20650 两。若以年份计算,成化二十三年至隆庆四年共计 83 年,平均每年给发宣府马价银六千五百余两。成化十三年(1477)以后,明代马匹赔补实行桩朋银制度,宣府每年桩朋银收入一万两有余。上述三个数据对比表明,团种在宣府马匹的供应和补充中发挥着重要作用。

小 结

为应对马匹的不断死亡,明代在马匹赔补中实施了桩朋银制度。该制度旨在通过一套互助与惩处相结合的方式实现马匹的补充。明代桩朋银制度的设计有三个关键点:第一,由于马匹牧养本身是一种沉重的负担,无论在京营还是边镇,明政府将士兵依据财产和丁口将之区分为不同等级,尽量选择富裕之人养马,马匹死亡之后按照等级的不同征收不同的桩头银。第二,为尽可能减轻军人负

---

① 陈子龙:《明经世文编》卷二百四十四《徐阶·请处宣大兵饷》。
② 陈子龙:《明经世文编》卷二百十六《苏佑·陈时弊度虏情以保治安疏》。

担,保证朋合银的征收非常重要,这类似于建立一种共同基金制度,对于每个养马之人来说提供了一定的保障。第三,为保证马匹的有效补充和桩朋银的足额征收,各地行太仆寺能否正常运作非常重要。以上三个关键点的基本初衷为"损有余补不足"。问题是,无论是指挥、都指挥、千百户,还是军人中的上等富裕者,相对于普通军人而言,他们均为事实上的"有力之家",伴随着整个社会机制的退化,他们总能以各种途径转嫁自己的负担,从而最终危及到下层普通士兵。任何一项制度设计,其实都是多方博弈的结果,要想该制度能够按照其最初的设计意图运作,必须考虑到各个相关利益方的关切,并达成基本的均衡和妥协。明代僵化的思维方式和政治运作模式导致桩朋银制度在弊端丛生、危害甚大的情况下,并没有一个根本性的大变革。当桩朋银对某一方尤其是处于强势的一方体现出过多的不公平后,势必引起该集团的强力反弹,导致原为利民的政策变成害民,政策的实施和运作完全背离了最初的设计,明代的桩朋银制度正体现了这一特点。团种田亩最后纳入屯田也说明,在晚明财政日渐危机、边镇军饷左右支绌的情况下,马匹供应自然要让位于军人果腹。

第六章 明代九边粮料的运输与召买

在传统社会,大规模粮料的运输非常困难。九边各镇中,宣大三镇、陕西四镇和辽东镇,本色来源主要是军屯和民运田赋,运输方式变化多端。在蓟州镇,本色来源除屯田和民运外,还通过漕运来实现粮食的供应,其任务由漕运机构中的遮洋总来执行。[①]万历四十六年(1618),后金与明朝的战事爆发。当年四月,后金攻陷抚顺。四十七年(1619)六月、七月,开原、铁岭相继失陷。天启元年(1621)三月,沈阳、辽阳易手,至此,辽东河东尽失,仅存河西一带。辽东集结大批军队和马匹,所需钱粮数量巨大,筹集异常困难,为此,明政府接连有"三饷"之加派。当前学术界对这一问题的研究基本局限于以"折色银"形式体现的辽饷,而对军队如何解决"本色粮料",就笔者视域所

---

① 关于明代遮洋总的研究,参见黄仁宇:《明代的漕运》,新星出版社2005年版;鲍彦邦:《明代漕运研究》,暨南大学出版社1995年版;吴缉华:《明代海运及运河的研究》,台北"中央研究院"历史语言研究所专刊1961年版;星斌夫:《明代漕运の研究》,日本学术振兴会1963年版。以下所引上述四位前辈的有关论点,凡未特别说明者,均出自各自的著作。吴缉华《明代遮洋总与蓟州的关系》一文(载吴缉华:《明代社会经济史论丛》,台湾学生书局1970年版)是研究该问题的最系统论述,实则是《明代海运及运河的研究》中的一个章节,只不过对其中的一个明显失误做了修正。

及,学术界的研究相当不足。①本章拟以蓟州镇和辽东镇为中心,讨论明代北部边镇本色粮料的运输与召买。

第一节 明代九边粮料的运输——以遮洋总为中心

一、遮洋总的设立与沿革

明朝建立后将国都定于南京,对朱元璋而言,其最大的心腹之患乃是逃亡至北方的元朝残余势力。为此,他在巩固南方既有成果的同时,又派遣大批军队北伐,由此而产生的军需供应问题必须解决。由于当时全国的经济和政治中心位于南方,军队所需的粮饷如何转运到北方前线成为摆在决策者面前的一道难题。陆运成本过高,运河淤塞无法通行,沿袭元制于可以通行海运的地方通过海洋运输成为明代的必然选择。洪武元年(1368)二月,"诏御史大夫汤和还明州造海舟,漕运北征军饷"②。终洪武一代,海运成为供应北平、辽东、蓟州、永平等地军饷的主要方式。

明成祖朱棣继续沿袭海运政策。永乐五年(1407)曾有设立海道衙门之建议,但未蒙允许。明人沈德符记载:"本朝辽东一镇,岁饷专仰给于海运。文皇徙都北京,犹议立海漕都运使,得比布政司,已而中辍。"③

---

① 相关研究可参见朱庆永:《明末辽饷问题》,《政治经济学报》第4卷1935年第1、2期;王廷元:《"三饷加派"考实》,《安徽师范大学学报》1983年第1期;唐文基:《"三饷"加派——明末反动的财政政策》,《明代史论丛:山根幸夫教授退休纪念》,日本汲古书院1990年版;杨永汉:《论晚明辽饷收支》,台湾天工书局1998年版;林美玲:《晚明辽饷研究》,福建人民出版社2007年版;韩行方、王宇:《明朝末期登莱饷辽海运述略》,《辽宁师范大学学报》1992年第4期;张士尊:《明末辽东军食问题述论》,《山东师大学报》1996年第2期;周琳:《万历四十六年至天启七年海运济辽》,《长春师范学院学报》2005年第3期等。综观上述研究成果,其关注点或为辽饷,或为海运,基本没有涉及本色粮料的召买问题。
② 《明太祖实录》卷三十,洪武元年二月癸卯。
③ 沈德符著,黎欣点校:《万历野获编》(上),文化艺术出版社1998年版,第345页。

其后由于会通河的开通,该动议没有下文。

一般观点认为,永乐十三年(1415)罢海运,留遮洋一总从海道专门供应蓟州军粮。明代洪武时期海运系以卫所为单位运送各自粮食,罢海运后先前的运军则以把总为单位从事漕粮运输,各个把总究竟什么时间设立的呢?这涉及遮洋总成立的时间问题。

《漕运通志》载:

> 户部郎中赵载题议得:漕运粮船先年海运至京,俱经文武大臣建议开浚会通河,分立十二总,遂罢海运。其岁运粮四百万石。内蓟州边储独遮洋一总,尚留南京水军左等八卫、江北淮扬等五卫军船,俱于小滩镇等水次兑运山东河南粮米三十万石,仍由海道以抵蓟州、天津二仓上纳。①

按照这里的记载,永乐十三年(1415)罢海运后随即将原来的海运官军分成十二总,以把总为基本单位令其各自承担相应的运输任务。遮洋总也应当于此时设立。

再来看其他史料关于遮洋总的记载:

> 国初粮运率因元故,自会通河成而海运始罢。然而遮洋一总犹寓存羊(洋)之意。②
>
> 查得国初海运,岁七十万石以给辽海,嗣后会通河成海运不讲,然尚留遮洋一总,良有深意。③
>
> 遮洋总之设,自永乐十三年会通河成罢海运,惟存遮洋一总运辽蓟粮,至后遵行不改。④

---

① 杨宏:《漕运通志》卷八《漕例略》,四库全书存目丛书本。
② 《明穆宗实录》卷六十一,隆庆五年九月丙寅。
③ 张学颜:《万历会计录》卷三十五《漕运·海运》,续修四库全书本。
④ 康基田:《河渠纪闻》卷十,第54页,四库未收书辑刊本,第一辑。

上述三条材料的共同点在于都谈到会通河开通后罢海运但保留了遮洋总,而对其他各把总的问题丝毫没有提及。《万历会计录》更明确指出:"永乐十三年罢海运,仍设遮洋总,存海运故迹,用海船岁运北粮由直沽渡海以达蓟州。"①由此似乎可以断定,永乐十三年设立遮洋总是可信的。

事实并非如此简单。

其一,先来看几条关于遮洋船的记载:

>(永乐)十三年增造浅船三千余艘,海运始罢。乃造遮洋船,每岁于河南、山东、小滩等水次兑运粮三十万石,内六万石于天津等卫仓收,二十四万石内十四万石连耗折银六钱,俱从直沽入海转运蓟州仓收。②
>
>宋礼既凿会通河,请改千料海船为二百料浅船,以旗军万人领浅船五百,繇会通河转运。……海运罢,其海船以运布花于辽及改为遮洋船通蓟永运。③
>
>(永乐)十三年增造浅船三千余,乃罢海运。遮洋船兑三十万石,内六万入天津仓,二十四万直沽渡海入蓟州仓。④
>
>明运粮法三变。……永乐九年开会通河,海运初用遮洋船。十三年增造浅船三千余只,罢海运,遮洋船其六分之一入天津仓,余从直沽海运至蓟州。⑤

上述几条材料同样谈及永乐十三年(1415)罢海运事,值得注意的是,在谈到海运蓟州粮饷时均使用了"遮洋船"而不是"遮洋总"。

---

① 张学颜:《万历会计录》卷三十五《漕运·海运》。
② 张瀚:《皇明疏议辑略》卷十五《漕运·邵宝·国朝运法议》,四库全书存目丛书本。
③ 何乔远:《名山藏》卷五十《漕运记·漕船》,续修四库全书本。
④ 郑晓著,李致忠点校:《今言》,中华书局1984年版,第76页。本引文与该标点本句读有所不同。
⑤ 查继佐:《罪惟录·志》卷十四《漕志》,续修四库全书本。

遮洋总固然因为遮洋船而得名，但使用遮洋船运输并非必然地意味着遮洋总的成立。遮洋船是明代海船的总称，是与在运河行驶的船只"浅船"相对应的概念，洪武年间即有遮洋船的称谓。史载，洪武间"以靖海侯吴祯率舟师运粮以给辽东军饷。军皆京卫、浙江、福建卫所拨集，共一十三（笔者注：原文为十一三）卫军七千员名，船号为遮洋，凡三百五十只，岁运三十余万石"①。根据上述材料，只能得出在永乐十三年罢海运后遮洋船继续执行从天津到蓟州的海运任务，而对于是否成立了遮洋总这样一个专门的管理机构来执行则不得而知。

其二，就笔者目前所看到的材料而言，漕运十二总的形成应该是一个历史的过程。何乔远在回顾明代漕运历史时谈到，所谓十二总，至成化年间，明政府才正式将各漕运卫所定为十二总。"（成化）时又定十二总焉。十二总者，湖广、江西、浙江、北直隶、中都、山东各一，南京、江北、直隶各二，并遮洋一总为十二总。……自永乐至此，制乃大定。"②嘉靖年间编修的《惟扬志》记载说天顺年间漕军正式确立编制，"天顺间始额漕舟，遮洋、里河共额一万七千七百七十五只，官军一十二万一千五百员名"③。不论是天顺年间还是成化时期，有一点可以肯定，十二总的形成是一个历史的过程，而并非在某一年将全部漕军划为十二总。

从当时情形分析，与其他漕运官军分别运输各地漕粮不同，遮洋船系专门从事蓟州海运，为便于管理，成立一个专门的机构是理所当然之事。同时，上述材料关于永乐时期已有遮洋总的记载多数系明代著作，目前没有足够的证据证明其所言非实。即便是何乔远言永乐十三年遮洋船行海运，但他在同条材料中也记载道："遮洋总者，本永乐初所留海舟兑小滩粮，繇海给蓟者也。"由此我们认为，就

---

① 佚名：《秘阁元龟政要》卷七，第 461 页，四库全书存目丛书本。
② 何乔远：《名山藏》卷五十《漕运记·漕军》。
③ 盛仪：嘉靖《惟扬志》卷十《军政志》，天一阁藏明代方志选刊本。

遮洋总而言,该机构当设立于永乐年间,具体时间待考。

遮洋总设立之初,辖有十三卫,具体包括南京附近的水军左、水军右、龙江左、龙江右、广洋、江阴、应天、横海八卫和江北地区的淮安、大河、高邮、扬州、长淮五卫。这十三卫由于熟悉海道被编入遮洋总中。随着时间的推移,遮洋总所属各卫与实际情况的发展越来越背离。该总的主要任务是兑运山东、河南的民粮通过海道给蓟州。但南京等八卫距离过于遥远,给运粮官军造成沉重的负担。

为合理调整漕粮运输,嘉靖三年(1524),明政府对遮洋总进行了一次大的调整,其具体方案如下:原来江北五卫不动,将南京地区的水军左、龙江左、龙江右、广洋、江阴五卫划归江南上江总,水军右、应天、横海三卫划归江南下江总,将北直隶总所属德州、德州左、天津、天津左、天津右、通州左、通州右、定边、神武中等九卫,连同徐州左、泗州二卫划归遮洋总,以上共计十六卫。调整后新设江南上江总,废除了北直隶总,仍为十二总。至迟到嘉靖二十三年(1544),遮洋总所属徐州左卫划归江北直隶总,在该年增修的《漕船志》中,遮洋总所辖为十五卫,而徐州左卫则隶属于江北直隶总,此前江北直隶总没有该卫的编制。此后直至嘉靖末年遮洋总被裁革,该总一直保持十五卫的编制,"遮洋一总所辖一十五卫,在南则有淮安、大河、扬州、高邮、长淮、泗州六卫;在北则有德州、德州左、天津、天津左、天津右、通州左、通州右、定边、神武中九卫"①。

顺便说明的是,有论者认为明代漕运把总在不同时期数量有所不同,李洵对漕运把总的解释为:漕船十总,"参见'漕船十二总'"。漕船十二总,"明代漕军组织名称之一。万历中叶前,共分漕军为南京总等十总。其后漕运改道过淮,则分十三总,后革去遮阳(洋)总,乃为十二总"②。其实"十总"说可能系受相关史料的误导。冯世雍于

---

① 张瀚:《台省疏稿》卷四《议更运船以便官军疏》,续修四库全书本。
② 《中国历史大辞典》明史编纂委员会:《中国历史大辞典》(明史卷),上海辞书出版社 1995 年版,第 512 页。

嘉靖年间撰就的《吕梁洪志·漕渠》说,"天下十总粮船,每年过洪者一万二千一百四十三只",其后他详细罗列了过吕梁洪的十把总。顾起元在其万历间自刻的《客座赘语》卷六《粮船帮次》中记载:"嘉靖间天下十总,每年过洪船一万二千一百四十三只。……迄今则有十三总,事体亦多所更置矣。"从顾起元的记载分析,似乎嘉靖间漕运分为十把总,至万历间则为十三总。顾炎武《天下郡国利病书》也根据《吕梁洪志》的说法有天下十总的表述。其实冯氏所论天下十总系指"过洪者",从冯氏所列举的十总看,其中没有山东总和北直隶总,因为这二总处于北方,行程没有过吕梁洪,冯氏没有计算在内。无论是顾起元还是顾炎武都误会了冯世雍的意思,误将冯氏所指"过洪"的十总作为漕运把总的总数,而后人则袭非为是,致有"漕运十总"之说。

嘉靖四十五年(1566),南直隶沭阳人胡应嘉建议裁革遮洋总,次年十一月该议经过有关部门会题后正式得到批复。对于这一事件,明人多将原因归咎于胡应嘉,指摘其市恩乡梓。隆庆五年(1571)九月,户科都给事中宋良佐等奏:"至嘉靖末年,科臣胡应嘉欲市恩淮大诸卫桑梓之军,建议罢废(遮洋总),而海运遗意无复有存者矣。"①万历元年(1573),时任漕运都御史的王宗沐对于胡氏建议裁革遮洋总一事评论说,"应嘉以乡土之故忍变成法,有识者未尝不扼腕而叹"②。其实这种批判有失公正。我们必须注意到批判者的身份,万历初年遮洋总的恢复正是在宋良佐和王宗沐的推动下才得以实现。隆庆元年(1567)裁革遮洋总是皇帝批准后正式执行,这意味着该事件最终的裁决者是皇帝,王氏等人自然不敢对皇帝说三道四。参与此事的胡氏成为被批判的替罪羊。③

---

① 《明穆宗实录》卷六十一,隆庆五年九月丙寅。
② 《明神宗实录》卷十七,万历元年九月庚寅。
③ 关于这一时期人事关系、彼此党争与是重新推行海运的问题,可参见樊铧:《政治决策与明代海运》,社会科学文献出版社2009年版,第145—146页。附带说明的是,该书是近年来不可多得的研究明代海运的上乘之作,为我们从政治史和思想文化史的角度开展制度史研究提供了很好的范例。

应当说,至嘉靖末年遮洋总的确有改革的必要。南方六卫的粮食运输导致军队普遍贫困和大量逃亡。根据运粮把总刘崇武等人的报告,"遮洋旗军每年起运,馨身远涉,直至四五月间方达河南水次领兑粮米。在船因是陆来,原无附余盘用,过海守潮动经日久,未免蚕食正粮,往往交纳挂欠,赔累变产,逃亡殆尽,因而牵词构讼害及无干,一不便也;船只寄泊临清,本军回卫,雇人看守,缘非己物,不行苦盖,每每损坏,甚至擅将桅蓬什物板片拆卖,避罪逃匿,领兑缺船多由此弊,二不便也"①。上述两个问题都属于所谓定规,想对此进行更改非常困难。为此,从户部到漕运衙门,从漕运衙门到相关把总,都对此事展开了充分的讨论。

  漕运都御史马森、总兵官方恩题称:淮、大、高、扬、长、泗六卫原属遮洋总,内领运蓟粮官军呈告:自南趋北道里不便,乞要将六卫各改南总,于山东总内临清卫船拨补或将遮洋一总并入山东更番北运。该本部(户部)议得:各总卫所疲乏居多,而遮洋远运边储尤为困累。所据摘拨临清船只补运北粮,又欲并总山东更番递运,二者议当归一。中间北卫原额船只未审有无,动干各总,必须彼此称便无词,方可永远通行。遽难定拟,相应再行漕司查议明白处分周悉,将所议条件先期具奏,以凭议覆施行等因。题奉钦依备咨前来。已经备行江北、中都、山东、遮洋五总会议,去后,今据前因,该臣会同总兵官李廷竹议照……今淮大等六卫官军非直道路不便,而流离困惫已极痛切,诚有大不便者。是以当事漕臣目击时艰,必须通便,故行再疏,欲将遮洋总属在南淮大等六卫改并江北等总兑运南粮,将遮洋一总裁革,所遗在北德州等九卫并入山东一总,与同该总临清卫俱运蓟州仓粮。又恐难易不均,故以平山卫与临清卫各军船更番轮换以均劳逸,其摘拨临清船只补运北粮与夫并总山东原系一事,所

---

① 张瀚:《台省疏稿》卷四《议更运船以便官军疏》。

谓更番者,为指临清平山二卫军船而言。……议拟已定,但事干各总,该部恐有窒碍,覆行查议,今既经各把总官会议佥同,彼此称便,相应依拟。①

从这段记载看,首先,户部对于漕运都御史马森、总兵官方恩请更改遮洋总建制的意见非常慎重,因为涉及各个把总的具体利益,户部在向皇帝的汇报中认为"各总必须彼此称便无词,方可永远通行",因此建议应"再行漕司查议明白处分周悉,将所议条件先期具奏以凭议覆施行"。其次,就裁革遮洋总一事,漕运衙门也进行了充分的论证。在得到重新论证遮洋总的指示后,漕运随即行文江北、中都、山东、遮洋等把总,令各把总提出各自的意见,结果是"各把总官会议佥同彼此称便",也就是说,各总取得了一致意见,认为裁革遮洋总是可行的。

内河运输一个最大的问题是河道淤塞。四年后,户科都给事中宋良佐便有恢复遮洋总之提议,其主要理由即为"河变频仍,运道屡梗"。

> 户科都给事中宋良佐等奏:今河变频仍,运道屡梗,宜乘此遗迹未泯之时将遮洋一总尽行议复,务足额以存海运遗意。仍稍稍推拓,如该总隶北诸卫兑北粮者令由天津入洋抵蓟州,隶南诸卫兑南粮者令由淮入洋抵京通。仍博访国初并海诸卫所旧制,使列障联屯,彼此相望,即河渠少梗而此塞彼通,亦思患预防之术也。户部覆言:遮洋一总,先时径渡天津海口,不过八九十里,今欲涉海运饷,事难造次,请先复遮洋一总。……报可。②

---

① 张瀚:《台省疏稿》卷四《议更运船以便官军疏》。
② 《明穆宗实录》卷六十一,隆庆五年九月丙寅。

并且，宋氏进一步提出扩大原来遮洋总的运输路线，在恢复原来蓟州海运的基础上，另外开辟从淮安到北京和通州的运道。《明史》可能根据这里的记载，认为隆庆五年从给事中宋良佐言复设遮洋总。① 其实遮洋总的正式恢复是万历元年的事情，这中间有一个过渡期，明政府设立了海运总试行海运。

宋良佐的建言得到批复后，山东巡抚梁梦龙随即上言历陈海运之利，请试行从淮安到天津的海运。是年，命动支节慎库银一万五千两、并淮扬商税银一万五千两，雇觅堪用坚固海船三百余只，装载漕粮十二万石，从淮安由海道历经三千三百余里入天津交割。隆庆六年（1572）三月，为更有效开展海运，总督漕运都御史王宗沐建议设立海运把总一员专门管理，其"起运粮舡宜分派淮、大、台、温等一十四卫，责令拨军领驾，每艘照遮洋旧例用军十二人，以九人赴运，其三人扣解粮银添顾水手，设海运把总一员统之"②。由于王宗沐的提议，海运把总设立。"隆庆六年复开海运，设把总一员，领原设遮洋总下淮、大、高、扬、长、泗六卫及分割扬州总下通州、盐城二所，下江总下镇海、太仓二卫，以河运额内旗军驾新造海船二百七十四艘领漕一十二万石，其千百户官俱于原试海运及滨海卫所选用。"③当年又试运十二万石。

试运的成功无疑给王宗沐非常大的鼓舞，他随即疏请恢复遮洋总。

> 万历元年罢海运改复遮洋，仍并入各总下领兑。遮洋总原领南六卫北十二卫，内南六卫淮安、大河、泗州今并入淮安总，扬州、高邮今并入扬州总，长淮今并入中都总，各领兑南粮。北十二卫德州、德州左、天津、天津左右、通州左、通州右、定边、神

---

① 张廷玉：《明史》卷八十六《河渠四·运河下·海运》，中华书局 1974 年版。
② 《明穆宗实录》卷六十八，隆庆六年三月丙午。
③ 张学颜：《万历会计录》卷三十五《漕运·运船官军》。

武中今并入山东总,徐州、徐州左、归德三卫先隶淮安总,今亦入山东总下领兑北粮,仍同山东总下各轮流运蓟州天津京通等仓粮米。①

户科都给事中贾三近奏:往因运渠梗咽,当事者议覆海运,悉心讲画法非不周,然风涛险阻终属可虞,所以岁运只限十二万石,意正为此。今闻海运至山东即墨县福岛等处,忽遭异常风雨,冲坏粮船七只哨船三只,漂消正耗粮米几五千石,淹死运军水手十五名。臣因此反复其事……乞敕详酌,将海运姑暂停止,仍以额粮十二万尽入河运。时巡仓御史鲍希颜,山东抚按傅希挚、俞一贯疏俱如三近指。疏下户部,议停之。②

综合两条材料分析:第一,遮洋总虽然恢复,但其先前所属各卫并没有被重新划回,而是将新设立的海运总下属八卫所作为自己的管理范围。第二,虽然遮洋总恢复之动议系由于淮安海运试行的成功,但恢复之后的遮洋总并没有从事从淮安到天津的海上运输。因为明政府正式下令恢复的时间是在万历元年九月,而在当年六月已经暂停了海运,"仍以额粮十二万尽入河运"。由此而来的问题是,遮洋总既然恢复但却没有从事海运,那么该总的主要任务是什么呢?恢复后的遮洋总主要任务不再是从直沽绕海道专门供应蓟州粮饷,而是开始与山东总协调从内河轮流运输天津蓟州京通等地粮米,即所谓"同山东总下各轮流运蓟州天津京通等仓粮米"。

先前的研究均认为万历以后随着海运建议的再一次被禁止遮洋总也随之废除了,这一观点是错误的。其中吴缉华的观点比较有代表性。"到万历初年,这时也是遮洋总革除的时期","从明永乐时代到万历元年(1573)罢遮洋总不复行,中间将近一百六十年。"从吴先生使用的材料看,他大量引用了万历时期王在晋编写的《通漕类

---

① 张学颜:《万历会计录》卷三十五《漕运·运船官军》。
② 《明神宗实录》卷十四,万历元年六月壬戌。

编》,而该书万历元年以后有关遮洋总的记述在在皆是,但吴却得出了万历元年该总革除的结论。①

吴在论证遮洋总的革除时,援引了一个间接的证据,他认为废除海运的问题和当时的政治斗争有关。隆庆时代海运的恢复是大学士高拱在位时的行为,万历皇帝即位后,"张居正在内阁里用政治机会撇开高拱,而得到内阁首辅的地位,高拱致仕,张居正尽反高拱所行,因而王宗沐梁梦龙苦心主张的海运在这时也被罢去"。其实,从张居正写给王宗沐的书信看,张氏本人并没有表示反对海运,只是认为必须慎重从事。"今年闸河水涩转饷甚艰,然终以发运之早,虽遭中梗,比之往岁,犹为驶利,皆公之功也。海运今岁微有损失,议者遂纷纷言其不便。此众庶之见,固不足凭,但仆鄙意,窃以为今欲河海并运,则当著实料理,岁岁加增;若止欲尝之,则二年之间,道路已熟,何岁以十二万石尝险哉!近潘大参有复遮洋总议,似为稳便,不审高明以为何如?仆昨因群言稍有淆惑,但以国家大计,须虚心商量耳。"②从张居正和王宗沐书信往来看,二人的关系还是相当融洽的,"世所称为知己者,谓能知其心也。今知我者,非公其谁?"③

万历年间,王在晋在回顾了遮洋总的变迁沿革后指出,"至隆庆六年,给事中宋良佐条议、总漕王宗沐题准复开海运,自淮出海,行之数年,覆溺数多乃罢。今遮洋总犹存,止属淮安、大河、泗州、高邮、扬州、长淮六卫,通州、盐城二所"④。万历四年(1576),御史陈功条陈漕运船只制造问题,"清江厂合山东、遮洋七总之舡造于一厂,既不堪用又不如期,及雇民舡费适相等,宜分锦衣、旗手两总于南京,山东、遮洋两总于临清,各委督粮道督造"⑤。户部认为此议由于客观原

---

① 参见吴缉华:《明代社会经济史论丛》,台湾学生书局1970年版,第308页。
② 张居正:《张居正集》(第二册),湖北人民出版社1994年版,第405页。
③ 张居正:《张居正集》(第二册),第398页。
④ 王在晋:《通漕类编》卷二《漕运·十三总所属卫所船军漕粮数目·遮洋总属》,四库全书存目丛书本。
⑤ 《明神宗实录》卷五十二,万历四年七月庚申。

因无法实行,仍议准继续在清江制造。万历十三年(1585),在确定给各漕运军队羡余的时候,遮洋总依然并列其中,"浙东、浙西、湖广、江西四总每船增银一两,给银四两;江南上江、下江、锦衣、旗手、江北淮大、扬州并中都七总,每船增银五钱,给银二两;山东、遮洋二总,每船照旧给银一两"①。至二十三年(1595),为更好地适应内河航运,遮洋海船的建造开始依据浅船的规制进行,"遮洋海船照依山东总下浅船规式改造,每船减去运军三名,止用现军十名,领兑二名,行月粮银给领帮官,水次短雇水手驾运,日后万一海运不妨再议"②。应当注意最后一句话,"日后万一海运不妨再议",这无疑明示我们,此时的遮洋总已经不再从事海运,但作为一个漕运组织依然在继续发挥其漕粮运输的功能。

上述诸多史实表明,万历时期遮洋总作为一个漕运组织依然存在,只不过其职责发生了重大的改变。万历二十五年(1597)张养蒙谈到东征朝鲜时说,"查得漕运遮洋一总,所辖淮安等八卫所共驾海船四百二十七只,装运山东河南各州县米二十万四千八百八十余石,外加耗米四万四千石有零"③。这恰恰印证了笔者前面的结论"遮洋总将新设立的海运总所辖八卫所作为自己的管理范围"所言非虚。

万历四十六年(1618),辽东战争正式爆发,各地大批军队陆续征调到辽东,本色、折色钱粮费用巨大。对于明政府而言,即便筹集到大量的钱粮,如何运送到辽东前线也是一个十分头痛的难题,此时是否恢复遮洋海运成为争论的焦点。

战事初起之时,新任户部督饷侍郎李长庚随即屡次提议开行从淮安的海运。他的总体规划是从淮安海运直接到辽东:"遮洋一总,臣莅任初疏首及此议而未蒙覆允。近接总漕大臣书,以为可行,兹责

---

① 王在晋:《通漕类编》卷三《漕运·轻赍脚耗》。
② 王在晋:《通漕类编》卷三《漕运·漕运船只》。
③ 陈子龙:《明经世文编》卷四百二十七《张养蒙·议定南运以济东运疏》,中华书局1962年版。

米如此之多,非多截南粮于淮不可矣。……应议截首帮漕粮三十万于淮安,行令总漕衙门查复遮洋旧总,从淮安运发辽东。"①户部根据李的意见,也提出应当恢复遮洋总。但是该建议遭到淮安方面的反对。在淮安方面以各种理由推诿后,户科给事中官应震提出一个折中的方案,由遮洋船从淮安运至山东,然后山东海船负责到辽东的运输,"若遮洋一开,由遮洋至胶州陆运才计百里,由昌邑入河仿胶莱河遗议,此为两地之便,料淮上安得推诿如前日耶"②。综合各种意见后,户部尚书李汝华再次请求皇帝就海运事宜做出批示,并就各种意见进行了评述。饷臣遮洋海运的建议"可谓周防,饷臣一片为国苦心至矣",山东有司请将原定召买60万石减为30万石,固然系"东省抚按为地方惜士民",但"亦当为朝廷惜封疆,断不得强执求减之说",而淮安漕运衙门所谓"路途艰险、船只缺少"均系借口,根本原因在于"遮总卫官惮于泛海"。为此,他希望皇帝"敕淮上总漕、山东抚按各照饷臣派运数目作速预办,输转船只应造者造、应雇者雇,米粮应征者征、应买者买"③。未等万历皇帝做出批示,山东巡抚王在晋即表达了该省无法接受淮粮海运至山东然后由山东船只运辽东的建议。④最后恢复遮洋海运一事遂不了了之。

　　行文至此,读者可能会产生一个疑问,既然众人均建议恢复遮洋海运,而最终由于各种原因未能恢复,则说明该总在万历元年由海运总改为遮洋总之后肯定又一次被废除,不然何来恢复之建议。这也可能是研究者认为万历以后遮洋总不复存在的主要原因。笔者认为,其中的奥妙在于,正如前面论述的,万历元年遮洋总恢复以后,其职能发生了重大的变化,由原来的海运蓟州改为与山东总协

---

① 佚名:《海运纪事》,第195页,北京图书馆古籍珍本丛刊本。
② 程开祜:《筹辽硕画》卷三十八《官应震·敬摅援辽以祈立允疏》,国立北平图书馆善本丛书本。
③ 程开祜:《筹辽硕画》卷四十《李汝华·会议画一疏》。
④ 程开祜:《筹辽硕画》卷四十四《王在晋·胶昌海道通行疏》。

调运输京通等地漕粮。万历四十六年以后朝野上下所建议恢复的不是遮洋总本身,而是它的海运功能。所谓恢复遮洋海运,重点在于"海运"而不是"遮洋"。王在晋在否决遮洋海运的时候说,"饷台初谓遮洋船尚存,淮扬有海船可雇,故意漕粮到胶耳。今遮洋已改造而全无海船"①。从这里可以看出,遮洋一总依然存在,只是其用于海运的船只已经改造成别种样式,联系前述万历二十三年遮洋船照山东浅船样式改造,我们很容易得出结论,作为漕运机构的遮洋总一直存在,但是万历以后没有恢复其海运的最初职能。

崇祯三年(1630),天津本色粮料运输出现困难,户部尚书请借用山东、遮洋二总船只协助运送,"至山东、遮洋二总船只,原系领兑山东河南二省漕米,其地较近故抵关独早,一经交卸便可南还。揆之来年新运,尚多空闲时日,查往年亦有留用协剥之例。……合无仍遵前议,姑留协运数转,庶飞挽如期而庚政有济矣"②。崇祯五年(1632),泗州严重灾荒,漕运衙门就遮洋应运漕粮作出适当的调整,"遮洋总下一帮,每年密云边粮自运其三万四百二十石七一(斗),于山东、遮洋、中都三总内带运内带运之粮,原有交津京通者尽赴天津交纳,即作每年额截之数以苏疲卫、以全漕务"③。上述两条材料说明,遮洋总的漕运终明一代都没有停止,该总更没有在万历初年废除。

二、遮洋总的运输路线和数量

一般认为,遮洋总负责把大名府小滩镇兑来的粮食从直沽通过海洋运送到蓟州,这是一个似是而非的观点。其中有以下几个问题需要澄清。一,是否遮洋总最初便是从小滩兑运粮食;二,从小滩镇到直沽入海口这一段内河运输是如何进行的;三,从直沽到蓟州仓

---

① 程开祜:《筹辽硕画》卷四十四《王在晋·胶昌海道通行疏》。
② 毕自严:《度支奏议·云南司》卷六《条议新漕济运急著疏》,续修四库全书本。
③ 毕自严:《度支奏议·四川司》卷五《覆泗民被溺安集蠲恤疏》,续修四库全书本。

的具体运输路线如何。

先来看第一个问题。宣德七年(1432),漕运衙门拟定各水次交兑漕粮的具体规则,其"江南民运粮于瓜洲、淮安二处交兑,河南所属民运粮至大名府小滩兑与遮洋船官军领运"①。也就是说,至此遮洋总官军才开始从小滩镇兑粮运蓟州。我们很自然关心另外一个问题,从永乐十三年罢海运唯留遮洋船给蓟州军饷到宣德七年(1432)的这一段时间,遮洋总所属各卫所船只于何处运粮。据笔者初步推断,这一段时间遮洋各卫所依然沿袭了先前的运输办法,即永乐十三年海运的废除并没有影响从事海运的遮洋船,其原来于何处运粮,之后仍然于该处运粮。《明会典》中有一则珍贵的史料,永乐十三年废除海运行河运后,大量海船弃而不用,"独蓟州军饷用遮洋船海运如初"②。另外,从明代漕运法的变更看,海运废除后,首先实行了支运。所谓支运,"亦称转搬法。明代漕运方式之一。始行于永乐十三年(1415)。其法,先由民运漕粮至淮安、徐州、临清或德州等仓,再由卫所官军分段接运至北京、通州二仓"③。万历四十七年十二月,户部在答复总督辽饷侍郎李长庚论粮饷筹集事宜时说,合计辽东用米至一百零八万石,应行截漕和在南北各地召买,至于其运输,"在南者一面复遮洋旧总繇淮安发运辽东,一面如征东旧例,咨浙江、江西二抚各助船数十余只以广其运;在北者繇津至芝麻湾抵三岔东岸"④。既然遮洋海船"海运如初",再由支运的几个具体地点分析,宣德七年之前的遮洋海运应是从淮安出发,沿海道达天津的直沽入海口,然后直达蓟州。这也从侧面说明了为什么遮洋总最初所辖的十三卫均在长江两岸。

宣德七年的变革,实际上是明代漕运方式的一个巨大变化,即由支运改为兑运。该变革对于遮洋总来说,最重大的影响就是由该

---

① 申时行等:《明会典》卷二十七《会计三·漕运》,续修四库全书本。
② 申时行等:《明会典》卷二百《河渠五·船只》。
③ 《中国历史大辞典》明史编纂委员会:《中国历史大辞典》(明史卷),第41页。
④ 《明神宗实录》卷五百八十九,万历四十七年十二月己巳。

总承担的漕运运输起始点发生了变化。从大名府小滩镇到天津直沽入海口路途遥远，这一段运输是如何进行的呢？宣德七年改革以后遮洋总先将漕粮从小滩镇通过内河运到直沽。既往研究关注点在于遮洋总的海运，吴缉华更征引大量史料论证遮洋总的海上运输里程大致在八九十里左右，但未说明这些粮食是通过哪种途径到达直沽入海口的，这是我们要考察的第二个问题。

事实上，遮洋总的运输里程远非短短的八九十里，在宣德七年的命令颁布以后，该总的船只首先要从小滩镇将粮食运送到直沽，然后由此入海到达蓟州。嘉靖三年北直隶定边等九卫划归遮洋总，这些卫所的运军"每年驾船前往小滩镇领兑河南山东二省粮米，复自小滩镇运赴蓟州仓上纳，往返水程约有三千三百余里"①。由此可以明确，遮洋总官军漕运的起始点是在小滩而不是直沽的入海口。笼统地说遮洋海运是不确切的。

我们看两条史料：

> 山东、遮洋两总岁运山东、河南两布政司粟米共三十万石，例该小滩镇水次交兑，缘卫河来源微细，全藉漳河相合运船始通。宏（弘）治间漳河上流沙淤逼水别去，漕运衙门奏行工部委官疏浚引水合流接济运道。近来仍复淤塞，盘剥劳费，旗军受害。蒙漕运衙门议得：两省纳粮州县俱系陆路，转输艰难，多于临清籴米雇船装回水次。……合无自正德四年为始，将山东河南原在小滩水次兑军粮米通改临清水次，就令管仓主事监兑。户部会议照旧，其河道行工部疏通，开坐具题。节奉圣旨：水次改兑，准行一年，如果便利再行议处。钦此。钦遵。今岁值天亢旱，小滩以南无水接济，虽费工力亦难疏通，幸改临清交兑，船无浅阻，委的便利。但小滩镇交兑年久，居民开集互市，又得包揽侵渔并赁地之利，今辄改移不遂所欲，或生异议，而临清系冲

---

① 陈子龙：《明经世文编》卷一百六十九《马卿·僭运粮储疏》。

要地方,弊因事起,亦不能无,伏乞议处,永为定例。①

　　卫河自辉县苏门山合头,历辉县界新乡、卫辉府新镇李家道口、莘县小塔儿,清浊二漳自林县合流,经临漳馆陶小塔儿入卫河,漳卫合行二百里过临清,自辉县东北来一千六百里,又千余里至直沽合白河入海。②

　　上述史料表明,第一,遮洋总从小滩兑运的漕粮通过卫河首先抵达临清。第二,遮洋总和山东总共同在小滩镇兑运后于直沽分开,可见从临清到直沽遮洋总和山东总一样都是通过运河进行的。第三,遮洋总船只到达直沽后,再通过卫河的另一段抵达入海口。至此才是通常所说的遮洋总海运的起点。第四,正德四年(1509)有一个变动,由于河道淤塞曾经将兑运地点由小滩改至临清,但随即又恢复小滩兑运。嘉靖十一年(1532),明政府再次诏令遮洋总于小滩兑运,"诏遮洋、山东二总兑运河南粮米于小滩镇交兑,着为令"③。第五,上引归有光的描述,不是归氏道听途说,而是他本人的旅行历程,具有很高的可信度,这也从另一个方面说明前面引文"往返水程约有三千三百余里"所言非虚。有论者更明确指出遮洋总的运输路线为"遮洋海船由山东、北直从直沽入海,转白沙河运至蓟州"④。

　　笔者作如此论断,可能令读者产生另外一个困惑。遮洋总系因遮洋海船而得名,海船怎么能用于内河航运呢?这里还要考察遮洋总的船只问题。明代漕运船只分为两种,一种称为浅船,在内河航行;一种称为遮洋船,在海洋航行。封越健的研究表明,在成化年间小直沽新河开通之前,遮洋总的船只数大致为350只左右,后来为便于从新河的运输,成化二十三年(1487)遮洋船改造成为浅船,此后数量维持在525只上下。但是,为与遮洋海运的30万石粮食相对

---

① 邵宝:《容春堂集·续集》卷六《奏议·会议状》,文渊阁四库全书本。
② 归有光:《震川集·震川别集》卷六《壬戌纪行下》,文渊阁四库全书本。
③ 《明世宗实录》卷一百四十三,嘉靖十一年十月辛巳。
④ 章潢:《图书编》卷一百二十五《古今漕船总略》,上海古籍出版社1992年版。

应,封先生进一步引申了遮洋海船和遮洋浅船的运载量问题,他的办法是用粮食数量与船只数相除,计算出每只船的载重量。①其实遮洋总所属各卫所船只运输的粮食数量并不相同,具体参见下表:

表6—1:遮洋总所属军数、船只、运粮表

卫分	旗军数	船只数	运粮数	粮数/船
通州左卫	133	13	4089	315
通州右卫	99	10	3043	304
神武中卫	80	8	2459	307
定边卫	85	9	2613	290
天津卫	145	15	4458	297
天津左卫	121	12	3720	310
天津右卫	98	10	3013	301
德州卫	502	50	15432	309
德州左卫	501	50	15402	308
徐州左卫	420	42	12894	307
泗州卫	804	80	34684	433
淮安卫	576	48	27427	571
大河卫	990	83	47141	568
高邮卫	405	38	21418	564
扬州卫	648	54	30856	571
长淮卫	648	54	30856	571
合计	6255	576	259505	450

资料来源:谢纯:《漕运通志》卷四《漕卒》。

---

① 封越健:《明代漕船考》,载王春瑜主编:《明史论丛》,中国社会科学出版社1997年版。

从上表分析,由于此时遮洋总所辖为 16 卫,且徐州左卫仍然归其管理,结合前面的论述,可以断定该表所显示的相关数据时间大约为嘉靖三年(1524)至嘉靖二十三年(1544)之间。从有关数据看,无论是军队数、船只数、运粮数、每船该运粮食数均与相关史料有明显的不同。如果仅仅根据史料中的论述做简单的计算,则遮洋总各卫所之间的细部差别就无法体现。成化二十三年御史谢文等奏,漕运军队"现驾粮船一万八百六十只,又有五百料遮洋船在内"[①],由此可知,经过改造后遮洋海船载重量一般在 500 石左右。《台省疏稿》云,"该总(遮洋总)旧规,每船一只装粮五百六十石"[②],若以此数看,上述后六卫除泗州卫的船只运载数明显偏少外,其余五卫与该数字非常接近。因此,尽管上表所列船只《漕运通志》均将其定性为"浅船",但从其载重量看,后六卫所属船只应为遮洋海船,前十卫运载量大致在三百石左右的船只则为从事内河航运的浅船。也就是说,遮洋总不仅拥有用于海运的船只,还拥有数量不等的浅船。永乐八年(1410)开设的卫河提举司先属河南布政司,"后改隶山东,专一修造山东、北直隶、遮洋卫所浅船"[③]。如此这般,则遮洋总从河南小滩起运粮食也就不足为奇。

该时期另外一个要考察的问题是遮洋总的运输终点除了蓟州以外还有哪些地方。从有关史料看,遮洋总的运输终点除了蓟州外,另外至少还有京通二仓、丰润仓、东店仓和林南仓等。值得注意的是,东店仓和林南仓距离蓟州比较远,位于山海关和永平的交界地点,在行政建制上属于山海卫管粮官员统辖,主要供应山海关和永平地方的军队粮饷。《明会典》卷二十七载,正统十三年(1448)题准,"遮洋船三百五十只原系南京淮扬等卫官军驾驶,每岁由直沽以东三汊河过赴林南、东店等仓"。同卷中另有材料更具体说明东店仓收

---

① 席书:《漕船志》卷四《料额》,方志出版社 2006 年版。
② 张瀚:《台省疏稿》卷四《议更运船以便官军疏》。
③ 杨宏:《漕运通志》卷三《漕职表》。

十万石,林南仓收五万石。同样的,成化二十年(1484)题准,"遮洋支兑三十万石,除天津等仓六万石外,将蓟州二十四万石内改拨十万石丰润仓交收"①。该办法源于十九年(1483)提督蓟州粮储郎中的建议:"户部奏:提督蓟州粮储郎中官廉近以永平山海等处边军粮豆岁于蓟州仓支给不便,奏于丰润县置仓,岁运遮洋官军粮十万石于此收纳。"②

现在看第三个问题。万历元年海运废除,遮洋总依然保留,纳入到明代漕运的整体系统中。此时该总的运输路线又是如何,其起始点继续在小滩还是另有改变。目前我们发现的史料非常有限。万历三年(1575)确立了遮洋总的主要职责,"遮洋海船每年专派德州上下河领兑,回空船只寄泊临清"③。据此笔者初步推断万历元年海运废除后,遮洋总可能不再从小滩兑运粮食,而是将漕运其他各总起运到德州仓的粮食通过运河转运到京通天津蓟州等地。不过,这一推论还需要史料的证实。"查得漕运遮洋一总,所辖淮安等八卫所……上纳仓口有天津有京通有昌密,俱经漕运衙门先期派定。"④天启七年(1627),巡按直隶监察御史宋师襄历数该年漕运各总挂欠数量的时候说,遮洋总下泗州卫、扬州卫、高邮卫、大河卫等均存在挂欠京通等地漕粮的现象:

> 查得遮洋把总谭起蛟下泗州卫指挥谢仁恩挂欠京通粮一万二千五十六石五斗,扬州卫指挥李文贵挂欠密云粮四千五百七十五石,泗州卫千户沙起龙挂欠密镇粮四千七十五石八斗,长淮卫指挥高秉秀挂欠京通粮二千七百一石,高邮卫指挥薛承先挂欠密镇通粮二千三百八十石三斗,扬州卫百户冀宗挂欠密

---

① 申时行等:《明会典》卷二十七《会计三·漕运》。
② 《明宪宗实录》卷二百四十三,成化十九年八月甲申。
③ 王在晋:《通漕类编》卷三《漕运·船只》。
④ 陈子龙:《明经世文编》卷四百二十七《张养蒙·议定南运以济东运疏》。

镇粮二千一百八十六石，扬州卫千户刘天荫挂欠天津粮四百四十八石七斗，泗州卫百户齐世卿挂欠天津粮四百一十五石五斗，淮安卫千户李光裕挂欠天津粮四百一十三石七斗，大河卫指挥徐之凤挂欠昌镇粮二百二十九石七斗二升，高邮卫百户王维藩挂欠天津粮一百三十九石五斗，大河卫百户陈启元挂欠天津粮六十五石三斗，长淮卫百户路继爵挂欠昌镇粮五十石。①

该史料的重要性不在于提供了具体的各种数据，而是胪列了遮洋总的运输地点：京通仓、密云、天津、昌平等地。从遮洋总运输的地点看，万历元年后该总的一个重大变化是越来越多的供应边镇军饷。其他各总的主要任务依然是将漕粮送京通二仓为北京提供服务，而遮洋总则将粮食直接运送到京通、天津、昌平、密云等地，上述各地除京通外，明代后期均设立了重镇，天津更成为辽东的中转站。

谈到遮洋海运，人们往往第一概念就是从直沽直达蓟州，大量史料的记载更使得对这个问题不予深究。"遮洋一总，先时径渡天津海口，不过八九十里。"②"遮洋一总，其名虽存，然先时止渡天津海口，不过八九十里。"③这八九十里仅仅是遮洋总在海上航行的距离，只要稍微考虑到蓟州的地理位置，我们便很自然地会将考察重点放在从直沽到达蓟州究竟沿那条路线进行上。

遮洋总的船只必须通过水道航行，结合地图和地方志的相关材料分析，在海上航行八九十里之后，该总船只应该在北塘地方进入潮河，经过梁城所和宝坻县，沿沽河直达蓟州。《天津县志》载："景泰二年，由北塘河口开引新渠，由是天津粮艘由直沽迳宝坻之潮河而上泝于蓟州。"④嘉靖八年重新设定了遮洋总的运输路线，"遮洋船由

---

① 毕自严：《度支奏议·云南司》卷一《题覆漕院参罚运官挂欠疏》。
② 徐学聚：《国朝典汇》卷九十八《户部二·海运》，四库全书存目丛书本。
③ 梁梦龙：《海运新考》卷下《议复成法》，四库全书存目丛书本。
④ 转引自吴缉华：《明代遮洋总与蓟州的关系》一文。

海道经涉梁城守御千户所、宝坻县皇庄、白龙港新旧仓、龙王堂一带地方"①。这条路线恰是位于潮河流域。

无论如何,海运均存在一定的风险,从直沽到蓟州还有另外一条内河运输路线,一般称为蓟州河或者蓟州运河。对于该条路线的考察关键在于理清从直沽到蓟州之间几条河流的具体位置。天顺三年(1459),鉴于海运的种种不便,明政府开始整修直沽附近的新河(直沽河),并且与其北的水套河连为一体。"天顺二年十二月己巳,都督佥事宗胜、巡按御史李敏奏开直沽河。……新开沽河北望蓟州,正与水套沽河直袤四十余里,而径且水深,其间阻隔仅四之一,若穿渠而通以运可无海患。……诏从之。"②"海滨有二沽,一曰水套、一曰新开,相去十里,可以开河通潮,以便运艘避海难。"③沿这两条河流北行可通梁河,"先是,海口淤塞,漕舟从天津出海,复折入梁河而达蓟州,道远水湍,舟数为败。议者谓直沽东北岸有二道:一曰新河、一曰水套,北接梁河,径四十里,可以疏浚成河,改由北道,无涉海之虑"④。梁河在玉田县和宝坻县之间⑤,可以直通沽河到达蓟州。遮洋总从小滩兑运的粮食到达直沽后直接沿这条内河运输路线到达蓟州,从而避开海洋的一段距离。内河运输和海运的两条路线是并行不悖的,无论从运输距离还是成本看,内河运输显然要比海运低得多,但由于内河经常发生淤塞的情况,海运依然是蓟州军饷运输的一条重要途径。

按照永乐十三年的定制,遮洋总的船只共兑运山东、河南粮三十万石,其中六万入天津仓,二十四万入蓟州仓。永乐十三年,"增造

---

① 申时行:《明会典》卷二十七《会计三·漕运》。
② 吴道南:《吴文恪公文集》卷五《蓟州河》,四库禁毁书丛刊本。
③ 黄训:《名臣经济录》卷四十九《工部·都水司上·蓟州新开运河碑记》,文渊阁四库全书本。
④ 徐学聚:《国朝典汇》卷一百九十《工部五·治河》,四库全书存目丛书本。
⑤ "浭水在丰润县,一名还乡河,源自崖儿口,经县西南过玉田县鸦鸿桥入梁河,至宝坻县草头湖入于海。"见李贤:《明一统志》卷一《京师·顺天府·山川》,文渊阁四库全书本。

浅船三千余,乃罢海运。遮洋船兑三十万石。内六万入天津仓,二十四万直沽渡海入蓟州仓"①。根据《漕运通志》的记载,景泰七年(1456),合计漕运粮共二百九十三万余石,其中遮洋三十万石,蓟州仓收二十四万石,京通二仓收六万石;天顺四年(1460),合计漕运粮共四百三十五万石,其中遮洋三十万石,蓟州仓收二十四万石,京通二仓收六万石。这一方面说明所谓运输天津仓的六万石,并非留在天津仓,而是从天津转运至京通二仓。同时也说明从永乐至天顺时期,遮洋总的运输数量和分配没有发生什么变化。成化十二年(1476),蓟州提督粮草通政司参议李宽题称,蓟州仓粮数少不敷供给,请给加本色粮食以备官军支用。户部和议后定制,从成化十三年(1477)开始,"遮洋船该运天津等仓六万石照旧上纳外,其蓟州仓比上年合再加运米七万石,共前二十四万石,照依支兑分数运去上纳,以便支用"②。遮洋总给蓟州仓二十四万石系永乐时期的定制,这里"再加运米七万石"才达到二十四万石的数量,说明天顺至成化初年该总运往蓟州的数量曾经被削减七万,至是由于不敷应用才重新恢复旧制。③

嘉靖三十七年(1558),兵部郎中唐顺之言:"照得蓟州仓粮遮洋总二十四万石,百余年来元(原)运本色并无升斗折色。至正德末年始议折十万石,嘉靖十二年又议折四万石。"④按照唐氏这里的说法,

---

① 郑晓:《今言》,第128页。《明史》亦载:永乐十三年,由是海陆二运皆罢,惟存遮洋船,每岁于河南、山东、小滩等水次,兑粮三十万石,十二输天津,十八由直沽入海输蓟州而已。见《明史》卷七十九《食货三·漕运》。

② 杨宏:《漕运通志》卷八《漕例略》。

③ 成化十二年(1476),参议李宽题本部覆准,将遮洋运粮量添至二十四万石,照旧蓟州仓上纳,遮洋总原运漕粮三十万石,内将二十四万石运蓟州、六万石运天津,自后定为额。从这里看,所谓"添至二十四万石",说明此前肯定有所减少。张学颜:《万历会计录》卷十八《蓟州镇·漕粮》。

④ 陈子龙:《明经世文编》卷二百五十九《唐顺之·条陈蓟镇补兵足食事宜疏》。其后徐日久照抄了唐氏的说法。窃查蓟镇仓粮,遮洋总二十四万。正德末始议折十万石,嘉靖十二年又折四万石,今不知为本色者尚存几何,应查原数尽复本色。徐日久:《隽言》卷十二《措饷》,四库禁毁书丛刊本。

正德末年,遮洋总运蓟州仓粮食才开始改折。弘治六年(1493),户部会议漕运及巡抚官所奏事宜,"漕运遮洋船旧运水次仓粮二十四万石,每石折解银七钱,明年请减一钱。……从其议"①。这里的记载有些不明,但此时已经有部分遮洋总本色漕粮改折是毫无疑问的。八年(1495),"遮洋船运粮于蓟州仓者,近例以十二万石每石折收银七钱,请石减五分,不为例"②。十二年(1499),"遮洋船……近又减半折价,止运本色十五万石"③。十八年(1505),"其遮洋一总,明年该运蓟州仓粮止五万石"④。

上述几个数据显示,弘治时遮洋总运输的漕粮已不足二十四万石,部分粮食改折,其数量多寡不一。"成化中遮洋总运三十万石,内六万石留天津,二十四万石运蓟州,皆本色也。弘治初始有改折之议,寻多寻寡互为增减,总之不越二十四万之数。"⑤正德时期,遮洋总运输蓟州的本色粮食改折数量依然参差不齐,时有变化。

从正德、嘉靖时期的几个数据看,遮洋总给蓟州仓的本色粮食中,大致以本色十万石、折色十四万石为基数。正德五年(1510),"都御史刘聪题议改拨漕粮,本部覆准,将遮洋原运本色米十万石内改丰润县仓四万石,遵化县仓二万石,蓟州仓止运四万石。"⑥这是一次特例,从"遮洋原运本色米十万石"看,此时已有十四万石改为折色。与此同时,据遮洋把总运粮署都指挥金事陆潮称:"遮洋一总,兑运山东河南本色粮米一十万石赴蓟州仓上纳。"⑦该数据具有很高的可信度,此前多人所论遮洋总本色折色数量,多系转述性质,这里是遮洋把总根据所属各卫所的奏报呈送的数据,应当是准确的。

---

① 《明孝宗实录》卷八十一,弘治六年十月戊辰。
② 《明孝宗实录》卷一百六,弘治八年十一月乙酉。
③ 《明孝宗实录》卷一百五十,弘治十二年五月壬午。
④ 《明武宗实录》卷七,弘治十八年十一月庚戌。
⑤ 张学颜:《万历会计录》卷十八《蓟州镇·漕粮》。
⑥ 张学颜:《万历会计录》卷十八《蓟州镇·漕粮》。
⑦ 邵宝:《容春堂集·续集》卷六《奏议·会议状》。

嘉靖四年(1525),户部议定蓟州镇遮洋总运送漕粮"改折十四万石,止征本色十万石"①。嘉靖十一年(1532)蓟州镇本色数量继续减少,由十万石下降为六万石,"遮洋额运蓟州仓本色米一十万石内,将四万石每石连耗征价银九钱,与本色相兼放支"②。此后本色六万石、折色十八万石维持了相当长时间。嘉靖三十年(1551),由于蓟州镇军队数量大增,有司遂建议将遮洋船运粮仍改本色二十万石、折色四万石,未获允准。三十四年(1555)户部题准恢复旧制,漕粮复征本色十万石、折色十四万石。嘉靖四十四年(1565),蓟州、永平分镇,遮洋总海运漕粮该蓟州者本色米十万石,折色米八万四千石计银六万二千四百两。万历以后,遮洋总给蓟州的本色数量继续减少。

崇祯时期,毕自严论及遮洋总漕运本色粮食改折沿革云:"蓟镇额该遮洋总运漕粮三十万石,内六万石留天津,二十四万石运蓟州。嘉靖四十四年蓟门止运本色十万石,加以折色八万石。万历初以折色八万改解太仓名兑军银,至二年本部覆准,总督杨兆题将蓟州漕粮止发五万石,余五万石运赴通仓上纳。万历六年复改为二万五千石,总以岁丰米贱,人不乐得本色耳。"③"岁丰米贱"固然是蓟州镇本色改为折色的原因之一,但更多情况下则是政策性改折,尤其在漕运京通不足时往往以蓟州镇本色米补充,而给之折色。正德初年,负责漕运的湖广等地卫所官军出现缺额现象,影响了北京和通州正常的漕粮运输,为解决这一问题,将先前遮洋总已经改折粮食重新恢复本色给通州仓交纳,以他处折色给蓟州。"其遮洋船该运蓟州折银粮一十四万石,照旧交兑本色运赴通仓交纳,却将湖广、江西、浙江

---

① 张学颜:《万历会计录》卷十八《蓟州镇·漕粮》。嘉靖九年六月蓟镇管粮郎中康河言,及查山东河南等处每岁坐派本镇遮洋海运本色粮一十万石,折色银一十万四千余两。《明世宗实录》卷一百十四,嘉靖九年六月癸酉。

② 申时行:《明会典》卷二十七《会计三·漕运》。嘉靖十二年,御史闻人诠复议添折色,本部覆准改折十八万石,止征本色六万石。张学颜:《万历会计录》卷十八《蓟州镇·漕粮》。

③ 毕自严:《度支奏议·新饷司》卷二十三《覆蓟抚题请漕粮疏》。

等处卫所内缺军疲弊者,折运一十四万每石连加耗并两尖共折银七钱,解蓟州交纳。"①

从政策上讲,这一通融的办法还是可行的。对湖广、江西、浙江等卫所"缺军疲弊者"来说,免除了本色征收、运输、上纳之苦;对蓟州镇来说,先前其折色一般为每石折银六钱,此时给石银七钱,也无形中增加了该镇的收入。同时,这条材料还可以证明我们前面的两个推论:一是从正德时尽管折色本色变化不一,但本色十万石、折色十四万石为基数;二是唐顺之言"至正德末年始议折十万石"是错误的。正德十三年,浙江杭州、嘉兴、湖州三府频年水旱,无力交纳漕运本色粮食,经户部会题后,以湖州兑军米内十万石折银输蓟州,而以遮洋总所兑河南米当输蓟州者改于通仓上纳以补湖州之数。

第二节 晚明九边粮料召买——以万历末年辽东召买为中心

一、万历末年登莱召买数量的不断增加

万历四十六年四月十五日,努尔哈赤突袭抚顺,辽东战争爆发,边镇各地大批人马支援辽东,一时间募民兵、起废将、用经略、给军饷之议纷起。辽东战事倥偬、商旅不通,市场难以形成有效的粮食供应。大批军伍云集,所需粮料数量不赀,辽东一地无法应对。在沈阳、辽阳未失陷之前,明政府依然控制着辽东的大部分地区,其本色粮料除于当地筹集外,主要由山东登莱二府海运供应。此后,随着河东一带丧失殆尽,明军收缩战线,主要集中于山海关内外,天津成为供

---

① 陈子壮:《昭代经济言》卷二《王琼·漕例疏》,丛书集成初编本。

应的中心地。本节主要以明刊本《海运纪事》为中心①,讨论万历末年辽东镇在山东登莱地区粮料召买问题。

随着明代社会经济的发展,九边钱粮供应形式发生很大的变化,一个总的趋势是由国家供应的本色粮料逐渐减少,除屯田粮依照定制基本缴纳本色外,民运、开中和京运俱以银两发放。军人获取作为生活必需品的粮食和用于饲养战马的草料一般通过市场来筹集,由此在明代的北部边疆,形成一个具有相当规模的军事性采购市场。应当说,在边疆局势相对平稳、商品流通相对畅通的情况下,通过市场行为解决粮料问题,无论是对国家、商人还是士兵均为有利。但是,明中期以后,边镇基本形势发生了根本性的转变,各地米价出现上升趋势,导致士兵实际购买力不断下降。

以辽东镇为例,万历四十六年,辽东士兵月粮银非常少,各营军糈,每月多者一两,少者或七八钱,独辽五钱。②辽东管粮郎中冯汝京也说,辽东额设月饷,视他镇独薄,"臣窃见辽士居恒谋生亦最穷蹙矣,候领本月之饷而不得,候领上月及上季之饷而又不得,借贷而食,典衣甲弓矢而食,甚至鬻儿女而食"③。十一月,经略杨镐议定军

---

① 现存《海运纪事》有两种版本。一为国家图书馆藏(明)佚名辑《海运纪事》,收录北京图书馆古籍珍本丛刊,不分卷(简称国图本)。一为罗振玉辑《海运摘钞》,收录其《明季辽事丛刊》,民国二十五年(1936)伪满日文化协会石印本,八卷(简称罗本)。国图本《海运纪事》,版心上题"登州道",下题"海运摘钞",共摘抄奏议113篇,篇目以《千字文》区分,每篇一字。是书国家图书馆和上海图书馆均有收藏,版本相同,对比两馆所藏,第一篇均为万历四十六年闰四月初六日户部给事中官应震题疏,且以《千字文》中第一句"天地玄黄"之"天"标注顺序,可以确定国家图书馆所藏为足本。罗本据罗本人自序言,他鉴于明代辽东史事之不详,乃欲求时言辽事诸书刊行之,以补缺遗,"嗣又得明活字本海运纪事,虽中佚数篇,而饷辽案牍至详"。罗氏未言其是否对明刊本《海运纪事》进行删节或重新修订,我们也无从得知罗氏所得活字本与国图本是否为同一版本。与国图本相比,罗本显然是一个删节本,共抄录奏议89篇,比国图本少24篇。国图本比罗本史料价值更高。
② 程开祜:《筹辽硕画》卷三《官应震·庙算万全当计疏》。
③ 程开祜:《筹辽硕画》卷五《冯汝京·预发限解旧例揭》。

饷画一之法，不分南北援兵行月粮饷，总以一两五钱为则，马料除领本色者，给以豆三升、草一束为十四斤为例，折银则日给以三分；本镇新兵月粮一两一钱五分照旧，料草于月支四钱五分内再加给一钱五分。①与此同时，辽东镇米价不断上涨，四十六年，江西道监察御史唐世济称，"山海关米价，闻斗米值银数钱"②。辽东巡抚周永春言，四十七年二月，其随经略誓师辽阳，遍查各地粮草价值，豆每斗一钱六分，与广宁几同，粟米一斗二钱四分。③泰昌元年，辽东米每石四两、粟每石二两，且其一石不及山东之四斗。④即便以核定后新旧军士月饷银一两五钱计算，其实际购买力仍远远不能满足一般人的生活所需。在这种情况下，获得本色粮料对于辽东来说至关重要。

万历四十六年闰四月，户科给事中官应震疏称，辽东大兵云集，需饷甚急，尤其需要本色粮料。先前辽东巡按熊廷弼曾在当地建常平仓积谷备荒，但历年多已动用，他建议于山东登州、莱州和青州籴买粮料，并雇佣船只直接海运给辽东。⑤此后，辽东巡抚、蓟辽总督、户部相继疏陈请暂开海禁接济辽东。万历皇帝批准后，专责山东有司负责实施。

五月，山东巡抚李长庚疏陈召买相关事宜。按照先前户部拟定的办法，召买应动支拖欠辽东军饷、泰山香税银和赃罚银。根据山东布政司的统计，泰山香税原每年约收入四五万两，除各种费用支出外，余一万六千两解交户部。万历四十年（1612）以后，年荒盗起，香客稀少，每年所入尚不足应付各款正项开支，自四十二年（1614）冬季以来并无解部银两，此系无银可解并非有银而不解。赃罚银两数

---

① 《明神宗实录》卷五百七十六，万历四十六年十一月癸巳。
② 程开祜：《筹辽硕画》卷五《唐世济·增饷臣预输输疏》。
③ 程开祜：《筹辽硕画》卷十六《周永春·议定军饷画一则例疏》。
④ 王在晋：《三朝辽事实录》卷三，第92页，续修四库全书本。
⑤ 佚名：《海运纪事》，不分卷，第2页，北京图书馆古籍珍本丛刊本（以下简称佚名：《海运纪事》，第X页）。

量极少,无济于事。至于拖欠辽东军饷,万历四十三年(1615)以前拖欠无几,四十四年、四十五年未完部分系压征惯例造成,有司合计后建议将四十四、五、六年份所征辽东军饷,济南府、东昌府、兖州府照旧解送户部,青州府、莱州府、登州府截留充作辽东军饷的银两用于当地召买。①

辽东巡抚李维翰指出,从登莱海运,合计海运陆运费用,大约费银二三两才得粮一石,不若于当地直接召买为便。②六月,户部综合山东和辽东有司的报告,登莱米价与辽东一带米价相差仅一分左右,而从登莱海运,合计水陆脚价每石约费银二两,如此则得不偿失,大费周章。户部建议于当地籴买,待山东米价下降之时再行议论海运事宜,其山东有司预留召买银两依旧解部转发饷司,如此则费不繁而粮可足。③此议得到皇帝批准,"上初以山东海运脚力繁费,命为停止"④,于辽东召买本色粮料。万历皇帝下令停止登莱海运之时,登莱地方已经雇佣部分船只装载米豆开洋运输,是为头运。根据山东有司核算,二府万历四十六年共运过米 13373 石、银 34857 两,籴买运输任务已经完成。⑤

四十六年登莱收成较好,户部根据山东司的报告,建议再次开行登莱海运。其后明政府下令四十七年二运、三运继续进行。任务下达后,登州道陶朗先最初建议根据登莱二府额该辽东饷银数定纳米数量。其中登州府额该辽东银 17045 两余,莱州府额该辽东银 24505 两余,每石米以三钱八分计算,登州府该米 44856 石余,莱州府该米 644486 石。根据陶氏的核算,为防止米价的涨跌,应在现有基础上量收两年之米,除二府部分州县离海窵远免议外,合计两年登州府应

---

① 佚名:《海运纪事》,第 6 页。
② 程开祜:《筹辽硕画》卷五《李维翰·兵饷时不可缓疏》。
③ 佚名:《海运纪事》,第 10 页。
④ 《明神宗实录》卷五百七十三,万历四十六年八月壬申。
⑤ 佚名:《海运纪事》,第 56 页。

完米六万石,莱州府应完米十万石。①

其实,陶朗先的这一计算过于乐观,在登莱二府报告当地的实际情况后,该员随即对召买数量进行了调整。登莱有司报告说,当年二地已经以辽饷银为籴本购买部分粮料,作为头运由海运到辽东。如果继续筹集本色粮料,只能以剩余饷银抵充。尽管米价有高下之分,其二运、三运亦俱以米每石三钱八分、豆每石二钱为率。根据这一则例,陶朗先测算,登州府额该辽镇银 17045 两,以米每石价值三钱八分、运价二钱三分计算,每石共计六钱一分,共该运辽米 27943 石;莱州府额该辽镇银 24505 两,以米每石价值三钱八分、运价二钱八分计算,每石共六钱六分,共该运辽米 38600 石。②应该说,此时的海运对于登莱而言,尚不致造成额外的负担,只不过依照市场价格将原来折色银改为本色缴纳。同时,尽管登莱海运兴起,有司依然坚持,"此后如辽左米豆有收,价值相同,即赐咨示暂行停运"③。实际上,海运之议兴起,对于明政府而言,仍然为万不得已之方略,海禁依然为明政府的基本方针。是故,当登州道提议招商贩运粮料至辽东时,随即遭到否决。

不过,随着辽东一带军马迅速增加,在当地召买显然不现实。万历四十七年正月,辽东经略称分派各道买办粮草,俱未及半,为保证军需,该员一面严行各道按数勒限分别催征,一面行文辽东抚按一体料理。与此同时,开原道潘宗颜历数了召买给当地民众带来的巨大伤害:

> 铁岭一路,居民百十为群、或三五十为伙,无论五六十起,纷纷遮告泣称,草豆寻买不出,地方所产已尽,兼称春种俱绝,现今各民糊口无粒,哀号撤价。……至今而法无所施矣,再迫之

---

① 佚名:《海运纪事》,第 25 页。
② 佚名:《海运纪事》,第 37 页。
③ 佚名:《海运纪事》,第 40 页。

则民有驱而逃耳,西走憨东走奴。计今未完豆尚三万四千石,不敷草尚七十五万束,主客诸兵见民间寻买甚艰,喂马艰苦,日费银五六分不能饱一马,或买草不得而街头大号,相率南逃日报数次。地方之物价人情即此可知。①

可见,在辽东存在两难的抉择,召买则民众无以应对,罢买则军马无以给食。同时,随着辽东战事日繁,当地农耕日渐荒废。军需本色粮料不可或缺,既然辽东本地无法筹集,从外地筹集接济成为唯一的选择。"厝饷都是金钱,养士必须米谷。辽东城堡失陷既多,则有团聚附著之人,有荒芜不耕之地。使尽力所生,或难自给,而况援兵四集,数倍居民,本色止恃海运,海运止恃登莱。"②

既然如此,登莱召买势在必行。为筹集足够的召买资金,经户部奏准,登莱地方新增辽饷加派地亩银径留当地以广收米豆,接济军储。四十七年,合计登莱二府新旧辽饷共该银 82934 两,除已经解部 28272 两外,剩余银 54662 两,内除脚价并解海盖道外,依据题定的召买则例,共该粮料约 83677 石。此时登州道的如意盘算是根据登莱加派银数核定应当召买米豆数量。

根据辽东地方有司的核算,登莱须运米豆十五万石方可足当地之用,是故山东巡抚指出:"如必足十五万之数,仍须动别府银两以为协济。"③户部答复称:"此时辽左寡枭,即运十五六万尤虞不足,若二府之银用尽,不妨量动别府之银以偿其值可也。"④饷臣其后根据各地的具体情况,合计登莱是年该运本色粮料十万石。据登州府和莱州府称,登莱每岁应运辽东粮料十万石,至万历四十七年(1619)七月,二府共运过米豆 199229 石。⑤鉴于是年当地旱灾严重,本色筹

---

① 佚名:《海运纪事》,第 49—50 页。
② 杨嗣昌著,梁颂成辑校:《杨嗣昌集》(上),岳麓书社 2005 年版,第 10 页。
③ 佚名:《海运纪事》,第 64 页。
④ 佚名:《海运纪事》,第 64—65 页。
⑤ 佚名:《海运纪事》,第 89 页。

集困难,多运部分应作次年运输正项,其脚价等各种费用多系挪借别项,请户部通融处理。

登莱二府并非粮食的主产区,过多征收本色会对当地造成比较大的冲击。登州道建议登莱召买运输本色以 10 万石永为定额,不得任意增加,但四十七年经户部核准后已经增加为 20 万石。四十七年,登莱地方恰逢旱灾严重,二府所属各州县俱疏称当地本色粮料筹集困难,各地"田间无米,市籴难招,昔以米豆多而忧腐烂,今以年岁歉而窘征收,即仍前以充十万犹或难之",欲增至 20 万,自然十分困难。是故,山东有司建议从辽东和山东两方面考虑,请通融核定山东召买本色额定数量,既不能拘于户部核定二十万之额,亦不能限于原议十万之数。①

但是,在山东未及筹集额定 20 万石之时,户部又根据辽东经略的请求将山东额征数量定为 30 万石,由山东所属青、济、登、莱共同筹措。山东巡按御史感叹道:"登莱海运向经前抚院李定议,岁运济辽业有成案。今一旦议加三十余万石,是比前岁运不啻三倍,何前啬而后丰、昔寡而今多,一至此也。"②为此,山东巡按行文登州道及登莱地方共同议处。登州府据所属各州县报告认为,登州阻山环海,贸易不通,有秋则出售无门,大祲则告籴无所,自海运以来,四十七年已经运输粮料十一万余石,但该粮料并非一时措办,而是穷尽搜刮所得。"此十一万之粮非取办于一岁也,州县已预支两三年之银,本府亦罄借数十年之蓄,方能及此。……况登府一岁之所入不过七万余两,除应解兵、工两部银两外,其应解户部者只三万三千四百余两,以此米豆价值不一,中分二者各半,只可籴米二万七千三百余石、豆三万余石,统而计之、搏而节之,计至六万石而止,则三十万石从何而办也。"③莱州府则以昌邑县为例说明增加本色数量实不可

---

① 佚名:《海运纪事》,第 130 页。
② 佚名:《海运纪事》,第 137 页。
③ 佚名:《海运纪事》,第 144—145 页。

行,该县新旧辽饷并脚价仅 7159 两,除解过银 2000 两外,实际剩余银 5159 两,时该县已收过米豆 21180 余石,合计各种费用共计 11550 余两,其不足数俱系挪借应起运户部银两,再无余银用于籴买本色。

登州道据此指出,自行海运以来,登莱已经籴买运输粮料 20 余万石,百姓筋力已竭、府库仓储已空,各地由于籴买本色而挪借的正项银两尚无从处补,欲令山东岁输 30 万石实属空谷足音,即便以济南、青州两府沿海州县计算在内,亦为画饼充饥,不切实际。在户部做出"以运多为贵,不忧价银之难处"的承诺后,登州道建议根据上述四府所辖地盘之大小,由青州府和济南府负责筹集二十万石、登州府和莱州府仍以十万石为准①。

十一月,经略辽东熊廷弼题:

> 今议用兵十八万、马九万匹。……每兵一名,岁计饷银一十八两,兵十八万,该饷银三百二十四万两。内每军月给本色五斗,该粮一百八万石。又每马日给豆三升,九万匹该豆九十七万二千石,草重十五斤者,日给一束,岁除四个月青草不计外,计八个月该二千一百六十万束,小束倍之。通共岁计船费几何、车牛人工各费几何,此皆一毫裁削不得者。②

根据熊氏的核算,合计辽东该本色粮料二百万石,不足半年时间,辽东岁用米豆数量即增加一倍有余。督饷大臣李长庚无奈之下,只能继续筹划米豆如何措处。他建议天津原截漕二十万石、登莱召买三十万石、山海存米十五万石、蓟州召买五万石、天津召买六万石,其三十万石缺额于淮安截漕,直接海运至辽东。至于料豆召买,在原议

---

① 佚名:《海运纪事》,第 148 页。
② 陈子龙:《明经世文编》卷四百八十《熊廷弼·敬陈战守大略疏》,中华书局 1962 年版。

辽东召买三十万石的基础上,永平十万石、蓟州五万石、密云三万石、天津十万石、真定保定近河地方十万石、山东三十万石,其价即以留用各州县新饷充之,不足者户部补发。①十二月,户部即迅速对李长庚的奏议做出答复,山东召买米三十万石、豆三十万石。②至此,山东合计召买米豆增加至 60 万石,约占辽东费用总额的三分之一,若剔除漕运米 50 万石、山海存米 15 万石,山东召买数量占总召买的 43%。由此可见,在万历末年辽东本色粮料的筹集中,山东居于主要地位。

对此,山东方面作出强烈的反应。综合各有司的意见后,山东抚按称,饷臣李长庚先前任山东巡抚时,曾力陈登莱海运征粮、召买、籴豆、运输之艰难,是时仅海运十万。不料李氏由东抚改任饷臣后,"未几而有海运二十万之疏、又未几而有海运三十万之疏、又忽加召买豆三十万共足六十万之疏,源源而来,视昔且六倍焉。岂昔之难于十万者,今顾易于六十万乎?岂难于丰稔之年者,顾易于饥荒之岁乎?军国大事,臣等不敢以臆见相持,第以饷臣之言还而质之饷臣,岂自言而自悖之,不过曰前后之时势不同耳。夫辽左之时势今昔虽迥不同,然山东之物力难易则非有异。且三路未败之先,兵非不众也,兵非不待食于东省也,旧抚臣所不能为者,臣等何以独能为"③。是故,山东抚按认为,新增 30 万石召买不能责于该省,应令辽左诸臣招商籴买,其先前 30 万之任务山东将尽力完成。

对于山东方面的诘责,饷臣答复道:其题定各地本色数量,系根据辽东经略疏请之数分派。海运之道,只有淮扬、天津、山东三处,其淮扬有成山之险,只派运 30 万;天津合津蓟永密等地米豆亦五六十万石,山东海道最近,故派 60 万石,但淮安称难、天津求减、山东望少,饷臣处于两难的境地。"饷不可减,则山东请减之数将添派于淮

---

① 佚名:《海运纪事》,第 195 页。
② 《明神宗实录》卷五百八十九,万历四十七年十二月己巳。
③ 佚名:《海运纪事》,第 209 页。

上乎,淮上有成山之险,现在称难矣。若添派于天津,现有五十余万之运,何以又加也。减之于此必加之于彼,海运止此三处,而在在称苦,处处求减。"饷臣认为,尽管山东召买数量偏多,但并非不能完成。"山东海运最近,脚价所省独多,若以所省之价加值以籴于民间,似亦无难。又山东往岁登莱之米多贩于淮安,今南岸既禁,其往则以北至辽阳,亦为肯应也。况登莱之间,民间有米者,每以变换银钱为难,此本部院所亲知者,若将入京钱粮准改本色上纳,于民尤为两便。……若云免,是在本部院之所敢言矣!"①户部据此上奏指出,兵多饷少,势必鼓噪,而封疆之利害安危所系,似难裁减。无论是饷臣还是户部,均并非故意多派,山东有司应当体谅委曲,完成60万的召买任务。

由于户部和饷臣坚持山东须完成60万石的任务,四十八年(1620)二月,以原任四川巡抚王继光为首的登莱籍乡宦联名申陈,在山东筹集本色粮料有八难:粮石之难出、折色之难原、籴买之难(笔者注:原文如此,此处应漏一字)、米粟之难措、运粮之难上、海道之难涉、年岁之难保、人心之难固。有此八难,山东不但六十万石的召买无法应承,可能连最初额定三十万石的粮料供应都难以保证。②

各地希图减少召买、辽东急需本色粮料,饷臣再次上疏,陈述淮扬、山东、天津的基本情况。在本色粮料总数不可少的情况下,此减则彼增,饷臣无法决断,建议皇帝命令户部和廷臣共同商讨何处可增、何处可减,除三地外是否还有别的办法筹集粮料,如果各地无须增减,则请皇帝下令尽快付诸实施。经万历皇帝批示,山东召买60万石。辽东海运,"初议三万石至三锁牛,渐增至三十万石,又增至六十万石"③。

---

① 佚名:《海运纪事》,第213页。
② 佚名:《海运纪事》,第239—240页。
③ 陶朗先:《陶中丞遗集·附录·陶中丞传三》,于浩:《明清史料丛书八种》(第4册),北京图书馆出版社2005年版,第138-139页。

第六章　明代九边粮料的运输与召买

四十六年(1618)的最初召买,额定则例米每石三钱八分,豆二钱。当是时,登莱五谷丰登、杂粮盈市,故粮价较低。在户部下达登莱继续海运辽东米豆的任务后,登莱有司开始考虑当地米豆价格问题。登州府即指出,在保持召买则例基本稳定的前提下,应当根据米价的变化有所损益。"米每石前议银三钱八分,今虽有秋米价稍减,一闻籴买便为腾贵,宜以三钱八分为率,照时价籴买。后即浮于三钱八分之外,前后融算,如四钱以外,即当移文辽左,再为斟酌。"①当年十二月,登州府黑豆价格上涨到每仓斗一石二钱五分。②

四十七年,登莱干旱异常,召买实际费用与户部题定则例有较大的差距。以莱州府为例,在该地不同地方召买料豆价格分别达二钱二分、二钱二分六毫九丝、二钱三分四厘四毫八丝二忽七微五纤、二钱四分不等,如拘泥于定例,则召买较为艰难。登州道请适当增加召买则例,不论登莱,召买价值并脚价在内,豆每石以五钱四分五厘九毫为则,米每石以六钱八分五厘九毫六忽二微为则,如此才可以使籴者不患于赔补之难,散者不患于销算之不一。③

四十七年十月,面对山东各地陈述当地米价上涨、则例偏低导致召买困难的情况,督饷大臣李长庚提出,由于从登莱运输脚价较低,可以以节省脚价增加召买则例。十一月,登州府报告称,自入夏以来亢旱为灾,米价腾涌,蓬莱县米每石六钱,豆每石三钱,合计籴价运价米将超过八钱、豆将超过五钱。在其他各府,米豆之价贵贱不等,米自五钱至七钱,豆自三钱至四钱。④可见,米豆价格较四十六年有了较大幅度的上涨。

四十八年山东增加到六十万石后,有司提出既然召买总数不可减少,必须增加召买则例以甦民困。登州府拟定的增加则例为米豆

---

① 佚名:《海运纪事》,第 31 页。
② 佚名:《海运纪事》,第 42 页。
③ 佚名:《海运纪事》,第 101—102 页。
④ 佚名:《海运纪事》,第 185—187 页。

每石二钱三毫,据莱州府所请,拟米豆每石增银二钱一厘七毫三丝三忽五微,合之米每石价六钱二分三厘七毫九丝一忽一微六纤,豆每石价四钱三分四厘三毫八丝四忽六微。①由此计之,先前召买米则例为四钱二分二厘五丝七忽六微六纤、召买豆则例为二钱三分二厘六毫五丝一忽一微,这与万历四十六年拟定的米豆则例相比,已有不少的增加。登州道陶朗先综合登莱二府意见,拟定米豆每石加银二钱三毫,后层层上报后户部允准。至此,登莱召买则例,米每石增加到六钱二分二厘三毫五丝七忽六微六纤、豆每石增加到四钱三分二厘九毫五丝一忽一微。户部核定的则例与当地米价基本一致,"昨冬与今春,两府米豆价值,在登每米一石价银六钱,豆一石价银三钱三分;在莱每米一石价银五钱九分,豆一石价银三钱二分"。但四十八年夏季以来,登莱雨阳不时、旱涝互虐,"两府米豆之价,每石腾加一钱八九分或二钱二三厘不等"②,已超额定则例。如果合计买价并脚价,登莱米每石需银一两二分余、豆七钱五分余,比此前的米每石八钱、豆每石五钱亦是大大增加。

二、山东地方与户部关于召买资金的争论

在召买数量和则例确定后,围绕召买资金,以户部为代表的需求方(包括督饷大臣、辽东镇臣)和山东巡抚为代表的供应方(包括登莱二府、登州道、山东巡按)产生激烈的争执,甚至登州道陶朗先和山东巡抚王在晋不惜以辞职相威胁。

60万石召买的任务下达给山东后,户部最初的计划是,召买资金动用山东新旧加派辽饷足以支用,其京边钱粮系九边旧饷,不能轻易挪用。山东抚按对户部坚持不能减少的答复表示强烈不满:"今当事者不信臣言,并不信饷臣前日抚齐之言,而信饷臣今日督运之

---

① 佚名:《海运纪事》,第 303 页。
② 佚名:《海运纪事》,第 320 页。

言。臣等具题下部之疏,该部不自主而仍听饷臣之主议,是臣等可以不题而明旨可不必下部。且臣疏发于正月初五日,而登莱乡绅之揭于二月二十二日至长安,至则部疏已覆,乃曰山东派定本色六十万,而从乡绅之请欲减一半。夫山东海运六十万,从古以来所未有之事也,即三尺童子皆知其不能,岂借乡绅为提调哉!"①可见,在山东抚按看来,户部答复过于倾向饷臣,没有考虑地方的实际情况。且故意将登莱乡绅与抚按相关联,暗含山东地方不遵部议擅自减少召买米豆的意思。不过,综合各种意见,山东抚按也认识到召买数量已经没有减少的可能性,但的确万难措处。

登莱召买海运困难重重,可忧者有五:船只之难筹、水手之难招、船具之难办、地险之难料、天时之难测,不可知者有四:岁时之不可知、天意之不可知、人心之不可知、寇患之不可知。有此五可忧、四不可知,山东抚按系统提出召买的五条建议:

> 查东省荒田最多,有五六亩折一亩征粮者,今以亩计,则六亩当加四分二厘,此宁登之民所以亟亟而思窜也。臣以为登莱二府既多任海运,须免其续加之三厘五毫;青济分任海运,则当免其三次加编之二厘,以加值聊代其初编,而以减免少宽其物力。甘甜与辛辣相参,民将乐于趋命。此减编之当议者也。
> 东省钱粮原系隔年起征,今岁所征者,四十七年之加编二十一万六千一百两有奇,乃本年新编应扣运过透支及援辽兵养赡家口银共五万七千五百一十四两零,所存不过十五万八千六百余两耳,即合通省旧辽饷与新编并算,不过二十九万一千九百九十余两耳。计米一石抵辽,籴价脚价约费盈两,是六十万石之运,须有六十万金。而今岁额征未及籴运之半,则京边钱粮势不得不扣留以充籴运。此扣解之当议者也。
> 东省春熟为麦,秋熟为豆粟,南人食米北人食麦,因土俗之

---

① 佚名:《海运纪事》,第 251—252 页。

所宜为甘食之常性。今独征秋收之米豆，不用春收之二麦，秋成有限运额难充，何不兼二麦收之，以从民便。此兼运之当议者也。

山左一遇饥馑，米价如金，当以丰岁之有余备馑岁之不足。臣以为一遇年丰即当预籴，以为明年转运之地，然后海运不因荒而废，辽兵不遇荒而馁。预籴必须多银，多银必须先发。此预备之当议也。

金复海盖多膏壤，欲久守辽阳，必先屯四卫。今彼中地土多荒，防守未备，人以为险而难犯，而臣密令海道差官侦之，绝无险阻。倘夷兵间道深入，则弃膏腴之地而委积贮之区，辽阳之声势，中阃立苦无粮，而登莱之祸害切身，自当罢运。则今日之以重师围守、大将营屯、春秋急耕、农隙讲武，似为经久之图，可战可收。此屯种之当议者也。①

随后，户部针对山东抚按"五当议者"给予答复：

一曰减编之当议。前件臣等看得，辽饷岁费数百万，挪借已穷，劝谕不应，所恃者加派抽扣而已。今征调挽输在在告艰，水旱灾荒年年叵测，此而役烦告减，彼以岁歉求宽，则加派之数又成乌有。误饷必致误辽，误辽兼以误国，此宇内何等光景，而臣可轻启其端哉。况原议加派一年者免带征一年，加派二年者免带征二年，又缓征四十五年以前拖欠。其最后加派二厘，登莱为有海运，减去一半，朝廷可谓宽恤之至矣。若概求减编，恐一处减而各处援例，额饷亏多，辽兵何食，呼庚祸癸，谁执其咎，此其端不可开而臣不敢任者。

一曰扣解之当议。……今果扣留京边，必须挪新补旧，自此奸猾易于影冒、簿书只觉烦鞅，且用者取现在之逸，必妨九边年例之需，此臣等所以始终持分饷之议也。然而运事终不可废，则

---

① 佚名：《海运纪事》，第254—255页。

第六章 明代九边粮料的运输与召买

籴资终不可无。查得该省有实在仓谷七十六万石,除一半留地方备荒,尚该一半谷三十八万石,折米可得十八万石矣。尚欠十二万石,应用银十二万两,即将四十八年加派银内照数动支,以为籴运之费。其该省京边钱粮仍旧起解,则运事既裹诸边有赖矣。

一曰兼运之当议。前件臣等看得,东省地土高阜,民多播麦,往往稔岁,夏熟不续,入秋早可济用。今二麦已熟,市籴又贱,议将二麦与米豆兼收,使有无贵贱通融,诚便民之善计也。

一曰预备之当议。前件臣等看得,海运渐已就绪,辽事结局无期,一岁之输仅供一岁之食,则预为运转之计岂容迟缓。……然而预籴必须籴资,无银总属空谈。查该省有四十八年加派之银,分毫未经起解,若尽留为预籴之用尽可充用,合听彼中动支前项加派银两及时收籴。

一曰屯种之当议。前件臣等看得,天地有自然之利,百姓无不竭之财,辽事茫无底止,财力安得不匮,则亟举屯种以赡军储不宜后矣。……合无移咨督抚责成各道躬亲踏勘,计人授土,计土收粮。计所得粟米若干,或抵岁运之常数,或备一时之不敷,诚经久之善图也。①

山东抚按所论五事中,兼运、预备和屯种,由于基本不涉及户部钱粮,该部俱依所拟。其实,兼运、预备、屯种与山东迫在眉睫的六十万石召买运输任务暂时关系不大。户部和地方的争论在于:山东召买资金不足部分如何处理。山东地方认为,该地既有加派,又有召买,实际给民众造成双重负担,为边镇和地方计,将加派分为两部分,一部分用于抵扣米豆召买增加的价值,剩余部分蠲免以甦民困。其召买资金不足部分,将解部京边钱粮留地方应用。户部则认为,加派系支撑辽饷的重要财源,不能轻易开启蠲免之例。至于京边钱粮,

---

① 佚名:《海运纪事》,第257—260页。

系九边年例额定开支,扣留京边,则意味着必须以新饷补充旧饷,造成新旧混淆。无论是减编还是扣解,都意味着户部实际收入的减少,故户部均予以驳斥。既然如此,为确保60万石的召买,可动用当地常平仓积谷折米18万石,其余部分以该省四十八年加派扣除。通观户部答复,其基本出发点是召买任务必须完成,户部原有款项不能截留。户部的意见经皇帝同意后成为定论。至此,各种争论尘埃落定。尽管召买资金事宜已经皇帝批示,山东有司依然认为此事不可行,继续与户部就有关问题辩驳。

在本色粮料的问题上,户部、边镇和督饷大臣的观点是一致的,即在军马云集的情况下,边镇必须保证足够的粮料供应。不过,作为需求方的户部、边镇和督饷大臣也存在一定的冲突。边镇的如意算盘是多多益善,明代兵饷分离更导致领兵者基本不顾及饷的问题。即以万历四十七年十一月熊廷弼而论,其核定的18万军、9万马实际是一个预算数据,当时集结在辽东的军队根本没有这么多。毛文龙驻守皮岛后,起初举朝赞誉,而毛氏初索本色10万,其后渐增至20万、30万,户部难以应付。崇祯时核定毛文龙军伍人数,时毛氏报告兵额20万,朝廷派员核查,仅为10万人,最后定皮岛军队数量2.8万人。在边镇与户部、督饷侍郎包括兵部的角逐中,尽管户部名义上控制着财政开支的大权、兵部掌管着军队调动和征发大权,但明代晚期后金步步紧逼、明军节节败退,边镇动辄以军马不足、地方危急从而危及边疆奏报,无论是兵部还是户部都不敢承担这一责任。

督饷大臣一般由户部侍郎担任,该员名义上是户部副长官,受户部尚书统辖,但所谓督饷,即专门负责边镇钱粮供应和筹集。由于职责使然,其首先考虑的必然是能否足额保证边镇需求。在辽东提出需本色二百万石后,面对山东有司的指责,曾任山东巡抚的督饷大臣李长庚倍感委屈。"夫山东为本部院旧游之地,前者屡疏称海运之艰、船只之少,岂今甫离其地,遂尔求多。但此二百余万之米,系经略疏定之数,若经略肯为减兵,则本部院何难减饷。今经略尚苦兵

第六章　明代九边粮料的运输与召买

少,屡疏催发,则本部院何敢为减饷之议。"①由于户部主管钱粮出纳,面对边镇用度不足的情况,饷臣往往对户部的某些僵化做法也十分不满。天启五年,各地粮料召买费用与户部拟定的则例有较大的差异,如果按照户部核定则例,将无人召买,是故饷臣请户部适当增加召买则例。户部答复称,与原定米豆则例相比,饷臣更改后的米豆则例导致开支数大量增加,尽管饷臣考虑周全,但户部无银可给。考虑到地方的实际情况,只有减少召买数量,稍增召买则例,其应该增加的资金,由地方通融处理。其实,户部的这种答复可谓不负责任,没有解决任何问题。②

从户部的观点而言,随着与后金的战争日趋激烈,各地调往辽东镇的军队不断增加,其预算本色、折色短期内迅速增加。战争爆发之初,户部最初预算辽饷需 300 万两,当时辽东京运和民运合计约为 65 万两,远远不足以应付战争费用。万历四十六年九月,户部实行第一次加派,以《万历会计录》为准,每亩加三厘五毫,实际加派约 200 万两,仍不足最初的预算数。四十七年十二月,户部第二次加派,由原来的三厘五毫增加到七厘,实际约加派四百万两,而当年十月,户科给事中李奇珍则说,"去岁辽左用兵九万,费饷亦不下五百万"③。四十八年三月,户部第三次加派,在原有七厘的基础上又增加二厘,共计九厘,合计共加派五百二十万余两。但是第三次增加的一百二十万两并没有归户部所有,而是划归工部和兵部用于购买军械和支付安家、马价等银。④也就是说,万历末年战争爆发后,户部辽饷所入始终不抵所出。就晚明的情形而论,财政左右支绌,加派是朝野共识,如辽东巡抚周永春言,"职博稽舆论,金谓非在地亩量行加派断

---

① 佚名:《海运纪事》,第 213 页。
② 毕自严:《饷抚疏草》卷五《粮价腾涌召买艰难疏》,卷五《蓟永召买未竣关门借贷未清疏》,四库禁毁书丛刊本。
③ 《明神宗实录》卷五百八十七,万历四十七年十月庚戌。
④ 王在晋:《三朝辽事实录》卷二,续修四库全书本,第 79 页。

不可乎"①。加派是筹集辽饷的主要方式,户部一般绝不会轻易允诺予以免除。加派之始,顺天巡抚刘曰梧以顺天、永平二府为京畿股肱,请免除当地加派,户科即称:"如曰顺永二府为股肱郡,则保定不亦为股肱郡耶?……职谓请免之例万不可开。"②是故,对于山东地方要求蠲免加派以保证召买的意见,户部始终没有同意。

现在看山东地方有司就召买问题的陈述。

登莱二府称,两地民力疲惫,召买有无银、无船、人情三难,有此三难,则六十万之运匪易。为此,登莱二府提出四条建议:蠲运本色州县之加派以鼓人心,使之戴德而忘劳,则粟米易征;山东近海州县并淮安制造运输船只,严格运输过程的责任区分,则无推诿之患;预发兖州东昌等地不运本色州县之新旧辽饷给登莱,以抵扣两地召买运输不敷之数,登莱四十八年起运存留钱粮俱征本色,则免于挪借;将召买总数分摊山东所属六府,每府十万石。③召买数量不可减少、招商无人应承,登州府再次强调了资金问题,"故买粮唯在先备多银"④。莱州府则认为,以节省的运输费用增加召买则例让商人承买的设想,实际上会变相提高米豆价格,对召买不利,不如政府直接提高召买价格让民众乐于粜卖,如此则不必费多而召买可行。"量加而民肯输则量加之,量加而民不肯输又渐增之,务使小民得沾搬运之余利,少苏加派之追呼。"⑤从登莱二府的答复看,其对于山东召买六十万石并没有太大的异议,也没有提到当地本色粮料严重不足的问题,他们主要强调了召买资金不足和没有船只运输。分理登莱二府的莱州道也认为,"计今岁登莱二郡所运储本色已近四十万,其于民运商运且将及额,若稍加竭蹶,便自足四十五万之数,并可为青济代召买之劳"⑥。可见,在该

---

① 程开祜:《筹辽硕画》卷十一《周永春·速讲足兵足饷长策疏》。
② 程开祜:《筹辽硕画》卷十二《刘曰梧·畿民疲累加派重困疏》。
③ 佚名:《海运纪事》,第205页。
④ 佚名:《海运纪事》,第247页。
⑤ 佚名:《海运纪事》,第248页。
⑥ 佚名:《海运纪事》,第249—250页。

道看来，登莱召买粮料没有太大的问题，甚至还可以代为青州和济南府筹集。莱州道提出自己的建议，将辽饷加派之数直接作为召买本色粮料增加则例，如此则免除了百姓额外负担加派银的问题，"民竭蹙而供之，上复加派而征之，其何以堪。若以加值之数即当加派之数而免其征，则又两利之道也"①。

  登州道最初称，辽东所需本色粮料基本为米和豆，而山东登莱地方米豆无多，主要是其他农作物。"即本地征其本色矣，亦非必粒粒皆米豆也。有□秋焉，有黍稻焉，有麦菽焉，皆可以抵官银也，而辽左惟用米豆矣。查山东米豆，种者十不得一，出产之地既窄，而一带沿海州县今年处处告荒……则取数之途亦穷，故以之而征收，则民间先乏此物，收于何有？以之而籴买，则地土先无所出，卖者何人？"②其实，登州道所陈米豆不足问题，在户部与地方的协调下得以解决，辽东召买不再限于米豆，但凡米麦秋黍俱可收籴。不过，山东船只制造费用无从筹集，拟动工部银而工部曰应户部出，拟动户部银而户部又曰应兵部出，欲动新饷银则曰此籴粮之物，欲动旧饷银则曰此解辽之物。该员认为，召买之资缺乏，欲借则无处借，登莱二府拟以山东六府分摊六十万石的建议不切实际，最好的办法是从淮安直接将漕粮海运至辽东盖州，其间有司所陈诸多问题实际上根本不足虑。③不过，在登州道认识到召买数量不可减后，也转而支持莱州道提出的建议。

  即便在万历皇帝作出批示以后，山东有司依然强调，由于资金不足，当地无法完成召买任务。登莱二府认为，山东有旧额辽饷，则加编或召买只能派其一。"此加赋之民固即输运之民也，揆理度情，本当以加编之银即充召买水脚之用，既认召买则不当更认加编矣；又当以召买之粮即准加编之银，既认加编则不当复领召运矣。"④为此，登莱二府仍坚持以加编之银抵扣召买增加则例，其具体做法是：

---

① 佚名：《海运纪事》，第249页。
② 佚名：《海运纪事》，第206页。
③ 佚名：《海运纪事》，第206—207页。
④ 佚名：《海运纪事》，第303页。

在登莱召买米豆总数中，每石于原有基础上增加则例二钱三毫,将三次加派之数抵扣此增加数,剩余部分予以蠲免。

登州道陶朗先主要针对户部的解决方案予以批评。对于召买缺额部分,户部称京边不可动,以全省仓谷七十六万石碾一半抵之,陶氏认为此按图索骥之言,非躬尝甘苦之论。沿海青、登、莱三郡仓谷在行海运之初已经借支一空,东、兖、济三府距海遥远,即便有谷可借,运送至登莱困难重重,脚价之筹措、收放之扰民、转运之贻害、岁月之迟误俱难预料。至于以四十八年加派用于召买则更不可行。该省惯例,当年钱粮于次年征收,四十八年加派至四十九年方才开征,若以此作为召买资金,则必须预征山东一年加派,这便意味着四十八年一年征收两次加派,会给当地造成较大的社会动荡。为此,该员认为,欲完成六十万召买,必须新旧辽饷尽留当地应用,再不足则动用其他京边钱粮。如京边不可动、新旧不可混,则只能以现有之银二十九万两召买二十九万石,剩余部分免于买运。户部若一味坚持召买不能少、钱粮不可动,陶氏自请罢免,"伏乞先将职褫斥,以为不能海运之戒,而别选才贤以供此役,免致内残东民,外误辽事"。①可见,此时陶氏坚持认为,如果户部不允许留用其他钱粮,山东根本无法完成60万召买任务。

山东巡抚指责户部云:最初与道府商议后勉承派数,彼时只虑无船无米,不虑无银,该员认为新加辽饷原为赡辽,如山东不足以他处济之自有盈余。但户部的解决办法却是以山东仓谷和征收四十八年加派应对。仓谷原以济荒非为济辽,国家即贫窘至极,决不宜夺穷民馑岁之食以充饷。按照户部拟定的加派则例,实际上是一岁而有三岁之叠征,三征而有六次之加派,山东民众无力承担。从长远考虑,解决这一问题只有两个方案,或转发别省之银,或截扣京边之数,否则只能以现在之银完现在之数,不足部分予以免除,"再不然则如该道之速请罢斥,免致误辽误国"②。

---

① 佚名:《海运纪事》,第311页。
② 佚名:《海运纪事》,第312页。

第六章 明代九边粮料的运输与召买

从山东地方有司对户部和饷臣的辩驳可见，山东地方的争执主要在于召买资金的来源，无论是登州道还是山东抚按均未提及本色不足无粮召买的问题。户部意欲地方通过加派自行解决，地方则希图留用户部钱粮。不管如何，辽东本色粮料不可或缺，无论是地方还是户部，均不敢承担由于米豆无着而导致军队生变的责任，召买势在必行。在地方坚持无银可支的情况下，户部被迫做出让步，同意动用京边钱粮召买米豆。至此，这场争论以户部允诺动用京边银两终告结束。

从万历四十六年辽东战事爆发，至天启元年河东一带尽失，期间辽东本色粮料主要由山东登莱海运和截漕供应。随着辽东军马日聚，登莱承担的召买任务也不断增加，三年间由最初的额定10万石增加至60万石，其中登莱二府各22.5万石，济青二府各7.5万石。且在四十八年八月，为应对辽东急需，又额外派买料豆等近25万石。从绝对数字上看，山东召买增加额尤其是登莱二府增加额的确非常大，地方所陈不无道理。

不过，如果结合登莱土地数量和当时的亩产量考量，召买似乎不至于给民间造成过大的负担。成淑君依据《古今图书集成》的记载，并结合自己的考证，测算出万历时期莱州府实际耕地面积为8306793标准亩，登州府7389662标准亩。[①]据相关地方志记载，万历时期莱州府土地总数为89713顷35亩[②]，登州府土地面积78808顷34亩。[③]尽管两组数据有不小的差异，考虑到数据本身基数较大，且成淑君对《古今图书集成》的数据进行了修订，这种差异是可以接受的。也就是说，万历时期登莱二府合计实际耕地面积大概为1600万亩。

相对于江南亩产大致二石左右，明代山东一般为一年一熟制，亩产量偏低。峄县"计亩所入，亩不能盈石"[④]，即墨县"舟车不通，商

---

① 成淑君：《明代山东农业开发研究》，齐鲁书社2006年版，第221页。
② 万历《莱州府志》卷三《田赋》，民国二十八年铅印本。
③ 康熙《登州府志》卷九《田地》，康熙三十三年刻本。
④ 光绪《峄县志》卷二十三《艺文志·褚德培·请蠲兖东拖欠疏》，中国地方志集成本。

贾罕至,居民耕田之外,别无生理。况地薄谷贱,上农每亩所入不满五斗,丰年五斗所值不过百钱,以此输纳最艰,征收良苦"①。明代"河之南北,山之东西,地多贫瘠沙碱,每亩收入不过数斗"②。成淑君根据明代山东地租普遍在二斗上下浮动指出,当时各地土地亩产量通常多在四到六斗之间。③综合上述,将登莱地区亩产量估算为五斗是合适的。以此亩产量与土地面积合计,登莱二府每年生产粮食大致在800万石左右。再进一步估算,万历时期莱州府接近900万亩,每年粮食产量当在400万石以上。时莱州府有133382户、786695口④,户均粮食拥有量大致为30石。洪璞根据明代《沈氏农书》的记载,测算出江南一个五口之家每年大概需要粮食10.8石便可维持基本的口粮需求⑤,以山东莱州户均六口计算,每年最多15石即可满足生活所需。

上述数据固然并不准确,甚至可能与实际情况存在较大的偏差。但是,由这些数据可以得出一个基本的结论:万历时期山东登莱一带粮食产量相对于消耗而言,应当是有盈余的。即便以万历四十八年召买60万石计算,登莱共召买45万石,仅为年产量的1/20,也不至于对民众造成无法承受的负担。

在明代山东登莱的对外贸易中,米豆是其重要的输出商品。嘉靖隆庆年间,山东、辽东、永平、天津的商人,每年春夏二季汇聚青州府乐安县装载各种米麦、豆类等货物往天津等地贩卖。⑥万历时,浙江海船、松江太仓沙船、淮安雕船也时至山东登莱买米。这种商品流

---

① 同治《即墨县志》卷十《艺文·文类中·许铤·即墨县图说》,中国地方志集成本。
② 万历《兖州府志》卷十五《户役志·葛守礼·宽农民以重根本疏》,天一阁藏明代方志选刊续编本。
③ 成淑君:《明代山东农业开发研究》,第284页。
④ 万历《莱州府志》卷三《户口》。
⑤ 洪璞:《明代以来太湖南岸乡村的经济与社会变迁——以吴江县为中心》,中华书局2005年版,第102页。
⑥ 梁梦龙:《海运新考》卷上《海道湾泊》,四库全书存目丛书本。

通对于调节当地米价有很大的作用。登莱海运之议初起，总理海运登州海防道陶朗先即指出，辽东战事紧张，兵马云集，即便是辽东米价与登莱相差无几，由于辽东粮料开支增加可期，且登莱年岁丰歉难料，为未雨绸缪计，在登莱地方将应征辽东军饷改为本色依然是必要的，于辽东和登莱俱为有利。"目下谷贱妨农，民间有负载出市，市无一顾者，又有因粜卖完粮价贱不敷而泥门远遁者。夫辽左方在望粮，而登莱又苦无粜，此正两利俱存之际。"因此，他建议登莱地方将应纳银两改为本色，如此既充海运之粮，亦可补地方之不足，"其法盖欲借海运以苏登莱粟贱之困，又欲借输粟以省民间粜卖之艰，乃因饷辽而利登莱，非驱登莱以事辽左也"①。

在户部允诺动用京边银两后，四十八年八月，鉴于辽东马匹料豆严重不足，辽东经略、督饷大臣日夜告急，登州道陶朗先议于登、莱、济、青四府在当年原派的基础上，再买料豆、葫秋、大麦等共计二十四万九千石，该召买之数或作明年额运之数，或令登莱折价偿还。②召买之令甫下，临淄县和诸城县即提出异议，大概谓当地收成欠佳、本色难筹、资金不足等等之类，与山东各有司对户部的答复基本一致。此时登州道的论调与先前相比发生了根本性的转变，不再一味强调地方的困难，而是要求各州县必须如数完成。对于临淄县所论二万石召买任务系偏累该县且扰民严重的说法，该道称："本道原行或接作明年之数，或令登莱折价偿还，则非偏累临淄者。惟征收之不得其法、搬运或至于扰民，斯称苦耳。"对于诸城县称该县无召买资金的说法，该道称："续派料豆杂粮，原意州县必有此一篇文字，该县虽循例称苦，而终之以乏价乏船，雅切同舟之谊。"③此时，登州道的论调已经和户部如出一辙。这再次说明，至少在万历末年，山东地方本色粮料并非十分缺乏，实施召买是可行的。

---

① 佚名：《海运纪事》，第 23 页。
② 佚名：《海运纪事》，第 341—342 页。
③ 佚名：《海运纪事》，第 345 页。

九月初十日,登州道陶朗先报告山东额派六十万石,合计济南、青州、登州、莱州四府已经运过 627172 石,其后由于督饷部院催促料豆,又于八月份派征四府若干,不足一月的时间已经运输三万三千余石,实际超过额派数目。①

小　结

从弘治年间开始,蓟州镇屯粮和民运粮陆续实行改折,虽然此后屯田粮一再强调缴纳本色,但随着屯政的废弛,该镇屯粮本色收入逐渐减少,而民运则全改折银,不再缴纳本色粮食。尽管漕粮从弘治开始也有改折情况出现,本色十万石为其基数,这就为蓟州镇的本色粮食供应提供了最为可靠的保证。蓟州镇的钱粮来源有五:屯粮、民运、漕粮、盐引、京运,《万历会计录》卷十八中有一组原额数据,罗列各项具体数量为:屯粮 116600 余石,民运粮 110000 石、布 100000 匹、棉花 100000 斤,漕粮 240000 石,盐引银 13581 余两,京运银 50000 两。该组数据所显示的时间应当在嘉靖四十四年蓟永分镇之前,基本可以代表该镇明代前中期钱粮来源的比例关系。抛开棉花和布匹不计,以银每两折合粮二石计算,合计共粮食 593762 石,其中遮洋总漕粮占到总数的 40%,如果将该总带运的棉花和布匹计算在内,所占比例会更高。以动态的观点分析,更能表明遮洋总在蓟州镇钱粮供应中的重要性。

通观山东地方有司和户部等机构围绕登莱等地召买的争论,在召买资金的问题上,户部、饷臣与山东地方的争执有三:第一,加派和召买能不能同时并行;第二,山东赋税压征能否一并征收;第三,新旧饷之间是否可以通融。对于召买与加派并行问题,天启五年时任登莱巡抚的武之望曾经再次强调该地并行实际上加重了民众的负担。户部指出,加派与召买并举并非登莱独有,其实各地皆然,"江

---

① 佚名:《海运纪事》,第 354 页。

浙吴楚加派毫无减免,而带买辽米岁岁不停,即去年荒歉异常,亦不少假。山东东、兖二府亦有加派亦有召买,此皆布米力役并征者,故不特登、青、莱三府为然也"①。如果对天启、崇祯年间明政府各地加派和召买加以分析,户部上述说法是准确的。

至于压征,从财政制度上讲,这本身就属于违规行为。压征形成的原因较为复杂,各地情况也各不相同。崇祯时,户部也只能感叹"不知始于何年,沿有压征之例"。对于压征,户部先行行文省直,不过各地"多未回报,但推之莫穷其端,诘之莫得其底"。户部无奈之下,只好继续令各地上报现征压征的具体情况。即便是在崇祯皇帝强调指出"压征即是拖欠",并谕令各地详查后,压征问题依然没有解决②。山东巡抚余大成在给户部的答复中说:"东省钱粮强半压征……相沿已久,迨至于今。隔岁编派隔岁征收,年复一年,遵以为例。……若曰法穷则变,改压为现,则必多征一年之粮始得相齐,物力几何堪此重累,莫若使压仍为压,现仍为现。"③可见,山东地方认为,压征由来已久,不能骤然变更。户部综合各地的意见后,最后上报给崇祯帝的方案是现征应当足额,压征预征五分,仍然没有将压征改为现征。从户部的角度而言,应征钱粮依然有一个缺额存在。

按照明政府的财政制度,京边旧饷和辽东新饷不能混淆,天启元年后将太仓库一分为二,一为旧饷库,一为新饷库,新旧二饷分别收支。在户部看来,无论是挪旧补新还是以新充旧都会造成不必要的困扰,尤其在晚明实施加派以后,新饷相对有较为可靠的保证,旧饷更不能轻易挪借。天启六年(1626)至崇祯元年(1628),保定府三年间共借过宣府镇旧饷银 68142 两余,用于召买辽东本色粮料,平均每年挪借额不足 23000 两。这相对于宣府镇每年年例银 450000

---

① 《明熹宗实录》卷六十五,天启五年十一月丁未。
② 毕自严:《度支奏议·边饷司》卷六《覆查省直现压之繇并追述题催疏》,续修四库全书本。
③ 毕自严:《度支奏议·边饷司》卷十一《为遵旨覆查省直现压之繇并追述臣部题催之疏以仰祈圣鉴事》。

余两而言,似乎微不足道。但是,直至崇祯五年,户部、宣府镇、保定府仍然就该挪借银如何归还而争论不休,最后户部不得不以各种节省银两补充之。

  从明代财政运作机制而言,户部坚持不能动用京边旧饷钱粮的做法是正常的,这也是户部的职责所在。但是,晚明时期,随着明代中央政府政治控制力的衰败,在户部和地方的博弈中,户部往往处于劣势。召买不可减少,资金必须支付,在地方动辄以去职相威胁的情况下,户部最后只能以妥协而告终。

结　论

　　通过学术史的回顾可以得知,现有九边研究多侧重军制、长城、民族关系、屯田、市场发展等的考察,从整体上对九边军费进行系统探讨尚不多见。由于彼此学术视野和治学思路的迥异,不论是理论性问题还是实证性问题,大家得出的结论往往大相径庭,南辕北辙。上述研究的共同点在于都预设了一个基本的理论前提:九边军费耗尽了国家财政,并最终导致明朝的灭亡。在预设前提之后,许多研究不可避免地陷入自己的理论窠臼。其实,历史研究只有摆脱"'后见之明'式的,或过度目的论式的思维,才能发掘其间的复杂性、丰富性及内在的张力"①。通过以上几章的探讨可以认为,明代九边军费的许多问题都有重新认识的必要。这里不妨转换思维的视角,从新的角度重新思考。

　　开展九边军费的相关研究,最基本的前提便是首先厘清九边各地不同时期的军马钱粮数量变化。研究与财政和军费有关的问题,势必牵涉到大量的数据,现存各种数据很难说提供了明代九边军费收支的详尽、准确而理想的记载。因此,在此基础上欲进行现代统计

---

① 王汎森:《中国近代思想文化史研究的若干思考》,台湾《新史学》第 14 卷第 4 期。

学意义和经济学意义的分析有很大的难度。其原因在于：首先，数据本身残缺不全，就某一个研究课题而言，我们得到的往往是一些非常混杂而零碎的东西，很少有系统的专题数据；其次，数据本身的准确性难以保证，甚至可以说相对准确也很难做到，即便是进行统计学意义上的分析，不但难以面对同行的质疑和诘难，即便我们自身有时从内心也怀疑这些数据是否准确，使用这些数据分析出来的结论是否可靠；再次，在某些领域可能会有大量的数据存在，但这些数据往往多为"非平时、非正常"数据，如明代九边米价数据甚多，如果真正想搞清楚九边米价的基本情况依然十分困难。史料留下的所谓米价多系灾荒、瘟疫等各种非正常时期的数据，且不说汗牛充栋的地方志中"斗米百钱"、"斗米二百钱"的"百钱"、"二百钱"究竟为实数还是虚数，即便是实数，也不能据此分析正常时期的米价。

当然，这并不是说现存明代九边军费的有关数据毫无价值。由于没有更为详尽的数据可资利用，现存零星数据更为宝贵，这是探讨该问题必须借助的最基本的东西。不过，本书的重心不在于此，我一般不讨论可计量的数据之间的比例关系，在我看来，统计结果中的34.13%或者35.13%之间没有什么本质的区别。我的研究尽量使用一种"模糊数据"，通过这种模糊数据考察军费背后的相关信息，如各部门在处理军费问题上的关系，以及通过这种关系考察军费的运作情况和由军费而产生的各部门之间的内部紧张。

对于军马数量的考察，要跳出一个误区，不能看到有标识"国初"、"明初"的字样便想当然地理解为洪武永乐时期，或者将时间的上限追溯到该时期。事实上，由于各边镇设立时间不一，面临的局势各异，各地不可能较为整齐划一地同时设定军额、给发钱粮。史料中"原额"，不论军队人数、马匹数量，还是钱粮供应，多系不同时期九边各地的混杂记载，必须逐一辨驳方能大致探明九边各个时期的兵马钱粮数量。同时，由于明人在记录过程中，往往操守屯田不分、主客不分，或专记操守、或屯操兼录、或仅录主兵、或主客兼顾，造成同一时期同一镇别人数出现巨大的差异。在钱粮给发中，或本折分列，或钱粮合计,每逢边镇清理之时,往往又不加区分,将先前各种数量统统以原额计之。就九边兵马钱粮总数来说,古人在数目上记载的不确切和时间记载上的不明确,也为具体的考察带来很大的困难,史料中"明初几近百万"、"明初八九十万"、"合计给发近百万两石束"等的记载屡屡可见。在笔者看来,对于此类数据,不能刻意地计算各地数量以求其与总数相符,否则只能画地为牢、削足适履,离历史的真实更加遥远。

先是,明代实行军户制,军户制下国家军饷开支可以视之为赋役性军费,军户一人充正军,余丁加以贴补,真正由国家财政支付的正额军费数量不多。军人的军饷无论是以月粮形式发放的本色还是以银两形式发放的折色,都维持在较低的水平。嘉靖以后,募兵制兴起,募兵制下国家军饷开支可以视之为财政性军费,士兵本人没有其他的收入来源,举凡安家、饷银、军械、马匹等各种费用均需国家财政支付。从整个明代的情形分析,九边军队、马匹数额并没有大规模增加,但由户部给发的年例银有比较迅速地增长,其主要原因在于明代经历了从赋役范畴内军费到财政范畴内军费的演变过程。

从20世纪30年代开始,学界在讨论九边军费时,往往强调军费对明代财政造成沉重的负担,并进而论证由于军费的巨大开支导致明代财政上的危机和破产。论者做出这一判断的依据是,九边京运银在太仓库开支中所占比例越来越大,赖建诚最新的研究表明,明代中叶后军费占太仓岁出总数的比例相当惊人,从万历十八年(1590)以后,都超过85%,甚至有年份高达97.25%,这"显示出一个明确的信息:明代的财政垮在军费上,没有一个国家能长期撑得起这种国防开支"[①]。赖先生的统计固然没有问题,京运开支是太仓库支出之大数亦是众所周知的事实。但据此认为九边军费开支造成明代国家财政危机,其实并不妥当。

---

① 赖建诚:《边镇粮饷:明代中后期的边防经费与国家财政危机,1531—1602》,浙江大学出版社2010年版,第47页。

明代太仓库财政(或者说户部财政)和国家财政是完全不同的两个概念。毫无疑问,明代财政收入之大端为田赋,不过,大部分田赋并没有进入太仓库成为户部实际掌握的财政资源。苏新红通过对《万历会计录》的统计指出,虽然田赋收入在明朝的国家财政收入中占有绝对重要的地位,但税粮收入在太仓库收入中所占的份额是很低的。从太仓库收入的区域分布看,各地区缴纳太仓库的份额严重失衡,富裕的江南地区并没有成为太仓库收入的主要来源,仅山东布政司所纳和各运司盐银即达到一百七十七万余两,大致相当于太仓库总收入的一半。从太仓库在国家财政总收入中所占份额的角度看,太仓库岁入总额仅占起运京边财政总收入的 25% 左右。作为中央财政核心机构的太仓库,其财政权力中央集权化的程度相当有限。[①]也就是说,作为主管全国财政的最高机构,户部能够直接分配的财富十分有限。崇祯初年,有司对户部屡称不足表示不解,户部尚书毕自严答复称:"据所称岁入计一千四百六十万余两,而辽饷之五百万不与焉。粤稽其数,自内供以至南北六部之贡税,诚或有之,而非止臣一部也。如臣部之岁入,盐课共一百一十万一千四百八十六两五钱二分一厘六毫,京边共一百四十四万六千九百余两,自有定额,而关税二十万两,事例汰冗约十五万两,皆取以佐前项之不足,总为旧饷,统约太仓所入仅二百九十余万,而未有若是只夥也。"[②]很明显,巨量的国家财政收入并非为户部所独占,而是分割到北京和南京的户、兵、工三部和内库,这才是完整意义上的明代国家财政。

太仓库的开支主要有三:京支(主要是京官俸禄折银和在京官军月粮银,另有部分内府召买开支)、地方赈济和边镇京运。至于京支数量,明前期数额不大,隆庆时期曾一度达到一百余万,万历以后一般在每年六七十万两左右。地方赈灾无定额,相对于太仓库收

---

① 苏新红:《明代太仓库研究》,东北师范大学 2009 年博士学位论文,未刊稿,第 152—153 页。
② 毕自严:《度支奏议·新饷司》卷十四《覆吴台臣条陈兵饷疏》,续修四库全书本。

入而言,这部分支出不会太大。边镇京运是户部太仓库的经常性开支,且成为其支出的主体。论者已经注意到,嘉靖以后,太仓库无论是收入还是开支都呈现出激增的趋势。其实,只要简单分析其构成便可以知晓,无论是收入还是开支的增加都与九边京运银有关。增加的部分主要有两项,一是一百余万两的余盐银入太仓库作为户部正项收入用于支付边镇军饷,二是山东民运银由原来自行解给边镇转为太仓库代为收放。上述两项财源本来就属于边镇应用,只是在嘉靖以后由于征收和给支方式的变化,使得太仓库的财政功能更加凸显。

可以说,不管太仓库设立的初衷是什么,随着明代社会政治经济的发展和赋役货币化的推进,太仓库的财政职能逐渐加强。就其收入而言,太仓库所入仅仅为国家应征赋役的一部分,且作为国家主要财源的田赋大部分并没有征入太仓库由主管财政的户部统一支配。就其支出而言,太仓库开支项目固定,除临时性赈济灾荒和一部分京支外,主要用来供应九边京运。再进一步说,明中期以后,户部太仓库的主要职责就是供应九边军费,其他国家层面的财政收支基本与太仓库财政无关。既然如此,无论九边军费在太仓库开支中占多大的比例,都是可以理解的,这部分财政本来就是用来支付边镇京运,此时的太仓库不过是承担转移支付者的功能。显然,以军费开支在太仓库总支出的比例逐渐增大为理由,认为九边军饷导致了明代财政危机并进而导致明代的灭亡是站不住脚的。因为,由户部掌管的太仓库并未承担起国家财政的角色。

明代军费管理系统比较复杂,彼此职能交叉,犬牙交错,这一体系的核心思想是"以文制武"和"相维相制"。"以文制武"即意味着排除领兵之人干涉钱粮的可能性,"相维相制"则体现了各管理机构间既合作又制约的关系。从历史长时段看,这种体制对于明代军政和国运产生了非常重大的影响。

就军事体制变革而言,明代和唐代有诸多相似之处。无论是唐代前期实行的府兵制还是明代的军户制,国家军队都有固定的来源,军人一定程度上既是国家的防卫力量,又是徭役承担者,故由中央政府承担的军费数量较低。随着土地集中的加剧和社会经济的发展,唐代和明代均出现了募兵制的趋势,但两者最终的结果却相差甚大。在唐代,随着募兵制的兴起,形成一个个相对独立的藩镇,其实力日渐壮大,中央政府无法实施有效的制约,从而出现尾大不掉、藩镇割据的局面,正是藩镇最终葬送了唐王朝。在明代,随着募兵制的兴起,边镇领兵之人在事实上拥有了一定数量的个人武装——标兵和家丁。辽东李成梁家族,长期镇守该地,"昔宁远伯李成梁舍余家丁雄冠诸路"①,就连气焰嚣张的高淮也必须借助于李成梁的势力得以在辽东作威作福,高淮"每见成梁,辄呼太爷,稽首俯伏,而成梁于淮亦以儿子辈畜之"②。不过,有明一代,除崇祯后期的左良玉出现"骄兵难控"的倾向外,遍布北方的各个边镇尽管拥有重兵,却一直处于可控制状态。中国古代传统社会,在军事防卫体系中,一个重要的原则就是"居重驭轻",即在京师屯聚重兵以防止地方动辄危险中央。明中期以后,驻守京师的京营无论是数量还是质量都远逊于边镇军队,但并没有对中央政权构成巨大的威胁。

尾大不掉格局的形成,取决于领兵之人的实力日渐坐大,而领兵人实力坐大,必须将兵与饷均牢牢掌控在自己手中,二者缺一不可。在唐代,安史之乱以前的边镇军费基本由中央度支调拨。安史之乱冲击了唐朝的统治秩序,中央无力向各地调拨大笔军费,从天宝末年开始,各藩镇的军费开支由各地筹集解决,这就意味着藩镇节度使获得了自行征收赋税充作军费的权力。于是,"率税多少,皆在牧守","赋敛、出纳、俸给皆无法,长吏得专之"。建中元年两税法实施后,地方财政收入分为上供、留州、送使三个部分,但地方财政相对独立的状况没有发生改变,各地以军费不足而要求增加各种名

---

① 程开祜:《筹辽硕画》卷三十五《范性善·畿辅近灾剥肤疏》,国立北平图书馆善本丛书本。

② 陈子龙:《明经世文编》卷四百六十七《宋一韩·直陈辽左受病之原疏》,中华书局1962年版。

目税收者不乏其例。大体而言,在地方总收入中,归地方支配者为三分之二,上交中央者为三分之一。①这一财政运作体制,使得藩镇节度使在获得对军队掌控权的同时,也获得了自由征收和支配军费的权力,从而使得藩镇将领得以培养出一支完全听命于自己的私人武装,中央政府失去了对武装力量的控制权。在中央政府受困于内忧外患渐趋式微之时,拥有大批军队和巨大财力的地方藩镇便对中央形成致命的威胁。总之,在唐代,正是由于藩镇兵与饷的统一,使得中央失去了对地方的控制权,并最终导致唐朝的灭亡。

在明代,随着"以文制武"格局的形成,武官系统从制度设计上失去了对钱粮的控制权。嘉靖十九年(1540)镇守宣府总兵官白爵奏言:"大虏压境而粮每不给,则以管粮通判及卫所经历、吏目踏勘,守备披执郊迎,副总参游匍匐入候,凌轹如此,敢与之求粮而得以展布四体耶?"②作为总兵,这里白氏的言论可能有些言过其实。不过在钱粮问题上武官系统处于劣势应当是不争的事实。标兵和家丁制度出现后,在边镇各地除了名义上属于国家的正规军队外,无论是先前作为武官的总兵、还是总督和巡抚,都掌控了数量不等归属自己指挥具有私人性质的部队,他们军饷丰厚、勇猛善战,构成了明代中后期边镇武装力量的重要组成部分。李渡认为,到嘉靖时期,募兵成为军队的主体,明代募兵制的特点主要是:募兵权高度集中于中央,地方将帅无法形成强大的私人势力来同中央政权相抗衡;募兵具有极大的强制性,在很多时候实际上是征兵;募兵具有土著性,便于统治者控驭和管理。这些特点导致明代募兵没有出现"骄兵动乱"的情况。③在笔者看来,更重要的原因可能在于,拥有这些具有私人性质部队的总兵、巡抚和总督,自始至终都没有获得独立的财政权,他们

---

① 参见张国刚:《唐代藩镇研究》(增订版),中国人民大学出版社 2010 年版,第 145—158 页。
② 《明世宗实录》卷二百三十九,嘉靖十九年七月丙申。
③ 李渡:《明代募兵制简论》,《文史哲》1986 年第 2 期。

所招募的标兵和家丁尽管军饷丰厚,但必须依照定规由户部郎中和地方系统的道员、通判给支。总督和巡抚负有督责钱粮的职责,不过,他们自身不能私自截留钱粮作为标兵家丁的军饷开支,而是必须通过户部系统发放。总之,正是兵与饷的严格分离等因素,保证了中央在丧失强大的京师部队的情况下,依然保持着对边镇手握重兵官员的有效控制,从而使得明代后期没有重演唐朝藩镇割据的历史悲剧。

近年来,学界对明中期以后白银货币化往往持比较高的评价,认为白银的广泛流通促进了当时商品市场的形成和发展。梁方仲先生指出:中国对白银货币的需求很大程度上是由赋税货币化引起的,这种赋税货币化的动力来自政府财政体系运作的需要,白银的流通,主要发生在政府财赋分配的领域。这种流通,虽然也可以引起商品流通的发达,但商业"一马当先"的繁荣,并不能引起手工业农业同步发展,他将这种现象称之为"虚假繁荣"[①]。梁先生的这一论断对于客观评估明代中后期白银货币化和商品市场的发展程度问题具有很强的启示作用。

明中期以后,尤其一条鞭法在全国推广后,普通百姓无论是赋税还是徭役基本改折为银两缴纳,由此形成了全国性的商品市场。但是,这种由赋税改折而出现的全国性市场并不意味着商品经济的高度发展。明代中期以后,随着屯田制逐渐衰落、民运改折银两、开中盐粮转为征银,九边收入的本色粮料大幅减少是不争的事实,九边几十万大军和马匹所需耗费的粮料主要依靠市场来筹措。不论是商人自行贩运还是政府给银召商和买,其基本前提是必须有足够的本色粮食。在社会生产力没有大幅度提高,生产没有大量剩余的情况下,明代赋役改折人为地造就了虚假的市场繁荣,随着市场上货币供应量的增加,在九边各地,屡屡出现有银无粮的现象。从历史长

[①] 梁方仲:《明代粮长制度》(校补本),"刘志伟、陈春声代序",中华书局2008年版,第32页。

河中考察,实物和劳役地租向货币地租的转化,无疑具有时代的进步性,但我们在评判这一转变的历史作用时,必须结合不同时期社会经济发展程度的差异进行实事求是的分析。①

明清之际中国经济尤其是南方经济的发展为学术界所公认,这与太仓库财政的亏空形成鲜明的对比。万历以后,户部太仓库拖欠九边京运的现象非常普遍,万历三十六年(1608),大学士叶向高说:"今日库藏处处空虚,九边岁额,今岁少百二十万,嗷嗷待哺,能不寒心。"②九边京运的严重不足,缘于太仓库无银可支,太仓库无银可支,缘于各地应纳太仓银大量拖欠。天启二年(1622),户部称:"自万历四十四年起至天启元年止,则山东且欠九十四万九千六百余两,河南且欠五十七万二千余两,南直欠五十八万五千九百余两,北直欠一十万九千五百余两,其余各省所欠亦各以万千计。"③事实上,多数情况下,晚明的拖欠并非由于普通民众没有缴纳应纳赋税所导致,主要原因在于地方豪绅倚势抗延、地方政府已征不纳。张居正引应天巡抚宋阳山来信云:当时"豪家田至七万顷,粮至二万,又不以时纳。夫古者大国公田三万亩,而今且百倍于古大国之数,能几万顷而国不贫。"④不唯如此,晚明时期本应承担赋税征收和缴纳职能的地方政府也成为拖欠的主体之一。崇祯三年,户部尚书毕自严称,蓟州、辽东一带主客费用巨大,军饷严重不足。各地解到军饷往往不如数,这并非地方没有征收,而是征收以后地方官挪用或作私用,导致上困下穷,即使在中央派出大批催饷官后依然没有什么改变。考虑到地方有司懈怠,崇祯皇帝连发四道圣旨,要求地方抓紧征收,但收

---

① 陈春声、刘志伟先生在最近的研究中,再次强调了我们评估白银货币化与明清中国社会经济发展时,一定要谨慎。陈春声、刘志伟:《贡赋、市场与物质生活——试论十八世纪美洲白银输入与中国社会变迁之关系》,《清华大学学报》2010年第5期。

② 《明神宗实录》卷四百四十三,万历三十六年二月癸亥。

③ 《明熹宗实录》卷二十五,天启二年八月辛卯。

④ 张居正:《张太岳集》卷二十六《答应天巡抚宋阳山论均粮足民》,上海古籍出版社1984年版。

效甚微。随着中央对地方控制力的下降,地方势力坐大,在钱粮问题上与中央讨价还价。①在地方政府的拖欠中,其中多数钱粮实际上已经征缴在官、或已解在库。此后,地方以各种手段拖延不纳,希图蠲免以挪借和侵欺。从太仓库京运的拖欠、挪借和征收分析,我们可以认为,晚明经济的发展是少数产业和少数人的发展,这种发展一定程度上掏空了国家(体现为国家的财政危机),掏空了社会(体现为普通百姓的普遍贫困),国家和社会在一定程度上为利益集团所绑架,学界所津津乐道的经济发展问题值得重新审视。

晚明辽东战事爆发后,明政府从全国各地调集大批军队开赴辽东。此时,对于执政者而言,本色粮食的筹集远比银两更为重要。与银两相对比较便于保存和运输相比,粮料易于腐烂,大规模长途运输非常苦难,这就决定本色粮料的召买应当尽可能选择距离战争地点较近的区域。辽东粮料的召买主要集中在北直隶、山东一带。在风调雨顺民有余粮的情况下,政府为应对紧急情况的出现,收购余粮无论从道义还是政策的层面都是应该的。

对于召买区域的民众来说,他们首先必须把自己的生产所得拿到市场上交易换取用于缴纳赋税的银两,召买任务下达后,许多人又不得不从市场上高价购买本色粮料用于缴纳召买所需,无形中民众受到双重损失,形成"赋外有赋"的局面。不唯如此,召买粮料筹集后,还有一个运输的问题,此时召买地的民众还必须承担部分运输的任务,由此又形成"役外有役"的局面。在讨论中国古代赋役的区域性差异时,学者们存在不同的看法。北方的学者往往强调北方赋役较南方为重,南方的学者则论证南方的赋役较北方为重,其后又有南方重"赋"而北方重"役"之说。很显然,这种问题不能一概而论,意欲找出若干条支撑自己观点的材料非常简单,但这种是此非彼的概念性结论无益于揭示纷繁复杂的历史现象。

---

① 参见毕自严:《度支奏议·堂稿》卷十四《请责成京卿催完额饷疏》;《度支奏议·新饷司》卷十五《题参省直逋欠新饷司府疏》,续修四库全书本。

明成祖将京城北迁后,明代就出现了政治、经济和军事中心分离的现象。就明代全国的军事形势看,"北虏南倭"一直是明代的心腹大患,但"南倭"的威胁远逊于"北虏",尽管倭寇也时常骚扰东南沿海一带,但多系零星行为,基本未形成具有较大威胁性的事件。"北虏"则不同,他们动辄兵临京师,攻城略地,"土木堡之变"、"庚戌之变"等等对明代政府造成了巨大的冲击,也使得中央政府的注意力始终集中在北部边疆。

由此出现一个现象:南方看似赋役负担沉重,但政府所需要的仅仅是"钱"而已,在缴纳应交的赋税之后,中央政府对于南方的实际性控制日渐衰弱。这种实际性控制的式微,反而使南方获得了相对宽松的政治环境,为其区域性经济的快速发展提供了广阔的空间。北方则不同,由于存在"北虏"的威胁,北方五省不但成为边镇钱粮的主要供应地,还成为兵员主要供应地。基本上可以说,明中期以后,北方始终未能获得休养生息的机会,随着边镇形势日渐吃紧,北方省份的负担也日益加重。应当说,一条鞭法的推行,对于减轻民众的负担尤其是徭役负担还是发挥了相当的作用,但在边镇危机时刻,政策往往成为一纸虚文。政府为筹集战争所需,不得不加大对于钱粮供应地的搜刮和盘剥,最终导致北方形成"赋外有赋、役外有役"的局面。

各地马匹改折使得隶属兵部管辖的太仆寺掌握了巨大的财富,隆庆年间太仆寺累计马价银剩余达到一千多万两。与此同时,户部太仓库财政入不敷出,在户部和兵部之间围绕马价银的归属和使用问题又产生巨大的争执。兵部和太仆寺坚持认为,马价银专有所属,不能动辄挪借。从根本上讲,马价银的来源同样是地租。明代马政的基本设计是,因为养马本身是一种沉重的负担,凡是养马民众,均免除其部分赋役作为补偿。也就是说,马匹的供应是以户部减少部分税收收入为前提,在马匹改折缴纳银两后,该银两实质上就是先前户部减免的部分赋税。在户部看来,作为统管国家财政的机构,尤其在其财政入不敷出的情况下,纵然户部不能将该资源归入太仓库,动用太仆寺马价银是合情合理的。是故,万历以后在户部与兵部就马价银的争夺中,皇帝往往做出倾向于户部的裁决。

　　边镇军费普遍改折银两后,各机构围绕军费的管理和支配展开争夺,皇帝、中央主管钱粮各部和地方督抚之间,皇帝、宦官和文官系统之间出现错综复杂的关系。正统以后,户部每年向各边解运京运银两作为军饷。基本上在嘉靖中期以前,每当户部和九边有司尤其巡抚就军饷问题发生争执时,皇帝一般首先训斥地方一定要俭省节约,不得肆意请饷,并要求户部严加审计兵马钱粮。在双方争执不下时皇帝往往根据户部对地方的批驳作出倾向于户部的批示,从而对地方有所压制和制约。嘉靖中期以后,尤其是万历以后,这种情况发生了根本性的变化。九边索兵请饷的奏折飞檄而至,动辄就是几十万两,户部捉襟见肘,穷于应对。面对地方官的索要,皇帝一般先命令户部筹措各种款项满足地方的需要,尽管户部就地方官的奏折——驳斥其不实之处,皇帝往往以"地方加意节撙"而了之。在户部和地方边镇的角逐中,作为最高决策者的皇帝,其裁决往往具有倾向于地方的特点。晚明时期,出现了地方督抚日益坐大的情况,并动辄以缺饷将导致兵变相威胁。这一变化表明,在信息不对称的情况下,皇帝常常无法通过正常的渠道了解地方状况,同时也体现了国家在一定程度上的失控状态,中央政府无法对各级行政机构进行有效的制约,各种不正常的现象随之出现。

　　万历以后,明代朝野上下的不正常现象预示着明政府面临的问题绝非财政危机那么简单。明代程开祜辑《筹辽硕画》网罗了万历四十六年(1618)至四十八年(1620)全国各地级别不同的官员就辽东战争所上的奏折,在这部共计46卷的鸿篇巨制中,内容可以分为三个部分:请兵、给饷、勤政。编选者言:"凡言兵饷战守等项一并采录,其间忠愤所激不无持议过戆,语涉攻讦者不敢摭拾伤雅,是以篇中不妨删削。"[①]尽管如此,其中有司怠政不职、甲是乙否,甚至上下其

---

① 程开祜:《筹辽硕画》,"凡例"。

手、猫鼠同眠的各种描述依然屡屡可见。崇祯后期,北方辽东已失,农民军四起,国家岌岌可危。此时,南方的士子们却依然花天酒地、歌舞升平,似乎这个国家的生死存亡与其毫无关联。崇祯九年(1636),"嘉兴姚北若,用十二楼船于秦淮。招集四方应试知名之士百余人,每船邀名妓四人侑酒。梨园一部,灯火笙歌,为一时之盛事"①。他们可都是饱学之士,从小接受儒家经典的熏陶,此时知识分子传统的家国天下观念哪里去了。姚北若在参加科举考试期间"召集四方应试知名之士百余人"畅游秦淮、拥妓当歌,可见这已经不是某人的个体行为,而是群体性活动。

通过明代各机构在九边军费上的运作可以看出,晚明的问题绝非财政危机那么简单,更重要的问题依然在于政治。通观中国古代社会,甚至可以说,财政从来不是导致国家出现重大危机的根本问题,对一个政权来说,最大的危机依然在于,随着国家政治控制力的式微,官僚系统的集体性腐败、怠政和不作为。

---

① 余怀著,李金堂校注:《板桥杂记》,上海古籍出版社2000年版,第54页。

参 考 文 献

一、史籍

毕自严:《度支奏议》,续修四库全书本,史部第 483—490 册。
毕自严:《石隐园藏稿》,文渊阁四库全书本,集部第 1293 册。
毕自严:《饷抚疏草》,四库禁毁书丛刊本,史部第 75 册。
查继佐:《罪惟录》,续修四库全书本,史部第 321—323 册。
陈洪谟、张瀚:《治世余闻·继世纪闻·松窗梦语》,北京:中华书局 1985 年版。
陈建:《皇明从信录》,四库禁毁书丛刊本,史部第 1—2 册。
陈讲:《马政志》,四库全书存目丛书本,史部第 276 册。
陈仁锡:《陈太史无梦园初集》,续修四库全书本,集部第 1381—1383 册。
陈仁锡:《皇明世法录》,四库禁毁书丛刊本,史部第 13—16 册。
陈子龙:《明经世文编》,北京:中华书局 1962 年版。
陈子壮:《昭代经济言》,丛书集成初编本,上海:商务印书馆 1936 年版。

程开祜:《筹辽硕画》,国立北平图书馆善本丛书本。
崔旦:《海运编》,四库全书存目丛书本,史部第 274 册。
戴金:《皇明条法事类纂》,台北:文海出版社影印 1985 年版。
邓球:《皇明泳化类编》,北京图书馆古籍珍本丛刊本,史部第 49—50 册。
邓显麒:《梦虹奏议》,四库全书存目丛书本,史部第 60 册。
董传策:《董宗伯奏疏辑略》,四库全书存目丛书本,史部第 62 册。
董其昌:《神庙留中奏疏汇要》,续修四库全书本,史部第 470—471 册。
范钦:《嘉靖事例》,北京图书馆古籍珍本丛刊本,史部第 51 册。
范守已:《皇明肃皇外史》,四库全书存目丛书本,史部第 52 册。
方孔炤:《全边略记》,续修四库全书本,史部第 738 册。
龚辉:《全陕政要》,四库全书存目丛书本,史部第 188 册。
顾尔行:《皇明两朝疏抄》,四库全书存目丛书本,史部第 73—74 册。
顾养谦:《冲庵顾先生抚辽奏议》,四库全书存目丛书本,史部第 62 册。
顾炎武:《日知录集释》,上海:上海古籍出版社 1985 年版。
顾炎武:《天下郡国利病书》,四库全书存目丛书本,史部第 171—172 册。
谷应泰:《明史纪事本末》,北京:中华书局 1977 年版。
桂萼:《文襄公奏议》,四库全书存目丛书本,史部第 60 册。
桂萼:《广舆图叙》,四库全书存目丛书本,史部第 166 册。
归有光:《震川集》,文渊阁四库全书本,集部第 1289 册。
韩邦奇:《苑洛集》,文渊阁四库全书本,集部第 1269 册。
何孟春:《何文简疏议》,文渊阁四库全书本,史部第 429 册。
何乔远:《名山藏》,续修四库全书本,史部第 425—427 册。
黄光升:《昭代典则》,四库全书存目丛书本,史部第 13 册。
计六奇:《明季北略》,北京:中华书局 1984 年版。
金日升:《颂天胪笔》,四库禁毁书丛刊本,史部第 5—6 册。

康基田：《河渠纪闻》，四库未收书辑刊本，第一辑第29册。
孔贞运：《皇明诏制》，四库禁毁书丛刊本，史部第56—57册。
雷礼：《南京太仆寺志》，四库全书存目丛书本，史部第257册。
雷礼：《皇明大政纪》，四库全书存目丛书本，史部第7—8册。
李化龙：《抚辽疏稿》，四库禁毁书丛刊本，史部第69册。
李遂：《李襄敏公奏议》，四库全书存目丛书本，史部第61册。
李贤：《天顺日录》，续修四库全书本，史部第433册。
李诩：《戒庵老人漫笔》，北京：中华书局1982年版。
李颐：《李及泉先生奏议》，四库全书存目丛书本，史部第63册。
梁梦龙：《海运新考》，四库全书存目丛书本，史部第274册。
辽宁省档案馆：《明代辽东档案汇编》，沈阳：辽宁书社1985年版。
刘斯洁：《太仓考》，北京图书馆古籍珍本丛刊本，史部第56册。
卢象升：《卢象升疏牍》，杭州：浙江古籍出版社1984年版。
马文升：《马端肃奏议》，文渊阁四库全书本，史部第427册。
毛伯温：《毛襄懋先生奏议》，四库全书存目丛书本，史部第59册。
毛纪：《密勿稿》，四库全书存目丛书本，史部第59册。
茅瑞征：《万历三大征考》，续修四库全书本，史部第436册。
茅元仪：《督师纪略》，四库禁毁书丛刊本，史部第36册。
茅元仪：《武备志》，四库禁毁书丛刊本，子部第23—26册。
倪元璐：《奏牍》，四库禁毁书丛刊本，史部第69册。
庞尚鹏：《军政事宜》，续修四库全书本，史部第852册。
丘浚：《大学衍义补》，文渊阁四库全书本，子部第712册。
邵宝：《容春堂集》，上海：上海古籍出版社1991年版。
沈德符：《万历野获编》，北京：文化艺术出版社1998年版。
沈国元：《两朝从信录》，四库禁毁书丛刊本，史部第29—30册。
申时行：《明会典》，续修四库全书本，史部789—792册。
沈一贯：《敬事草》，四库全书存目丛书本，史部第63册。
沈越：《皇明嘉隆两朝闻见纪》，四库全书存目丛书本，史部第7册。
宋应昌：《经略复国要编》，四库禁毁书丛刊本，史部第38册。

孙承泽:《春明梦余录》,北京:北京古籍出版社1992年版。
孙承泽:《山书》,杭州:浙江古籍出版社1989年版。
谭纶:《谭襄敏奏议》,文渊阁四库全书本,史部第429册。
谈迁:《国榷》,续修四库全书本,史部358—363册。
谭希思:《明大政纂要》,四库全书存目丛书本,史部第14—15册。
涂山:《新刻明政统宗》,四库禁毁书丛刊本,第2—3册。
王鏊:《震泽长语》,北京:中华书局1985年版。
汪道昆:《太函集》,续修四库全书本,集部1346—1348册。
王樵:《方麓集》,文渊阁四库全书本,集部第1285册。
王圻:《续文献通考》,续修四库全书本,史部761—767册。
王琼:《晋溪本兵敷奏》,四库全书存目丛书本,史部第59册。
王世贞:《弇山堂别集》,北京:中华书局1985年版。
王一鹗:《总督四镇奏议》,台北:正中书局影印1985年版。
汪应蛟:《计部奏疏》,续修四库全书本,史部第480册。
王在晋:《三朝辽事实录》,续修四库全书本,史部第437册。
王在晋:《通漕类编》,四库全书存目丛书本,史部第275册。
吴亮:《万历疏抄》,四库禁毁书丛刊本,史部第58—60册。
吴朴:《龙飞纪略》,四库全书存目丛书本,史部第9册。
吴玉:《吴侍御奏疏》,四库全书存目丛书本,史部第66册。
席书:《漕船志》,北京:方志出版社2006年版。
夏言:《桂洲先生奏议》,四库全书存目丛书本,史部第60册。
夏燮:《明通鉴》,续修四库全书本,史部第364—366册。
项笃寿:《小司马草》,四库全书存目丛书本,史部第62册。
谢肇淛:《五杂俎》,沈阳:辽宁教育出版社2001年版。
熊廷弼:《按辽疏稿》,四库禁毁书丛刊本,史部第9册。
许论:《九边图论》,四库禁毁书丛刊本,史部第21册。
徐溥、李东阳:正德《大明会典》,文渊阁四库全书本,史部第617册。
徐日久:《五边典则》,四库禁毁书丛刊本,史部第25—26册。
徐日久:《嚶言》,四库禁毁书丛刊本,史部第23册。

徐学聚:《国朝典汇》,四库全书存目丛书本,史部第264—266册。
薛应旂:《宪章录》,四库全书存目丛书本,史部第11册。
杨博:《杨襄毅公本兵疏议》,四库全书存目丛书本,史部第61册。
杨东明:《青琐荩言》,四库全书存目丛书本,史部第64册。
杨宏:《漕运通志》,四库全书存目丛书本,史部第275册。
杨时乔:《马政纪》,文渊阁四库全书本,史部第663册。
杨天民:《杨全甫谏草》,四库全书存目丛书本,史部第64册。
杨一清:《杨一清集》,北京:中华书局2001年版。
叶盛:《水东日记》,北京:中华书局1980年版。
叶盛:《叶文庄公奏疏》,四库全书存目丛书本,史部第58册。
叶向高:《纶扉奏草》,四库禁毁书丛刊本,史部第36—37册。
佚名:《秘阁元龟政要》,四库全书存目丛书本,史部第13册。
佚名:《痛史本崇祯长编》,上海:商务印书馆1917年版。
佚名:《诸司职掌》,续修四库全书本,史部第748册。
佚名:《皇明诏令》,四库全书存目丛书本,史部第58册。
佚名:《海运纪事》,北京图书馆古籍珍本丛刊本,史部第56册。
余怀:《板桥杂记》,上海:上海古籍出版社2000年版。
余继登:《典故纪闻》,北京:中华书局1981年版。
余子俊:《余肃敏公奏议》,四库禁毁书丛刊本,史部第57册。
曾铣:《复套议》,四库全书存目丛书本,史部第60册。
张瀚:《台省疏稿》,四库全书存目丛书本,史部第62册。
张瀚:《皇明疏议辑略》,四库全书存目丛书本,史部第71—72册。
张岱:《陶庵梦忆》,上海:上海古籍出版社1982年版。
章潢:《图书编》,上海:上海古籍出版社1992年版。
张居正:《张居正集》,武汉:湖北人民出版社1994年版。
张卤:《皇明嘉隆疏抄》,四库全书存目丛书本,史部第72—73册。
张遂:《经世挈要》,四库禁毁书丛刊本,史部第75册。
张天复:《广皇舆考》,四库禁毁书丛刊本,史部第17册。
张廷玉:《明史》,北京:中华书局1974年版。

张学颜:《万历会计录》,续修四库全书本,史部第 831—833 册。
赵世卿:《司农奏议》,续修四库全书本,史部第 480 册。
赵志皋:《内阁奏题稿》,四库全书存目丛书本,史部第 63 册。
郑晓:《今言》,北京:中华书局 1984 年版。
中国第一历史档案馆、辽宁省档案馆:《中国明朝档案总汇》,桂林:广西师范大学出版社 2001 年版。
中国历史研究社编:《崇祯长编》,上海:上海书店 1982 年版。
周孔教:《周中丞疏稿》,四库全书存目丛书本,史部第 61 册。
周永春:《丝纶录》,四库禁毁书丛刊本,史部第 74 册。
周宗建:《周忠毅公奏议》,四库禁毁书丛刊本,史部第 38 册。
朱长祚:《玉镜新谭》,北京:中华书局 1989 年版。
朱国祯:《涌幢小品》,北京:文化艺术出版社 1998 年版。
朱吾弼:《皇明留台奏议》,四库全书存目丛书本,史部第 74—75 册。
毕恭:嘉靖《辽东志》,见金毓黻主编:《辽海丛书》,沈阳:辽沈书社 1985 年版。
胡汝砺等:嘉靖《宁夏新志》,银川:宁夏人民出版社 1982 年版。
李辅:嘉靖《全辽志》,见金毓黻主编:《辽海丛书》,沈阳:辽沈书社 1985 年版。
李侃:成化《山西通志》,四库全书存目丛书本,史部第 174 册。
李应魁:万历《肃镇志》,国家图书馆藏缩微胶卷。
廖希颜:《三关志》,续修四库全书本,史部第 738 册。
刘效祖:《四镇三关志》,四库禁毁书丛刊本,史部第 10 册。
盛仪:嘉靖《惟扬志》,天一阁藏明代方志选刊本,上海:上海书店 1982 年版。
苏铣:顺治《重刊西宁志》,北京:全国图书馆文献缩微中心,2000 年。
孙世芳:嘉靖《宣府镇志》,中国方志丛书塞北地方第 19 号。
田汝成:《辽纪》,见金毓黻主编:《辽海丛书》,沈阳:辽沈书社 1985 年版。

王崇献：正德《宣府镇志》，嘉靖增修本，南京图书馆藏。
王士琦：《三云筹俎考》，续修四库全书本，史部第739册。
王珣：弘治《宁夏新志》，天一阁藏明代方志丛刊续编本，上海：上海书店2000年版。
王有容：万历《应州志》，国家图书馆藏缩微胶卷。
魏焕：《皇明九边考》，四库全书存目丛书本，史部第226册。
谢天春：万历《延绥镇志》，国家图书馆藏缩微胶卷。
熊相：嘉靖《蓟州志》，国家图书馆藏缩微胶卷。
杨经、刘敏宽：《嘉靖、万历固原州志》，银川：宁夏人民出版社1985年版。
杨时宁：《宣大山西三镇图说》，续修四库全书本，史部第739册。
杨守礼：嘉靖《宁夏新志》，续修四库全书本，史部第649册。
尹耕：《两镇三关通志》，明抄本，国家图书馆藏缩微胶卷。
詹荣：《山海关志》，续修四库全书本，史部第718册。
张钦：正德《大同府志》，四库全书存目丛书本，史部第186册。
张天复：《皇舆考》，四库全书存目丛书本，史部第166册。
张雨：《边政考》，续修四库全书本，史部第738册。
赵时春：嘉靖《平凉府志》，四库全书存目丛书本，史部第189—190册。
周一敬：崇祯《甘肃镇考见略》，国家图书馆藏缩微胶卷。
台湾"中研院"历史语言研究所校勘：明代历朝实录，上海：上海古籍书店影印本。

二、当代著作

艾冲：《明代陕西四镇长城》，西安：陕西师范大学出版社1990年版。
鲍彦邦：《明代漕运研究》，广州：暨南大学出版社1995年版。
本书编委会：《中国历史大辞典·明史卷》，上海：上海辞书出版社1995年版。

薄音湖、于默颖:《明代蒙古汉籍史料汇编(1—6)》,呼和浩特:内蒙古大学出版社2009年版。

钞晓鸿:《明清史研究》,福州:福建人民出版社2007年版。

陈寅恪:《陈寅恪集·金明馆丛稿二编》,北京:三联书店2001年版。

陈支平:《第九届明史国际学术讨论会暨傅衣凌教授诞辰九十周年纪念论文集》,厦门:厦门大学出版社2003年版。

陈支平:《历史学的困惑》,北京:中华书局2004年版。

程龙:《北宋西北战区粮食补给地理》,北京:社会科学文献出版社2006年版。

程念祺:《国家力量与中国经济的历史变迁》,北京:新星出版社2006年版。

杜维运:《史学方法论》,北京:北京大学出版社2006年版。

樊铧:《政治决策与明代海运》,北京:社会科学文献出版社2009年版。

樊树志:《晚明史》(上、下),上海:复旦大学出版社2003年版。

范金民:《国计民生——明清社会经济研究》,福州:福建人民出版社2008年版。

方宝璋:《中国审计史稿》,福州:福建人民出版社2006年版。

方诗铭:《中国历史纪年表》,上海:上海辞书出版社1980年版。

方志远:《明代国家权力结构及运行机制》,北京:科学出版社2008年版。

傅衣凌:《傅衣凌治史五十年文编》,北京:中华书局2008年版。

郭红、靳润成:《中国行政区划通史·明代卷》,上海:复旦大学出版社2007年版。

关文发、颜广文:《明代政治制度研究》,北京:中国社会科学出版社1995年版。

黄丽生:《由军事征掠到城市贸易:内蒙古归绥地区的社会经济

变迁》，台北：台湾师范大学历史研究所1995年版。

黄仁宇：《明代的漕运》，北京：新星出版社2005年版。

黄仁宇：《十六世纪明代中国之财政与税收》，北京：三联书店2001年版。

贾志刚：《唐代军费问题研究》，北京：中国社会科学出版社2006年版。

姜德成：《徐阶与嘉隆政治》，天津：天津古籍出版社2002年版。

姜守鹏：《明清社会经济结构》，长春：东北师范大学出版社1992年版。

赖建诚：《边镇粮饷：明代中后期的边防经费与国家财政危机，1531—1602》，杭州：浙江大学出版社2010年版。

李伯重：《理论、方法、发展趋势：中国经济史研究新探》，北京：清华大学出版社2002年版。

李渡：《明代皇权政治研究》，北京：中国社会科学出版社2004年版。

李龙潜：《明清经济史》，广州：广东高等教育出版社1988年版。

梁方仲：《中国历代户口、天地、田赋统计》，北京：中华书局2008年版。

梁方仲：《明代粮长制度》，北京：中华书局2008年版。

梁启超：《中国历史研究法五种》，台北：里仁书局1982年版。

林美玲：《晚明辽饷研究》，福州：福建人民出版社2007年版。

刘祥学：《明朝民族政策演变史》，北京：民族出版社2006年版。

柳诒徵：《国史要义》，长沙：岳麓书社2010年版。

刘志琴：《晚明史论——重新认识末世衰变》，南昌：江西高校出版社2004年版。

楼劲、刘光华：《中国古代文官制度》，北京：中华书局2009年版。

骆兆平：《新编天一阁书目》，北京：中华书局1996年版。

彭勇：《明代北边防御体制研究——以边操班军的演变为线索》，北京：中央民族大学出版社2010年版。

谭其骧:《中国历史地图集》(第 7 册),北京:中国地图出版社 1987 年版。

唐文基:《明代赋役制度史》,北京:中国社会科学出版社 1991 年版。

田培栋:《明清时代陕西社会经济史》,北京:首都师范大学出版社 2000 年版。

田培栋:《明代社会经济史研究》,北京:燕山出版社 2008 年版。

田澍:《嘉靖革新研究》,北京:中国社会科学出版社 2002 年版。

田澍等:《第十一届明史国际学术讨论会论文集》,天津:天津古籍出版社 2007 年版。

王毓铨:《明代的军屯》,北京:中华书局 2009 年版。

王毓铨:《中国经济通史·明代经济卷》,北京:经济日报出版社 2000 年版。

卫聚贤:《历史统计学》,上海:商务印书馆 1934 年版。

吴晗:《读史札记》,北京:三联书店 1956 年版。

吴缉华:《明代海运及运河的研究》,台北:"中央研究院"历史语言研究所专刊 1961 年版。

吴缉华:《明代社会经济史论丛》,台北:学生书局 1970 年版。

吴量恺等:《中国经济通史·第七卷》,长沙:湖南人民出版社 2002 年版。

肖立军:《明代中后期九边兵制研究》,长春:吉林人民出版社 2001 年版。

肖立军:《明代省镇营兵制与地方秩序》,天津:天津古籍出版社 2010 年版。

谢国桢:《明代社会经济史料选编》(上、下),福州:福建人民出版社 2004 年版。

谢忠志:《明代兵备道制度:以文驭武的国策与文人知兵的实练》,宜兰:明史研究小组 2002 年版。

杨永汉:《论晚明辽饷收支》,台北:天工书局 1998 年版。

于志嘉:《卫所、军户与军役:以明清江西地区为中心的研究》,北京:北京大学出版社 2010 年版。

张士尊:《明代辽东边疆研究》,长春:吉林人民出版社 2002 年版。

张显清、林金树:《明代政治史(上下)》,桂林:广西师范大学出版社 2003 年版。

赵毅、秦海滢:《第十二届明史国际学术讨论会论文集》,大连:辽宁师范大学出版社 2009 年版。

本书编委会:《山根幸夫教授退休纪念·明代史论丛》,东京:汲古书院 1990 年版。

谷光隆:《明代马政の研究》,京都大学东洋史研究会,1972 年版。

和田清:《明代蒙古史论集(上下)》,北京:商务印书馆 1984 年版。

清水泰次:《明末の军饷》,《东洋史论丛·市村博士古稀纪念》,东京富山房 1933 年版。

萩原淳平:《明代蒙古史研究》,京都:同朋舍 1998 年版。

寺田隆信:《山西商人研究》,太原:山西人民出版社 1986 年版。

松本隆晴:《明代北边防卫体制の研究》,东京:汲古书院 2001 年版。

星斌夫:《明代漕运の研究》,日本学术振兴会 1963 年版。

卜永坚:《评赖建诚〈边镇粮饷:明代中后期的边防经费与国家财政危机,1531—1602〉》,《明代研究》第十一期,台北:"中国明代研究学会",2008 年。

三、论文

段琳:《明代延绥镇粮饷供应地理研究》,陕西师范大学 2010 年硕士学位论文,未刊稿。

方钟锋:《明代陕北防卫体系与边饷供应之研究》,台湾成功大学 2004 年硕士论文,未刊稿。

李彦华:《明户部尚书毕自严财经政策研究》,台湾成功大学 2005 年硕士学位论文,未刊稿。

孙建军:《明代中期宣大地区军事防务研究》,西北民族大学2007年硕士学位论文,未刊稿。

杨顺波:《明代军制与军饷》,云南师范大学2005年硕士学位论文,未刊稿。

于默颖:《明蒙关系研究——以明蒙双边政策及明代对蒙古的防御为中心》,内蒙古大学2004年博士学位论文。

张松梅:《明代军饷研究》,南开大学2008年博士学位论文。

赵现海:《明代九边军镇体制研究》,东北师范大学2005年博士学位论文。

曹永年:《明万历间延绥中路边墙的沙壅问题—兼谈生态环境研究中的史料运用》,《内蒙古师范大学学报》2004年第1期。

陈世明:《明代甘肃境内二十四关考略》,《西北民族大学学报》1990年第1期。

陈育宁:《明代蒙古之入居河套》,《史学月刊》1984年第2期。

程利英:《明代兵制的嬗变与财政支出关系述论》,《军事经济研究》2006年第6期。

程利英:《近二十五年国内明代西北研究综述》,《甘肃社会科学》2005年第2期。

程利英:《1978~2003年国内明代宁夏研究综述》,《宁夏社会科学》2004年第2期。

邓沛:《明代"九边"考述》,《绵阳师范高等专科学校学报》1999年第4期。

丁望南:《明代固原的马政制度》,《宁夏大学学报》1991年第4期。

段琳:《明代延绥镇民运粮供应区的形成与分布》,《延安大学学报》2009年第5期。

范中义:《明代九边形成的时间》,《大同职业技术学院学报》1995年第4期。

方广岭:《论杨一清经营陕西边备》,《史学集刊》2005年第2期。

冯晓多:《宁夏河东地区明代边墙与屯堡的变迁》,《兰州教育学院学报》2006年第3期。

高春平:《论大同在明代北部边防中的地位》,《大同职业技术学院学报》1994年第1期。

顾诚:《明帝国的疆土管理体制》,《历史研究》1989年第3期。

郭红:《明代山西行都司移民》,《军事历史研究》2000年第3期。

郭红:《明代都司卫所制度与军管型政区》,《军事历史研究》2004年第4期。

韩行方:《明朝末期登莱饷辽海运述略》,《辽宁师范大学学报》1992年第4期。

何本方:《明代宫中财政述略》,《故宫博物院院刊》1992年第4期。

何平立:《略论明代马政衰败及对国防影响》,《军事历史研究》2005年第1期。

胡凡、徐淑惠:《论明代成化年间的"搜套"之举》,《大同职业技术学院学报》2000年第3期。

胡凡:《论明穆宗对北部边防的整顿》,《中国边疆史地研究》1998年第2期。

黎邦正:《试评明代叶淇的盐法改革》,《盐业史研究》1989年第4期。

李大伟:《明代榆林建置年代问题探讨》,《延安大学学报》2005年第6期。

李渡:《明代募兵制简论》,《文史哲》1986年第2期。

李隆生:《明末白银存量的估计》,《中国钱币》2005年第1期。

李龙华:《明代的开中法》,《香港中文大学中国文化研究所学报》第4卷1971年第2期。

李三谋:《明代辽东都司、卫所的行政职能》,《辽宁师范大学学报》1989年第6期。

李三谋:《明代食盐贸易与边防边垦》,《盐业史研究》2006年第1期。

李心纯:《黄土高原水土流失加剧的祸根——明代的军屯与九

边屯垦所导致的土地演替》,《山西师大学报》1999年第1期。

梁淼泰:《明代"九边"的军数》,《中国史研究》1997年第1期。

梁淼泰:《明代"九边"的饷数并估银》,《中国社会经济史研究》1994年第4期。

梁淼泰:《明代"九边"饷中的折银与粮草市场》,《中国社会经济史研究》1996年第3期。

梁淼泰:《明代"九边"的募兵》,《中国社会经济史研究》1997年第1期。

林金树:《明代嘉、隆、万时期农村的贫富两极分化》,《江海学刊》2005年第6期。

刘金祥:《明代卫所缺伍的原因探析——兼谈明代军队的贪污腐败》,《北方论丛》2003年第5期。

刘景纯:《明代陕西四镇分路防守体制的形成和演变》,《陕西师范大学学报》2010年第2期。

刘菊湘:《有关明代宁夏镇屯田的几个问题》,《宁夏社会科学》1996年第3期。

刘利平:《赋役折银与明代中后期太仆寺的财政收入》,《故宫博物院院刊》2010年第3期。

刘淼:《明代势要占窝与边方纳粮制的解体》,《学术研究》1993年第3期。

刘仲华:《试析分权制衡和以文制武思想对明代九边防务体制的影响》,《宁夏社会科学》1999年第6期。

刘仲华:《明代嘉隆两朝九边消极的防守策略》,《青海民族学院学报》1999年第1期。

路虹:《明代宁夏镇"哱拜之乱"述论》,《宁夏社会科学》2005年第1期。

罗冬阳:《明代兵备初探》,《东北师大学报》1994年第1期。

骆桂花:《明朝西宁卫的军事戍防与政治管控》,《中国边疆史地研究》2006年第1期。

吕景琳：《关于明代北方重役的几个问题》，《山东社会科学》1991年第3期。

毛雨辰：《明代西北边备得失述论》，《河西学院学报》2006年第4期。

邱义林：《明代中前期军费供给特点的形成与演变》，《江西社会科学》1994年第6期。

全汉升、李龙华：《明中叶后太仓岁入银两的研究》，《香港中文大学中国文化研究所学报》第5卷1972年第1期。

全汉升、李龙华：《明代中叶后太仓岁出银两的研究》，《香港中文大学中国文化研究所学报》第6卷1973年第1期。

全汉升：《明代北边米粮价格的变动》，《新亚学报》第9卷，1970年。

史五一：《试析明后期财政危机的根源》，《安徽师范大学学报》2002年第5期。

宋纯路：《明代巡抚及明政府对它的控制》，《长春师范学院学报》2001年第3期。

孙晋浩：《"叶淇改制"辨疑》，《晋阳学刊》1997年第6期。

孙晋浩：《开中法与明代盐制的演变》，《盐业史研究》2006年第4期。

唐玉萍：《明朝嘉万时期对蒙政策探论》，《社会科学辑刊》2002年第6期。

田培栋：《论明代北方五省的赋役负担》，《首都师范大学学报》1995年第4期。

田澍：《明代甘肃镇边境保障体系述论》，《中国边疆史地研究》1998年第3期。

田澍：《明代哈密危机述论》，《中国边疆史地研究》2002年第4期。

韦占彬：《明代"九边"设置时间辨析》，《石家庄师范专科学校学报》2002年第3期。

韦占彬：《朱元璋的边防思想及其对明代边防的影响》，《邯郸学院学报》2005年第4期。

韦占彬:《明代边军仓储管理论略》,《河北师范大学学报》2007年第4期。
韦占彬:《论明成祖对北部边防的调整与改造》,《石家庄师范专科学校学报》2000年第3期。
韦祖松:《明代边饷结构与南北转运制度》,《盐业史研究》2005年第2期。
吴琦:《明代财政的症结:中央与地方的政策执行差异》,《江西师范大学学报》2004年第1期。
向燕南:《明代北塞军事危机与边镇志书的编纂》,《中州学刊》2006年第1期。
肖立军:《明代边兵与外卫兵制初探》,《天津师大学报》1998年第2期。
肖立军:《九边重镇与明之国运——兼析明末大起义首发于陕的原因》,《天津师大学报》1994年第2期。
肖立军:《明嘉靖九边营兵制考略》,《南开学报》1994年第2期。
辛德勇:《述明代戍卫长城之南兵》,《中国史研究》2004年第4期。
徐凯:《明初北方边粮的运输》,《史学集刊》1991年第2期。
徐桂荣:《明代辽东都司诸卫辖所考》,《辽宁大学学报》1992年第1期。
薛正昌:《明代宁夏马政》,《宁夏大学学报》2003年第6期。
杨三寿:《明代中后期的田赋加派述评》,《云南师范大学学报》2006年第2期。
杨涛:《明末财政危机与三饷加派》,《云南师范大学学报》1985年第2期。
杨艳秋:《明代初期北边边粮供应制度探析》,《中州学刊》1999年第1期。
余同元:《明代九边述论》,《安徽师范大学学报》1989年第2期。
余同元:《明后期长城沿线的民族贸易市场》,《历史研究》1995年第5期。

余同元：《明太祖北部边防政策与明代九边的形成》，《烟台师范学院学报》1991年第1期。

张国勇：《明代大同镇述略》，《鞍山师范学院学报》2005年第3期。

张海英：《明代江南与西北地区的经济交流——兼论"官方市场"对江南经济发展的影响》，《社会科学》2000年第3期。

张金奎：《明代军户地位低下论质疑》，《中国史研究》2005年第2期。

张金奎：《二十年来明代军制研究回顾》，《中国史研究动态》2002年第10期。

张金奎：《明代山西行都司卫所、军额、军饷考实》，《大同职业技术学院学报》2000年第3期。

张萍：《明代陕北蒙汉边界区军事城镇的商业化》，《民族研究》2003年第6期。

张士尊：《论明末辽东军食与明清战争的关系》，《鞍山师范学院学报》1994年第4期。

张士尊：《明代辽东马政探讨》，《社会科学辑刊》1997年第3期。

张松梅：《明初军额考》，《齐鲁学刊》2006年第2期。

张松梅：《试论明初的军饷供应》，《东岳论丛》2004年第6期。

张正明：《明代北方边镇粮食市场的形成》，《史学集刊》1992年第3期。

赵全鹏：《明代北部地区粮食市场分析》，《河南师范大学学报》1996年第1期。

赵现海：《第一幅长城地图<九边图说>残卷——兼论<九边图论>的图版改绘与版本源流》，《史学史研究》2010年第3期。

赵毅、胡凡：《论明代洪武时期的北部边防建设》，《东北师大学报》1998年第4期。

周琳：《万历四十六年至天启七年海运济辽》，《长春师范学院学报》2005年第4期。

周松：《洪武时期明朝在宁夏地区的经略》，《宁夏社会科学》

2006年第6期。

周松:《明洪武朝陕北边防及其特点》,《中国边疆史地研究》2005年第1期。

后 记

根据我的经验,一本书到手,度过最初的占有欲之后,多半只翻翻前言和后记,最多看看目录,可见后记还是至关重要的。

后记一般要感谢很多人。这类感谢看似情真意切、一本正经,实则装模作样、例行公事。很多时期,这种感谢就像我们手机中存储的若干电话号码,只有在春节群发短信的时候顺便发送一个,至于对方是谁以及是否收到根本不管。如此再说些"耳提面命、教诲不已"、"大力支持、关爱有加"之类的感谢,便显得有些不地道了。曾经有几年,由于工作需要,本人尽管对管理学一窍不通,承蒙领导垂青,也忝列管理类本科生毕业论文指导老师,实在过足了"导师"瘾。看着某些惨不忍睹的大作,我实在不能不往坏处想,这种感谢意味着什么,当然我决不能也不会怀疑学生感谢的真诚。

尽管如此,我依然还要例行公事感谢一番。

本书系在博士论文的基础上修改而成,自然第一个要感谢业师陈支平教授。从 2006 年到 2008 年,我连续三年报考厦门大学博士研究生考试,均因外语未上线而名落孙山。正当我万分绝望之际,由于陈老师的厚爱,得以顺利进入厦大,终圆博士之梦。厦门大学真是个好地方,尤其我住的丰庭片区更是风水宝地,每天早上醒来,大海上轮船的汽笛声、阳台上小鸟的歌唱声、隔壁南普陀寺高僧们的诵经声,交织成一首欢乐的合奏曲,好不惬意。论文出版之际,对陈老师道声感谢我是非常心虚的。在我看来,如果以本书感谢陈支平老师的话,只能说明两个问题:第一,他没有尽到老师的责任,否则怎么会容许学生写出如此散乱的东西;第二,学生本身天资愚钝,属于"朽木不可雕"的类型,这样的学生还要费尽周折招进来,老师的眼光似乎也不怎么好。如此这般,那岂不都成了老师的错误;如此这般,那就不是玷污老师的一世英名,而是让他英名扫地了。更让我心虚的是,毕业以后老师依然十分关注我的学业和工作,给我提供了大量接触学界的机会,并寄予相当的期望,我却令老师一再失望。念兹思兹,不感谢为好。但是,面对老师无微不至的照顾和不露声色的关爱,作为学生,实在无法表达自己的感激之情,只好以"感谢"来感谢了。

博士毕业后,南京大学范金民老师接纳我为他的博士后,使我得以继续游走于国内一流高校,从事自己心爱的专业。范老师是明清社会经济史学界公认的大家,能获得一个跟随他学习的机会自然是无比的幸运。从为数不多的我们之间的通讯中,我能够深切地感受到范老师对学生的关爱和坦率。更重要的是,按照国内的一般做法,和博士的学生身份相比,博士后不再是学生,而是以教职工的身份开展研究,这就是说,我曾经有两年的时间是南大人。如此说来,感谢范老师是必须地。

现任职于江西财经大学的方宝璋教授,是他带领我步入学术的殿堂,我们可以称得上是"难师难生"。福建师范大学的唐文基教授,是和他的一次偶然谈话,让我与明史研究结缘。拜访唐老师有一个小小的插曲。那是一个非常炎热的下午,衣着土气、黑不溜秋的我带着大大的电脑包,满头大汗敲开唐老师家的大门,师母和我不熟悉,竟然差点将我看成清洗油烟机的而拒之门外,不由分说一通训斥。可怜我当时不明所以,无言以对。厦门大学的钞晓鸿教授,作为大师兄,我们全然没有学生和老师之间的那种距离感,面试时他的一句

"你今年是第几次面试了"让我顿感放松。

　　天津师范大学的肖立军教授、中央民族大学的彭勇教授、福建师范大学的郑辉老师、林京榕老师、林剑华老师、陈碧如老师、陈旭东老师、林日杖博士、枣庄学院的陶道强博士、杭州师范大学的余清良博士、福建中医药大学的蔡鸿新教授、陈惠珍教授、肖林榕教授、黄颖老师,他们为我的研究工作提供了不同形式的方便和帮助。读博士期间,我和厦门国际银行的苗晓宇先生互损互贬,结下了深厚的兄弟情。厦门市中山路附近有一家晓风书屋,至今我都不知道老板的大名,得知我从事和辽东相关的研究并且是傅衣凌先生的徒孙后,他无偿将金毓绂主编的一套五巨册《辽海丛书》赠送给我。该丛书刊刻于20世纪80年代中期,市场上绝难寻觅,价值自不待言。

　　工作以后,我非常偶然地结识了福建中医药大学的林端宜研究员和福州市中医院的萧诏玮主任,这是两位非常值得尊重的长者。林老师时刻关注着我的学习和工作,她对年轻人的鼓励和支持让我倍觉温馨。萧主任精湛的医技、负责的态度、动人的热情让我每一次找他给小女看病都深为感动。

　　借此机会,我要向当年给予我无私帮助的师友们表示感谢。

　　小学毕业以后,当年的老师看到我们几个小孩学习比较好,托关系让我们报考了县城一中,当时的县一中还不招收农业户口的学生。在这里,我必须郑重提及当年两位老师:董涛和姚淑娟。没有他们夫妻二人,我的人生之路将会是另外一幅景象。中学期间,一个非常偶然的机缘巧合,让我与杜爱昌三哥成为朋友。我们无亲无故,他却以宽大的胸怀让我在他那里居住了六年,不但免费吃了嫂子烙的许多壮馍,还享受了博士般的住宿待遇,一人一个房间,免费的水电。在中学我与朱良国兄同窗六年,我常常想起当年我们晚自习后一起喝啤酒吃糟鱼的快乐时光。当然,钱都是他掏的。至今我都非常珍惜这份友谊,对他们心存感激和敬重。感激的是当年他们对一个与其毫无关联的农村学生的关照,感激的是他们全然不像有些人高攀下蹦将一个什么都不是的外人拒之门外。没有他们,我的中学生涯将会非常艰难。

借此机会,我要向亲人们表示感谢。

父亲勤俭节约,为人老实,拙于言语,我是他一生的骄傲。对于父亲,我怀有万分的尊敬。母亲连自己的名字都没有,却有着一颗十分善良的心,她的座右铭是"行善总比做恶好"。母亲不止一次地讲过一个故事,说在我出生之前,她梦见一个人骑着高头大马送来一个男孩。当然,这个男孩就是我了。那些伟人出生前,或者祥云绕梁,或者火光连天,而我仅仅是"高头大马",一想起这个就感觉对自己打击特别大,看来"天将降大任于斯人"之类的事情肯定与我无缘了,还是安于现状吧。父母年事已高,愿他们安康。我的岳母身体不太好,仍不远数千里长期给我们照看孩子,让我解除了后顾之忧。如今,小女成了我最大的顽敌。为了鼓励她凡事都要自己尝试去做,我苦口婆心给她讲述小马过河的故事,不料故事还没有讲完,她已经提出自己的问题:"小马为什么不回家拿游泳圈呢?"我愕然无以应答。

事实上,我同样也应该罗列长长的一串感谢名单,还是就此打住,一切尽在不言中吧。

我唯一不需要感谢的是我的妻子李颖女士。当年她不惜以博士的高贵身份下嫁于我的时候,就注定了我们风雨同舟,同甘共苦。十几年来,我们分享了所有的欢乐与痛苦,成功与失败。最近几年,我们也共同做了一些研究工作,研究成果的发表或出版多数以我署名第一,她署名第二。由于我们之间的夫妻关系,这些成果的面世实际上也是一个生产与生活相结合的过程,书桌、餐桌、厨房、卧室既是我们生活的场所,也是我们工作的场所。读者万不可以当下流行的第一作者、第二作者来判断贡献之大小,我之所以署名在前,完全是中国男性的面子观所导致,这也再次体现了中国女性的谦恭与伟大。为了我的梦想,她毅然搁置了自己的学术追求,承担了大部分的家务和照顾孩子的重任。

谨以此书献给我自己。老实说,多少年以后我都在想,曾经的少年时代究竟有没有远大的志向，我绞尽脑汁却未能寻找到昔日的理想。如果说是什么让我坚持读书，恐怕只有两个原因：填饱肚子和讨个媳妇。读书吧，我不想什么黄金屋，但求俘获花姑娘。1998年我怀揣借来的两千多块钱南下求学，从未想到十几年后竟然可以过上老婆孩子热炕头的生活。

我，依然在路上。

王尊旺

2014 年 9 月